文史

第四輯

中華書局編輯部編

中華書局出版

文　史

第　四　辑

新建設編輯部编

*

中 華 書 局 出 版 發 行

（北京豐臺區太平橋西里 38 號）

文 字 六 〇 三 廠 印 刷

*

787×1092 毫米 1/16 · 15¾印張 · 299 千字

1965 年 6 月第 1 版　　1998 年 7 月湖北第 2 次印刷

印數 3 001—6 000 冊　定價：20.00 元

ISBN 7—101—01669—3/K · 750

目　錄

論《齊物論》不代表莊周思想

任 繼 愈

《莊子》是一部內容龐雜的"莊學叢書"。我曾在《莊子探源》①中進行探索，並提出了初步的看法，認爲《莊子》內篇出於秦漢之際。現在就《齊物論》一篇進一步論證這一看法。

習慣上，歷代學者都認爲《莊子》內篇思想一貫，應是莊周之作。近來也有人認爲內篇雖未必全部是莊周著作，但《逍遙遊》、《齊物論》兩篇可以代表莊周的思想。《逍遙遊》與《齊物論》兩篇中，《齊物論》更能代表莊周的思想，體現了莊之所以爲莊者的特點。本文要說明《齊物論》遠在莊子以後，絕不能代表莊周的思想。

《齊物論》通篇都是反對辯論的，它從相對主義觀點引向不可知論，②其論辯的主要鋒芒是指向公孫龍學派的。

今存《公孫龍子》共有六篇，除《跡府》一篇爲後人編纂，記載公孫龍的事蹟外，其餘五篇（《白馬論》、《指物論》、《通變論》、《堅白論》、《名實論》）可以認爲都是公孫龍的思想。

《齊物論》反對公孫龍的學說，查有實據的有以下幾個問題：

《齊物論》反對公孫龍的《指物論》

公孫龍在《指物論》中說：

> 物莫非指，而指非指。天下無指，物無可以謂物。非指者，天下無物，可謂指乎？指也者，天下之所無也；物也者，天下之所有也。且指者天下之所兼，天下無指者，物不可謂無指也。且夫指固自爲非指，奚待於物而乃與爲指？

"指"是事物的共相、概念，公孫龍認爲一切事物都有與此事物相當的概念；而概念，並不是另外還有一個概念與它相當。世界上如果沒有概念，即無法用來表示事物；如果天下沒

---

① 見《莊子哲學討論集》，中華書局 1962 年版，第 178—227 頁。
② 見《莊子探源之四》，《北京大學學報》1962 年第 5 期。

有物,也就沒有概念了。概念,是抽象的(天下之所無),事物是具體的(天下之所有)。概念是天下任何物所兼有的,天下雖然沒有一個總的概念(指),但任何物都不能認爲沒有它的概念。概念自身卽區別於非概念,它(指)不需要以具體事物爲其存在的條件。

公孫龍的學說是客觀唯心主義的體系。他認爲概念比物更根本,可以脫離物而單獨存在。雖然他不承認有一個共同的"指",但他承認萬物各自有它們的指。

公孫龍的錯誤,在於割裂了概念與它代表的具體事物之間的關係,並使概念脫離具體事物,因而做出了唯心主義的結論。但是公孫龍力圖把概念的意義明確、固定,而不是使它含混、游移,在中國邏輯史上還是有其積極貢獻的。

《齊物論》與《指物論》處在相反的立場。《齊物論》反對"物"與"指"的區別,敎人以不區別代替區別,所以它說,"以指喩指之非指,不若以非指喩指之非指也"。這是說,用"指"來說明指不是指,不如用"非指"來說明指不是指。《齊物論》對公孫龍的《指物論》進行了歪曲。《指物論》分明說概念(指)自爲非指,不必待物而後爲指。《齊物論》從相對主義觀點抹煞事物之間有差別,並反對通過概念以認識事物。它認爲不要任何概念,取消認識,才可以達到一種不辨是非的神秘境界。

公孫龍的哲學在戰國末期影響很大,這種學說與《齊物論》的作者的相對主義觀點是對立的。後期莊學爲了反對當時影響較大的《指物論》才提出《齊物論》的。①

《齊物論》反對公孫龍的《白馬論》

《白馬論》說:

　　馬者所以命形也,白者所以命色也。命色者,非命形也,故曰白馬非馬。

又說:

　　白馬者,馬與白也,白與馬也,故曰白馬非馬也。

公孫龍開始區別了白馬與馬這兩個概念所包括的範圍有大小的不同,這一點是可取的。如果僅僅說,"白馬不就是(所有的)馬",這個說法是可以成立的。但是公孫龍由此更進一步論證他的"指"比"物"更根本的唯心主義觀點,他爲了說明離了白馬、黃馬、黑馬……之外,還

---

① 對於《齊物論》這樣的篇名,過去有過不同的解釋,有人以爲《齊物論》應解作"齊""物論","齊"是動詞,當時有許多關於"物"的議論,《齊物論》的作者,企圖把各種"物論"的差別給以齊一,故名。也有人認爲《齊物論》是"齊物"之"論",把萬物看做"齊"一的一種議論。通過與公孫龍的《指物論》的對比,我們也可以假設,它是針對《指物論》的反駁而提出的一篇反《指物論》的文章,《指物論》十分強調了"指"與"物"之不同,它強調"指"在認識中的重要地位,而《齊物論》旨在抹煞《指物論》對"物"與"指"的嚴格區別。《齊物論》未嘗不可以說它"齊"公孫龍的《指物論》的。這只是一種假設,因爲《齊物論》反對的不止《指物論》,它對公孫龍的每一個觀點都抱着反對的態度。

有一個馬的一般(指)。白馬、馬都是各個孤立的指,因而導致"白馬不是馬"的詭辯。公孫龍的白馬非馬,並不是一開始就陷入詭辯的,當他僅僅停留在區別白馬與馬的內涵的關係時,還有一些合理的因素,其失足處在於割裂了白馬與馬的聯繫,把差別強調得過了頭。

《齊物論》從一開始,就採取了相對主義的手法,根本否認概念與事物之間有差別。它說:

> 以馬喻馬之非馬,不若以非馬喻馬之非馬也。天地一指也,萬物一馬也。

它不是面對問題提出解決,而是用取消問題的手法作爲對問題的"解決"。它說,天地就是一個無所不包的總概念,又何必去分別物與物之間的差別;萬物就都像白馬非馬的關係,它可以是馬,也可以不是馬。這種觀點,是對《白馬論》的反駁,也是對《指論物》觀點的反駁。

《齊物論》反對公孫龍的《堅白論》

公孫龍的《堅白論》是《指物論》觀點的具體運用。它分析人們對堅白石的感覺時,說:

> 視不得其所堅而得其所白者,無堅也。拊不得其所白而得其所堅者,無白也。

這是說,堅只是觸到的感覺,白是看到的印象,兩者的感受的來源不同。"得其白,得其堅,見與不見離,一一不相盈,故離"。這是說,堅、白和石沒有聯繫,堅白"自藏",藏是"具有"的意思,堅白是自己獨立具有的特性,石中不具有這些特性。堅、白是可以脫離具體的事物而單獨起作用的。這裏,公孫龍提出了堅白的屬性,並指出事物的屬性有不同於具體的事物的方面,這是可以說的。但是,公孫龍從他的唯心主義觀點出發,把物的屬性與物完全割裂開來,因而走向詭辯論。

公孫龍通過割裂"堅白"與石的內在聯繫以宣傳他的客觀唯心主義;《齊物論》則極力反對區別所謂堅白。它說:

> 昭文之鼓琴也,師曠之持策也,惠子之據梧也,三子之知幾乎,皆其盛者也。故載之末年。唯其所好之也,以異於彼。其好之也,欲以明之,彼非所明而明之,故以堅白之昧終。而其子又以文之綸終。

這是說,昭文的彈琴,師曠掌握音樂的節奏,惠子倚着梧樹講論,他們各有所長,各有所好,他們各自想在自己所學的範圍內把自己所好的知識弄明白。他們一定要把無法明白的弄明白,只能得到像"堅白論"那樣的糊塗的結果。①

《齊物論》反對公孫龍的《通變論》和《名實論》

《齊物論》在幾個問題上攻擊公孫龍的明確概念的主張。《齊物論》一貫主張取消問題,模稜兩可。

---

① 劉武《莊子集解內篇補正》認爲堅白是指惠施,並據《德充符》爲證,以爲不是指的公孫龍的《堅白論》。我認爲惠施沒有講什麼堅白論,這裏的文句的語氣是指的以上三子(昭文、師曠、惠施)得到了"堅白之昧"的結果。

《通變論》反對兩可之說：

> 曰：二有一乎？曰：二無一。
>
> 曰：二有右乎？曰：二無右。
>
> 曰：二有左乎？曰：二無左。
>
> 曰：右可謂二乎？曰：不可。
>
> 曰：左可謂二乎？曰：不可。
>
> 曰：左與右可謂二乎？曰：可。
>
> 曰：謂變而不變，可乎？曰：可。
>
> 曰：右有與可謂變乎？曰：可。

上面問答，是公孫龍自己提出，又自己答復的。對於這些問答的涵義，學術界有不同的解釋，這裏不想多說。但有一點可以肯定，那就是公孫龍主張“可”或“不可”要明確，不能含混。這種明確的主張，也正是符合公孫龍的形而上學的思想方法的。公孫龍的《名實論》說：

> 故彼彼止於彼，此此止於此，可。彼此而彼且此，此彼而此且彼，不可。

這是說，把彼當作彼，並且肯定它就是彼；把此當作此，並肯定它就是此；這是可以的。把此當作彼，並認為彼就是此；把彼當作此，並認為此就是彼；這是不可以的。這裏有初步的排中律的意思。其目的，也是在講概念要明確，不能說彼是彼，又不是彼，此是此，又不是此。公孫龍認為這是不允許的。

《齊物論》對於這種明確的態度很不同意，主張維持兩可之說，它說：

> 可乎可，不可乎不可。道行之而成，物謂之而然。惡乎然？然於然；惡乎不然？不然於不然。物固有所然，物固有所可。無物不然，無物不可。

《齊物論》又說：

> 方生方死，方死方生。方可方不可，方不可方可。

這都是模稜兩“可”的觀點，它和公孫龍的《通變論》的觀點是對立的。

公孫龍主張概念明確，反對有所謂“兩明”。《通變論》說：

> 青白不相與而相與不相勝，則兩明也。
>
> 暴則君臣爭而兩明也。兩明者昏，不明．非正舉也。非正舉者，名實無當，驪色章焉，故曰兩明也。
>
> 兩明而道喪，其無有以正焉。

《齊物論》針對這種觀點，提出相反的意見，它說：

> 是亦彼也，彼亦是也。彼亦一是非，此亦一是非。果且有彼是乎哉？果且無彼是乎哉？彼是莫得其偶，謂之道樞。樞始得其環中以應無窮。是亦一無窮，非亦一無窮也。故曰莫若①以明。

---

① “能”、“若”一聲之轉，見拙著《釋莊子齊物論篇的“以明”》一文，1962 年 9 月 6 日《文滙報》。

這是說不要分別是非，不要明確概念，不要把是非關係明確起來，它的結論是，不能把是非搞清楚（莫能以明）。"環中"是環之中央，"環"是一個圓圈，在圓圈的弧線上，它說不上哪是起點，哪是終點，它（環）隨處是起點，隨處是終點，它沒有對立面（莫得其偶）；既然沒有對立面，當然也說不上什麼是正面，什麼是反面，《齊物論》由此引申，得出了無所謂是非的相對主義的結論。公孫龍說"兩明而道喪"，結果會失去判斷是非的標准（其無有以正焉）。《齊物論》却認為各是其是，無是無非，是"道"的樞要，不但不值得詫異，反而應當看作是符合道的原則的。

《齊物論》反對公孫龍的《名實論》。提出是非不可能有共同標准。公孫龍《名實論》明確主張判斷是非，必須有客觀標准：

> 謂彼而彼，不唯乎彼，則彼謂不行。謂此而此，不唯乎此，則此謂不行。其以當，不當也，不當而當，亂也。

這是說必需區別彼此，此與彼有其客觀標准。而《齊物論》則認為：

> 物無非彼，物無非是，自彼則不見，自知則知之。故曰，彼出於是，是亦因彼。

又說：

> 是亦彼也，彼亦是也。彼亦一是非，此亦一是非，果且有彼是乎哉？果且無彼是乎哉？

《齊物論》說的"彼"和"是"，相當於《名實論》所謂"彼"和"此"（"此"、"是"意義相通），《齊物論》的"物無非彼，物無非是"的"彼"、"是"對文。《齊物論》以無所謂"彼""此"反對公孫龍的明確"彼""此"。

公孫龍主張"正名"，而《齊物論》反對正名

《名實論》說：

> 夫名，實謂也，知此之非此也，知此之不在此也，則不謂也。知彼之非彼也，知彼之不在彼也，則不謂也。

這是說，實與名相當，如果確知此不是此，此不在此，它和名沒有相當的地方，就不能肯定它的名。

公孫龍又說：

> 以其所正，正其所不正；以其所不正，疑其所正。正其正者，正其所實也；正其所實者，正其名也。
> 其名正，則唯乎其彼此焉。

這是說要有一個共同認為正確的標准，以作為衡量其不正的標准。《齊物論》則不承認有所謂判定是非的共同標准，它說，雙方有不同的意見，進行辯論，是沒有用處的，不論辯論的雙方誰勝誰敗，都無法斷定它是正確還是不正確。它說：

既使我與若辯矣，……吾誰使正之？使同乎若(你)者正之，既與若同矣，惡能正之？使同乎我者正
之，既同乎我矣，惡能正之？使異乎我與若者正之，既異乎我與若矣，惡能正之？使同乎我與若者正之，
既同乎我與若矣，惡能正之？然則我與若與人俱不能相知也，而待彼也邪？

這是說，誰也不能眞正辨別是非。公孫龍怕的是"無有以正"而使得"道喪"，《齊物論》却認爲
恰恰由於規定了所謂是非的標准才使"道"有所喪，它宣揚一種"是亦一無窮，非亦一無窮"的
相對主義觀點，說"無物不然，無物不可"。

從以上的證據，不難看出，《齊物論》是在反駁當時已有的公孫龍的邏輯思想。公孫龍只
是直抒己見，沒有和別人辯論的口氣；《齊物論》是以公孫龍的學說作爲箭靶子，進行攻擊的。
這兩種針鋒相對的意見，不出於同時，公孫龍學說應在前，《齊物論》應在後。近人章炳麟曾
說過，《齊物論》"指馬"之義和"以馬喻馬之非馬"，乃破公孫龍說。[1]

現在再看，莊周的時代，是否即《齊物論》出現的時代。

公孫龍的生卒年已不可詳攷，但據先秦兩漢記載，[2]他與鄒衍同時。他的生年約爲公
元前三一〇年(趙武靈王16年)，卒年約爲公元前二三〇年(趙王遷6年)。秦始皇統一六國
時爲公元前二二〇年，他可能在秦統一六國前十年死的。和荀子、韓非、李斯、鄒衍的活動時
代，大致相當。公孫龍比莊周的時代，至少後五十年。公孫龍學說流行，並得到平原君的重視
時，莊周早已死了。死人不能著書立說，自不待言。那末，《齊物論》這一篇文章，既是反對公
孫龍的，當然，不能由戰國中期的莊周負責。因此認爲《齊物論》最足以代表莊周的思想的這
種說法，至少在時間上有矛盾，看來是難於成立的。

堅持《齊物論》爲莊子思想的人也許會說，古人的思想，總是他的後學代替他完成的，古
人親手著作的很少。我們要指出的是《齊物論》反駁了莊子死後的公孫龍，怎能記在莊周的
名下呢？又怎能說《齊物論》可以作爲莊周思想的標誌(莊之所以爲莊者)呢？

從上面的初步論證看來，《莊子探源》中所提出的《莊子》內篇乃晚出之作，爲秦漢之際的
思想，基本上還是可以聊備一說的一種意見。公孫龍約死於秦統一前十年，古代書籍傳抄繁
難，學術流布需要一定的時間，從公孫龍的學說的流行(如荀子所反對的)到《齊物論》對它全
盤否定，總要經過一段時間。經過這一番週折。差不多就到了秦漢之際了。退一步說，即使
它不遲至秦漢之際，它也不能早於荀子。它是後期莊學假託莊周名義的作品，和莊周本人無
關。如在荀子之前，荀子這樣博學的學者不會對它的相對主義輕輕放過，只講"莊子蔽於天
而不知人"，荀子對莊子尊重自然(天)的唯物主義立場是給以肯定的。

---

[1] 見章炳麟《齊物論釋》。章氏指出《齊物論》是破公孫龍說，這一點是說對了。但是章氏以爲《齊物論》爲莊周思
想，公孫龍在莊子以後，莊子如何破他尚不知道的公孫龍思想？這是章氏疏漏處。

[2] 《呂氏春秋·應言》篇及《審應》篇，《史記·平原君列傳》及《孟子荀卿列傳》，劉向《別錄》。

　　現在還有一個問題，即堅白同異之辯，是不是從公孫龍開始的？如果在公孫龍以前早已流行着這種思想，反對堅白之說的《齊物論》仍然可以說是莊子本人的思想。

　　先秦出現堅和白的詞句，《論語·陽貨》篇有"不曰堅乎，磨而不磷；不曰白乎，涅而不緇"。孔子這裏是說君子應當出污泥而不染，和公孫龍所講具有邏輯意義的堅白的意義不同，這就像孔子也講過"正名"，但孔子的"正名"並不是講的邏輯的問題一樣。孔子講的堅和白，和公孫龍講的堅和白是兩回事。

　　後於孔子的《墨子》中，凡是早期的記述墨翟思想的那些篇中，沒有談到堅白關係的話。《孟子》中有"白羽之白也猶白雪之白，白雪之白猶白玉之白歟"，"異於白馬之白也，無以異於白人之白也"（《告子》上）。在《孟子》中已講到白這個概念和白的東西的關係。但是孟子還沒有把堅白聯繫在一起，一併探討。也就是說和莊周同時的孟子還沒有提出過堅白關係的問題來。《孟子》中講到"堅"的地方有兩處，都是一般用法，如"堅甲利兵"，"兵革堅利"等，也和堅白問題不相干。

　　在《左傳》、《國語》中也沒有發現有從邏輯角度論述堅白關係的記載。

　　堅白問題作為哲學問題被提出，不但不在春秋，也不在戰國中期以前，而是在孟子、莊子死後約五十年的戰國後期。

　　也有人舉出《墨經》有"辯爭彼也，辯當，勝也"（《經上》），"謂辯無勝，必不當，說在辯"（《經下》）的話，認為這是反對《齊物論》的"辯無勝"的主張的。如果是這樣，《齊物論》的時代要比《墨經》為早。關於這個問題，我在《莊子探源之二》[①]一文中已有所說明，認為《墨經》不是反對《齊物論》的，而是反對一般辯者的，其理由不在這裏重複了。

　　也許有人會懷疑：《莊子·天下》篇批判了許多流派，如果《齊物論》駁斥公孫龍的學說，為什麼《天下》篇反倒沒有批判公孫龍的話？這個問題，我在《莊子探源之二》一文中也有所說明，認為《天下》篇不出於莊子學派，它是秦漢之際（或漢初的儒家）的著作，它不是站在莊子學派的立場評論學術的，《天下》篇不能用來論證莊子的哲學思想。《天下》篇講到墨子的後學"以堅白同異之辯相訾"，這是講的後期墨家，也是《天下》篇時代較遲的一個證據。

　　在《莊子》書中講到"堅白"關係的，除了《齊物論》和《天下》篇外，還有《德充符》"子以堅白鳴"，《駢拇》"竄句游心於堅白同異之間"，《胠篋》的"堅白解垢同異之變多"，《秋水》的"合同異，離堅白"，《天地》篇的"離堅白若懸寓"。上面這些篇都講到"堅白"之辯，在時間上都應在公孫龍的學說流行之後。我從前曾假定《天地》、《胠篋》等篇時間較早，現在看來，這兩篇不能算作早期的莊周的著作。至於《德充符》、《駢拇》、《秋水》、《天下》等篇本來就是後期莊學的著作，這裏又得到了一次證明。即使把《天地》、《胠篋》兩篇除去，其餘如《馬蹄》、《天運》、

　　[①]　《莊子討論集》，中華書局1962年版第222—223頁。

《天道》、《盜跖》等篇，仍可以說明莊周的思想是代表小私有者農民反剝削的思想的，仍然可以說明莊周的哲學思想是唯物主義、無神論的。只有後期莊學（如內篇）才是相對主義、唯心主義、神秘主義思想體系，我在《莊子探源》中的基本看法還是沒有改變。通過對於《齊物論》的攷察，更進一步證實了我在《莊子探源》中提出的《莊子》內篇出於秦漢之際的看法，給《莊子》內篇，至少《齊物論》，後出之說增加了一分論據。

最後的結論是：《齊物論》是反對公孫龍的哲學思想的，所以《齊物論》不可能是莊周的思想，它是後期莊學的思想。

《公孫龍子》辨眞

龐　樸

　　古籍辨僞的工作，由來已久了。有人說，它可以一直上溯到子貢的"紂之不善，不如是之甚也"，以及孟子的"盡信書不如無書"；那是把古籍的辨僞和評價搞混了。辨僞工作的眞正發展，恐怕是宋以後的事。到了淸末民初，來了資產階級的虛無主義，凡書都要拉到他們的"理性"台前來審判一下，這一工作可算是發展到了頂峯。

　　辨僞是必要的，因爲假根據比無根據要更壞；前人在這方面的成績給我們提供了很多方便，這是應該感謝的。佪應該看到，前人多形式邏輯作自己的方法論，不知道社會意識產生和發展的規律，因而也做了不少錯誤判斷；特別在虛無主義指導下，有些人一味求僞，寃案更多。因此，有根據地做些"辨眞"工作（當然避免由"疑古"又偏到"復古"），不是沒有必要的。

　　對《公孫龍子》，就有這樣做的必要。

一、眞僞之間

　　《公孫龍子》，《漢書·藝文志》列名家，十四篇；《舊唐書·經籍志》列名家，三卷；《新唐書·藝文志》列名家，三卷，又陳嗣古、賈大隱注各一卷；《宋史·藝文志》列名家，一卷；《四庫全書總目提要》列雜家，三卷。

　　這是見於官修典籍的。

　　淸人姚際恆於此發現了漏洞，說："《漢志》所載而《隋志》無之，其爲後人僞作奚疑！"（《古今僞書考》）這是對今本《公孫龍子》的第一種懷疑，也是全面否定的懷疑。

　　另外還有一種懷疑，半否定的懷疑，認爲今本雖眞而殘。鄭樵說："《公孫龍子》舊十四篇，今亡八篇。"（《通志》卷六十八）陳振孫說："《漢志》十四篇，今亡六篇，首敍孔穿事，文意重複。"（《直齋書錄解題》）馬端臨《文獻通考》所記相同。《四庫全書總目提要》亦載："《漢志》著錄十四篇，至宋時八篇已亡，今僅存……六篇。"它們認爲現存六篇只是十四篇中的六篇（對首篇《跡府》，陳、馬與《四庫》的看法似有不同）；其他八篇，則被確定亡於宋前。

但是，這裏遺留一個鄭樵等人沒有發覺的漏洞：如果這六篇是殘眞，則其他八篇的內容應該是些什麼？這個問題，由今人黃雲眉先生提出了。他說：“然今書《公孫龍子》六篇，果否出自公孫龍之手，則殊可疑。據《漢志》，《公孫龍子》十四篇，……今書由十四篇減爲六篇，而第一篇……明爲後人所加之傳略，則六篇祗得五篇矣。第七以下皆亡。第二至第六五篇，每篇就題申釋，纍變不窮，無愧博辯；然公孫龍之重要學說，幾盡括於五篇之中，則第七以下等篇又何言耶？雖據諸書所記，五篇之外，不無未宣之餘義，然又安能鋪陳至八九篇之多耶？以此之故，吾終疑爲後人研究名學者附會《莊》、《列》、《墨子》之書而成，非公孫龍之原書矣。”（《古今僞書考補證》）

這個問題提得很尖銳。的確可以這樣推論：如果其他八篇無話可說，則今存六篇十分可能是後人附會的。何況，現存六篇又幾乎可以構成一個完整體系，使其他八篇無插足餘地呢？殘書多矣，殘得如此整齊的，尙屬絕無。這個問題提了很久，但無人回答。

研究者多認今本爲殘眞，並竭力證明它的眞實性，就中以杜國庠先生爲最有見地。他的結論是：“這部書在先秦名學的發展上形成了它的重要的一環，在思想和文字上反映了當時的社會，都是不容易作僞的。”（《論公孫龍子》）他曾就劉向《別錄》所記鄒衍批評公孫龍的話，證明“現存六篇之非僞作”，說：“鄒衍這段批評，……好像是指着現存六篇之書說的。《指物論》有似‘煩文以相假’；《白馬論》有似‘飾辭以相悖’；《通變論》‘黃、馬、碧、雞’之辭，有似‘巧譬以相移’。細讀兩家之文，可知鄒衍之言，確有所指，並非泛泛地斥責一般辯者通病的說話。劉向是見到《公孫龍子》完本的，他於《別錄》記這故事，必非無據；而現存六篇又這樣地有似鄒衍批評的對象，可見這書不是後人的僞作。”（同上）

杜國庠先生的分析，在證明現存六篇的似眞上，確很有力。但唯其如此，就更易使人相信黃雲眉先生的論斷。這六篇既如此似鄒衍心目中的公孫學說全部，並且又經劉向認可（劉向是見過完本的）；那末，其他八篇還能說些什麼呢？！其他八篇既無話可說，安知今六篇非後人據各書（包括鄒衍評語）編纂，不及十四篇而罷的一部未完成傑作？

其實，問題發展到這裏，已因其極度尖銳化而接近解決；在《公孫龍子》的辨僞辨眞之間，相隔只有一張薄紙了。這一張薄紙，就是《漢書·藝文志》的那個“十四篇”。

爲使我們的辨眞工作更踏實些，不妨先從遠一點的地方談起。

二、十四和六

首先是“隋志無之”那個問題。姚際恆因《隋志》無之，遂斷定今本爲僞，結論未免下得過早。所以王琯在《公孫龍子懸解·敍錄》中說：“其（姚）言似是而實非，最當審辨。”接着他引

《三國志·鄧艾傳》注、張湛《列子注》及劉峻《廣絕交論》說:"可證魏梁之間,原著猶存";"《隋書·經籍志》無《公孫龍子》書名,但載《守白論》一卷"。不過他沒有肯定《守白論》就是《公孫龍子》。後來欒調甫先生就把它肯定下來了,他在《名家篇籍考》中列舉了五點理由,證明《守白論》正是《公孫龍子》:第一、《公孫龍子·跡府》中有"爲守白之論……以守白辯"等語,故《公孫龍子》可以名《守白論》;第二、《隋志》錄《守白論》於道家,但"道家旨在守黑,而論曰《守白》,顯非道家之言";第三、唐人成玄英疏《莊子》,正稱《公孫龍子》爲《守白論》(按:《天下篇》成注曰:"公孫龍著守白之論,見行於世。");第四、"合隋唐兩志考之,《隋志》道家有《守白》之論,而名家無《公孫龍子》;《唐志》名家有《公孫龍子》,而道家無《守白論》,是知其木爲一書,著錄家有出入互異";第五、《隋志》之所以錄於道家,是當時人的一種看法,有他例可證,"又何足疑"?

看來,"隋志無之",實不足證今本爲後人僞作,應無庸議。

但是,"隋志有之",亦不足證今本非後人僞作。因爲,《隋志》有無著錄,只說明這本書在隋唐時有無流傳;並不能保證流傳下來的就是《漢志》所說的。何況,《漢志》的"十四篇"到《隋志》竟成了"一卷"(一般說來,一卷是容納不下十四篇的);到後來竟又成了六篇呢?欒調甫先生於論辨"隋志有之"甚精,卻沒有注意及此。

因此,還有必要再考究一下這六篇與十四篇的關係。這就是"至宋巳亡"的問題。

歷來都認爲宋人已經未見那亡去的八篇。其實這並不可靠。唐人早已就未見了。《文苑英華》卷七百五十八《雜說上》有王某的《擬公孫龍子論》一文,說:"咸亨二年,歲次辛未,十二月庚寅,僕自嵩山游於汝陽。有宗人王先生,……春秋將七十……僕過愒焉。縱言及於指馬,因出書以示僕,凡六篇,勒成一卷。……今公孫龍之理,處於弟子之心矣。弟子且非公孫龍乎!遂和墨擘紙,援翰寫心。篇卷字數,皆不蹠公孫之作;人物義理,皆反取公孫之意。觸類而長,隨方而說;質明而作,日中而就。以《事源》代《跡府》,因意而存義也;以《幸色》代《白馬》,尋色而推味也;以《慮心》代《指物》,自外而明內也;以《達化》代《通變》,緣文而轉稱也;以《香辛》代《堅白》,憑遠而取近也;以《稱足》代《名實》,居中而擬正也。……"

可見,唐本《公孫龍子》(甚至隋本,這位年近古稀的王老先生,很可能存有隋本),已經是六篇了;並且篇名次第全與今同。鄭樵說"今亡八篇"(謝希深《公孫龍子序》亦云:"今閱所著書六篇"卻未言亡八篇事。謝爲宋英宗時人,在鄭前),其實在唐或隋時,已只存六篇了。

再往上溯,晉人張湛注《列子》(或僞作《列子》。與本題不礙),於《仲尼篇》公孫龍七事的"白馬非馬"條下曰:"此論現存,多有辨之者";而於其他六事,則未注"現存"字樣。可以想見,張湛所見的《公孫龍子》是有《白馬論》的;卻沒有關於"意心、指至、物盡、影移、髮引、孤犢"等六事的論辯。

這樣，我們就要接觸到其他八篇的內容問題了。也許，這"意心、指至"等六事，以及他書所見的如"臧三耳"等事，正是其他八篇所論辯的。這個問題，留待下面再談。現在我們先冒險地假定一下：張湛所見的晉本《公孫龍子》，也只有六篇；並據此上溯到《漢志》也只是六篇。十四篇云云，原屬子虛，乃轉寫之誤。

我們知道，《漢志》所載篇數，許多地方是糊塗帳，往往分數與總數不符。就拿《諸子略》來說，它統計的是"凡諸子百八十九家，四千三百廿四篇"，而實際相加的結果卻應是：凡百八十九家，四千五百四十一篇，多二百十七篇。所以師古說："其每略所條家及篇數，有與總凡不同者，轉寫脫誤，年代久遠，無以詳知。"唐人顏師古已有"無以詳知"之嘆，我們今天為什麼要一心認定《漢志》的"十四篇"，不敢懷疑一下呢？

當然，懷疑應該是有根據的。這"十四篇"之值得懷疑，除上述和唐晉人都未及見的理由外，還有：

一、前引的黃雲眉先生懷疑今六篇非真的理由；

二、前引的杜國庠先生確信今六篇為真的理由。

這兩家的理由，其基本點實際是相同的，即都認為公孫龍的主要學說已包括於今六篇中。而這一共同點，用在今六篇上，卻所見迥異；如果一齊用來懷疑"十四"二字，那末，這一合力會是相當雄厚的。試細加分析一下看。

杜國庠先生在證明六篇非偽時說，這六篇所形成的體系，在先秦名學發展上形成了重要一環，是不容易作偽的。杜說的是確論。一根鏈條如果缺了一環，後人也許能另造一環配上；但在不瞭解鏈的習性、不知道環的特點的匠人手裏，是怎樣也辦不好的。前人並不曾正確了解思想發展的規律，亦即不了解鏈的習性和環的特點；因此，他們是配不好這一環的。

另外，杜國庠先生證明說，鄒衍對公孫龍的批評，好像正是指着今存六篇說的。杜先生對鄒衍評語的分析，容或有牽強之處，但實可備一說。不過，有一件十分重要的事情是：這裏有一個前提必須肯定，即假定原書只有六篇。如果不確定這個前提，而相信十四篇之說，那就要留下這樣一個笑柄：鄒衍已預測到後來要散失八篇，故只對不會失傳的六篇進行批評。鄒衍雖深精五德終始，但也不致如此料事如神也。因此，原書只有六篇之說，由鄒衍的評語可得到一個旁證。

或曰：鄒衍的批評見於《別錄》，安知不是劉向的手筆？答曰：這也無關。《漢志》是根據《別錄》的，如果《別錄》作者心目中的《公孫龍子》好像是今六篇，那更足證明《漢志》所錄有誤了。

這樣，黃雲眉先生所提"公孫龍之重要學說，幾盡括於五篇之中，則第七以下等篇又何言耶"的問題，就可移其矛頭向《漢志》的"十四"了。因為，它雖可用來懷疑六篇為偽，也更可用去懷疑"十四"非眞；如能證明本來只有六篇，當然不發生"第七以下"以至"十四"的問題了。

因此，就來探索一下，六篇以外，公孫龍是否仍有未宣之餘義？如果沒有，則可進一步肯定，原書只有六篇！

三、六篇之外

六篇以外的餘義，可考見的，約有兩種若干條。一爲政治倫理方面的，有偃兵、兼愛（俱見《呂覽》的《審應》、《應言》兩篇）、惠民（見《藝文類聚》第六十六，《困學紀聞》第十及《太平御覽》第四百五十七所錄略同）、尙賢（《史記·平原君列傳》記公孫龍勸平原君勿以親戚受封，說"親戚受城而國人計功，此甚不可"，有似墨家尙賢說）。再一爲邏輯論理方面的，有《天下篇》的二十一事，《列子·仲尼篇》的七事，及"臧三牙"（《呂覽·淫辭》）、"臧三耳"（僞《孔叢子·公孫龍》）、"冰不寒"（《淮南子·詮言訓》高誘注）。

第一種資料，似乎反映出公孫龍隸屬墨家（至於公孫是否墨者，當然還可爭論；比如郭沫若先生就說他屬"黃老學派的系統"）。我們現在只研究這一組材料是否可能是其他八篇的內容。

我覺得不可能。因爲漢以前人論及公孫龍特別是論及他的著作的各種文字，都沒有提到這一點。比如：

> 桓團、公孫龍辯者之徒，飾人之心，易人之意，能勝人之口，不能服人之心，辯者之囿也。（《莊子·天下篇》）
>
> 公孫龍析辯抗辭，別同異，離堅白，而不可與衆同道。（《淮南子·齊俗訓》）
>
> 公孫龍粲於辭而貿名。（同上《詮言訓》）
>
> 公孫龍詭辭數萬以爲法。（《法言·吾子》）
>
> 趙亦有公孫龍，爲堅白同異之辯。（《史記·孟荀列傳》）
>
> 平原君厚待公孫龍。公孫龍善爲堅白之辯。（《史記·平原君列傳》）
>
> 趙亦有公孫龍，爲堅白同異之辯，然非先王之法也，皆不循孔氏之術。（劉向《荀子敍錄》）
>
> 齊使鄒衍過趙平原君，見公孫龍及其徒綦母子之屬，論"白馬非馬"之辯。（劉向《別錄》，據《史記集解》引。）
>
> 公孫龍持白馬之論以度關。（同上，據《初學記》卷七引。）
>
> 其（鄧析）論無厚者言之異同（疑有錯字），與公孫龍同類。（劉歆《鄧析子敍錄》）
>
> 公孫龍著堅白之論，析言剖辭，務折曲之言，無道理之較，無益於治。（《論衡·案書篇》）

這幾乎是漢以前人直接論評公孫龍及其學說和著作的全部評語。這些人，應該是見到《漢志》所錄《公孫龍子》的（或有未見的，因爲《公孫龍子》成書較晚。說見後）；可是，他們都未指責公孫龍有墨者之言。雖然公孫龍以辯者見稱而不以墨者見稱；但如果他的十四篇中竟有一半以上是論兼愛的，評論者總不致無一人無一次不涉及吧？準此，似乎可以斷定：其他八篇（如果有的話）談的不是"析辯抗辭"以外的話。

那末，其他八篇是否也盡是"詭辭"呢？《法言》上分明說過公孫龍有"詭辭數萬"，可見他的"詭辭"本來或者有很多的。這一點，人們一直是信而不疑的。

我發現，《法言》上的"數萬"之說，是完全不可信的。我統計了一下：今本六篇，連"跡府第一、白馬論第二"等標題字在內，總共才有三千二百二十字；其中《跡府》篇一千一百一十二字，特別多；其他五篇，多的五百餘字，少的只二百餘字，平均四百二十字。準此推算，詭辭兩萬（"數萬"中的最低數），就應有五十篇。公孫龍的"詭辭"即使再多，恐怕也敷衍不出五十篇來吧！因此我說，"數萬"之說，全係誇張，是輕信不得的。

"詭辭數萬"之說不立，與"十四篇"真不真的關係不大；也許"數萬"確係誇張，而"十四篇"本係實錄。因此，要證明"十四"有誤，還得另拿證據。現在我們就來看看其他八篇中，有無"詭辭"可說。

前面說過，歷來被認作公孫龍的"詭辭"的，除六篇所見各事外，還有將近三十條。其中有《天下》篇的"卵有毛"等二十一事。《天下》篇作者於記錄二十一事時說："惠施以此（指"十事"）為大觀於天下，而曉辯者；天下之辯者，相與樂之。……（此處省"二十一事"）辯者以此與惠施相應，終身無窮。桓團、公孫龍，辯者之徒，飾人之心，易人之意，能勝人之口，不能服人之心，辯者之囿（尤）也。"可見，這"二十一事"乃惠施當時的天下辯者的論題；公孫龍乃"辯者之徒"。即使把這個"徒"字解成"流"字，也很難設想曾勸平原君勿受封（周赧王五十八年，公元前257年）的公孫龍，能趕得上和主謀齊魏相王（周顯王三十五年，公元前334年）的惠施"相與樂之"。況且，這二十一事分屬"合同異"、"離堅白"兩個學派，前者是純綜合學派，後者是純分析學派，思想體系有如水火；因此，這二十一事不僅不能算在哪一個辯者的名下，也不能算在哪一個學派的頭上。把它都一股腦地加給公孫龍，就更不合適了。

當然，如果反過來，說公孫龍與這二十一事全無瓜葛，也同樣不對。公孫龍既是後來的"辯者之尤"，當然會接受這二十一事中的某些事，反對其中的另些事，以推行自己的詭辯。不過，接受的方法從來就有兩種：一種是原封接受前人的字句，把那些已陳芻狗的東西，拿來嚼蠟；一種是接受前人的精神，用自己的語言予以發展。公孫龍既已稱"尤"，當係採用後一接受方法無疑。

因此，可以相信，二十一事不一定非在《公孫龍子》中重複出現不可！因此，二十一事如果不具體出現於今六篇中（只有"雞三足"一見），不一定斷定它非保存在其他八篇中不可！

事實也正是這樣證明的。公孫龍的主要論題"白馬非馬"、"堅白石二"、"二無一"，就不是二十一事所能容納得了的。二十一事在惠施時代，辯者可以相訾相應，終身無窮；到了公孫龍時代,《墨經》已將出現或已經出現的時代,它就成了牙慧唾餘了。

所以,不必有另外八篇來論辯二十一事;或者說,根本就沒有其他八篇。

當然,要能確信根本沒有其他八篇的推論,還得研究一下被指名於公孫龍的那《列子·仲尼篇》七事。

《列子》雖說是僞書,但其資料多出姬漢故籍(據馬敍倫《列子僞書考》);我們並不能"一僞了之",還得認眞對待。

"白馬非馬"已見六篇,自不待言。"孤犢未嘗有母"條,雖說和"白馬"同一方式("孤犢非犢"),但卻不一定由公孫龍論辯過。因爲張湛在注此條時說:"不詳比義"。如果公孫書其他八篇中申繹此事,張湛晉人,當有所知。① "有指不至"、"有物不盡"、"有影不移"三條,張湛注云"惠子曰",蓋此三條俱見"二十一事",張湛並不知它們和公孫書有何關係。"髮引千鈞",見於《墨經》,爲物理學派辯者的論題;公孫龍以游戲物理見稱,當不會於其他八篇中持此爲論。"有意不心"一條,前人多不得其解,因而很難確定它的版權。我以爲,"意"和"心"的關係問題,即"思維"和"思維器官"的關係問題,當是當時辯者的一個紐結。《墨經上》有"循所聞而得其意,心之察也"、"執所言而意得見,心之辯也"兩條,正是解釋"意"、"心"關係的一種意見;"有意不心"則與之正相反對,否認"意"與"心"的聯繫,倒和《堅白論》中所表達的觀點頗爲接近。這一條,比二十一事時代的問題深入得多,公孫龍或曾專門論過此事,也未可知。②

《仲尼篇》七事,大多數失眞;只此一條,實難舖陳至八篇之多!

或曰:此外尚有"臧三牙"、"臧三耳"、"冰不寒"諸條,都見於漢以前的典籍中,加在一起,湊不成八篇嗎?

按"臧三牙"見於《呂覽》,"臧三耳"見於僞《孔叢子》,所記均爲孔穿與公孫龍辯於平原君所事;"牙"當係"耳"字之誤。此條不見於《跡府》,已屬可疑(《跡府》中盛記孔穿與公孫龍爭辯事)。另外,如果"臧三耳"與"鷄三足"爲同一方式的論題,在公孫龍時代,實不值得大辯特辯("鷄三足"在《通變論》中,是一個很次要的論題,是爲"二無一"這個更高的論題服務的一條"公理")。又按宋人謝希深注《堅白論》"離也者,藏也"云:"《呂氏春秋》曰:公孫龍與孔穿對辯於趙平原家,藏三耳,蓋以此篇爲辯。"則"臧三耳"或與《堅白論》的"藏三可乎"有關。所以王啓湘在《公孫龍子校詮·敍》中說:"因臧獲之'臧'及藏匿之'藏',古均作'臧',淺人不知'臧'爲藏匿之'藏','耳'爲而已之義,乃疑'臧'爲臧獲之臧,'耳'爲耳目之耳,……此'臧三

---

① 南梁人劉勰於《文心雕龍·諸子篇》中云:"公孫之白馬孤犢,辭巧理拙;魏牟比之鴞鳥,非妄貶也。"按劉氏此說,或採自《莊子》,惟不可據信。即"魏牟"一句,已見其未覩原書,孤犢之說,當亦純憑記憶。

② 杜國庠先生從分析今六篇出發,也得出了這個結論。他說:"公孫龍怎樣能解釋知識的成立?各種感覺怎樣統一起來,是不是由於心官,即所謂神?這些問題是必須解答的。我想他總不會付諸不問之列。但在現存六篇之中,卻找不到答案,或許在亡佚的八篇中說到,也未可知,可惜書缺有間,無可稽考。"(《論公孫龍子》)

耳'之說所由來也。"王說頗具卓見。如此，"臧三耳"之辯，或係堅白之辯，當有可能。其不必另列單篇，自不待言。

"冰不寒"與"炭不熱"，見於高誘《淮南子》注。"炭不熱"即二十一事的"火不熱"，"冰不寒"與之雷同。這類論題與"目不見"一樣，在公孫龍時代，也只能充當主要論題的支點，不足成爲專門討論的對象。

所以，六篇之外，別無值得論辯的"詭辭"。原書只有六篇，《漢志》"十四"乃"六"字之誤，似乎可以成立。

四、六篇之內

六篇以外無餘義，《漢志》"十四"乃"六"之誤，此說須以六篇不僞爲前提。如果六篇非眞，則上述一切推論都是空的。黃雲眉先生的疑問正是這樣提出的。因此，有必要補論一下六篇的眞實性和完整性。

從這六篇的內容、歷史的環節以及它作爲時代的聲音來論證六篇不僞的工作，杜國庠先生已做得很多而且很好，這是用唯物史觀進行考據工作的一個重要方面。我在這裏，想稍微補充一點。

公孫龍是作爲惠施的對立面出現於思想史的。惠施及其學派的特點是"合同異"，是從事物變動不居的特性出發，加以誇大，直至主張"卵有毛"、"犬可以爲羊"；公孫龍及其學派的特點是"離堅白"，是從事物相對穩定的特性出發，加以誇大，直至主張"二無一"、"白馬非馬"。合同異派認爲事物是絕對的否定；離堅白派認爲事物是絕對的肯定。合同異派是古代樸素辯證法的畸形產物；離堅白派是後來形式邏輯的早熟嬰兒。這一根本的歷史的不同，也決定了他們論辯方法的不同：惠施學派從宇宙論角度着眼，即所謂"歷物"，但完全捨棄人的感性認識的眞實性；公孫龍學派從認識論角度入手，即所謂"析辯抗辭"，但完全捨棄人的理性認識的眞實性。從惠施到公孫龍，是從一個極端到另一個極端，後來的墨家辯者，則是他們的批判的綜合。

《公孫龍子》六篇，就是這一思想發展狀況下的產物，就是這根思想鏈條上的必要一環。除《跡府》一篇是傳略性的紀錄外，其它五篇，實在是一個完整的不可或缺的體系。《名實論》是通論性質的東西，它表明立言宗旨和論辯準則，並爲一些基本範疇定立界說。《指物論》是解決思維和存在關係或名實關係的，是全書的理論基礎。《通變論》中提出了方法論或變化觀，以變非不變、對立不能統一的形而上學觀點爲全書奠立了方法論基礎。《白馬論》和《堅白論》，則是這些觀點的具體運用和例證：《白馬論》以簡單判斷論證，《堅白論》以複合判斷論證。（詳見拙著《公孫龍辯哲學批判》，載《文史哲》1963年第4期）

這就是公孫龍學說體系的大概。這一體系的完整程度和周密程度，是同時代的其他人所不曾達到的；而在公孫龍這裏，則與他"析辯抗辭"的特點有關，我們不必因此懷疑書出後人僞作。後人沒受那個時代的熏陶，坐在房子裏是完全僞造不出來的。我們倒應該由此提出這樣的問題：如果書亡八篇，爲什麽這六篇這樣密合無間？設或殘存的六篇正好是一組，那末其他八篇中又該說些什麽？

因此我相信，原書本來只此六篇，《漢志》所記應該有誤。

此外，要證明這六篇的眞實性，當然還可從遣詞用句上做點考證。比如，書中的許多術語（"位"、"正"、"正舉"、"狂舉"……），都是當時辯者的"行話"；許多論題，和《墨經》、《莊子》有相通處；他如"以""與"互訓、"而""如"互訓、"也"訓"耶"等，也是作僞者不易作成的（傅山注在這點上頗有發明）。

因此，六篇的眞實性，是可信的。

六篇中只有第一篇《跡府》有點蹊蹺。它頭一句就說："公孫龍，六國時辯士也。"這一句話，是六國時候人根本說不出來的。因此有人懷疑至少這一篇係後人輯成。我想，不僅第一篇，甚至整個全書，都很可能是他的弟子（綦毋子之屬）於秦時編定的。而第一篇，則是一個簡要的言行錄，由弟子們寫定。這第一篇也不會是漢以後人的僞作。因爲如果後人作僞，在寫到與孔穿會於平原君家時，不會不摘錄《呂覽》上的那個"臧三牙"。《跡府》中沒有"臧三牙"，正可證明它的作者相信自己勝過相信《呂覽》。

所以，今本《公孫龍子》正是古本《公孫龍子》（當然，個別地方有衍脫誤乙，那是另外一回事），我們不必因《漢志》的"十四篇"而懷疑這六篇，倒應用這六篇去懷疑《漢志》的"十四篇"。這就是結論。

1962 年 11 月 21 日

〔附記〕稿成後五日，又讀《直齋書錄解題》，始見"公孫龍子"條的"漢志十四篇"句下，原有"案漢書藝文志六十四篇，此云十四篇，誤"等注語，大喜過望；甚悔以前抄書，不及小注，實屬疏忽。惟遍查今存各本《漢志》，竟無所發現，又覺恨然。

按今本《直齋書錄解題》注有二種。一爲隨齋注；一出四庫館。上注乃四庫館之校注。注者說得如此肯定，且以正人之非，當非無稽。我雖查無實據，他卻事出有因。

應有辨者：若據此注逐信《公孫龍子》或有"六十四篇"，自屬輕率；以此注反證"詭辭數萬"可從，亦嫌不察。蓋先秦諸子未有此五車巨數也。因疑《漢志》或原作"六篇"，後轉抄致誤爲"十四篇"；更後，校書者見一本爲"六"，一本"十四"，乃注"六"字於"十四"旁，或逕改訂爲"六十四"，遂有"六十四篇"之本，如四庫館所見。

此一推測如尚合理，則我之"漢志六篇"說又得一證矣。因原文已完稿，特附記於此，以待來日。

介紹一種新發現的南明史料——《尊攘略》

朱 偰

　　最近南京圖書館從浙江寧波舊藏書家中，購得一種新發現未見著錄的南明史料《尊攘略》稿本一冊，不分卷，下署“明州慚隱罷夫氏纂”。此書係用編年史體裁，敍述明弘光元年(公元 1645 年)至永曆十年(1656年)前後十二年間南明抗清鬥爭事跡，頗多第一手材料；其中有些記載，是其他南明史料中所未及的。

　　現在保存下來南明人寫的直接史料，並不太多。以魯王監國一朝而論，有的見過書目，但迄今未見傳本。吳鍾巒的《文史》，李文靖的《南疆逸事》，確已失傳的，姑不必論；他如于穎的《今魯史》、周齊曾的《魯春秋》、張煌言的《四明紀事》，存亡都未可知。至於流傳下來有刻本的，也只有黃宗羲的《監國紀年》(經我考證，係黃宗羲作，與《行朝錄》中的《魯紀年》大同小異，而較爲詳實。)、查繼佐的《魯春秋》、任光復的《航澥紀聞》、馮京第的《浮海記》、張煌言的《北征紀略》。

　　根據署名，說明作者是寧波人，是明朝的遺民。書中稱錢肅樂爲“先忠介”或“希兄”，稱錢肅典爲“吾弟協靈”，則著者是肅樂之弟，肅典之兄。考《南疆逸史》、《魯之春秋》、《小腆紀傳》等書中錢肅樂傳，肅樂字虞孫，號希聲，有胞弟四人，從弟三人，都參加過抗清鬥爭。其中五弟叔范死於永曆三年 (1649年)福安被圍之役；七弟肅遴死於永曆十三年 (1659年)張煌言再入長江兵敗之後；九弟肅典死於永曆十年 (1656年)清兵再下舟山渡海告警之時，都不可能有時間來寫這部《尊攘略》。只有四弟肅圖活得最久。錢肅圖從 1645年寧波起義起，到 1651 年舟山失守爲止，前後參加抗清鬥爭，凡歷六年，轉戰浙江、福建沿海各地。據《小腆紀傳》記載，他在魯監國朝曾任御史，錢肅樂死後，他與五弟肅范協助劉中藻守福安，福安城破，他跑到舟山；後舟山又破，被執不屈，將臨刑，監刑者和他熟識，忽然釋放了他。他死裏逃生，回到家鄉，“見兄弟相繼殉國，聞監國薨於台灣(應作金門)，鬱鬱不得志，而故國故君之感，未嘗一日去懷”。因此，我們認爲《尊攘略》一書出於錢肅圖之手，證以另一稿本《東村文集》，更可斷定二書都是他一人所作。

　　這本書在史料方面，有幾點值得注意的：第一，這部書出自抗清鬥爭參與者的親手記載，保存了許多直接史料。其中有的史料，爲其他南明史料中所未見；有的記載，也比其他南明史料更爲生動，更爲詳盡。如記載 1648 年(永曆二年)義師圍攻福州之役；1649 年(永曆三年)清兵圍攻福安之役，都是作者身親目覩，寫來特別生動。又如記載 1651 年(永曆五年)清兵第一次破舟山，分兵三路進攻，明軍亦三路禦敵；以及阮進拒敵螺頭洋，舟山人民抗擊清兵等，文筆十分生動，而且比其他有關史料更爲詳盡；第二，保存一些“異聞”和獨到的見解。如黃道周殉國，一般都說是在南京明故宮東華門外，此書則說是“過一橋，見清流可愛，曰：‘此即吾死所矣’。端坐不去，遂(被)害於橋上”。其中對於舟山守將黃斌卿被王朝先所殺，認爲“不得其死”，替他辯護，說他“扼守舟山，猶得爲大明一塊乾淨土，斯亦無負於國家者矣；且其聲勢奔動，虜方虓虢震恐，不敢逼視；虜治水師，則密遣人應募，需其成，揚帆來歸，獲艘無算；虜守關將卒，密給重糧，解彼手足，爲吾腹心，則又智勇不露者矣”。他對於黃斌卿的評價，和歷來歷史學家的看法不同；第三，書中所發史論，也頗有眼光，可說是屬於地主階級中較進步的方面。如對於農民起義軍的態度，就和黃宗羲、顧炎武等人不同，對於李自成舊部和南明隆武政權合作，共同抗清，他表示歡迎，認爲：“隆武此舉，誠足鼓勵人心，故能使英賢效命；至今保有沅、湘，猶留中朝半壁者，卒賴其力也夫！”對於金聲桓在江西反正，擁兵數十萬，精銳堪戰，而不乘勝出兵，坐失大好時機，再三致以慨嘆。對於南明小朝廷在戎馬倉皇驚敵境的時候，還要點綴昇平，開科取士，他加以痛罵道：“使腐爛八股，有當經濟，我明三百年來，取士不少，顧何以胡馬一嘶，竟隨風振槁乎？”凡此種種，都是他持論比較進步的地方。

《太平經》目錄考

王　明

　　《太平經》爲後漢道教原始的經典。原書一百七十卷，現存唯一的本子是明正統《道藏》本，僅殘存五十七卷。另有《太平經鈔》十卷，除第一卷甲部外，都是唐閭丘方遠依經節鈔的文字，可以略補《太平經》的缺佚。但是《道藏》本《太平經》和《太平經鈔》兩書都沒有總的目錄，拙編《太平經合校》（中華書局一九六〇年出版）依據《太平經》殘存的篇目和《太平經鈔》裏可以鈎稽出來的篇名，從卷一至卷一百七十，編了一個總目。凡有篇卽標目，不能確定題目的則書《闕題》。由於《太平經鈔》節錄經文，不一定每篇必錄，而所節錄的文章，又不一定裸露經文的題旨，所以依據《太平經鈔》編目是有困難的，而且所編的部分目錄也未必能够完全符合《太平經》原有篇目的情況。這說明依仗《太平經鈔》補足《太平經》缺佚的篇目殆爲不可能之事。

　　英國倫敦博物館藏敦煌經卷（卽前爲斯坦因所劫走的部分）裏有《太平部卷第二》(S. 四二二六號)。其中有手抄《太平經》總目，並有前言（殘缺不全）和後記（"經曰"和"緯曰"云云）。總目包括甲、乙、丙、丁、戊、己、庚、辛、壬、癸十部，每部十七卷，共一百七十卷，三百六十六篇（其中脫漏五篇，實際上只有三百六十一篇）。大體說來，是現今所見相當完整的目錄。它的功用，一則可以跟《太平經》殘存的篇目作比較，二則可以窺見《太平經》本文遺缺的篇目。可惜抄寫這個敦煌本《太平經》目錄（以下簡稱《敦煌目》）的人並無什麽學問，加以草率從事，或者由于輾轉抄寫之故，所以錯字疊出，漏字也很多，甚至把整個篇目都遺漏了（下文校訂目錄時將隨文指明）。這是一個嚴重的缺點。

　　《敦煌目》的優點在於它的完整性。《太平經合校》（以下簡稱《合校》）的總目，有經文則有篇目，無經文而有鈔文的也儘可能編列篇目，既缺經文又無相當的鈔文，當然沒有目錄了。《太平經》經文既然殘缺甚多，所以篇目也相應地缺佚很多。依照《敦煌目》，可能從《太平經鈔》裏找出若干不大顯明的篇目，但是不可能把相當的篇目全部找出來。

　　《敦煌目》貴在完整。正統《道藏》本《太平經》篇目雖則殘缺不全，但也可以部分地校正
《敦煌目》文字上的脫漏和紕繆。二者相須爲用，儘量恢復原來的眞實面目。

　　現在依照甲、乙、丙、丁、戊、己、庚、辛、壬、癸十部，分別參訂《敦煌目》、正統《道藏》本
《太平經》及《太平經鈔》可能找出的篇目（也即參訂《合校》本總目），並且加以必要的說明。
如果沒有《經》和《鈔》的篇目可參訂，那末錄存《敦煌目》。

甲　部

　　《太平經》甲部十七卷全佚。明正統《道藏》本《太平經鈔》甲部是僞書，我曾在前《歷史
語言研究所集刊》第十八本上發表拙撰《論太平經鈔甲部之僞》。這個論斷，現從《敦煌目》裏
得到進一步的證實。《太平經鈔》甲部的內容，約略見於《敦煌目》的後記裏，它不是《太平經》
的正文。《太平經》甲部十七卷正文的篇目，悉見於《敦煌目》，與《太平經鈔》甲部的內容絕不
相涉，倒是跟《太平經鈔》最後一個部帙癸部相當，這是一個可注意的有趣現象。《雲笈七籤》
卷六"四輔"引《太平經》甲部第一"書有三等，一曰神道書，二曰覈事文，三曰浮華記"云云，
正見於《太平經鈔》癸部。可見《鈔》癸部相當於《經》甲部，可無疑問。現將《敦煌目》中《太
平經》甲部與《太平經鈔》癸部可能找出的篇目做一比較：

敦煌目《太平經》甲部		《太平經鈔》癸部
太平經卷一	自古盛衰法第一	自占可行是與非法
太平經卷二	卻不祥法第二	以自防卻不祥法
太平經卷三	盛身卻災法第三	盛身卻災法
太平經卷四	思本正行法第四	分別形容邪自消淸身行法
太平經卷五	道神度厄法第五	通神度世厄法
太平經卷六	賢不有自知法第六	賢不肯自知法
太平經卷七	利尊上延命法第七	夷狄自伏法
太平經卷八	循古文法第八	明按：本文疑與《鈔》癸部第八頁"是道修古文"至"雖災厄亦可愈也"一節相當。
太平經卷九	王者無憂法第九	王者無憂法
太平經卷十	還神邪自消法第十	還神邪自消法
太平經卷十一	和合陰陽法第十一	和合陰陽法
太平經卷十二	令人壽法平法第十二	令人壽治平法
太平經卷十三	七事解迷法第十三	七事解迷法
太平經卷十四	救四海知優劣法第十四	救四知優劣法

太平經卷十五　　　　清身守一法第十五

太平經卷十六　　　　時神効道法第十六　　　　　　　是神去留効道法

太平經卷十七　　　　救迷輔帝王法第十七　　　　　　救迷轉帝王法

　　以上《太平經》甲部卷各一篇，《太平經鈔》癸部的篇目大體與之相當。大多數篇名彼此相同，如《盛身卻災法》、《道神度厄法》（《鈔》“道”作“通”，“度”下有“世”字）、《賢不肯自知法》（《敦煌目》“肯”誤作“有”）、《王者無憂法》、《還神邪自消法》、《和合陰陽法》、《令人壽治平法》（《敦煌目》“治”誤作“法”）、《七事解迷法》、《救四海知優劣法》（《鈔》奪“海”字）、《救迷輔帝王法》（《鈔》“輔”誤作“轉”）等。有些篇名，彼此只是文字繁簡不同，如《敦煌目》的《卻不祥法》，《鈔》作《以自防卻不祥法》。《敦煌目》的《時神效道法》，《鈔》作《是神去留效道法》，多“去留”二字，“時”作“是”，這是異文。有些篇目彼此不同，如《自古盛衰法》、《鈔》作《自占可行是與非法》，疑“古”係“占”字之誤；《思本正行法》，《鈔》作《分別形容邪自消清身行法》。至於《利尊上延命法》，《鈔》只有《夷狄自伏法》好像是題目；但《鈔》的本文亦有“一曰延命，夷狄自伏法萬種”云云，可見“延命”和“夷狄自伏”都是構成這篇經文的主要內容。從表面上看來，好像這兩個篇題並無什麼聯繫，實際上說的是一回事。《合校》本沒有《循古文法》篇，今按《夷狄自伏法》下文“是道修古文”云云，似即相當於《循古文法》，“修”亦作“脩”，“循”疑係“脩”字之誤。惟《敦煌目》的《清身守一法》篇，不見於《太平經鈔》，或者由於《鈔》不是每篇經文必定節錄的緣故吧。

　　從此可見《敦煌目》的《太平經》甲部十七篇，大體上是跟《太平經鈔》癸部的篇目相同。那末《鈔》癸部的內容相當於《經》文甲部，殆無疑義。

　　《雲笈七籤》卷四十九《玄門大論三一訣》云：“第六太平三一，意神、志神、念神，出第一卷《自占盛衰法》。”這篇《自占盛衰法》正見於《敦煌目》第一卷。從此可知《雲笈七籤》所引《玄門大論三一訣》，它正是採用了《太平經·甲部》未佚以前的原來的篇目。

乙　　部

　　乙部經文全佚。《敦煌目》乙部二十三篇。《合校》本依據《太平經鈔》乙部文字分爲十四篇。現將《敦煌目》與《合校》本可以對比的篇目列表如下，以資比較，並加必要的說明。

　　　　　　　　敦煌目《太平經》乙部　　　　　　　　　　　《合校》本乙部

　　太平經卷十八　　　　順道還年法第十八　　　　　　合陰陽順道法

　　太平經卷十九　　　　錄身正神法第十九　　　　　　令人自知法

　　太平經卷廿　　　　　師策文第廿

　　太平經卷廿一　　　　脩一卻邪第廿一　　　　　　　脩一卻邪法

太平經卷廿二	以樂卻災災法第廿二	闕題
太平經卷廿三	實核人情法第廿三	
太平經卷廿四	分別人善惡法第廿四	
太平經卷廿五	神眞行寬乘法第廿五	
太平經卷廿六	聖眞食神法第廿六	調神靈法
太平經卷廿七	守一明之法第廿七	守一明法
太平經卷廿八	習善行得福法第廿八	
太平經卷廿九	行道有優劣法第廿九	闕題
太平經卷卅	行神決書法第卅	名爲神訣書
太平經卷卅一	和三五與帝王法第卅一	和三氣興帝王法
太平經卷卅二	安樂王者法第卅二	安樂王者法
太平經卷卅三	懸象神第卅三	懸象還神法
	數憶萬世道二出決第卅四	
太平經卷卅四	占上古流災法第卅五	
	占中古流家法第卅六	
	占下古流災第卅七	
	救承負法第卅八	
	造作經書法第卅九	
	解承負法第卅	解承負訣

《合校》本的《令人自知法》篇目係札錄鈔文而定。現據《敦煌目》，應將上篇"錄身正神"句移置下篇爲題目。細玩《鈔》文，所謂"錄身正神，令人自知法"，或係篇旨文字。因爲在《太平經》許多篇章裏，往往旣有題目又有篇旨，題目在本文之前，文字比較簡潔；篇旨在本文之後，文字比較冗長。篇旨也可以叫做章旨。

《師策文》的經文原佚，但見存於《太平經鈔》丙部第二十二葉和《歷世眞仙體道通鑑》卷二十《于吉傳》。按照《太平經鈔》所載，《師策文》和《解師策書》同在丙部，前後銜接。《解師策書訣》旣然在《太平經》卷三十九，那末把《師策文》補在第三十八缺卷裏，似乎沒有什麼問題。不知《敦煌目》何以將《師策文》列入乙部卷二十。按《鈔》乙部文字裏，毫無《師策文》的痕跡。這裏，不知《敦煌目》鈔寫是否有誤，或者是《敦煌目》所根據的本子和明正統《道藏》本《太平經》有所不同的緣故吧！

《敦煌目》的《以樂卻災法》（原文多衍一"災"字，今刪）第廿二，《合校》本作《闕題》，並於註文中說："以樂治身守形順念致思卻災"十二字疑係篇旨，當在篇後。依《太平經》

通例，題目文字比篇旨文字簡約，所以這十二字的篇旨，在題目裏只有"以樂卻災法"五個字了。

《敦煌目》的《行道有優劣法》一篇似與《太平經鈔》乙部第五葉"行道優劣"以下一節文字相當。應從《合校》本《守一明法》分出，與下文《闕題》一段合併成篇。

《敦煌目》的《和三五與帝王法》，據《鈔》乙部第七葉文字校勘，"五"係"氣"字之誤，"與"係"興"字之誤。

《合校》本另有兩個闕題，與《敦煌目》無法對比，所以缺而不書。

丙 部

《太平經》丙部卷三十五、三十六、三十七篇目與《敦煌目》全同。惟《敦煌目》有個別錯字，經卷三十五《興善止惡法》，《敦煌目》"止"誤作"心"。三十六卷《守三實法》，《敦煌目》誤作《守別三實法》。三十七卷《試文書大信法》，《敦煌目》"試"譌作"誠"。又《五事解承負法》，《敦煌目》"五"譌作"立"。

卷三十八經文原缺，《合校》本據《太平經鈔》補《師策文》，適與次卷《解師策書訣》相連。按諸《鈔》文，先後亦相應。但《敦煌目》作《守一法》，未明所以。

《經》卷三十九篇目與《敦煌目》全同。

《經》卷四十共三篇。《努力爲善法》，《敦煌目》誤"努"爲"怒"，足見抄寫的人缺乏一般文化的修養。《敦煌目》更脫漏《分解本末法》第五十三一篇，而以次篇《樂生得天心法》移充第五十三，缺第五十四。

《經》卷四十一至卷五十一的十一篇篇目與《敦煌目》大體相同，惟稍有異文。如卷四十一《佟古文名書訣》，《敦煌目》"佟"作"救"。卷四十二《九天消先王災法》，《敦煌目》空"災"字。又《驗道眞僞訣》，《敦煌目》脫"眞"字。卷四十四《案書明刑德法》，《敦煌目》"刑"譌作"形"。卷四十六《道無價却夷狄法》，《敦煌目》"狄"訛作"扶"，"法"誤作"治"。卷四十七《服人以道不以威訣》，《敦煌目》"威"誤作"成"。卷五十《去邪文飛明古訣》，據《敦煌目》"古"係"占"字之譌。《丹明耀禳邪訣》，《敦煌目》訛作《丹明雖圖取》。《天文記訣》，《敦煌目》"訣"誤作"訖"。《灸刺訣》，《敦煌目》"灸"誤作"刻"。《諸樂古文是非訣》，"樂古"二字《敦煌目》誤作"藥石"。

丁 部

《太平經》丁部原缺第五十二卷，《合校》本據《太平經鈔》補，題曰《胞胎陰陽規矩正行消惡圖》。《敦煌目》爲《胞胎陰陽圖決》，文簡而意合。蓋前者原爲篇旨，後者才是題目。卷五十三《分別四治法》第七十九，依《敦煌目》應作第八十。卷五十四、五十五的篇目與《敦煌目》同。唯五十五卷《知盛衰還年壽法》，《敦煌目》缺"壽"字。

《經》丁部原缺第五十六卷至六十四卷，《合校》本據《太平經鈔》略補，皆爲闕題。現據《敦煌目》，迻錄如下：

太平經卷五十六　　　　與神約束決第八十四

　　　　　　　　　　忠孝益年決第八十五

　　　　　　　　　　思善改惡法第八十六

　　　　　　　　　　善人作神法第八十七

太平經卷五十七　　　　曆術分別吉凶決第八十八

　　　　　　　　　　禁酒法第八十九

太平經卷五十八　　　　上下失治法第九十

太平經卷五十九　　　　陰陽施法第九十一

太平經卷六十　　　　　觀物知道德決第九十三

　　　　　　　　　　天地誡第九十二

　　　　　　　　　　書用丹青決第九十四

太平經卷六十一　　　　天子皇后政決第九十五

太平經卷六十二　　　　解天寵(?)九人決第九十六

太平經卷六十三　　　　分別九人決第九十七

太平經卷六十四　　　　求壽除災決第九十八

以上共計九卷十五篇。第九十三、九十二兩篇數字互訛。約略見於《鈔》文的，有《與神約束決》、《曆術分別吉凶決》、《禁酒法》、《上下失治法》、《陰陽施法》、《觀物知道德決》、《書用丹青決》、《天子皇后政決》、《解天寵九人決》、《求壽除災決》等。

《經》卷六十五至六十八的篇目與《敦煌目》同。惟卷六十八《誡六子訣》，《敦煌目》奪"子"字，就不好理解了。

戊　　部

《太平經》戊部卷六十九、七十、七十一、七十二篇目釐然，與《敦煌目》大體相符合。惟文字略有出入。卷六十九《天讖支干相配法》，《敦煌目》"讖"譌"識"，"法"作"決"。卷七十《學者得失訣》，《敦煌目》作《學者是非決》。卷七十一《眞道九首得失文訣》，《敦煌目》作《九道得決》，疑有奪文；又《致善除邪令人受道戒文》，《敦煌目》作《度世明誡》。由此可知明正統《道藏》本《太平經》與敦煌出《太平經》目錄異本異文的概況。

《經》卷七十三至卷八十五全缺。《合校》本以《太平經鈔》略補，統曰闕題。敦煌出篇目具在，逐錄如下：

太平經卷七十三	入室證訣第一百十二
	齋辭設五儀法第百十三
	塗室成神仙法第百十四
太平經卷七十四	善惡閒圖決第百十五
太平經卷七十五	圖畫正根決第百十六
太平經卷七十六	證上書徵驗決第百十七
太平經卷七十七	使四時神吏注法第百十八
太平經卷七十八	入室存思圖決第百十九
太平經卷七十九	神吏尊卑決第百廿
太平經卷八十	占中不中決第百廿一
太平經卷八十一	得道長存篇第百廿二
太平經卷八十二	自知得失決第百廿三
太平經卷八十三	經學本末決第百廿四
太平經卷八十四	大人存思六甲圖第百廿五
太平經卷八十五	師明經圖傳集第百廿六

以上十三卷十五篇，在《鈔》戊部裏，有些約略可見其形跡，如《善惡閒圖決》、《圖畫正根決》、《入室存思圖決》、《占中不中決》、《得道長存篇》、《自知得失決》。有些就連影兒都找不到了。

己　　部

《經》己部卷八十六、八十八、八十九、九十、九十一、九十二、九十三諸篇目與《敦煌目》同。惟《敦煌目》文字閒有錯落，如第九十卷《寃流災求奇方訣》，《敦煌目》訛作《寃流災花埼決》。第九十二卷《萬二千國始火始氣訣》，《敦煌目》少"始氣"二字；又《洞極上平氣無蟲重複字訣》，《敦煌目》"重複字"訛作"僮複家"。第九十三卷《方藥厭固相治訣》，《敦煌目》"方藥厭固"誤作"方樂廢同"；又《國不可勝數訣》，《敦煌目》誤添作《効言不効行國不可勝數訣》；而《効言不効行致災訣》，《敦煌目》反而遺落上五字，只剩下《致災訣》三字，不知所謂。又《敬事神十五年太平訣》，《敦煌目》脫"平"字。至於經文第八十七卷原缺，《合校》本據《鈔》略補，闕題，《敦煌目》則標爲《長存符圖》，正好補充。

九十四至九十五兩卷，經文原缺。《合校》本據《鈔》略補其文，闕題。而《敦煌目》在此竟有九篇之多，現錄如下：

太平經卷九十四　　　　司行不司言決第百四十二

五壽以下被承賓災決第百四十三　明按：“賓”疑係“負”字之譌。

壽命奇不望報陰祐人第百四十四

自受自奴決第百四十五

腸(?)決第百四十六

太平經卷九十五　　　　各用單言孤辭決第百四十七

欺上禁三道文致亂決第百四十八

上書十歸之神眞命所屬決第百四十九

善惡人受眞人爲賢工決第百五十

以上諸篇中，有的文字不大清晰，有的文意不可曉，恐有脫漏和訛繆。

《太平經》卷九十六至一百二諸篇篇目與《敦煌目》大體相同。惟《經》卷九十六《六極六竟孝順忠訣》，《敦煌目》“忠”誤作“思”。《忍辱象天地至誠與神相應大戒》，《敦煌目》奪“大”字。卷九十七《妒道不傳處士助化訣》，《敦煌目》“妒”誤作“知”；“化”作“他”。又《事師如事父言當成法訣》，《敦煌目》“事師如事父”訛作“事法如父”。卷九十八《神司人守本陰祐訣》，《敦煌目》“人”誤作“又”；《核文壽長訣》，《敦煌目》“核”誤作“依”；《男女反形訣》，《敦煌目》“反”譌作“及”。尤其令人詫異的，在九十八卷裏，《敦煌目》竟脫漏了兩個整整的篇目：《包天裹地守氣不絕訣第一百六十》和《署置官得失訣第一百六十一》。

《經》卷一百二《位次傳文閉絕卽病訣第一百六十六》，《敦煌目》誤作《經文都數所位次傳文閉絕卽病訣第百六十六》；而第一百六十七篇《經文部數所應訣》，《敦煌目》漏了前五個字，只剩下《應訣》二字。這是《敦煌目》把後一篇題的“經文部數所”五個字錯加到前一篇題上去，又將“部”字訛作“都”，以致這兩個篇題長的不當這樣長、短的不當這樣短。

庚　部

《經》庚部第一百三卷至一百十九卷篇目與《敦煌目》大體相同。惟卷一百三《虛无无爲自然圖道畢成誡》，《敦煌目》“无无爲”訛作“天天夕”，又末脫“誡”字。卷一百四《興上除害複文》，《敦煌目》“興”譌作“與”。卷一百八《要訣十九條》，《敦煌目》誤作《要決十八》；《瑞議訓訣》，《敦煌目》“瑞議”訛作“部誡”。卷一百九《四吉四凶訣》，《敦煌目》“凶”上脫“四”字。卷一百十一《有德人祿命訣》，《敦煌目》“祿”誤作“保”；《有知人思慕與大神相見訣》，《敦煌目》誤作《有知愈藥與大人相見》；又《有心之人積行補眞訣》第一百八十四，《敦煌目》前移至卷一百十第一百八十篇，又將“補”字誤作“輔”。卷一百十二《貪財色災及胞中誡》，《敦煌目》“胞”作

“胎”；《書寫不用徒自苦誡》，《敦煌目》脫“用”字；《有過死謫作河梁誡》，《敦煌目》“謫”譌作“誦”，又奪“河”字。

《經》卷一百十四《某訣》，《敦煌目》作《孝行神所敬決》。正統《道藏》本《太平經》《某訣》題目之後，正文之前，首行標揭“前文原缺”四字，即謂原來正文的一部分和題目一併佚去，於是編者姑置“某訣”二字。今據《敦煌目》，《孝行神所敬決》就是它原來的題目。又《不孝不可久生誡》，《敦煌目》“久”譌作“之”。《不可不祠訣》，《敦煌目》“祠”上脫“不”字。《天報信成神訣》，《敦煌目》“天”訛作“王”，“成”譌作“威”。《不用書言命不全訣》，《敦煌目》“全”訛作“令”。《不承天書言病當解謫誡》，《敦煌目》“解謫”二字誤作“謫”。

《經》原缺卷一百十五，《合校》本據《太平經鈔》補了兩個闕題。今按《敦煌目》。這兩個題目就是《神書靑下丹目決》二百四和《苦樂斷刑罰決》二百五。卷一百十六《某訣》，相當於《敦煌目》的《音聲儛曲吉凶》二百六。這裏的《某訣》，跟卷一百十四《某訣》同樣的情況，也是後來編目的人所追加的。

《經》卷一百十七《天咎四人辱道誡》，《敦煌目》漏了這一篇題。又《天樂得善人文付火君訣》，《敦煌目》“得”誤作“淳”。卷一百十八《天神考過拘校三合訣》，《敦煌目》誤作《天神過物授三合決》。卷一百十九《三者爲一家陽火數五訣》第二百一十二，《敦煌目》卷一百十八把它分作兩篇：《三者爲一家決》第二百十一和《陽火數五決》第二百十二。又《道祐三人訣》，《敦煌目》誤作《首宥亡人決》。

辛 部

《太平經》辛部十七卷全佚。《合校》本卷一百二十至一百三十六係據《鈔》略補，並無題目。現照《敦煌目》，逐錄如下：

　　以上各篇大旨,約略見於《太平經鈔·辛部》的,計有:《不食長生法》、《占相乃不能救決》、《閉藏出用文決》、《三道集炁出文男女誦行決》、《人腹各有天子文歸赤漢決》、《圖畫多夷狄却名神文決》、《九事親屬兄弟決》、《不効言成功》、《上士善言教人增筭決》、《隨俗接文決》、《象文行增筭決》、《陽盛兵刃消決》、《賜遺決》、《太平炁至大效決》、《選舉近曆文》、《官舍衣食千決》、《思人若響隨人決》、《斗前後六辰生死決》、《力學反自然之炁決》等篇。此部篇題文字訛奪的恐復不少,因無文對勘,故從缺。

壬　部

　　《經》壬部十七卷全佚。《合校》本卷一百三十七至一百五十三據《太平經鈔》和《三洞珠囊》略補,並無題目。現據《敦煌目》,逐錄如下:

安危貧富能順文言和天立得決二百七十五

太平經卷一百四十一　　天道助窮太平君臣不得相無決二百七十六

效請雨止決二百七十七

太平經卷一百四十二　　五德神人兵馬圖決二百七十八

靈祇鬼精決二百七十九

符刺及咒法二百八十

太平經卷一百四十三　　天知人過長生戒二百八十一

上繞不宜有刑決二百八十二

力學問得封不敢失三事決二百八十三

樂天憂人卷不記字決二百八十四

使夫妻同居決二百八十五

太平經卷一百四十四　　文字大急十事不得汙辱決二百八十六

賜善罰惡十五年平決二百八十七

太平經卷一百四十五　　八人能受三道服食決二百八十八

遊玄食振陰滅死无人之野決二百八十九

太平經卷一百四十六　　委氣大神聖上明堂文書決二百九十

天君敕有仙相不須邪鬼誡難二百九十一

變易形容醮符九記上昇勑二百九十二

朝天詣見勑二百九十三　　明按：“詣”當作“謁”。

摩僚正儀勑二百九十四　　明按：“摩”疑係“靡”字之誤。

有惡於人上其姓名勑二百九十五

明堂務平書上勿恐迷決二百九十六

太平經卷一百四十七　　明古今文決二百九十七

古者天卷文未出出文大焘甲子有徵決二百九十八
　　　　　　明按：“卷”當作“券”。

太平經卷一百四十八　　治天爲三時念道德決二百九十九

與天有人王相日不恐決三百　　明按：“恐”當作“怒”。

道人爲師天決三百一

太平經卷一百四十九　　事關天上三萬六千天戒決三百二

見天舒精藉寫書不敢擅空決三百三

太平經卷一百五十　　　兩生成一決三百四　　明按：“生”疑係“牟”字之譌。

思道得惡意不邪下人決三百五

六百中法三百六

致王相神戒三百七

辟蒙關明三百八

太平經卷一百五十一　　　恩及草木无用他邪法三百九

分身懷形不樂仕使三百十

又邸（?）菖方口正文決三百十一

盧宅宜正決三百十二

太平經卷一百五十二　　　策文訓決三百十三

學无棄畢決三百十四

太平經卷一百五十三　　　守一長存決三百十五

禽狩有一決三百十六

山木有知決三百十七

不窮星雲惡道決三百十八

　　壬部經文共五十七篇，是《太平經》中最大的部裹，可惜都散佚了。據敦煌目錄，約略見於《太平經鈔》的，有：卷一百三十七《閉奸不並責平氣象決》，卷一百三十九《明師證文延帝命法》，卷一百四十《陰念爲善得善爲惡戒》，卷一百四十三《上繞　明按：“上繞”疑當作“三統”　不宜有刑決》和《力學問得封不敢失三事決》，卷一百四十六《委氣大神聖上明堂文書決》、《朝天詣見勅》、《摩（靡）僚正儀勅》和《明堂務平書上勿恐迷決》，卷一百四十七《明古今文決》和《古者天卷文未出出文大烏甲子有徵決》，卷一百四十八《治天爲三時念道德決》、《與天有人王相日不恐（怒）決》和《道人爲師天決》，卷一百五十《兩生（半）成一決》，卷一百五十一《恩及草木无用他耶法》，卷一百五十三《守一長存決》。此外，卷一百四十五《八（?）人能受三道服食決》見於唐王懸河《三洞珠囊》卷四《絕粒品》引。

癸　部

　　《經》癸部十七卷全佚。《合校》本卷一百五十四至一百七十據《鈔》癸部略補，並酌加題目。但《敦煌目》癸部計四十八篇，與《鈔》癸部相較，不僅篇數懸殊，而且沒有一篇題目相符合的。上文已指出，《太平經鈔》癸部乃相當於《太平經》甲部之文，彼此篇題，歷歷可按。而《太平經》癸部空餘敦煌目錄，既沒有經文可考，也沒有相當的鈔文可以比較了。正因爲這樣，《敦煌目》顯得分外可貴，現迻錄如下：

太平經卷一百五十四　　　禁犯土決第三百十九

決三百五十一　明按："決"字上疑有脫文。

太平經卷一百六十二　　支干數百廿笮爲百廿歲決三百五十二

所欺非一禱祭无福決三百五十三

作惡日間薄書連決三百五十四

勿欺殆病自責決三百五十五

作善增壽通達亡之炁決三百五十六

太平經卷一百六十三　　太平炁到凶害先甚悉消決三百五十七

道德決三百五十八

財色2食神決三百五十九

洞極綱紀目(?)留(?)天使好

太平經卷一百六十四　　（原來空缺）

太平經卷一百六十五　　明堂爲文府悔過不死決三百六十一

太平經卷一百六十六　　祖曆三統六炁治決三百六十二

太平經卷一百六十七　　通天極而有男三人助治決三百六十三

太平經卷一百六十八　　十八字爲行應不應法汙辱則病戒三百六十四

太平經卷一百六十九　　師教卽天教先受養身決三百六十五

太平經卷一百七十　　煞邪精一日三明決三百六十六

以上癸部篇目裏文字訛謬和脫落的地方不少。如卷一百六十一《天犯天地神靈決》，首"天"字疑係"不"字之誤。又同卷《中孝信順神生光輝得太上君腹心決》，"中"疑係"忠"字之誤。其脫文尤多，如卷一百五十九《多言少決》，疑"少"下有奪文。卷一百六十一第三百五十一篇篇目只剩一個"決"字，究竟是什麽決呢？顯然是抄寫脫漏了。第一百六十四卷篇目空白，而第一百六十三卷最後一篇《洞極綱紀目留天使好》，未著篇數次第，疑是第三百六十，應移歸卷一百六十四。如此變換補充，似得整齊無缺。

總之，由以上所述，可得下列幾點綜括的結論：

一、敦煌出《太平經》目錄是現今所見相當完整的目錄，但還存在着嚴重的文字謬誤和脫漏現象。而且有的《太平經》篇目，還不見於《敦煌目》，如《道藏》言字號《金鎖流珠引》卷十五注引《太平經·內品修眞祕訣》就是一個顯明的例子。

二、明正統《道藏》本《太平經》殘卷的篇目雖則不多，但是其中大多數篇目的文字可以校正《敦煌目》的謬誤和脫漏。說明《敦煌目》和《道藏》本《太平經》篇目可以相須爲用。

三、據《敦煌目》，間能在《太平經鈔》裏找出若干有關的篇目，但無法找齊。

四、據《敦煌目》，更進一步地證實了《太平經鈔》甲部之僞的說法。

五、據《敦煌目》，可知《太平經鈔》癸部實際上就是《太平經》甲部的基本內容。今將《太平經鈔》癸部劃歸經文甲部以後，癸部經文早已全佚，空餘敦煌篇目，而甚麼內容的文字都看不見了。我從前考證《太平經鈔》甲部之僞時，總是記掛着甲部經文全無着落。現在甲部有了着落，轉而記掛癸部經文完全沒有着落了。這個記掛，盼望不久的將來，能够發現新的材料來解決它。

讀詩札記二則

林　庚

一、《召南·野有死麕》

> 野有死麕，白茅包之；有女懷春，吉士誘之。
>
> 林有樸樕，野有死鹿；白茅純束，有女如玉。
>
> 舒而脫脫兮，無感我帨兮，無使尨也吠。

這首詩很顯然的是一首寫男女私下相會的情詩，所以末章說：“放斯文一點，不要動手動腳的，不要讓狗叫了起來。”可是舊註却囿於二南是被文王之化的，因此必然以禮防自守。於是說這是寫女子“不爲強暴所污”，貞潔自守的詩。可是如果對方眞是個強暴，何以又稱之爲“吉士”？而女子旣然要拒抗這個強暴，則放出狗來咬他，豈不正好，還擔心什麼“尨也吠”呢？這顯然是講不通的。

然而這首詩的困難之處還不在末一章，而在前兩章以及與這章的聯繫。前兩章中都提到“野有死麕”，到底這“野有死麕”和“吉士誘之”、“林有樸樕”有什麼關係？和“無使尨也吠”之間又有什麼關係？這是必須弄清楚的。舊註囿於“文王之化”，總是在“禮”字上做文章，自然是不得其解。其實如果眞是那麼遵循古禮，還有什麼“舒而脫脫兮”的問題呢？最開明的要算是朱熹的集註了，認爲“吉士以白茅包其死麕，而誘懷春之女也”，於是出現了男子偷偷的送給少女一隻死麕（獐鹿），這少女不知把它藏在那裏吃才好的問題，這當然是個笑話。總之若是私相贈答，送這麼一個龐然大物，而且是非得吃下去不可的東西，未免是不太合情理的。

那麼到底是怎麼一回事呢？這裏首先得弄清楚“白茅包之”的作用到底是什麼。“包”本作“苞”。陸德明《經典釋文》，“苞，逋茆反，裹也”。孔穎達《毛詩正義》、莊述祖《毛詩攷證》、段玉裁《詩經小學》等均主之，段氏且以爲“苞”寫成“包”，“其誤始於唐石經”。按“包”和“苞”都是“裹”的意思，其所以強調古本作“苞”，因爲“包”是廣義的，而“苞”是專指用草來包的，而這又與庖廚的"庖"同出一義。《周禮·天官》"庖人"條，鄭注："庖之言苞也，裹肉曰苞苴。"可見最原始的熟食，便是採用"苞"的方法，因此"庖"廚之"庖"便從"包"，也就是"苞"的意思。這個原始的熟食方法，很有點像後來的"化子鷄"，舊社會裏的叫化子捉到了鷄，便用泥土塗滿鷄的全身，在火堆上燒熟，然後連泥帶毛都剝了下來，就可以吃了。鷄有較長的羽毛，而且羽毛是易燃的。至於猪羊鹿之類，身體比較大，相對的說毛就比較短，因此要用泥和茅草來塗滿全身，這茅草約相當於鷄毛的作用，也就是古代所謂"炮"的熟食法。《禮記·內則》："炮取豚若將，刲之刳之，實棗於其腹中，編萑以苴之，塗之以謹塗炮之。塗皆乾，擘之，濯手以摩之，去其皽。……"《內則》所記當然已經是非常講究的作法了，所以還要"實棗於其腹中"，"濯手以摩之"等等的加工，至於更原始的辦法，自然是粗糙的。後來的"化子鷄"，或者正是這種原始辦法的眞正嫡傳。而"苞"、"庖"、"炮"，都從"包"，也可以想見包塗泥草來弄熟的方法，乃是古代火食的鼻祖。至於白茅，俗稱茅針，是一種野生的多年生草，高一二尺，根味很甜，而花上有長達二寸左右的白毛密生着，可作引火的火絨用。這非常便於引火的白茅，當然是適宜於包塗來燒的了。《易經·泰卦》："初九，拔茅茹以其彙"，"九二，包荒"。《否卦》："初六，拔茅茹以其彙"，"六二，包承"，"六三，包羞"。兩卦中都是在"拔茅"之後就說到"包"，不知是否也由於這原始火食方法的緣故？《內則》中所記是更爲講究的生活，改用了蘆葦來包塗，蘆葦也是易於引火之物。乃又都相沿成了送肉食禮物時的附屬物。《禮記·曲禮》："凡以弓劍苞苴簞笥問人者"，鄭注："苞苴，裹魚肉，或以葦，或以茅"。可見兩者的作用是一樣的。

"野有死麕"，就是說在野外獵到了獐鹿，舊註也知道這當是與打獵有關，卻又因"文王之化"而把它與天子田獵的"殺禮"聯繫起來。事實上這不過是一首有關獵戶人家的情歌而已，與天子之禮是毫不相干的。全詩都從描寫這女子着筆。前兩章主要是描寫這個獵戶人家的少女在操作中所顯示的美麗。第一章說獵戶打到了獐鹿，這獐鹿是要用白茅包塗來弄熟的，於是這少女便去採拔白茅，遇見了一個少年向她表示愛慕，她心中也很喜歡。第二章說，白茅包塗獐鹿，還得要柴火來燒它，而林間就有樸樕（灌木，薪），少女因此就把柴火和白茅全都捆起來，她的動作和形象是如此的美麗。

這兩章通過獵戶人家生活中的勞動，寫出一個青春少女的勤勞美麗，喚起了一個少年的追求；於是有了進一步的發展。這就是第三章中所寫的。

馬瑞辰《毛詩傳箋通釋》："《周官·犬人》疏云，犬有三種，一曰田犬，二曰吠犬，三曰食犬。吠犬卽守犬。尨蓋田犬，吠犬之通名。《穆天子傳》天子有尨犬，謂田犬。……"其實尨就是獵犬（田犬），所以《穆天子傳》郭璞註說："尨，尨茸，謂猛犬。"猛犬自然是指獵犬。至於犬豈有不吠的，不能因其吠便成了"吠犬之通名"。詩的末句"勿使尨也吠"，正好說明了這少女是獵戶人家的，所以就養有獵犬了。

二、《天問》尾章“薄暮雷電歸何憂”以下十句

薄暮雷電歸何憂？厥嚴不奉帝何求？

伏匿穴處爰何云？荊勳作師夫何長？

悟過改更我又何言？吳光爭國久余是勝！

何環閭穿社以及丘陵，是淫是蕩爰出子文？

吾告堵敖以不長，何試上自予忠名彌彰？

《天問》尾章十句，是《天問》註釋中比較麻煩的段落之一，歷來解釋這一段的約有兩種傾向，一種是把這一段解釋爲屈原篇終時的自我感歎，一種是把這一段和以前各段一樣，一律解釋爲是問歷史上故事的。前一種傾向自王逸以來就佔着優勢，我自己以前也傾向於此。最近又偶讀《天問》，想法有些改變，引起我改變的原因首先是“伏匿穴處”與屈原當時的情況不太符合。我們旣基本上相信《天問》是由於“見楚有先王之廟，……圖畫天地山川神靈，……仰見圖畫，因書其壁，呵而問之”。而先王之廟，總應是在都城之中，那麼說“伏匿穴處”就比較勉強。按照我自己的理解，這個先王之廟的所在地應是楚昭王的郢都（今宜昌縣境），那一帶自不宜說成是“伏匿穴處”。因此我轉而傾向於《天問》末章仍然是“仰見圖畫”問歷史上故事的說法。而“伏匿穴處”又正好與楚昭王的故事相符合。《天問》這樣一直問到楚昭王時代的故事爲止（以下關於令尹子文四句，事在昭王之前，成王時代），也正合於屈原所見的先王之廟乃是楚昭王所建的郢都宗廟這一理解。《左傳》定公四年：

> 吳從楚師及淸發，……敗諸雍澨，五戰及郢。己卯，楚子取其妹季羋畀我以出。涉睢，鍼尹固與王同舟，王使執燧象以奔吳師。庚辰，吳入郢。……楚子涉睢濟江，入於雲中。王寢，盜攻之，以戈擊王，王孫由于以背受之，中肩。王奔鄖，鍾建負季羋以從，由于徐蘇而從。

這時楚昭王由於吳師入郢，逃到雲夢澤的雲中躲藏，那乃是一個虎豹出沒，草木叢生的大澤，吳師固然不會找到那裏去，可是又遇見了強盜。那狠狠的情況，也可以說明那裏是個偏僻的荒野，這才符合於“伏匿穴處”的敍述。按自“薄暮雷電歸何憂”以下六句所涉及的，實是楚靈王、平王、昭王三朝的事。楚靈王的故事見於《史記·楚世家》：

> （觀從）令楚衆曰：“國有王矣。先歸復爵邑田室，後者遷之。”楚衆皆潰，去靈王而歸。……靈王於是獨傍偟山中，野人莫敢入王。王行遇其故鋗人，謂曰：“爲我求食，我已不食三日矣！”鋗人曰：“新王下法，有敢饟王、從王者，罪及三族，且又無所得食。”王因枕其股而臥，鋗人又以土自代，逃去，王覺而弗見，遂饑弗能起。……初，共王有寵子五人，無適立，乃望祭羣神，請神決之，使主社稷；而陰與巴姬埋璧於室內，召五公子，齋而入。康王跨之，靈王肘加之，子比、子晳皆遠之；平王幼，抱其上而拜，壓紐。故康王以長立，至其子失之。圍爲靈王，及身而弑。子比爲王十餘日。子晳不得立，又俱誅。四子皆絕無後。惟獨弃疾後立爲平王，竟續楚祀，如其神符。

楚靈王由於弟弟弃疾的叛亂，彷徨山中，無家可歸，終於餓死。最後弃疾取得了王位，也就是無道的楚平王。"薄暮雷電歸何憂"即指靈王的無家可歸，"厥嚴不奉帝何求"即指天帝使靈王失去了王位的尊嚴而把它給了平王，也即"如其神符"的意思。

按聞一多《楚辭校補》，認為"伏匿穴處爰何云"下應接"悟過改更我又何言"句。這樣"云""長"等不叶韵的問題，也可以解決。那麼這兩句就更都是指楚昭王而言的。昭王是平王的兒子，平王無道，而昭王却是賢君；平王信任費無忌，殺伍奢伍尚，把楚國弄得一團糟，幾乎爲吳所滅；而昭王即位之後便殺費無忌以謝國人，在國破之餘，終於恢復了楚國。所以孔子感歎的說："楚昭王通大道矣，其不失國，宜哉！"昭王當時的處境雖然很狼狽，但這都是平王留下的後果，不是昭王的過錯，昭王能够懲前毖後更改這個局面，已經很難得了。所以說"悟過改更我又何言"。至於"荊勳作師夫何長，吳光爭國久余是勝"二句則指自平王以來，吳楚之爭進入高潮，而連年作戰，吳師久勝楚師。這裏因爲是從昭王"伏匿穴處"追敍前代的禍端，所以說"長""久"以來。按《史記·十二諸侯年表》：平王十年公子光敗楚，十一年又取楚鍾離。及昭王五年吳伐楚六潛，七年楚失居巢，十年吳師入郢。這一連串敗績，才使得昭王弄到"伏匿穴處"。我疑心"勳"字或者正是"吳"的代稱，如同"荊"是楚的代稱。《天問》說"勳閭夢生"，其實就是"吳闔夢生"。至於"勳"與"吳"的關係究竟如何，則不甚可知，莫非由於"吳"乃泰伯之後，正如《史記》所以尊之於世家之首嗎？

"何環閭穿社以及丘陵"以下四句，當都是問令尹子文之事。令尹子文是楚國最有名的賢臣。屈原在問過楚國先王的事情之後，最後以問楚國先代的賢臣作結，也隱有與自己的抱負和遭遇對照的意思。按"吾告堵敖以不長，何試上自予忠名彌章"二句中，"堵"應作"若"，"試"一作"誠"，"予"應作"紓"。《左傳》宣公四年：

初楚司馬子良生子越椒，子文曰："必殺之。是子也，熊虎之狀而豺狼之聲，弗殺必滅若敖氏矣。諺曰'狼子野心'，是乃狼也，其可畜乎！"子良不可，子文以爲大慼。及將死，聚其族曰："椒也知政，乃速行矣，無及於難。"且泣曰："鬼猶求食，若敖氏之鬼不其餒而！"

按"若"即"杜若"，《九歌·雲中君》"華采衣兮若英"，王逸註"若，杜若也"。而"堵敖"一作"杜敖"，"杜"字古亦作"荘"，故《史記》又作"荘敖"，蓋"荘"字之譌也。而"若"既是"荘若"，誤書爲"荘"不爲無因，形似音同之間，則成"荘敖"或"堵敖"矣。又《左傳》莊公三十年：

楚公子元歸自伐鄭，而處王宮，鬥射師諫，則執而梏之。秋，申公鬥班殺子元，鬥穀於菟爲令尹，自毀其家以紓楚國之難。

這是楚成王八年的事。《天問》中的"自予"蓋即此"自紓"之誤也。又楚成王六年，《左傳》莊公二十八年：

楚令尹子元欲蠱文夫人，爲館于其宮側而振萬焉。夫人聞之，泣曰："先君以是舞也，習戎備也，今令尹不尋諸仇讐,而于未亡人之側,不亦異乎!"

可見成王初卽位的幾年中,楚國情況原是非常混亂的。《史記·楚世家》敍述得比較簡略:

　　成王惲元年,初卽位,布德施惠,結舊好於諸侯,使人獻天子。天子賜胙曰:"鎭爾南方夷越之亂,
　　無侵中國。"於是楚地千里。十六年,……

從元年便說到十六年,彷彿成王卽位之後就是非常順利似的。其實當時大權在令尹子元手裏,他可以無法無天的引誘先王的夫人,又可以大模大樣的住在王宮裏;然則將置成王於何地呢?而子元死後,子文(按卽鬭縠於菟)繼爲令尹,還得"自毀其家以紓楚國之難",則楚國當時是在災難中,成王當時處境很困難,都是不言而喻的。因此我們如果相信在當時這種情況下子文曾經勸誠過成王什麼,乃是完全符合事理的;屈原博聞彊識,當可能是別有所據;關於楚國的歷史,《左傳》、《史記》等書中本來就不是記載得很詳細的。然則《天問》中這兩句話的意思也就是說:令尹子文曾告誡自己的家族警惕覆滅,而無濟於事;卻能勸誠成王,並毀家自紓國難,以興楚國(所謂楚地千里),而使忠賢之名因之久遠。

　　然則《天問》末章十句,正是專問楚國歷史的,主要是靈王至昭王之間的故事,也就是吳楚之爭最激烈的年代,這是關係着楚民族的存亡的。因而又問到過去興楚的忠賢令尹子文,這裏自然也就有着屈原自己的嚮往之情了。作爲終篇,正是恰到好處的。

一九六四年一月五日

說韋應物《長安遇馮著》詩

虞莎

《韋蘇州集》卷五載此詩云："客從東方來，衣上灞陵雨。問客何爲來？採山因買斧。冥冥花正開，颺颺燕新乳。昨別今已春，鬢絲生幾縷？"以《唐詩三百首》入選，遂極通俗。然詩成於何時，馮著爲何如人，詩意何在，皆有待推勘。考韋集有關馮著之詩凡四首。餘三首爲《寄馮著》、《贈馮著》(皆卷二)與《送馮著受李廣州署爲錄事》(卷四)。近人萬曼《韋應物傳》.(載開明書店《國文月刊》六十、六十一期)，謂著乃韋故友，是也。《贈馮著》云："契闊仕兩京，念子亦飄蓬。方來屬追往，十載事不同。歲晏乃云至，微褐還未充。慘悽遊子情，風雪自關東。華觴發懽顏，嘉藻播清風。始此盈抱恨，曠然一夕中。善蘊豈輕售，懷才希國工；誰當念素士，零落歲華空。"韋任洛陽丞在永泰元年(七六五)，任京兆功曹在大曆十二年(七七七)，以"契闊"、"十載"等句考之，則《贈》詩當作於大曆十二年前後，"十載"爲約舉成數。此詩言"客從東方來"，而《贈》詩復有"風雪自關東"之句，知著或韋宦洛陽時之交游也。其後韋攝高陵令，繼任鄠縣令，復辭櫟陽令，皆在大曆十四年(七七九)七月之前。而此詩詩題首標"長安"，知韋當時亦非久居長安者。然則此詩其作於韋任京兆屬縣縣令之一二年間乎？《贈》詩旣云"歲晏"，而此詩末言"昨別今已春"，則此詩當成於作"贈"詩次年之春矣。至此詩之意，亦當參讀《贈》、《送》二詩而後能通。《贈》詩一則云"飄蓬"之"游子"，再則云"懷才"之"素士"，則著亦不遇之士，非隱逸流也。今人或釋"採山因買斧"句之"採山"爲樵採，謂著有歸隱之志，疑與詩意齟齬。夫"買斧"云者，豈著眞欲樵採而入長安以求斧斤之具，一似農民之入城買農具乎！此蓋言著入長安謀求生路耳。《易·旅》："旅於處，得其資斧。"王弼注："斧所以斫除荊棘，以安其舍者也。"韋正暗用此典，意謂欲開斫山林，必先買斧；以喻欲求存活，必先入仕途也。是以著卒受李廣州署爲錄事(李廣州俟考)，韋復有詩送之。錄事小吏，而馮受之，是"買斧"之實也。

又此詩"冥冥"句，蓋承"衣上"句來。《楚辭·山鬼》："雷塡塡兮雨冥冥。"《文選五臣注》："冥冥，雨貌。"以釋此句，最爲允洽。蓋春日陰雨，本爲養花天也。作他解者疑誤。

至於《寄馮著》一首，中有"幸無職事牽，且覽案上書，親友各馳騖，誰當訪敝廬"之句，則疑是韋早年罷洛陽丞後居同德寺時所作，附誌於此。

孟浩然事跡考辨

陳貽焮

一、澗南園和鹿門山

《舊唐書·文苑列傳》載："孟浩然，隱鹿門山，以詩自適。"他有《夜歸鹿門歌》。白居易的《遊襄陽懷孟浩然》也說："南望鹿門山，藹若有餘芳。舊隱不知處，雲深樹蒼蒼。"可見他隱鹿門山一事是毋容置疑的。但是，他在襄陽是否就只有鹿門山這一處住所？如果另外還有，又在何處？他平常主要居住在何處？等等這些問題，至今還不了然。由於這些問題對理解他的生活和創作有關，因而有深入探索的必要。

孟浩然有一個叫王迥的同鄉好友，集中有關他的詩很多。《全唐詩》卷二百十五收錄了這人一首叫《同孟浩然宴賦》的詩，前綴小傳說："王迥，家鹿門，號白雲先生，與孟浩然善。"這幾句話都是從孟詩中鉤稽出來的。據孟《白雲先生王迥見訪》"歸閉日無事，雲臥晝不起。有客款柴扉，自云巢居子。居閒好芝朮，採藥來城市。家在鹿門山，常遊澗澤水"，又《登江中孤嶼贈白雲先生王迥》"憶與君別時，泛舟如昨日。夕陽開晚照，中坐興非一。南望鹿門山，歸來恨相失"，可見王迥"家在鹿門山"，而孟浩然卻並不住在鹿門山。

原來孟家本宅叫澗南園，在襄陽郭外："敝廬在郭外，素業惟田園。左右林野曠，不聞城市喧。釣竿垂北澗，樵唱入南軒"（《澗南園即事貽皎上人》）。① 澗在屋之北，所以稱北澗。屋在澗之南，所以叫澗南園。這北澗可行船。他常乘船經此到各處游賞："北澗流恆滿，浮舟觸處通。沿洄自有趣，何必五湖中。"（《北澗泛舟》）他的《上巳日澗南園期王山人陳七諸公不至》說："搖艇候明發，花源弄晚春。在山懷綺季，臨漢憶荀陳。"這王山人當是王迥。他"家在鹿門山"，故有"在山懷綺季"語。這澗就是南園的北澗。可見前引《白雲先生王迥見訪》中所說的"澗澤水"指的就是這北澗。王住在鹿門山，偶因賣藥入城，便道到郭外澗南園訪孟，故

---

① 詩題《全唐詩》本脫"園"字。

有這詩中"居閒"四句。

他的《都下送辛大之鄂》說："余亦忘機者，田園在漢陰。"又《秦中苦雨思歸贈袁左丞賀侍郎》說："爲學三十載，閉門江漢陰。"又《送張祥之房陵》說："我家南渡頭，慣習野人舟。"水南爲陰，知澗南園在漢水之南、渡口附近。又《南山下與老圃期種瓜》說："樵牧南山近，林閭北郭賒。先人留素業，老圃作鄰家。"鹿門山與襄陽相隔漢水，在其東南三十里。詩中的"南山"若指鹿門山，則論遠近就不當着眼於郭了。正因近郭，故有"林閭北郭賒"句。這也就是"敝廬在郭外，素業惟田園。左右林野曠，不聞城市喧"的意思。可見這兩首詩中所說的"素業"都是指澗南園。襄陽城在漢水彎曲處，漢水繞過其東、北二面。城北臨江而無山。城南九、十里內則有峴山、臥龍山、白馬山等。澗南園若在"北郭"外，則臨漢水而不近"南山"。若在南郭外，則近"南山"而眞與"北郭賒"了。可見當在南郭外。

王士源《孟浩然集序》說："開元二十八年，王昌齡遊襄陽。時浩然疾疹發背，且愈；相得歡甚，浪情宴謔，食鮮疾動，終於冶城南園。"現可查考的冶城有兩處：一在今江蘇江寧縣西；一在今湖北黃陂。遍查孟集及有關方志，孟旣無園廬在黃陂，更無論江寧。且據王序所述，王昌齡游襄陽，孟正患背癰將愈，因食魚鮮病翻而卒。黃陂距襄陽很遠，江寧更遠。斷無病在襄陽卻轉移到黃陂或江寧而卒之理。想這冶城當在襄陽近郭，而"冶城南園"卽澗南園。但查考襄陽府縣志，卻不見有叫冶城的地方。可能因年代久遠，這個舊時的小地名今已不傳了。

案古代稱冶鑄軍械處爲冶城。如江寧冶城本吳冶鑄處。《清一統志》載："《水經注》：峴山上有桓宣所築城。"又載："檀溪，在(襄陽)縣西南(四里)。……《梁書·武帝紀》：東昏卽位，高祖潛造器械，多伐竹木，沉於檀溪，密爲舟裝之備。"或桓宣所築之城爲冶城，後梁武帝復於此潛造器械而沉於檀溪以舟裝之。若然，則可進一步推斷冶城南園(卽澗南園)在峴山附近。《襄陽府志》(清陳鍔纂修，乾隆刻本)載："峴山，縣南七里(《清一統志》作九里)，東臨漢水。"可見如前所論，這南園正在南郭外，峴山在襄陽南，前引詩中所稱"南山"當卽指峴山。峴山"東臨漢水"，在漢水西岸江邊。鹿門山則在漢水東岸，處在峴山的東南方。故孟於南園懷念王迥，須"南望鹿門山"了。他的《途中九日懷襄陽》說："去國似如昨，倏然經杪秋。峴山不可見，風景令人愁。[1]誰採籬下菊，應閒池上樓。"又《傷峴山雲表觀主》說："少小學書劍，秦吳多歲年。歸來一登眺，陵谷尙依然。……因之問閭里，把臂幾人全？"這豈不明顯地說出他的閭里、園廬是在峴山附近麼？他的《峴山送蕭員外之荆州》說："峴山江岸曲，郢水郭門前。……亭樓明落照，井邑秀通川。澗竹生幽興，林風入管絃。"寫的雖是登峴山所見，卻眞可看成爲峴山下他園廬所在江村的鳥瞰圖。

他的《遊明禪師西山蘭若》說："日暮方辭去，田園歸冶城。"《唐賢三昧集》吳煊、胡棠輯註

---

[1]《秦中苦雨思歸贈袁左丞賀侍郎》也說："沉憶峴山墮。"

引《晉書·謝安傳》"(安)嘗與羲之登冶城，悠然有高世之想"來注"冶城"。案謝安、王羲之所登是江寧的冶城。據上所論，這首詩中的冶城當是峴山附近孟家澗南園所在地。可見這條注是不正確的。又案士禮居舊藏宋本孟集王序中無"冶城"二字，而此詩中的"冶城"作"治城"。唐高宗諱治，唐人一般避之而用理字。作"冶城"者，或亦因避諱之故。若然，則"治城"似指襄陽城。但於義終覺不愜，錄以備考。

他的《仲夏歸南園寄京邑舊遊》："嘗讀《高士傳》，最嘉陶徵君。日耽田園趣，自謂羲皇人。……中年廢丘壑，上國旅風塵。忠欲事明主，孝思侍老親。歸來冒炎暑，耕稼不及春。扇枕北窗下，採芝南澗濱。"題中"南園"一作"漢南園"。即澗南園，或稱冶城南園。這詩是他四十多歲時所作（說詳第三節《入京赴舉和吳越之游》）。這時他老親還健在。又同時前後所作《書懷貽京邑故人》也說："晝夜常自強，詞賦頗亦工。三十既成立，嗟吁命不通。慈親向羸老，喜懼在深衷。"可見他大半生多侍親居住在這"先人(所)留素業"的南園中。而鹿門山，只不過是他偶爾盤桓的別業。

孟集中寫在襄陽郭外近郊諸勝游覽讌集的詩很多。僅擇所及山川名勝較著名的就有《初春漢中漾舟》、《大堤行寄萬七》、《秋登萬山寄張五》、①《登江中孤嶼贈白雲先生王迥》、《峴潭作》、《萬山潭作》、《登望楚山最高頂》、《高陽池送朱二》、《冬至後過吳張二子檀溪別業》、《峴山送朱大去非遊巴東》、《盧明府九日峴山宴袁使君張郎中崔員外》、《峴山送蕭員外之荊州》、《與諸子登峴山》、《峴山餞房琯崔宗之》、《檀溪尋故人》、《登峴山亭寄晉陵張少府》等十餘首。案峴山前已述及，其上有晉羊祜碑及祠。襄陽人感羊祜之德，見碑莫不流涕，杜預因名之爲"墮淚碑"。此山歷來是襄陽登臨餞送的首要去處。又楚山，在縣西南八里。昔秦與齊、韓、魏攻楚，登此山以望楚，故又名望楚山。又萬山，一名方山，一名蔓山，一名漢皋山，在縣西北十里。下有解佩渚，相傳是鄭交甫遇神女解佩處。又萬山潭，一名沉碑潭，在縣西北五里。昔杜預刻南征、紀功碑二，一立峴山，一沉萬山下潭中。又習家池，在縣南八里，後漢習郁所鑿。晉山簡鎮襄陽，每出遊，多至池上，置酒輒醉，名之爲高陽池。又大堤，亦在城外（均見《襄陽府志》、《湖北通志》、《清一統志》等）。諸地都相距不遠。他的《初春漢中漾舟》說："羊公峴山下，神女漢皋曲。……良會難再逢，日入須秉燭。"又《秋登萬山寄張五》說："相望試登高，心隨雁飛滅。愁因薄暮起，興是清秋發。"又《萬山潭作》說："游女昔解佩，傳聞於此山。求之不

① 岑仲勉《唐人行第錄》說："(此詩題)或作《九月九日峴山寄張子容》，或作《秋登萬山寄張文僅》，按諲爲張五，子容爲張八，兩不相蒙，疑後世傳抄，詩與題混，然此首寄諲抑寄子容，殊難定也。僮僮，舒適之意，文僅其子容號歟？""萬山"一作"蘭山"。蘭山在今山東臨沂市南，一說即今四川慶符縣的石門山。孟浩然從未和張諲或張子容隱居於此二地，疑"蘭"爲"萬"字之誤。但據本文所論，孟浩然的園廬在峴山附近，張子容隱居於峴山南兩里左右的白鶴山。這詩當是孟傍晚就近登峴山眺望懷人之作，疑當作《九月九日峴山寄張子容》近實。若然，則詩中"北山"指峴山（相對其南白鶴山而言），"隱者"自指。這詩若是寄張子容之作，則當作於先天二年(公元七一三)張進士擢第之前隱居鄉里時。

可得，沿月棹歌還。"又《登望楚山最高頂》說："暝還歸騎下，蘿月映深溪。"他不僅常在西、南郭外鄰近幾處名勝勾留，而且往往日暮始歸。可見前面論證他平日多居住在澗南園，而澗南園即在峴山附近，是接近眞實的。

他的《登鹿門山懷古》說："淸曉因興來，乘流越江峴。沙禽近方識，浦樹遙莫辨。漸到鹿門山，山明翠微淺。嚴潭多屈曲，舟楫屢迴轉。昔聞龐德公，採藥逐不返。金澗養芝朮，石牀臥苔蘚。紛吾感耆舊，結攬事攀踐。隱迹今尙存，高風邈已遠。白雲何時去，丹桂空偃蹇。探討意未窮，迴艫夕陽晚。"這詩很有趣，從中可看出許多問題。根據詩中所述，首先可肯定寫這詩時他尙未隱居鹿門山。不然，他既感到"探討意未窮"，那又何必忙着"迴艫夕陽晚"呢？不僅如此，如果細細玩味"昔聞"六句，似乎這還是他頭幾次特意來憑弔龐德公隱居處的遺跡哩！那麼，他這次從何處而來，又歸何處而去呢？我認爲此處非它，就是澗南園。"江峴"，謂漢江西岸的峴山。"乘流越江峴"，是說從澗南園乘船經北澗入漢江越峴山順流而下。"沙禽"六句寫漢水上所見和折東溯溪入鹿門山情景。可見自澗南園乘舟赴鹿門須經：一，澗南園至峴山北面北澗入漢處北澗自西而東順流一段；二，北澗入漢處至鹿門"嚴潭"入漢處漢水自北而南順流一段；三，鹿門"嚴潭"入漢處至鹿門山下"嚴潭"自西而東逆流一段。共水程三段。"迴艫"而歸途徑同而水流順逆適相反。峴山在縣南七里（一作九里）。鹿門山在縣東南三十里。澗南園在峴山附近，距鹿門山約二十餘里。兩地之間有三段水程，有順有逆，故乘船往返，所需時間不會相差很遠，一般說來，似乎都只須一個多時辰。這詩說："淸曉因興來，乘流越江峴。……漸到鹿門山，山明翠微淺。……探討意未窮，迴艫夕陽晚。""山明"句是寫天大明景色。這時已見鹿門山。可見"淸曉"自澗南園開船出發，到鹿門山不須很長時間。回程所須時間想也差不多。不然，豈待"夕陽晚"才"迴艫"麼？

他的《夜歸鹿門歌》說："山寺鳴鐘晝已昏，漁梁渡頭爭渡喧。人隨沙岸向江村，余亦乘舟歸鹿門。鹿門月照開煙樹，忽到龐公棲隱處。嚴扉松徑長寂寥，惟有幽人自來去。"這是孟集中現存明確寫他隱居鹿門山的惟一詩篇。這詩前三句當寫峴山一帶江村日暮情景。"漁梁"，洲名。《水經注·沔水》載："沔水（漢水上游名）中有魚梁洲，龐德公所居。"又孟浩然的另一首詩《與諸子登峴山》說："水落魚梁淺。"知洲距峴山不遠。後代方志載此洲在襄陽縣東北（詳下頁注②），或流傳有誤。"幽人"，自指。"自來去"，當謂獨自往來於澗南園與鹿門隱居之間。這詩和前引《登鹿門山懷古》中所述水程相同。可見他這次確是從澗南園歸鹿門隱居。自澗南園沿北澗"乘舟歸鹿門"，經峴山前魚梁洲時"晝已昏"，而"鹿門月照開煙樹"時即"忽到龐公棲隱處"。可見自澗南園乘船至鹿門山確乎如前所論不須很長時間。這就無怪乎孟浩然這些"幽人"們喜歡日暮時乘船"自來去"了。又《登江中孤嶼贈白雲先生迥》說："悠悠淸江水，水落沙嶼出。回潭石下深，綠篠岸傍密。鮫人潛不見，漁父歌自逸。憶與君別時，泛舟如昨日：

夕陽開晚照，中坐興非一。南望鹿門山，歸來恨相失。"這孤嶼當在峴山前漢江中，或即魚梁洲。[1] 這詩後段當是追述王迥上次訪澗南園乘舟辭歸鹿門時他曾伴登孤嶼游賞情事。"夕陽開晚照，中坐興非一。"夕陽西下時他們還留連忘返。那麼，王迥之歸鹿門，豈不也很晚了麼？

據以上分析，可歸納爲：一、浩然祖傳園廬在襄陽南郭外峴山附近江村中。因屋北有澗，又其地舊有冶城，故一名澗南園，一名冶城南園，簡稱南園；二、他四十多歲時老親尚在。入京前後他與弟輩侍親讀書於此。故集中寫南園生活和西、南郭外諸勝謙游情事的詩最多；三、隱居鹿門山當在寫作《登鹿門山懷古》之後。《後漢書·龐公傳》載龐德公先居峴山南，後隱鹿門。[2] 想孟浩然有意步武先賢，藉揚清德，故雖偶住鹿門，而仍以歸隱名山相標榜。後人不察，就不知有澗南園，更不知它在峴山附近了。

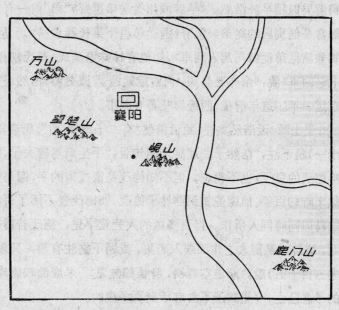

澗南園鹿門山示意圖（據王萬芳《襄陽府志·襄陽縣輿圖》繪。·號爲澗南園，方位酌定。）

二、鄉里親友和張子容

上文謂孟浩然四十多歲時"老親"尚存。當時所作的《書懷貽京邑故人》中亦稱"慈親"："慈親向羸老"。案這詩此句後有"捧檄懷毛公"句，典出《後漢書》列傳第二十九："廬江毛義，少節家貧，以孝行稱。南陽人張奉慕其名，往候之，坐定而府檄適至，以義守令。義奉檄而入，喜動顏色。奉者志尚士也，心賤之，自恨來，固辭而去。及義母死，去官行服。數辟公府爲縣令，進退必以禮。後舉賢良，公車徵，遂不至。張奉歎曰：'賢者固不可測！往日之喜，乃

① 《唐賢三昧集》吳煊、胡棠輯註誤爲溫州永嘉江中的孤嶼。

② 《清一統志》："龐德公宅有二。一在襄陽縣南。《後漢書·龐公傳》：龐公居峴山之南。《輿地紀勝》：龐德公宅在峴山南廣昌里。縣志：鹿門山有鹿門寺，寺左有三高祠（漢龐德公、唐孟浩然、皮日休俱隱此，後因建祠紀念——煦注），即龐德公舊宅。一在襄陽縣東北。《水經注》：沔水中有魚梁洲，龐德公所居。……按《後漢書》龐德公居峴山南，後入鹿門山，採藥不返。魚梁洲之居，乃其孫奐所居。《水經注》似誤。"馬茂元《唐詩選》孟浩然《與諸子登峴山》注："'魚梁'，沔水中的洲名，在鹿門山附近。"亦似誤。

爲親屈也。'"可見他那位當時尚存的"老親"當是母親。

他的《入峽寄弟》說："吾昔與汝輩，讀書常閉門。"知他有兄弟數人。其中能考知名字的有孟洗然。據《送洗然弟進士舉》，知洗然後曾赴舉。又《早春潤州送弟還鄉》說："兄弟遊吳國，庭闈戀楚關。已多新歲感，更餞白眉還。"這人若是孟洗然，則知洗然赴舉未中。洗然入京與游吳似稍早於浩然。《早春潤州從送弟還鄉》"弟"前一有"從"字，他又有《洗然弟竹亭》，洗然當是他別居的從弟。又有《送從弟邕下第後尋會稽》，[1] 邕似是洗然之名。據他的《送莫氏甥兼諸昆弟從韓司馬入西軍》，知他有姊妹適莫氏；莫氏甥和他的幾個弟弟曾參軍。又《送陳七赴西軍》說："余亦赴京國，何當獻凱還。"據史傳，浩然赴京在開元十六年。諸人入西軍當在這一年。這年前後，西邊與吐蕃有戰事。

王士源《孟浩然集序》說孟浩然"有二子曰儀、甫"。唐彥謙《贈孟德茂》(《全唐詩》卷六百七十一)題下注："浩然子。"這詩末兩句說："平生萬卷應夫子，兩世功名窮布衣。"知他還有一個叫德茂的兒子；也不得志。但不知德茂是儀或甫的字，還是另一人？唐彥謙是晚唐人，距孟浩然卒時約百年。他還能見到浩然子德茂，則德茂豈不活了百多歲？這詩前綴《過浩然先生墓》，二詩似同時同人所作。但百多歲的人究竟罕見，德茂若眞有此高壽，詩中似不當無一字讚及，這詩或是別人之作而誤入唐集，或題下之注有誤。又朱慶餘《過孟浩然舊居》(《全唐詩》卷五百十五)說："冢邊空有樹，身後獨無兒。"朱慶餘較唐彥謙年長許多，他過襄陽時孟浩然的子息已亡，可見其子不當有活到百多歲的。

據孟集，知孟浩然鄉里友人有王迥(行九)、辛諤(行大)、丁鳳(行大)、朱去非(行大)、陳七等。王迥後曾出游江南(《鸚鵡洲送王九遊江左》)。[2] 辛諤隱居西山(當在楚山一帶)，距澗南園似不遠(《西山尋辛諤》)，後曾被徵辟入洛陽一帶幕府(《送辛大之鄂渚不及》："郡邑經樊鄧，雲山入嵩汝。蒲輪去漸遙，石逕徒延佇")。孟浩然後在長安又曾送辛大回鄉(《都下送辛大之鄂》)。丁鳳於開元二十一年張九齡執政後曾入京赴舉(《送丁大鳳進士赴舉呈張九齡》："故人今在位，岐路莫遲迴")。朱去非曾游巴東(《峴山送朱大去非遊巴東》)、[3] 長安(《送朱大入秦》)。陳七名未詳，前已述他曾參軍。——這些人後來都到外面活動去了。

他鄉里友人中最可注意的是張諲和張子容。張諲，行五，官至刑部員外郎。懂易象，擅長書畫，尤工山水。與王維、李頎友善(見張彥遠《歷代名畫記》、《唐詩紀事》)。岑仲勉《唐人行第錄》說："王維與諲酬唱特多，如全詩二函《戲贈張五弟諲》，《送張五歸山》，《答張五弟》，《送張五諲歸宣城》，皆其著也。三函孟浩然《尋張五回夜園作詩》，雖有'聞就龐公隱，移居近

---

① "尋"一作"歸"，誤。

② 《古今圖書集成》第一千一百二十五卷收此詩，作孟郊《送王九之武昌》。案《四部叢刊》本《孟東野詩集》與《全唐詩》孟郊詩中均無此首，未知何據，疑《古今圖書集成》有誤。

③ 一作《峴山送張去非遊巴東》，一作《峴山亭送朱大》。

洞湖'之句,然維贈諲詩亦云:'張弟五車書,讀書仍隱居,……閉門二室下,隱居十年餘',則諲亦先隱而後仕者。浩然尚有《秋登蘭山寄張五》一首。"若孟詩中的張五確係張諲,那麼,孟浩然和王維的結識,可能就由於他的介紹。

張子容和孟浩然的關係最深,且對探索浩然出京後的事跡有關,故須詳細論述。

《唐詩紀事》載:"子容乃先天二年(公元七一三)進士第。曾為樂城尉。與孟浩然友善。《貶樂城尉日作》云(云)。"據孟《除夜樂城張少府宅》"如何歲除夜,得見故鄉親",又《歲除夜會樂城張少府宅》"疇昔通家好,相知無間然",又張子容《送孟八浩然歸襄陽二首》①其一"因懷故園意,歸與孟家鄰",知張不僅是孟的鄉人,且有通家之好,二人園廬相近,平日過從甚密。孟的《送張子容赴舉》當作於先天二年張中試前一年入京赴舉時。這詩末段說:"茂林余偃息,喬木爾飛翻,無使《谷風》誚,須令友道存。"孟在政治上對張有所期望,足見二人相知之深。又《尋白鶴巖張子容隱居》說:"白鶴青巖畔,幽人有隱居。階庭空水石,林壑罷樵漁。歲月青松老,風霜苦竹疎。覩茲懷舊業,攜策返吾廬。"這當是張離鄉從政數年後孟過其隱居,有感於人去樓空而作。據此知:一、張子容隱居處名白鶴巖;二、二人園廬確乎相距不遠,"覩茲懷舊業,攜策返吾廬。"案《襄陽縣志》(清李士彬纂,同治刻本)載:"白馬山,在縣南十里,一名白鶴山。"峴山在其北兩三里,相距極近。可見白鶴巖當即在白鶴山。

又《晚春臥疾寄張八子容》說:"南陌春將晚,北窗猶臥病。林園久不遊,草木一何盛!……念我平生好,江鄉遠從政。雲山阻夢思,衾枕勞感詠。感詠復何為,同心恨別離。世途皆自媚,流俗寡相知。買誼才空逸,安仁鬢欲絲。遙情每東注,奔晷復西馳。常恐填溝壑,無由振羽儀。"這是孟浩然臥疾澗南園懷知交歎不遇之作。"安仁"句自歎,典出潘岳(字安仁)《秋興賦》:"余春秋三十有二,始見二毛。"可見這詩或作於浩然三十二歲(公元七二〇)前後。"買誼"句謂張未得重用。說"江鄉遠從政",說"遙情每東注",可見張當時似在長江下游一帶作官。案《登峴山亭寄晉陵張少府》:"憑軒試一問,張翰欲來歸?"此當是盼張子容辭官歸里之作。若然,知張於貶樂城尉前曾為晉陵(今江蘇武進)尉(自樂城入京後即遷奉先縣令等職,詳後,故當在其前)。孟於開元十三年到十六年之間曾去揚州一轉(詳第四節"下揚州"條),但不知孟游揚州與之有關否?

孟浩然四十歲入京赴舉,失利後游吳越,於永嘉(今浙江溫州市)上浦館遇張子容,曾同游江中孤嶼。復在樂城(今浙江樂清)張宅度歲。次年初春二人相別,張入京,孟溯江返里。以上諸事孟均有詩紀述,張亦間有篇章(詳第三節《入京赴舉和吳越之游》);之後孟集中似乎很難再找到張子容的踪跡了。其實集中還有不少有關張子容的詩。只是由於改變了稱呼,一

① 《唐人行第錄》:"孟八(?)浩然,全詩二函張子容《送孟八浩然歸襄陽二首》,唯一首(其二"杜門"首)或作王維。余以為'八'乃'六'之訛。"

直未爲人發覺而已。

他的《奉先張明府休沐還鄉海亭宴集》說："自君理畿甸，余亦經江淮。萬里音信斷，數年雲雨乖。歸來休澣日，始得賞心諧。朱紱心雖重，滄洲趣每懷。樹低新舞閣，山對舊書齋。何以發佳興，陰蟲鳴夜堦。"這位稱之爲"張明府"的奉先縣令到底是誰呢？我認爲他不是別人，就正是那位"失踪"多時的"張少府""張八子容"。

據這詩可知：一、張明府是京縣奉先縣令。他這次是"休沐（休假）還鄉"。初歸宴集時約在秋季："陰蟲鳴夜堦"；二、二人原是好友，前於某地別後，張卽入京作了"畿甸"（京縣）奉先縣令，孟則經江淮歸里，幾年不見，今始重逢："自君理畿甸，余亦經江淮。萬里音信斷，數年雲雨乖"；三、張曾隱居故里，發跡後於"舊書齋"旁建"新舞閣"——海亭宴集賓朋："朱紱心雖重，滄洲趣每懷。樹低新舞閣，山對舊書齋。"又《同張明府碧谿贈答》說："別業聞新製，同聲和者多。還看碧谿答，不羨綠珠歌。自有陽臺女，朝朝拾翠過。舞庭鋪錦繡，妝檻閉藤蘿。秋滿休閑日，春餘景色和。仙鳬能作伴，羅襪共凌波。別島尋花藥，迴潭折芰荷。更憐斜日照，紅粉艷青娥。"就詳盡地紀述了張於別業蓄姬妾開舞筵宴客游賞等情事。又《秋登張明府海亭》說："海亭秋日望，委曲見江山。染翰聊題壁，傾壺一解顏。歡逢彭澤令，歸賞故園間。余亦將琴史，棲遲共取閑。"知他這一時期竟搬到海亭和這位張明府一同"棲遲取閑"，足見二人交情之深。根據《盧明府早秋宴張郎中海園卽事》、《同盧明府早秋宴張郎中海亭》和《秋登張明府海亭》這三首詩的題目，可知海園卽海亭，張郎中卽張明府。又有《盧明府九日峴山宴袁使君張郎中崔員外》，知張明府（卽張郎中）所還之鄉卽襄陽，而海亭（卽海園）乃在襄陽附近。根據二人的交情、行迹等判斷，這張明府（卽張郎中）就只能是張子容而非別人了。因爲和孟浩然同隱於襄陽附近，交情很深，且有可能作縣令的張姓友人只有張諲和張子容。據王維《送張五諲歸宣城》和孟浩然《尋張五回夜園作》"聞就龐公隱，移居近洞湖"，知諲乃宣城（今安徽宣城）人，只是曾移居於此地。而這位張明府卻是襄陽人。既不是張諲，就只能是張子容了。既是張子容，則可進一步揣知：一、"自君理畿甸，余亦經江淮"，是指他們於越中別後的事。據"自君"句，知張子容那一次自越入京後就作了"畿甸"奉先縣的縣令了。"淮"，指揚州。揚州屬淮南道，故稱。孟入京以前曾去過一次揚州（詳第四節《還山以後及其他》）。出京之後"自洛之越"途中又經過揚州一次（詳第三節《入京赴舉和吳越之游》）。他的《廣陵別薛八》說："士有不得志，棲棲吳楚間，廣陵相遇罷，彭蠡泛舟還。"知他自越西歸途中再次經揚州。故說"余亦經江淮"；二、"舊書齋"在白鶴山，而"新舞閣"——海亭（卽海園）則在鄰近的臥龍山。前已論證張子容的隱居在襄陽城南十里的白鶴山。可見這"舊書齋"當卽指這一隱居。案《襄陽府志》（清王萬芳纂，光緒刻本）載："臥龍山，在縣南十里，有望海亭。"這望海亭可能就是張子容海園中的海亭。張前曾貶樂城尉。樂城（今浙江樂清）近海。當時他寫到海的詩句極多，如"來過海岸家"、"靈異尋滄海"、"海氣朝成雨"、"投荒更海邊"、"竄謫邊窮海"（見《全唐詩》卷一百十六），且附近永嘉有顏延之所建望海亭（見《浙江通志》）。他這次"榮歸"故里，以"海"名園亭，可能與這一段經歷有關。"舊書齋"在白鶴山，"新舞閣"在臥龍山，而兩山貼近相對，故說"樹低新舞閣，山對舊書齋"。據方志知臥龍山下有習家池。《盧明府早秋宴張郎中海園即事》說"暫滯海池遊"，這"海池"莫非指臥龍山下的習家池而言麼？

　　孟浩然《歲除夜會樂城張少府宅》說："續明催畫燭，守歲接長筵。舊曲《梅花》唱，新正柏酒傳。"又同時張子容所作《除夜樂城逢孟浩然》說："樽開柏葉酒，燈發九枝花。妙曲逢盧女，高才得孟嘉。東山行樂意，非是競繁華。"知張在貶所爲尉時家中已蓄絲竹，生活奢華。這次他自京縣任上"榮歸"，開舞閣，宴賓朋，就無怪乎其勢派排場之大了。從好聲色，"競繁華"這點看，也可印證這張明府就是張子容。張在鄉"休沐"期內，經常招孟在海園宴集，賓主相得甚歡。孟《送張子容赴舉》說："無使《谷風》誚，須令友道存。"張能如此，在孟看來，也可說能存友道，不致受《谷風》之誚了。但當日孟的期望恐不僅止於此。

　　《盧明府早秋宴張郎中海園即事》一作盧象詩（見《全唐詩》卷一百二十二），題無"盧明府"三字，又"園"作"亭"。這詩前段說："邑有弦歌宰，翔鸞狎野鷗。眷言華省舊，暫滯海池遊。""華省"謂祕書省。我原以爲首二句稱美盧令，並述其游海園事；三四句謂盧令與張子容曾是祕省舊友，今來相與盤桓。均似孟浩然口氣，因斷這詩是孟作。後經反覆推敲，卻又以爲是盧作。因爲張子容也是縣令，首二句指他"休沐還鄉"游賞事，不惟可通，且更切。三句敍舊誼，四句述己游海園。這樣理解，就是盧令的口氣了。此外孟集中還有《同盧明府早秋夜宴張郎中海亭》。二者當是同時所作。這詩前六句說："側聽絃歌宰，文書游夏徒。故園欣賞竹，爲邑幸來蘇。華省曾聯事，仙舟復與俱。"用典、敍事和上詩頭四句完全雷同。同一人通常不會同時接連寫兩首意思相同的詩，而唱和之作則多如此。《盧明府早秋宴張郎中海園即事》題末一多"得秋字"三字，可知這次宴集，張、盧、孟諸人確曾拈韻賦詩。想這詩當是盧令所作，孟抄存時題前加"盧明府"三字，本爲標明作者，只是編集者不察，見這詩與《同盧明府早秋夜宴張郎中海亭》和章抄在一起，[①]就誤認二詩都是孟作的了。盧明府的詩竟收在盧象集中，可見這盧明府就是盧象。劉禹錫《唐故尙書主客員外郎盧公集（序）》載："（象）以章句振起於開元中，與王維、崔顥比肩驤首，鼓行於時。……由前進士補祕書省校書郎。……（張九齡）擢爲左補闕，河南府司錄司勳員外郎。名盛氣高，少所卑下，爲飛語所中，左遷齊、汾、鄭三郡司馬。"（見《劉夢得文集》）以此知象曾爲祕書省校書郎。這也與上二詩所說："眷言華省舊"，"華省曾聯事"相符。從而知張子容約在擢進士第後貶樂城尉前也曾作過校書郎之類

---

① 《四部叢刊》景印明刊本《孟浩然集》中這二詩仍前後相聯。王士源《孟浩然集序》，"他人酬贈，咸錄次而不棄耳。"今本已無他人酬贈之作。或後人不察，汰除未盡而餘此首。

的官。① 張子容"休沐還鄉"約在開元二十二、三年，在家住了一年後復返京從政（說詳後）。張在家休假期內，盧象常和他周旋。知象爲襄陽縣令在開元二十二、三年前後幾年內。② 盧象《贈張均員外》亦收在孟集中（見《四部叢刊》本，《全唐詩》孟詩中無此首），題作《上張吏部》，少末後"承歡"四句。這詩當作於長安。同收在二人集中，必有一誤。但可據以揣知孟在長安時，可能就和盧象有文字之交了。

據孟《同盧明府餞張郎中除義王府司馬海園作》和《送張郎中遷京》，知張子容不久即除義王府司馬，赴京就職。案義王李玭爲玄宗第二十四子。由於"自玄宗以後諸王不出閣，不分房"，不僅他們的"子孫闕而不見"（《新唐書·宗室世系表》），就是他們自己的事跡也都不很清楚。因此李玭封王的年代各紀傳所載多不一樣。《舊唐書·玄宗諸子列傳》載："（玭）開元十三年，三月，封爲義王。二十二年，七月，授開府儀同三司。"（沈炳震《廿一史四譜·封爵譜》所訂義王受封年代即據此）又同書《玄宗本紀》載："（開元二十一年）九月，壬午，封皇子……玭爲義王。"（《新唐書·玄宗本紀》、《十一宗諸子列傳》同）又載："（開元二十三年）七月，丙子，皇太子鴻改名瑛。慶王直巳下十四王並改名。又封皇子玭爲義王。……其榮王琬巳下（包括義王在內。琬，玄宗第六子。——娆注）並開府置官屬。"僅一處說義王封於開元十三年，而說封於開元二十一年的卻三見於兩部《唐書》中。可見後說可信。《舊唐書·玄宗諸子列傳》說義王於開元二十二年七月授開府儀同三司。但義王兄玄宗第二十二子濟王、第二十三子信王都在開元二十三年七月授開府儀同三司。義王無特殊表現，一般不會在他們之前開府。可見《舊唐書·玄宗本紀》說他在開元二十三年開府是可信的。據此可判斷義王於開元二十一年始封，二十三年改名後復重封，隨即"開府置官屬"。據《同盧明府餞張郎中除義王府司馬海園作》："上國山河裂，賢王邸第開。故人分職去，潛令寵行來。"知義王開府和張子容除官二事相隔不久。可見張除義王府司馬當在開元二十三年（公元七三五）七月義王重封始開府置官屬後幾月或次年。

前已指出張子容自奉先"休沐還鄉"初歸時約在秋季。《奉先張明府休沐還鄉海亭宴集》、《秋登張明府海亭》當皆作於張初歸時。《寒食宴張明府宅》當作於次年寒食。《同張明府碧谿贈答》："秋滿休閑日，春餘景色和。"秋屬頭年，春屬次年，當作於次年春末夏初。《和張明府登鹿門山》："忽示登高作，能寬旅寓情。……草得風先動，虹因雨後成。"當作於次年夏末秋初。孟此時似暫至外地。《盧明府九日峴山宴袁使君張郎中崔員外》當作於次年重陽節。盧《早秋宴張郎中海亭即事》和孟《同盧明府早秋宴張郎中海亭》當作於上詩前後。從此始改稱張爲"郎中"。想張已於此時免奉先令而遷郎中。《同張明府清鏡嘆》雖難判明作於何時，但

① 又《盧明府九日峴山宴袁使君張郎中崔員外》也說："華省舊郎官。" 舊唐書·職官志》載："（祕書省屬）校書郎八人，正九品上。"品秩雖卑，頗爲淸要，唐代文士進士擢第後多任此職。

② 《陪盧明府泛舟回峴山作》當作於這幾年內。

仍稱"明府"，可知當作於此前。又《張郎中梅園作》說："綺席鋪蘭杜，珠盤忻芰荷。故園留不住，應是戀絃歌。"當和《同盧明府餞張郎中除義王府司馬海園作》、《送張郎中遷京》同時作於次年張將離鄉赴京職時。題中"梅"字當是"海"字之誤。從張初回到離去，孟浩然所作有關詩篇幾乎可按季編次。據此可知張頭年秋始回，次年秋後復返京，在鄉休假整一年。既知他返京任義王府司馬在開元二十三年（公元七三五）七月後幾月或次年二十四年（公元七三六，如前所論，若在此年，亦當在秋後），那麼他自奉先縣還鄉休假就在開元二十二年或二十三年（公元七三四或七三五）秋了。

三、入京赴舉和吳越之游

孟浩然生於武后永昌元年（公元六八九），卒於開元二十八年（公元七四〇）。這是根據王士源《孟浩然集序》中這一段話推知的："開元二十八年，王昌齡遊襄陽。時浩然疾疹發背，且愈；相得歡甚，浪情宴謔，食鮮疾動，終於治城南園。年五十有二。"

孟有《聽鄭五愔彈琴》。岑仲勉《唐人行第錄》說："愔字文靖，見《（唐詩）紀事》（卷）一一，或是此人。"案鄭愔年十七進士擢第。景龍中爲吏部侍郎同平章事，傾附權勢，貪贓枉法，被彈貶官。後因助譙王重福謀反，於景雲元年（公元七一〇）處死（見《資治通鑑》、《唐詩紀事》）。時孟年二十二。如確是此人，這詩當作於這年以前。孟長期不赴舉，不知與此人有干係否？

《舊唐書·文苑列傳》說他"年四十，[1]來遊京師，應進士，不第，還襄陽"，知他於開元十六年（公元七二八）赴京應舉。他的《赴命途中逢雪》說："迢遞秦京道，蒼茫歲暮天。"知此行在年底。《長安早春》說："草迎金埒馬，花伴玉樓人。……何當桂枝擢，歸及柳條新。"[2]這詩當作於開元十七年（公元七二九）早春臨試前。這時他對考試抱有極大希望，那知終於失敗了。

王士源《孟浩然集序》說："（孟）間遊祕省。秋月新霽，諸英華賦詩作會。浩然句曰：'微雲淡河漢，疎雨滴梧桐。'舉坐嗟其清絕，咸閣筆不復爲繼。丞相范陽張九齡、侍御史京兆王維、尚書侍郎河東裴朏、范陽盧僎、大理評事河東裴摠、華陰太守鄭倩之、□□〔太〕守河南獨孤策，率與浩然爲忘形之交。"知他應舉不第後仍留長安。

案《舊唐書·張九齡傳》載："（張九齡於開元）十一年拜中書舍人。……（十四年張）說……爲（宇文）融所劾，罷知政事，九齡亦改太常少卿。尋出爲冀州刺史。九齡以母老在鄉，而河北道里遼遠，上疏固請換江南一州，望得數承母音耗，優制許之，改爲洪州都督。俄轉桂州都督，仍充嶺南道按察使。……（後）召拜九齡爲祕書少監、集賢院學士副知院事。再遷中書侍

---

[1]　他的《田家元日》說："我年已強仕，無祿尚憂農。"案《禮·曲禮》，"四十曰強而仕。"知這詩作於他四十歲那年（開元十六年）元旦。

[2]　此詩一作張子容詩。

郎。……尋丁母喪，歸鄉里。”二十一年十二月起復中書侍郎，並同中書門下平章事。二十二年正月自韶州至東都入見玄宗，求終喪；不許。五月爲中書令。二十四年十一月遷尚書右丞相，並罷知政事(見新舊《唐書》、《資治通鑑》)。未終喪起復，亦當近兩年，可知張丁母憂約在開元二十年，這時已遷中書侍郎。傳載他遷中書侍郎後“尋丁母憂”①，可知二十年前不久始遷中書侍郎，再前爲祕書少監、集賢院學士副知院事。本文已考知孟浩然游長安在開元十六、十七兩年，而王士源《孟浩然集序》說他在長安時間遊祕省，與張九齡等爲忘形之交，可知開元十六、十七年張已由桂州召入長安，正爲祕書少監、集賢院學士副知院事。我曾在《王維生平事蹟初探》（載《文學遺產》增刊第六輯）一文中論證王維進士擢第當在開元九年而非十九年；並說：“據《新唐書》傳，知王維擢進士後調大樂丞；坐累，貶爲濟州司倉參軍；張九齡執政，擢爲右拾遺。……張九齡於開元二十二年五月爲中書令。王維《上張令公》詩：‘賈生非不遇，汲黯自堆疎。學易思求我，言詩或起予。嘗從大夫後，何惜隸人餘。’可見維獻詩九齡求汲引，因擢右拾遺，即在是年。”但二十二年以前王維的行止未詳。今既已肯定孟游長安在開元十六、十七年，而據《新唐書·文藝列傳》“(浩然)嘗於太學(王士源作‘祕省’，是)賦詩，一座嗟伏，無敢抗；張九齡、王維雅稱道之”，復知王維這時已在祕省，則可得知王維在開元十六、十七年已不在濟州貶所而在祕書省祕書少監張九齡手下任事了。他的《上張令公》“學易”三句當即指此。案《舊唐書·職官志》載祕書少監下置丞一員，從五品上；祕書郎四員，從六品上；校書郎八人，正九品上；正字四人，正九品下；等等。後幾年王維所任的右拾遺亦僅爲從八品上。就資歷論，他十六、十七年在祕書省時不可能爲祕書郎，更不可能爲丞。就才學而論，似亦不當爲正字。所任想是校書郎。此可補拙文《王維生平事蹟初探》中的不足，亦可用來進一步證實他擢進士第確當在開元九年而非十九年。據前引史傳知張九齡於開元二十四年十一月遷尚書右丞相，並罷知政事。又上述拙文考知開元二十五年王維爲監察御史(正八品上)，二十八年爲殿中侍御史(從七品下)，天寶元年爲左補闕(從七品上)，遷庫部郎中(從五品上)。王士源《孟浩然集序》作於天寶四載後不久(“天寶四載……始知浩然物故。……鄉里購採，不有其半：敷求四方，往往而獲。……今集其詩”)，序說：“丞相范陽張九齡、侍御史京兆王維、尚書侍郎河東裴耀、范陽盧僎、大理評事河東裴揔、華陰太守鄭倩之、□□〔太〕守河南獨孤策，率與浩然爲忘形之交。”可見“丞相”是張最後的京銜，“侍御史”是王維在王士源作序前幾年的官職(王士源當時大概不知維已遷官，誤以爲仍任此職)，都不是孟在長安時他們二人的職守。孟《留別王維》一作《留別王侍御維》。“侍御”銜亦當同爲王士源編集時所加。張九齡是韶州曲江(今廣東曲江)人；序作“范陽”，誤。王維是太原祁(今山西祁縣)人，其父始遷居於蒲(今山西永濟)；作“京兆”，亦誤。《新唐書·張韋韓宋辛二李裴列傳》載韓思復開元中由吏部侍郎復爲襄

① 唐制：三年之喪，二十五月而畢(詳《唐會要》卷三十七《服紀上》、卷三十八《奪情》)。

州刺史,治行名天下,去職後故吏盧僎和邑人孟浩然爲他立碑峴山。開元中盧僎爲襄州府部屬,可見孟在長安時他不當已爲"尙書侍郎"。其餘諸人官職當皆爲王作序時所任。《舊唐書·職官志》載:"武德改郡爲州,州置刺史。天寶改州爲郡,置太守。"序中稱"太守",可見確是據天寶四載後作序時的官職。孟《聞裴侍御朏自襄州司戶除豫州司戶因以投寄》說:"故人荆府掾,尙有柏臺威。移職自樊沔,芳聲聞帝畿。昔余臥林巷,載酒訪柴扉。松菊無君賞,鄉園欲懶歸。"據第四、第八句,這詩似作於長安。若然,則知裴曾爲襄州司戶,孟入京前在家鄉時已和他有來往。孟在京與之交游,似是裴除豫州司戶後不久的事。

他的《題長安主人壁》說:"久廢南山田,謬陪東閣賢。欲隨平子去,猶未獻《甘泉》。……我來如昨日,夜樹忽鳴蟬。……授衣當九月,無褐竟誰憐。""謬陪"句卽指與上述諸人交游事。據"我來"二句、"授衣"二句,知這詩當作於十七年九月。考試失利,他又擬獻賦上書求汲引。《南陽北阻雪》說:"十上恥還家,徘徊守歸路。"[①]可見他當時眞獻過賦,但仍無結果。

據《秦中苦雨思歸贈袁左丞賀侍郎》"明敭逢聖代,羇旅屬秋霖。豈直昏墊苦,亦爲權勢沉。二毛催白髮,百鎰罄黃金。淚憶峴山墮,愁懷湘水深。謝公積憤懣,莊舄空謠吟。躍馬非吾事,狎鷗宜我心。寄言當路者,去矣北山岑",又《歲暮歸南山》:"北闕休上書,南山歸敝廬。不才明主棄,多病故人疏。白髮催年老,靑陽逼歲除",[②]知他秋時卽已思歸,但到歲暮才成行。《新唐書·文藝列傳》載:"(王)維私邀入內署。俄而玄宗至,浩然匿牀下。維以實對,帝喜曰:'朕聞其人而未見也,何懼而匿!'詔浩然出。帝問其詩;浩然再拜,自誦所爲。至'不才明主棄'之句,帝曰:'卿不求仕,而朕未嘗棄卿,奈何誣我!'因放還。"《歲暮歸南山》明是臨歸時所作,似不當復有此事,想出於好事人僞託,不足信。又《留別王維》:"寂寂竟何待,朝朝空自歸。欲尋芳草去,惜與故人違。當路誰相假,知音世所稀。祗應守寂寞,還掩故園扉。"當和《歲暮歸南山》同時作於臨歸之時。

一、《京還留別新豐諸友》:"吾道昧所適,驅車還向東。……拂衣從此去,高步躡華嵩。"當作於離京赴洛首途之時。

二、《初出關旅亭夜坐懷王大校書》當作於初出潼關時。這詩末二句說:"永懷蓬閣友,寂寞滯揚雲。"案王昌齡登開元十五年進士第,補祕書省校書郎(見《舊唐書·文苑列傳》、《唐才子傳》)。《唐人行第錄》說:"王大昌齡……岑嘉州集一《送王大昌齡赴江寧》,王維詩序稱曰江寧大兄。又全詩孟浩然二《送王大校書》;按昌齡補祕書省校書郎,亦當是昌齡。"這詩中的王大校書亦當是王昌齡。

三、《南陽北阻雪》說:"我行滯宛許,日夕望京豫。十上恥還家,徘徊守歸路。"從時序行

---

① 詩題一作《南歸阻雪》。

② 詩題一作《歸故園作》,一作《歸終南山》。誤。

色看，知此行只路過洛陽，並未久停，不久卽到南陽。入京時遇雪，還家時又遇雪。

四、《唐城館中早發寄楊使君》："犯霜驅曉駕，數里見唐城。旅館歸心逼，荒村客思盈。"
唐城卽今河南唐河縣。孟歸途經此作。

五、《夕次蔡陽館》："聽歌知近楚，投館忽如歸。……明朝拜嘉慶，須著老萊衣。"是歸至今
湖北棗陽蔡陽鋪作。案近人王榮先《棗陽縣志》載，蔡陽館在蔡陽故城，卽今蔡陽鋪，在縣西
五十五里。蔡陽鋪西通襄陽，兩地相距極近。"嘉慶"一作"家慶"，當指其老母的生日。此後
雖無詩紀述途中及歸家時情事，但旣知他是趕着回家祝母壽，而且已到家門口，想他真的就
在"明朝"到家了。

據上所述，知他回襄陽所經路線是長安——洛陽——南陽——唐城——蔡陽——襄陽。
入京路線當亦相同。他於開元十六年(公元七二八)冬冒雪入京，其後另一年冬又冒雪返里，
在長安起碼有整整的一年。

他的《自洛之越》說："遑遑三十載，書劍兩無成。山水尋吳越，風塵厭洛京。扁舟泛湖
海，長揖謝公卿。且樂杯中酒，誰論世上名。"知他游吳越是在入京應試失利之後。上面旣
已探索出他出京後卽還襄陽，可見他回家後不久又離鄉赴洛陽，再"自洛之越"的。

案隋唐時"自洛之越"多循汴水、邗溝、江南河。汴水卽廣濟渠。該渠於滎陽(今河南滎
陽縣)北受黃河之水，經汴州(今河南開封市)、宿州(今安徽泗縣)入淮水。入越旅客乘船至
此東北行至楚州(今江蘇淮安縣)西南，轉邗溝達揚州，於京口(潤州治，今江蘇鎮江市)對岸
渡長江，入江南河(邗溝、江南河卽今淮安到杭州這一段運河)，經潤州、蘇州、太湖達杭州，然
後可到越中諸地。孟走的正是這條路線。現將他途中所成諸作按所經埠頭順序排列於後並
略加箋釋。

一、《自洛之越》，首途。

二、《適越留別譙縣張主簿申屠少府》："朝乘汴河流，夕次譙縣界。幸因西風吹，得與故
人會。"譙縣卽今安徽亳縣，在汴河旁。由於順風，他自汴至譙，一日而達。

三、《問舟子》："向夕問舟子，前程復幾多？灣頭正好泊，淮裏足風波。"汴水至泗州入淮
水。據後二句知這詩當作於將入而未入淮水時。

四、《宿揚子津寄潤州長山劉隱士》："所思在夢寐，欲往大江深。日夕望京口，煙波愁我
心。心馳茅山洞，目極楓樹林。不見少微隱，風霜勞夜吟。"潤州故治卽今江蘇鎮江市。這是
渡江前夕在江北望京口懷人之作。

五、《揚子津望京口》："北固臨京口，夷山近海濱。江風白浪起，愁殺渡頭人。"當作於長
江北岸待渡，隔江南望京口時。《丹徒縣志》(清蔣宗海纂，嘉慶刻本)載，"焦山，在城東九里大
江中，……山之餘支，東出爲二小峯，曰松山、寥山。唐時稱松寥、夷山。李白有《望松寥山》

詩。孟浩然詩‘夷山近海濱’指此。或稱海門關。”

六、《濟江問同舟人》：“潮落江平未有風，輕舟共濟與君同。時時引領望天末，何處青山是越中？”當作於渡江舟中。①

沿途尚有踪跡可尋，入越後篇章更多。他的《遊雲門寺寄越府包戶曹徐起居》說：“我行適諸越，夢寐懷所歡。”可見他此行專爲越中山水而來。吳地只是路過，這就無怪乎他集中絕少吳地紀游詩篇了。

要想盡可能詳盡、無誤地探索出孟浩然在越地的游踪，首先必須解決這樣一個問題：他在這次以前曾否來過越地？解決這個問題並不難，只須看看他的《遊雲門寺寄越府包戶曹徐起居》就可以了。案雲門寺在今浙江紹興城南三十里的雲門山（見影印嘉慶刻本宋施宿《嘉泰會稽志》）。知這詩作於越中。這詩中有這樣一句話：“良朋在朝端。”他的這些“在朝端”的“良朋”當指他在長安結識的張九齡、王維、裴朏、盧僎、裴摠等（見王士源《孟浩然集序》）。可見這詩當作於上述出長安後“自洛之越”的這一次。既然這時所作的這首詩說：“我行適諸越，夢寐懷所歡。久負獨往願②，今來恣游盤。”那麼，可見他雖然早就嚮往此間山川名勝，但在這次以前卻的確未曾來過越地。前引此行渡江時所作《濟江問同舟人》說：“時時引領望天末，何處青山是越中？”也像是以前未曾到過越中的人的口氣。③這也不失爲一個有趣的旁證。

我曾在《談孟浩然的“隱逸”》（收入人民文學出版社版《唐詩研究論文集》）一文中說：“他因‘風塵厭洛京’才‘山水尋吳越’。”當時雖對孟浩然的行踪不甚了然，更不知他於出長安後與游越前之間還回過一趟襄陽，但認爲他游越在出長安之後，這還是不錯的。入長安前他雖未到過越地，但曾去過揚州，因此不能說以前沒到過吳地。以免枝蔓，且放到第四節中詳談。

孟在越中住過幾年，有些地方就可能往來經過幾次。——如據《早春潤州送弟還鄉》和《同曹三御史行泛湖歸越》“秋入詩人興，巴歌和者稀。泛湖（當是太湖）同旅泊，吟會是歸思”，可見他在這一時期內確曾往還於吳越之間。——因此就只能揣摩詩意，大致按時地順序將他在越地的行止、游踪勾勒如下。

一、《與顔錢塘登樟亭望潮作》：“百里雷聲震，鳴絃暫輟彈。府中連騎出，江上待潮觀。照日秋雲迥，浮天渤澥寬。驚濤來似雪，一坐凜在寒。”案《浙江通志》載：“錢塘江，……在（錢塘）縣

① 又《渡揚子江》亦當是於此間渡江時所作。但末後“海盡邊陰靜，江寒朔吹生。更聞楓葉下，淅瀝度秋聲”四句寫的是深秋景色，似不是這次渡江時所作。

② 他在長安時寫的《宿終南翠微寺》說：“瞑還高窗眠，時見遠山燒。緬懷赤城標，更憶臨海嶠。”“赤城標”出孫綽《遊天台山賦》：“赤城霞起而建標。”“臨海嶠”出謝靈運《登臨海嶠初發疆中作與從弟惠連見羊何共和之》詩題。火燒山像赤城標，山尖而高如臨海嶠。因眼前所見而不勝神往地想起前人詩賦中所寫到的越地名山，可見他確乎是“久負獨往願”而想來此間游覽了。

③ 這詩一作崔國輔作。崔是山陰人，一作吳郡人，似不當作此口氣，疑非崔作。這詩題一作《渡浙江問舟中人》，也可能作於其後渡浙江時。

東南。本名浙江，……一名浙河，……又名曲江。枚乘《七發》曰：'觀濤於廣陵之曲江。'今名錢塘江。其源發黟縣，曲折而東，以入於海。潮水晝夜再上，奔騰衝激，聲撼地軸。郡人以八月十五日傾城觀潮爲樂。"這詩當作於八月十五日。可知他"自洛之越"於中秋前到達杭州。又《與杭州薛司戶登樟亭驛》："水樓一登眺，半出青林高。帟幕英僚散，芳筵下客叨。山藏伯禹穴，城壓伍胥濤。今日觀溟漲，垂綸欲釣鼇。"當和上詩作於同時。因爲，他在越雖有幾年，但游跡不定，所至極廣，如果不是偶爾碰上，一般是不大會再一次專程趕到錢塘去觀八月潮的。錢塘縣令顏某、杭州司戶薛某未詳。翟灝、朱點《湖山便覽》引《輿地志》謂，樟亭驛在錢唐舊治南五里，今廢。此二詩均佳，前詩更可上追《臨洞庭》，惜一直未爲人重視。

據《初下浙江舟中口號》"八月觀潮罷，三江越海潯。回瞻魏闕路，無復子牟心"，知他在錢塘觀潮確乎在八月十五；又，觀潮後卽乘船經錢塘江口（"三江"在錢塘江西端南岸，今有三江所、三江閘）入浙江溯流西上。

他的《將適天台留別臨安李主簿》說："枳棘君尙棲，瓠瓜吾豈繫？念離當夏首，漂泊指炎裔。……定山旣早發，漁浦亦宵濟。泛泛隨波瀾，行行任艫枻。……羽人在丹丘，吾亦從此逝。"《論語·陽貨》："子曰：'……吾豈瓠瓜也哉，焉能繫而不食？'"第二句用此典故，意謂自己被棄置不用。可見這詩當作於出長安後這次游越時。"夏首"謂孟夏。"裔"，邊境。越地在東南海濱，較中原炎熱，故稱"炎裔"。"念離"二句卽寫孟夏離鄉"自洛之越"事。知他當於這年四月離襄陽經洛赴越。謝靈運《富春渚》："宵濟漁浦潭，旦及富春郭。定山緬雲霧，赤亭無淹薄。""定山"二句出此，是用典預計行程，不能認爲他曾經經過這些地方。謝詩李善注："《吳郡記》曰：'富春（今浙江富陽）東三十里，有漁浦。'《吳郡緣海四縣記》曰：'錢唐西南五十里，有定山，去富春又七十里，橫出江中，濤迅邁，以遊山難。辰發錢唐，已達富春。'"朱珔《文選集釋》："案《方輿紀要》：'定山一名獅子山，錢唐縣東南四十里。'洪氏圖志同。《水經注》：'縣東定、已諸山，西臨浙江。'是已。此注西南，疑誤。"唐杭州治錢塘（改"唐"爲"塘"，以避國號），臨安在錢塘西。定山、漁浦與錢塘相近而距臨安甚遠。可見他此行並未迂道至臨安，而是留別或因公在杭州的臨安主簿李某。《楚辭·遠遊》："聞至貴而遂徂兮，忽乎吾將行。仍羽人於丹丘兮，留不死之舊鄉。"孫綽《遊天台山賦》："覿靈驗而遂徂，忽乎吾之將行。仍羽人於丹丘，尋不死之福庭。"卽以"丹丘"喻天台山。[1]天台山在唐越州剡縣東南，今浙江天台縣北。這詩末"羽人"二句出此。相傳漢時劉晨、阮肇曾於天台山採藥遇仙。此山自來爲求仙覽勝的文人道士所嚮往。唐著名道士司馬承禎曾隱此，李白亦曾來此游覽。可見孟此行當是循浙江溯流赴天台山登覽、求仙。

---

① 孫綽《遊天台山賦》"赤城霞起而建標"句李善注引《會稽記》："赤城，山名，色皆赤，狀似雲霞。"登天台必經此山，二山相距甚近。可能因"赤城"而聯想到"丹丘"，故藉之以喻天台。

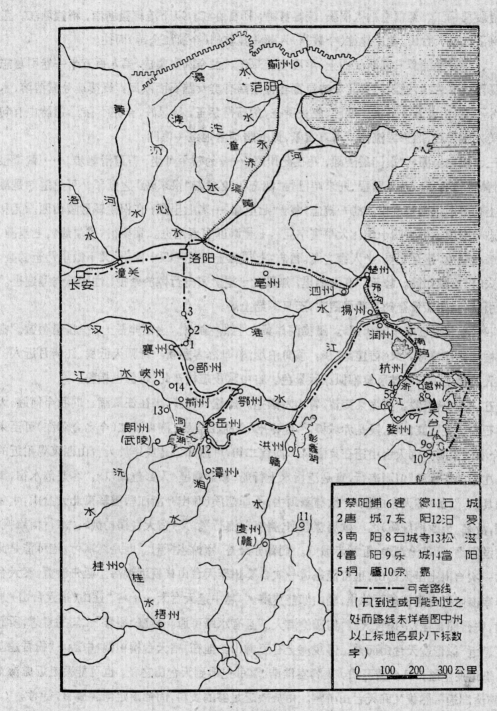

孟浩然游踪圖

图例：
1 蔡阳铺　6 建　　德　11 石　　城
2 唐　城　7 东　　阳　12 汨　　罗
3 南　阳　8 石城寺　13 松　　滋
4 富　阳　9 乐　　城　14 当　阳
5 桐　庐　10 永　　嘉

—·—·— 可考路线
（凡到过或可能到过之
处而路线未详者图中州
以上标地名以下标数
字）

0　100　200　300公里

　　案浙江有二源。北源新安江,南源蘭溪。二源在建德縣(今浙江嚴州)城東南相合,以下至桐廬段稱桐江。至桐廬納入桐溪,流經富陽,稱富春江。以下流經錢塘南,稱錢塘江。孟浩然溯浙江赴天台山,當於建德(今嚴州)入蘭溪經婺州(今浙江金華)而往。

　　二、《早發漁浦潭》,溯浙江西上,早發漁浦潭作。《古今圖書集成》第九百五十一卷引舊志謂富陽附近有古蹟,並說:"梁元帝時見富春青泉南有美女踏石而歌曰:'風凄凄兮露溶溶,水潺潺兮不息,山蒼蒼兮萬重。'歌已,忽失所在,剖石得紫玉,長尺許,今亦不存。"這詩中有句說:"美人常晏起,照影弄流沫。"雖寫實景,似亦暗切當地這一傳聞。

　　三、《經七里灘》:"復聞嚴陵瀨,乃在此川路。……釣磯平可坐,苦礁滑難步。……觀奇恨來晚,倚棹惜將暮。"若是歸程,則來時已得"觀奇",必當無"恨來晚"之歎了。可見這詩是溯流西上初經七里灘時所作。《清一統志》載:"七里瀨,一名七里灘,在桐廬縣嚴陵山西。《元和郡縣志》:在建德縣東四十里。《太平寰宇記》:七里瀨即富春渚也。葉夢得《避暑錄》:七里灘,兩山聳起壁立,連亙七里,土人謂之瀧。舊志:七里灘上距嚴州四十餘里,又下數里乃至釣臺。兩山夾峙,水駛如箭。諺云:'有風七里,無風七十里。'言舟行難於牽挽,惟視風為遲速也。"據上引詩句,知孟曾登釣臺憑弔觀賞,至日暮始上船。

　　四、《宿桐廬江寄廣陵舊遊》:"風鳴兩岸葉,月照一孤舟。建德非吾土,維揚憶舊遊。"當作於桐江近建德時。又《宿建德江》:"移舟泊烟渚,日暮客愁新。野曠天低樹,江清月近人。"則已入建德境了。兩詩所寫都似深秋景色。自中秋後離杭至此,時節也相符。

　　五、《舟中曉望》:"掛席東南望,青山水國遙。舳艫爭利涉,來往任風潮。問我今何適,天台訪石橋。坐看霞色曉,疑是赤城標。"自婺州(今浙江金華)溯東陽江(今名金華江)可至東陽(今浙江東陽);而天台山適在東陽東。據首二句,可揣知這詩或作於天台山西東陽附近的東陽江上。"任風潮"似謂海行,實是泛指水上行船,如謝靈運《入彭蠡湖口》:"客遊倦水宿,風潮難具論。"另《尋天台山作》:"欲尋華頂去,不憚惡溪(源出今浙江縉雲縣東北大盆山,水多險灘,故名。後改稱好溪)名。歇馬憑雲宿,揚帆截海行"。又《宿天台桐柏觀》:"海行信風帆,夕宿逗雲島。緬尋滄洲趣,近愛赤城好。捫蘿亦踐苔,輟棹恣探討。"則是寫海行。這可能是此後另一次自海上至天台山,也可能是這一次自婺州至天台山後就近到海上泛舟游覽。案天台山至寧海附近海邊僅約百餘里,登山即能見海。《越中逢天台太一子》:"茲山(指天台山)鳳所翔,安得聞靈怪?上逼青天高,俯臨滄海大。"且有水路可通。揣摩"緬尋"二句的意思,所謂"緬"、"近"似皆就天台山而言。傳說海上有三神山。他在《宿天台桐柏觀》中說:"紛吾遠游意,學此長生道。日夕望三山,雲濤空浩浩。"可見他到天台山之後,也可能暫赴近處海上"緬尋滄洲趣",然後又回天台山游覽。由於缺乏足夠的資料,尚難斷定何說屬實,待考。

　　孟浩然游天台時住宿過的桐柏觀一名桐柏宮。唐景雲二年(公元七一一)睿宗召天台道

士司馬承禎，問以陰陽數術；後承禎固請還山，遣之(見《舊唐書·隱逸列傳》)。據《清一統志》
載，該觀即這年爲司馬承禎建。據衞憑《唐王屋山中巖台正一先生廟碣》(載《全唐文》)，知司
馬承禎卒於開元二十三年(公元七三五)，而自開元十五年(公元七二七)以後他即居王屋山
(見《舊唐書·隱逸列傳》等)。孟游天台時他當在世，但不在此。司馬承禎號眞一先生(見《舊
唐書·隱逸列傳》)，一作正一先生(見衞憑碣文)。孟所訪的太一子當是司馬承禎的師兄弟。
未詳何人。

　　他的《越中逢天台太一子》說："仙穴逢羽人①，停艫向前拜。問余涉風水，何事遠行邁？
登陸尋天台，順流下吳會。"案曹娥江上游叫剡溪，其一源出天台山，經新昌和他源合。可見
他游天台山後即由剡溪順流赴越州(今浙江紹興)。據此詩揣知他似在赴越州途中才遇見太
一子。想他"尋天台山"訪"吾友太一子"時未曾晤面。

　　又《臘月八日於剡縣石城寺禮拜》說："石壁開金像，香山繞鐵圍。"案《嘉泰會稽志》載：
"南明山，在(新昌)縣南五里，一名石城，一名隱岳。初晉僧曇光棲跡於此，自號隱巖。支道
林昔葬此山下。……梁天監中建安王始造彌勒石佛像，劉勰撰碑，其文存焉。"新昌縣，五代
置，唐屬剡縣。故說"剡縣石城寺"。據此詩知孟自天台山順剡溪赴越州途中曾至今新昌縣石
城山石城寺禮拜；又，自天台山赴越州之行在"臘月(陰曆十二月)八日"前後。

　　《久滯越中贈謝南池會稽賀少府》說："未能忘魏闕，空此滯秦稽。兩見夏雲起，再聞春鳥
啼。懷仙梅福市，訪舊若耶溪。聖主賢爲寶，卿何隱遁棲？""秦、稽"，謂越州城附近的秦望、會
稽二山，借指越州。既知他自天台山抵越州在歲暮，那麼他到越州以後是先逢春而後逢夏。
據此可將"兩見夏雲起，再聞春鳥啼"表述爲春—夏—秋—冬(在越地的第二年)，春—夏
(在越地的第三年)。頭年歲暮到越州，第二年一年，到第三年夏寫這詩時已有三個年頭整一
年半，眞可算得是"久滯"了。

　　他在越州也不外乎憑弔游覽："懷仙梅福市，訪舊若耶溪。"(《久滯越中贈謝南池會稽賀
少府》)據《清一統志》知梅福市在城西三十里，相傳以漢南昌尉梅福成仙後爲人見於此市而
得名。鏡湖在城南三里，亦名鑑湖。禹穴在城南十五里宛委山上。若耶溪在城南二十里若耶
山下，北流入鏡湖。他的《與崔二十一遊鏡湖寄包賀二公》即記他在春天和友人出城游鏡湖探
禹穴的情景："試覽鏡湖物，中流見底清。不知鱸魚味，但識鷗鳥情。帆得樵風送，春逢穀雨
晴。將探夏禹穴，稍背越王城。"據《法苑珠林》知會稽山(在城東南十三里)上有大禹寺。他
曾登此寺訪義公和尚，作《大禹寺義公禪》。他的《耶溪泛舟》說："白首垂釣翁，新妝浣紗女。"
案西施浣紗石有二：一在諸暨浣江中；一在若耶溪旁(見董欽德纂《康熙會稽縣志》)，故若
耶溪又名浣紗溪。"新妝浣紗女"，雖寫實景，亦切西施事。李白《子夜吳歌四首》其二說：

①　《楚辭·遠遊》："仍羽人於丹丘兮。"

"鏡湖三百里，菡萏發荷花。五月西施採，人看隘若耶。"可見鏡湖、若耶溪一帶有和西施相關
的傳說。

案雲門山在越州城南三十里，其上有雲門寺(見《嘉泰會稽志》)。秦望山在雲門山南約十
里，鏡湖在其北約二十里。他曾溯若耶溪游雲門寺，並於寺閣眺望秦望山和鏡湖遠景："台嶺
踐嶝石，耶溪泝林湍。捨舟入香界，登閣憩旃檀。晴山秦望近，春水鏡湖寬。"(《遊雲門寺寄
越府包戶曹徐起居》)這時他和薛八結交。薛八亦不得意。他們曾捨舟騎馬至雲門寺西六七
里訪符公和尚所處寺院："謂余獨迷方，逢子亦在野。結交指松柏，問法尋蘭若。小溪劣容舟
(不宜行船)，怪石屢驚馬。"(《雲門寺西六七里聞符公蘭若最幽與薛八同往》)他的《東陂遇
雨率爾貽謝南池》說："田家春事起，丁壯就東陂。殷殷雷聲作，森森雨足垂。海虹晴始見，河
柳潤初移。余意在耕稼，因君問土宜。"可見他在越州時不僅經常遨遊山水，留連忘返，甚至
還有歸隱此間之意。

他在越州時的熟人除了上引諸詩中的謝南池、會稽縣尉賀某、崔二十一、越府戶曹包某、
薛八等還有當地的孔伯昭。他曾兩次登其南樓；再次在秋末，賓主於南樓爲詩酒之會，在座
的還有沈太清、朱昇，作《夜登孔伯昭南樓時沈太清朱昇在座》："山水會稽郡，詩書孔氏門。再
來值秋杪，高閣夜無喧。華燭罷燃燭，清絃方奏鵾。"

據《宿永嘉江寄山陰崔國輔少府》、《江上寄山陰崔國輔少府》，知孟和著名詩人崔國輔相
識亦當在越州。《唐詩紀事》載："國輔，明皇時應縣令舉，授許昌令，集賢直學士，禮部員外郎。
坐王鉷近親，貶晉陵郡司馬。"案《舊唐書·地理志》："山陰，垂拱二年分會稽縣置，在(越)州
治，與會稽分理。"崔爲山陰縣尉當在應縣令舉授許昌令以前。但不知《與崔二十一遊鏡湖寄
包賀二公》中的崔二十一即崔國輔否？孟集中另有《夏日與崔二十一同集衛明府宅》。若崔二
十一即崔國輔，則此衛明府或是山陰縣令。

前已論證他的《久滯越中贈謝南池會稽賀少府》當作於入越第三年的夏天。這時他雖然
未說將往他地，但已有"久滯"之歎。永嘉之行，想在此後不久了。

一、《歲暮海上作》："仲尼旣云歿，余亦浮於海。昏見斗柄迴，方知歲星改。虛舟任所適，
垂釣非有待。爲問乘槎人，滄洲復何在？"和《宿天台桐柏觀》"海行信風帆，夕宿逗雲島。緬尋
滄洲趣，近愛赤城好"幾句相較，前者似浮海行役，後者似近海泛舟。這詩或作於自越州海行
赴永嘉(當時屬括州。唐上元二年置溫州，治於此縣。今浙江溫州市)途中。

二、《宿永嘉江寄山陰崔國輔少府》："我行窮水國，君使入京華。相去日千里，孤帆天一
涯。臥聞海潮至，起視江月斜。借問同舟客，何時到永嘉？"永嘉江即今浙江省的甌江，流經
永嘉入海。這詩當作於由海入江而泊宿於距永嘉不遠之處時。崔國輔時爲山陰縣尉，因使
入京。二人當於越州相別，崔北上孟往南海行，故有首四句。可見他確乎是從越州海行赴永

嘉的。

三、《永嘉上浦館逢張八子容》："逆旅相逢處，江村日暮時。衆山遙對酒，孤嶼共題詩。廨宇鄰蛟室，人烟接島夷。鄉關萬餘里，失路一相悲。"案《清一統志》載："上浦館，在(溫州)府城東七十里。《明一統志》：唐孟浩然逢張子容賦詩(處)。"上浦館當因此詩傳名。《浙江通志》載："孤嶼山，《江心志》：在郡北江中，因名江心，東西廣三百餘丈，南北半之，距城里許。初離爲兩山，築二塔於其巔，中貫川流，爲龍潭川。中有小山，即孤嶼。宋時有蜀僧清了，以土窒龍潭，聯兩山成今址。孤嶼之椒，露於佛殿後。"又載："浩然樓，王叔杲《孤嶼記》，孤嶼江心寺，林木交蔭，殿閣輝敞。獨浩然樓峻竦洞達，坐其中滄波可吸，千峰森前。孟襄陽所咏'衆山遙對酒'是也。"想他們在上浦館相逢後即同至永嘉游覽。浩然樓亦當因此詩而建。張時貶樂城尉，故有尾聯。孟在永嘉，除此詩外未存他作。想時近歲除，故在此間稍事盤桓後即應張子容約到樂城去了。樂城即今浙江樂清。《清一統志》載："樂清縣在(溫州)府東北八十里。"

四、《除夜樂城張少府宅》、《歲除夜會樂城張少府宅》，敍舊誼，嘆不遇，記張設盛筵歌舞相待情景，都是在樂城張子容宅度歲時所作。張同時也寫了《除夜樂城逢孟浩然》(見《全唐詩》卷一百十六，下引張詩同)。張又有《樂城歲日贈孟浩然》①，其中有句說："風光肇建寅"。知這詩作於新年元旦。

五、《初年樂城館中臥疾懷歸》："異縣天隅僻，孤帆海畔過。往來鄉信斷，留滯客情多。臘月聞雷震，東風感歲和。蟄蟲驚戶穴，巢鵲眄庭柯。徒對芳樽酒，其如伏枕何。歸來理舟楫，江海正無波。"年初病中已發歸思，不久又將海行北返了。《清一統志》載："三高亭，在樂清縣治西塔山之半，俗呼爲半山亭，以晉王羲之、宋謝靈運、唐孟浩然三人嘗遊此，故名。"可見他當日在樂城游踪的一斑。

六、《永嘉別張子容》："舊國余歸楚，新年子北征。掛帆愁海路，分手戀朋情。"知他海行歸楚約在正月。時張子容亦將有事北征。張《送孟八浩然歸襄陽二首》其一說："東越相逢地，西亭送別津。風潮看解纜，雲海去愁人。"孟歸時張曾至永嘉(據上引孟詩)送別，知張北征啓程稍晚。

七、《越中送張少府歸秦中》："試登秦嶺望秦川，遙憶青門更可憐。仲月送君從此去，瓜時須及邵平田。"孟詩中"越中"多指越州。"秦嶺"即指越州的秦望山。《嘉泰會稽志》："秦望山，在縣東南三十二里。舊經云：秦始皇與羣臣登此以望秦中也。一名天柱峯，一名卓筆峯。"這張少府像是張子容。自越州至長安沿江南河、邗溝、廣濟渠有陸路。這條陸路和平行的水路都是當時重要的交通線。北上逆水，多走陸路。張子容"北征"當是入京。孟浩然返里途中

――――――――――
① 一作王維詩，誤。

曾去揚州。如果這一次孟往揚州，張入京都走陸路，那麼他們就可能自永嘉海行至越州登陸，改走旱路，而又得以重逢。正月張在永嘉送孟，二月孟在越州送張，時間似亦相符。

八、《廣陵別薛八》："士有不得志，棲棲吳楚間。廣陵相遇罷，彭蠡泛舟還。檣出江中樹，波連海上山。風帆明日遠，何處更追攀？"首聯述己不遇而漫游吳越及今自吳越歸楚事。知他這次歸途中又到揚州一轉。孟浩然在越州時曾與薛八同訪符公蘭若。這詩的題目一作《送友東歸》。或薛八將自揚州東歸越中，他也將同時於揚州解纜，溯長江經"彭蠡泛舟還（鄉）"。又《江上寄山陰崔國輔少府》："春堤楊柳發，憶與故人期。草木本無意，枯榮自有時。山陰定遠近，江上日相思。不及蘭亭會①，空吟祓禊詩。"當作於這年三月三日歸途經揚州前後泛舟長江時。崔國輔去多奉使入京，這時想已歸越。孟浩然曾和他有修禊蘭亭之約，今不得踐，有感而作此詩。

九、《夜泊牛渚趁薛八船不及》："星羅牛渚夕，風退鷁舟遲。浦溆常同宿，煙波忽間之。榜歌空裏失，船火望中疑。明發泛湖海，茫茫何處期？"牛渚，山名，在今安徽當塗縣西北長江邊。其北突入江中，名叫采石磯。乘船可由附近當塗縣治南水口入丹陽湖、石臼湖、太湖、江南河而達越中。孟、薛二人的船自揚州開出後一直同行同泊，至此而薛船忽"失"，想因"明發（將）泛（丹陽、石臼等）湖海"，已另行搭幫而泊於他處去了。薛八或因事須迂道返越。

十、《晚泊潯陽望香鑪峯》："掛席幾千里，名山都未逢。"當是這次歸自永嘉泊舟潯陽（今江西九江）時作。

十一、《自潯陽泛舟經明海作》："大江分九派，淼漫成水鄉。舟子乘利涉，往來逗潯陽。因之泛五湖，流浪經三湘。觀濤壯枚發，弔屈痛沉湘。魏闕心常在，金門詔不忘。遙憐上林雁，冰泮已回翔。""明海"，即李白《廬山謠寄盧侍御盧舟》"影落明湖青黛光"中的"明湖"，亦即指彭蠡湖。唐人常稱湖爲海，如李白《遠別離》"海水直下萬里深"，即指洞庭湖而言。據前引《廣陵別薛八》："彭蠡泛舟還，"知"明海"及詩中的"五湖"確係皆指彭蠡湖。枚乘《七發》中寫到廣陵觀濤事。酈道元《水經注》當據當時所聞將此事繫於漸江（即浙江）篇內。歷來亦多以爲"廣陵濤"即指錢塘潮。"觀濤"句即指他前在錢塘樟亭觀潮事。"觀濤壯枚發，弔屈痛沉湘"！幾年吳越之游，並未冲淡他激越的壯懷和被壓抑的沉痛。入京以前，他已曾往"三湘弔屈平"（詳第四節），這次又特意繞道入湘"弔屈"，可見是很有深意的。末二句想像長安冰雪將消而雁又北歸情景，以抒發"魏闕心常在，金門詔不忘"的戀闕餘情。可見他這時還沒有完全忘懷於仕進。這兩句所顯示的時序亦與行程相符。

十二、《歸至郢中作》："遠游經海嶠，返棹歸山阿。日夕見喬木，鄉園在伐柯。愁隨江路盡，喜入郢門多。左右看桑中，依然即匪佗。"首二句意謂自東越乘船而歸。"海嶠"出謝靈運

---

① 《清一統志》："蘭亭，在山陰縣西南二十七里。晉永和九年王羲之與謝安等四十二人，修禊於此。有《蘭亭序》。"

《登臨海嶠初發疆中作與從弟惠連見羊何共和之》詩題。劉履《選詩補註》說：“臨海，晉宋時郡名。即今台州（浙江臨海）也。山銳而高曰嶠。……史言，靈運由侍中自解東歸，嘗著木屐登山陟嶺，自始寧南山，伐木開徑，直至臨海。此詩蓋初登南山時作。”臨海距天台甚近，有水相通。孟在天台時或曾至此游覽。他這次正月於永嘉解纜，二月抵越州，途“經海嶠”，也可能迂道去游歷。唐鄀州治即今湖北鍾祥①，在漢水旁，距襄陽甚近。遠歸至此，自會有到家之感。孟有時也逕以“鄀”指襄陽，如《峴山送蕭員外之荆州》即稱襄陽“郭門前”的漢水為鄀水。因此這裏的“鄀中”、“鄀門”，很可能即指他的襄陽“鄉園”。估計他到汨羅憑弔以後，當即乘舟經汨羅江入洞庭湖，於岳陽北入長江，順流至漢陽，溯漢水而歸。

十三、《仲夏歸南園寄京邑舊遊》：“余復何為者，栖栖徒問津。中年廢丘壑，上國旅風塵。……歸來冒炎暑，耕稼不及春。扇枕北窗下，采芝南澗濱。因聲謝朝列，吾慕潁陽真。”當作於這年五月抵襄陽郭外峴山附近澗南園家中不久時。前幾年他自京歸家在歲暮，與此詩所寫時令不合，決非作於當時。那次出京途中他曾歎道：“十上恥還家。”到家後想由於難遣孤憤，所以就遠游吳越。然而，如前所述，他即使在快意的漫游中也還是孜孜於仕進：“魏闕心常在，金門詔不忘。”那麼，當遠游初歸之時，必然又會重新勾引起不遇而歸的舊恨，因此，他寄詩與“京邑舊遊”，不僅是報平安，且有向他們表示偃蹇之意：“因聲謝朝列，吾慕潁陽真。”《歲暮歸南山》說：“不才明主棄，多病故人疏。”又《留別王維》說：“當路誰相假，知音世所稀。”可見他不僅對“明主”的不能納賢頗有微辭，就是對這些“在朝端”的“良朋”們的不能薦賢，也是多少有所不滿的。《歲暮海上作》：“仲尼既云歿，余亦浮於海。”用孔子“道不行，乘桴浮於海”（《論語·公冶長》）的意思。又《廣陵別薛八》：“栖栖吳楚間”。這首《仲夏歸南園寄京邑舊遊》因為是寄“京邑舊遊”的，所以首四句當着重指自己入京求名失利事。然而，其中“栖栖”出《論語·憲問》“丘何為是栖栖者與”，亦作“棲棲”。“問津”出《論語·微子》：“長沮、桀溺耦而耕。孔子過之，使子路問津焉。”“余復何為者，棲棲徒問津”，甚至即故意從唐玄宗《經鄒魯祭孔子而歎之》“夫子何為者，栖栖一代中”化出，以示諷刺。可見也同樣含有上二詩中以道不行而周游列國的孔子自況的意思。這豈不將他下第後遠游吳越的事都包括在內了嗎？

他自從開元十六年入京應試以來，一直到自吳越還鄉，除了出京入越前曾回家小住了一個短時期，幾年內都浪跡外地。所以他在自吳越還鄉後寫的《還山贈湛禪師》中說：“心跡罕兼遂，崎嶇多在塵。晚途歸舊壑，偶與支公鄰。”又同時所作《傷峴山雲表觀主》也說：“少小學

---

① 《新唐書·文藝列傳》：“初王維過郢州，畫浩然像于刺史亭，因曰浩然亭。咸通中，刺史鄭誠，謂賢者名不可斥，更署曰孟亭。”《鍾祥縣志》（清孫穎海纂，同治刻本）：“孟亭，在郡署東，即司馬舊署也，一曰白雪亭。……有皮日休記。久廢。萬曆癸卯，郡守孫文龍重建，並畫像亭中。今稱圮矣。”一說孟亭在襄陽城西南隅。

書劍，秦吳多歲年。”

已知：

一、孟入京赴舉在開元十六年(公元七二八)。在京起碼有一整年，然後於歲暮還鄉。

二、“自洛之越”到自吳越還鄉，在越前後共四年。

三、開元二十二年或二十三年(公元七三四或七三五)秋張子容“休沐還鄉”時孟已在家，而這時他寫的《奉先張明府休沐還鄉海亭宴集》說他和張在越分手到重逢已有“數年”不見：“萬里音信斷，數年雲雨乖。”他和張在越分手後當年卽歸。可見他自吳越還鄉到這時已“數年”。

那麼，如果假設他自京還鄉在開元十七年(公元七二九)冬，“自洛之越”在開元十八年(公元七三〇)夏、秋之際，自吳越還鄉在開元二十一年(七三三)五月，則在京起碼有一整年；且自吳越還鄉到重逢張子容有兩三年，可說“數年雲雨乖”。這一推斷似無大誤。

四、“還山”以後及其他

孟浩然的《送丁大鳳進士赴舉呈張九齡》說：“故人今在位，歧路莫遲迴。”前一句指張九齡起復拜相事。案張九齡於開元二十一年(公元七三三)十二月起復中書侍郎，並同中書門下平章事。二十二年(公元七三四)正月自韶州至東都入見玄宗，求終喪；不許。五月爲中書令。二十四年(公元七三六)十一月遷尙書右丞相，並罷知政事。二十五年(公元七三七)四月貶荊州長史(見新舊《唐書》、《資治通鑑》)。這詩當作於開元二十二年五月到二十四年十一月的這兩年多時期內。詩中說：“惜無金張援，十上空歸來。棄置鄉園老，翻飛羽翼摧。”知他這時確已遠游歸來閒居家園了。

又《書懷貽京邑故人》說：“惟先自鄒魯，家世重儒風。詩禮襲遺訓，趨庭紹末躬。晝夜常自強，詞賦頗亦工。三十旣成立，嗟吁命不通。慈親向羸老，喜懼在深衷。甘脆朝不足，簞瓢夕屢空。執鞭慕夫子，捧檄懷毛公。感激遂彈冠，安能守固窮？當途訴知己，投刺匪求蒙。秦楚邈離異，翻飛何日同！”這詩一開始卽自報家門，意謂是孟子之後，世代書香。接着說他自幼苦學攻文，三十而成；不想仕途多阻，懷才不遇，家貧親老，生計艱難。《論語·述而》：“子曰：‘富而可求也，雖執鞭之士，吾亦爲之；如不可求，從吾所好。’”又《後漢書》列傳二十九載毛義曾爲奉養老母而捧檄出仕(詳第二節《鄉里親友和張子容》)。“執鞭”二句卽用這兩個典故，意謂自己渴望爲親而徇祿。這也就是顏延之說陶淵明“母老子幼，就養勤匱，遠惟田生致親之議，近悟毛子捧檄之懷”(《陶徵士誄》)的意思。《漢書·王吉傳》：“吉與貢禹爲友，時稱‘王陽在位，貢公彈冠’。”注：“彈冠者，且入仕也。”“感激”二句卽用這典故和《論語·衛靈公》“君子固窮”的話，意謂故人在位，極想彈冠出仕。這也就是前引《送丁大鳳進士赴舉呈張九齡》

"故人今在位,岐路莫遲迴"的意思。《易·蒙》:"匪我求童蒙,童蒙求我。"疏:"蒙者,微昧闇弱之名。""匪求蒙"出此,謂不求於不知己者。揚雄《解嘲》:"當塗者升青雲。""當塗"就是"在位"的意思。"當塗"四句的大意是希望能得到在位故人的汲引而騰達。《送丁大鳳進士赴舉呈張九齡》雖是勸人及時從仕,卻已流露出自己躍躍欲試的心情。這詩是"書懷",彈冠之意就極其明顯地表露出來了。這詩中的"當塗知己"莫非就是前詩中的"在位故人"張九齡麼?

《新唐書·文藝列傳》載:"採訪使韓朝宗約浩然偕至京師,欲薦諸朝。會故人至,劇飲歡甚。或曰:'君與韓公有期!'浩然叱曰:'業已飲,遑恤他!'卒不赴。朝宗怒,辭行;浩然不悔也。"案《舊唐書·玄宗本紀》載:"(開元二十二年,二月)辛亥,初置十道採訪處置使。"又《新唐書·張韋韓宋辛二李裴列傳》載:"初置十道採訪使,(韓)朝宗以襄州刺史兼山南東道(採訪使)。"又《舊唐書·玄宗本紀》載:"(開元)二十三年,春,正月,己亥,……其才有霸王之略,學究天人之際,及堪將帥牧宰者,令五品已上清官及刺史各舉一人。"韓朝宗欲薦孟當在開元二十三年正月後不久。這時張子容正在家休假。傳說:"會故人至,劇飲歡甚。……卒不赴。"這故人莫非就是張子容?《新唐書·張韋韓宋辛二李裴列傳》載韓朝宗父韓思復開元中由吏部侍郎復為襄州刺史,治行名天下,去職後故吏盧僎和邑人孟浩然為他立碑峴山。孟和韓朝宗可說是世交。後朝宗遷洪州(今江西南昌市)都督,孟曾贈詩送別,之後又寄詩致意(《送韓使君除洪府都督》、《和于判官登萬山亭因贈洪府都督韓公》)。他們之間的交誼並未因孟的不應舉薦而中斷。據前段分析,孟這時確有出仕之意。但終不應韓的舉薦,莫非由於已示意張九齡,而未得其徵辟,以致有所不滿麼?

詹鍈《李白詩文繫年》據《舊唐書·玄宗本紀》"開元十八年,六月,己丑,令范安及韓朝宗就瀍洛水源疏決置門,以節水勢",又《資治通鑑》開元十八年六月下《考異》:"按《異錄》,是歲閏六月'以太子少保陸象先兼荊州長史'",推斷"朝宗之為荊州長史必在開元十八年以後"。又說:"張曲江集貶韓朝宗洪州刺史制:朝請大夫荊州大都督府長史兼判襄州刺史山南東道採訪處置等使上柱國長山縣開國伯韓朝宗云云,是朝宗兼判襄州時,固仍為荊州長史也。"前段已指出韓朝宗以襄州刺史兼山南東道採訪處置使在開元二十二年二月。根據上引材料則可進一步得知韓於開元十八年以後先為荊州長史,後以荊州長史兼襄州刺史山南東道採訪處置使。即使兼襄州刺史在兼採訪使之前,也不會早許多。又《新唐書·張韋韓宋辛二李裴列傳》載:"開元二十二年……朝宗以襄州刺史兼山南東道。……坐所任吏擅賦役,貶洪州刺史。天寶初,召為京兆尹。"未詳貶於何時。今既知貶韓之制係張九齡所擬,復知張九齡於開元二十四年十一月罷知政事,那麼,韓貶洪州當在開元二十三年韓擬舉孟浩然以後到二十四年十一月張罷知政事以前的這兩年內。《貶韓朝宗洪州刺史制》說:"(韓朝宗)私其所親,請以為邑。未盈三載,已至兩遷。"若從開元二十二年二月韓以襄州刺史兼山南東道採訪處置使時算起，到二十四年十一月恰好"未盈三載"。想韓貶洪州即在這年十一月以前不久。孟的《韓大侯東齋會岳上人諸學士》說："郡守盧陳榻，林間召楚材。"不知這韓大侯是韓思復或是韓朝宗。若是後者，則這詩當作於開元二十二年韓兼襄州刺史駐節襄陽以後。又《送韓使君除洪府都督》當作於開元二十四年十一月以前不久餞送韓朝宗離襄陽赴洪州時。又《和于判官登萬山亭因贈洪府都督韓公》當作於此後。

　　前已指出張九齡於開元二十五年（公元七三七）四月貶荊州長史。《新唐書·文藝列傳》載："張九齡爲荊州，辟置（孟浩然）于府。"孟的《荊門上張丞相》說："共理分荊國，招賢愧楚材。……始慰蟬鳴柳，俄看雪間梅。四時年籥盡，千里客程催。"據首二句，張到任後似即辟孟入幕。張四月貶官，五、六月或已抵荊州（今湖北江陵）任所。據後四句，孟似於這年夏末秋初（"蟬鳴柳"）捧檄入幕，而年終即思辭歸襄陽（"雪間梅"、"年籥盡"、"客程催"），不久當即還家。在荊州幕不到一整年。爲了探索他這一時期的事跡，試將他的有關詩作箋釋於後。

　　一、《陪張丞相登荊州城樓因寄薊州張使君及浪泊戍主劉家》："薊門天北畔，銅柱日南端。出守聲彌遠，投荒法未寬。……白璧無瑕玷，青松有歲寒。"唐薊州即今河北薊縣。"薊州張使君"，未詳何人。據次句，"浪泊戍"，當在交阯。"浪泊戍主劉家"，其人並因何事而至交阯均未詳。末以"歲寒青松"爲喻，知這詩當作於開元二十五年冬。

　　二、《從張丞相遊紀南城獵戲贈裴迪張參軍》："從禽非吾樂，不好雲夢田。歲晏臨城望，只令鄉思懸。"當作於同年冬。《舊唐書·地理志》載："江陵，漢縣，南郡治所也。故楚都之郢城，今縣北十里紀南城是也。"知紀南城在江陵北郊。"張參軍"，未詳何人。據此知裴迪這時亦在張九齡幕。裴與王維友善。孟和裴結識當在開元十六、七年游長安時。據這詩首二句和《秦中苦雨思歸贈袁左丞賀侍郎》"躍馬非吾事"語，知孟不好武事。

　　三、《陪張丞相登〔當〕（嵩）陽樓》："獨步人何在？〔當〕（嵩）陽有故樓。歲寒間耆舊，行縣擁諸侯。沔莽北彌望，沮漳東會流。客中遇知己，無復越鄉憂。"題與詩中二"當"字現存諸本均作"嵩"，誤。案首聯出曹植《與楊德祖書》"仲宣（王粲字）獨步於漢南"和《昭明文選·王粲登樓賦》李善注引盛弘之《荊州記》"當陽縣城樓，王仲宣登之而作賦。""沔莽"六句出《登樓賦》："挾清漳之通浦兮，倚曲沮之長洲。背墳衍之廣陸兮，臨皋隰之沃流。北彌陶牧，西按昭丘。……鍾儀幽而楚奏兮，莊舄顯而越吟。"又《當陽縣志》（清阮恩光篹，同治刻本）載："沮水，出郢陽府房縣景山。東南流逕遠安縣，青谿注之。又東逕當陽城，玉泉注之。又南逕麥城西，楚昭王墓東。又南入天津湖，與漳水合。漳水，出自南漳荊山。東南流，過蓼亭折而西南，過古編縣城。南至縣北，清溪注之。又南過麥城，與沮水合，入天津湖。……舊志云：東南出沙倒灣右，會沮水，分二支：一支過枝江界，會沱水入江；一支過萬城，由荊州入江。"非僅用典，且與地理吻合，可見孟當日陪張九齡所登定是當陽城樓而非嵩陽城樓。"當"、

"嵩"二字草書形近,疑因此而誤。張九齡《候使登石頭驛樓作》:"自守陳蕃榻,嘗登王粲樓。……息陰芳木所,空復越鄉憂。"(《全唐詩》卷四十九)張在荊州時起碼到過當陽兩次(詳後)。"嘗登王粲樓",當即指登當陽城樓事。"空復越鄉憂",或是張無意中套用了孟的"無復越鄉憂"。詹鍈《李白詩文繫年》說:"開元二十二年甲戌(公元七三四)……冬孟浩然將還鄉,遊嵩陽,有陪張丞相登嵩陽樓詩,留別王侍御維詩,南歸阻雪詩。"這一判斷即誤據這詩中"嵩陽"字面得出,似屬失察。據"歲寒間耆舊,行縣擁諸侯"句,知這詩亦作於開元二十五年冬,時陪張"行縣"至當陽。

四、《陪張丞相祠紫蓋山途經玉泉詩》:"望秩宣王命,齋心待漏行。青襟列冑子,從事有參卿。五馬尋歸路,雙林指化城。聞鐘度門近,照膽玉泉清。……欲就終焉志,恭聞智者名。人隨逝水嘆,波逐覆舟傾。……謝公遱欲臥,誰與濟蒼生!"《書·舜典》:"歲二月,東巡守,至於岱宗,柴,望秩于山川。"蔡傳:"朱子曰:'燔柴以祭天,而遂望祭東方之山川,又各以其秩次而就祭之也。'"據首句,知張九齡此行是奉王命去祭祀紫蓋山。阮恩光《當陽縣志》載:"玉泉山,在(當陽縣)治西三十里,初名覆舟山,高九百丈,上時有異氣,非煙非霧,亦名堆藍山。下為玉泉寺,隋智者道場,寺旁有智者洞。北有顯烈山,顯烈祠在焉。東為石鐘峽,下有乳窟,水邊茗葉羅生,葉如碧玉,名僊掌茶,見李白詩序。古稱棲霞、靈巖、玉泉、國清為天下四絕。……紫蓋山,在治南五十里,頂方而四垂,若繖蓋狀,林石皆紺色,故名。道書所謂三十三洞天也。山半有紫蓋寺①,後有孝先閣、碧霞洞、煉丹井,下有綵水,甘馨異常。舊傳葛鉉煉丹於此,又為樊夫人昇仙處。登其上,江帆在目,東南諸山,皆可指數,誠治南一名勝也。"知紫蓋山是荊州境內的名山,故可得"王命望秩"於此;而玉泉山有名寺、古跡,景物奇特,故不惜繞道來游。據"五馬尋歸路"句,可知他們是從紫蓋山歸當陽縣城途中到玉泉的。因為,紫蓋山在縣南五十里,玉泉山在縣西三十里,從縣城往紫蓋山似不經玉泉。既然張九齡率"參卿""冑子"吏卒人等"齋心待漏",專程去祭祀紫蓋山,那麼去時勢必不會繞道先游玉泉,游玉泉當在歸時。這詩和張九齡的《祠紫蓋山經玉泉山寺》(《全唐詩》卷四十九)當作於同時。祠紫蓋山,游玉泉寺亦是開元二十五年冬"行縣"至當陽時的事。張又有《冬中至玉泉山寺屬窮陰冰閉崖谷無色及仲春行縣復往焉故有此作》(《全唐詩》卷四十七),知他們這次到玉泉寺確在冬天,而第二年二月張又去了一次。張第二次再去時,想孟大概已辭歸襄陽了。張第一次游玉泉所作《祠紫蓋山經玉泉山寺》說:"靈異若有對,神仙真可尋。高僧聞逝者,遠俗是初心。"孟此詩末二句"謝公遱欲臥,誰與濟蒼生",就是因張欲歸隱而發。上引張第二次游玉泉寺所作詩中也說:"真空本自寂,假有聊相宣。復此灰心者,仍追巢頂禪。簡書雖有畏,身世亦

---

① 《古今圖書集成》第一千一百三十七卷引舊志載:"山半為紫蓋寺,唐貞元十四年天皇道悟禪師建。"孟等來游時尚無此寺。

相捐。"可見張當時在政治上受到李林甫一幫腐朽封建貴族勢力的打擊被貶荆州後，已經心灰意懶，甚至還想歸隱學佛呢！以前我曾撰文論述王維後期歸隱與時政有關。從這裏也可得到一些印證。

五、《陪張丞相自松滋江東泊渚宮》："放溜下松滋，登舟命檝師。……晚來風稍緊，冬至日行遲。……渚宮何處是，川暝欲安之？"渚宮，春秋時楚國的別宮。故址在今湖北江陵城內。這詩當是這年冬自松滋乘船轉長江順流東歸江陵途中作。

根據以上幾首詩的箋釋，知孟於開元二十五年冬曾與裴迪等幕友陪張九齡從江陵出發，經紀南城，"行縣"至當陽、松滋等地，到這時才回江陵。此外沿途還可能到過其他幾縣，未詳。

六、《和張丞相春朝對雪》："迎氣當春立，承恩喜雪來。潤從河漢下，花逼豔陽開。不覩豐年瑞，安知燮理才。散鹽如可擬，願糝和羹梅。"案張九齡的原作《立春日晨起對積雪》說："忽對林亭雪，瑤華處處開。今年迎氣始，昨夜伴春回。玉潤窗前竹，花繁院裏梅。東郊齋祭所，應見五神來。"（《全唐詩》卷四十八）"春朝對雪"即"立春日晨起對積雪"。"春立"即"立春"。孟"迎氣"二句和張"今年"二句。"不覩"四句和"東齋"二句，並祝張重執朝政，含有《荆門上張丞相》"佇聞宣室召，星象復中台"的意思。這詩當作於開元二十六年（公元七三八）正月立春日。去年歲暮上詩（《荆門上張丞相》）辭歸，這時猶在江陵，想離行期不遠了。

他的《臨洞庭》，題一作《望洞庭湖贈張丞相》。他自越還鄉途中雖曾繞道經過洞庭湖，但這次抵家在五月，則過洞庭當在此前，與這詩首句"八月湖水平"時間不合，可見這詩並非作於這一次。若以爲可能作於居荆州幕陪張九齡至岳陽游覽時，但細味"欲濟無舟檝，端居恥聖明。坐觀垂釣者，徒有羨魚情"四句，明明是希求汲引，不像是已入幕的口氣。莫非他自越歸後到入幕以前，當張九齡尚居相位時，他又曾到過一次湘中？待考。

自從他於開元二十六年（公元七三八）正月立春後不久辭幕歸家，到二十八年（公元七四〇）卒，爲時僅兩年多。在這一短暫的時期內，不知他還曾外出游歷否？

王士源《孟浩然集序》說："開元二十八年，王昌齡遊襄陽。時浩然疾疹發背，且念；相得歡甚，浪情宴謔，食鮮疾動，終於冶城南園。"[1]孟有《送王昌齡之嶺南》詩："洞庭去遠近，楓葉早驚秋。峴首羊公愛，長沙賈誼愁。土風無縞紵，鄉味有查頭。[2]已抱沉痾疾，更貽魑魅憂。數

---

[1] 王萬芳《襄陽府志》："孟浩然墓在縣東鳳林山。"又："鳳皇山在縣東南十里，一名鳳林山。"孟生前曾遊此山，作《遊鳳林寺西嶺》。《新唐書·文藝列傳》："後樊澤爲節度使，時浩然墓庳壞。符載以牋叩澤，……澤乃更爲刻碑鳳林山南，封寵其墓。"

[2] 習鑿齒《襄陽記》："峴山下漢水中出鯿魚，味極肥而美。襄陽人採捕，遂以槎斷水，因謂之槎頭縮項鯿。"（清王謨輯《漢唐地理書鈔》引）"槎"亦作"查"、"楂"。孟《峴潭作》："試垂竹竿釣，果得查頭鯿。"又《冬至後過吳張二子檀溪別業》："魚藏縮項鯿。"杜甫《解悶十二首》其六："復憶襄陽孟浩然，清詩句句盡堪傳。即今耆舊無新語，漫釣槎頭縮頭鯿。"又《觀打魚歌》："漢陰槎頭遠遁逃。"可見此魚之名貴。

年同筆硯，茲夕異衾裯。意氣今何在，相思望斗牛。"詹鍈《李白詩文繫年》說："王昌齡有奉贈張荊州詩。據徐浩張九齡碑銘：'開元二十八年春請拜掃南歸，五月七日遘疾薨於韶州曲江之私第。'以此知孟浩然贈王詩當是開元二十七年秋作。……唐才子傳王昌齡傳：'奈何晚途不謹小節，謗議沸騰，兩竄遐荒。'四部叢刊影明本河岳英靈集王昌齡下云：'奈何晚節不矜細行，謗議沸騰，垂歷遐荒。'垂字毛斧季何義門兩氏校本俱作再，按再字是也。以此知昌齡之初謫嶺南，蓋在開元二十七年。翌年北歸，又游襄陽，訪孟浩然，時浩然疾疹且愈，食鮮疾動，遂致暴卒。"案王昌齡《奉贈張荊州》說："祝融之峯紫雲衒，翠如何其雪巇嚴。邑西有路緣石壁，我欲從之臥穹嵌。魚有心兮脫網罟，江無人兮鳴楓杉。王君飛鳥仍未去，蘇耽宅中意遙緘。""祝融峯"是南嶽衡山的最高峯。"蘇耽"，郴（今湖南郴縣）人；相傳後成仙，飛昇前有數十白鶴來迎（見《郴江集》、《神仙傳》）。王維《送方尊師歸嵩山》說："借問迎來雙白鶴，已曾衡嶽送蘇耽。"當時或有蘇耽成仙入南嶽的傳說。"魚有"句似指貶官事。這詩當是王赴嶺南貶所經衡山時作。可見上述詹鍈先生的推測似可信。但須補充的是：王昌齡在開元二十二年後到貶官嶺南前曾在襄陽一帶呆過幾年；這一時期他常和孟浩然來往。

前面已經指出開元十六、七年孟浩然在長安時已與王昌齡結識；出潼關時曾有詩寄王。孟另有《送王大校書》。《唐人行第錄》說："按昌齡補祕書省校書郎，（此王大校書）亦當是昌齡。"（參閱第三節《入京赴舉和吳越之游》）這詩說："導漾自嶓冢，東流爲漢川。維桑君有意，解纜我開筵。雲雨從茲別，林端意渺然。"案漢水源出今陝西寧強縣北嶓冢山，初出山時名漾水，襄城以下才叫漢水。首二句卽寫漢水，意謂王將乘舟順漢水而下，並點明開筵餞別是在漢水之旁。可見定在襄陽。《唐才子傳》說王昌齡是太原（今山西太原）人。《全唐詩》傳說是京兆（今陝西長安縣）人。他的《鄭縣宿陶太公館中贈馮六元二》說："本家藍田下，非爲漁弋故。無何因躬耕，且欲馳永路"，又有《灞上閒居》詩，可見他的確曾在長安附近隱居過。然而《新唐書·文藝列傳》和《唐詩紀事》都說他是江寧（今江蘇江寧）人。後者並說他"世亂還鄉里，爲刺史閭丘曉所殺"。案京兆、河南、太原不置刺史，可見所歸鄉里不在京兆或太原。他當是江寧人，只是由於在長安附近隱居許久，爲人誤認爲京兆人而已。一作太原人，則未詳何故。據此可知"維桑"當指王的故鄉江寧。江寧在長江下游，因此當"維桑君有意"時，卽可"解纜"經"漢川"入江順流而下了。又增加一個證據，足見這王大校書定是王昌齡無疑。

孟又有《與王昌齡宴王道士房》："歸來臥青山，常夢遊清都。漆園有傲吏，惠好在招呼。"首句當指孟赴舉不遇、還山歸隱事。前已指出，開元十七年年底孟自京歸里；次年夏、秋之際又"自洛之越"。案王昌齡登開元十五年進士第，補祕書省校書郎；開元二十二年又以博學宏詞登科，再遷汜水縣尉（見《舊唐書·文苑列傳》、《新唐書·文藝列傳》、《唐才子傳》、《全唐詩》傳）。開元二十二年以前王昌齡仍在長安，可見他在襄陽與孟浩然相過從當在二十二年以後。那麼,這詩中的所謂"歸來"就當指開元二十一年五月孟自吳越歸來的那一次了。莊子曾爲蒙漆園吏。"漆園傲吏",當以莊子喩王昌齡,稱道他作吏而傲世。孟旣"歸臥青山",而王卻能"招呼"他"宴王道士房",可見王作吏的所在當距襄陽不遠,甚至就在襄陽。又前引《送王昌齡之嶺南》說:"峴首羊公愛,長沙賈誼愁。……數年同筆硯,茲夕異衾裯。""長沙"句切王貶嶺南,"峴首"句亦似切他在此間爲政,可見揣測他在襄陽或近縣爲吏是可信的。"數年"二句又表明王貶官前孟曾和他相處幾年。綜上所論,知王昌齡於開元二十二年後到他貶官嶺南前曾有幾年在襄陽一帶作官,和孟浩然過從甚密。

從孟集現存詩作中還可探索出他另外幾次游踪的痕跡。爲了推斷的方便,且一併贅述於最後。

一、下揚州——李白的《黄鶴樓送孟浩然之廣陵》說:"故人西辭黄鶴樓,煙花三月下揚州。孤帆遠影碧空盡,唯見長江天際流。"這次孟赴揚州是從江夏(今湖北武昌)乘船由長江順流而往。開元十八年他"自洛之越"途中曾經揚州。路線不同,這當是另外一次。如前所論,他自吳越歸里後似不可能再次去揚州。據他"自洛之越"後在越中所作的《宿桐廬江寄廣陵舊遊》"建德非吾土,維揚憶舊遊。還將數行淚,遙寄海西頭",似乎在那次"自洛之越"途中經揚州以前他早就去過那裏。"自洛之越"在出京後第二年,其間相距僅數月,不可能先往還揚州一趟。可見他在開元十六年入京以前就曾經到過揚州了。想就是李白作上詩相送的那一次。《李白詩文繫年》說:"白有黄鶴樓送孟浩然之廣陵詩,當是本年(開元十六年)以前之作。"[①] 黄錫珪《李太白年譜》則將這詩訂於開元二十五年,說是"白復遊江夏作"。前說似可信。孟開元二十一年自吳越歸里,抵家在五月,且繞道入湘經洞庭湖,順江流行至漢陽,溯漢水而歸,並未經過武昌(今湖北鄂城縣)。而他的《泝江至武昌》"家本洞湖上[②],歲時歸思催。客心徒欲速,江路苦邅迴。殘凍因風解,新梅變臘開。行看武昌柳,髣髴映樓臺",則寫歲暮泝江至武昌(今湖北鄂城縣)情景,可見這詩當作於他入京前那次由揚州還鄉時。如果李白《黄鶴樓送孟浩然之廣陵》和這詩都是同一次往還揚州之作,則可進一步判定他那次是"三月下揚州"而於歲暮歸至武昌(今湖北鄂城縣)的。他的《夜泊宣城界》說:"離家復水宿,相伴賴沙鷗。"這詩當作於那次順流下揚州途經宣城(今安徽宣城)界時。

二、游湘桂——他的《經七里灘》說:"余奉垂堂誡,千金非所輕。爲多山水樂,頻作泛舟行。五岳追尚子,三湘弔屈平。湖經洞庭闊,江入新安清。"可見他在入越以前(如前所論,也必當在入京以前)已曾游歷過三湘。又《湖中旅泊寄閻九司戶防》說:"桂水通百越,扁舟期曉

<hr>

① 《李白詩文繫年》訂李白於開元十三年出峽。這詩當作於這年以後十六年以前。孟這次游揚州當亦在這幾年內。

② 另《尋張五回夜園作》:"聞就龐公隱,移居近洞湖。"又《春中喜王九相尋》:"二月湖水清。"可見孟家澗南園附近有湖。據《清一統志》知襄陽西、南郊有檀溪湖、鴨湖等不少湖泊。當時或有叫洞湖的,而其名今不傳,亦未可知。

發。……襄王夢行雨,才子謫長沙。……久別思歡顏,承歡懷接袂。接袂杳無由,徒增旅泊愁。清猿不可聽,沿月上湘流。”“湖中”一作“襄陽”,與詩意不合,作“湖中”是。“上”,一作“下”,此據《唐詩紀事》。據首二句,知此行是經洞庭湖溯湘水入桂水赴桂,可見作“上”是。今廣西,唐屬嶺南道,春秋時爲百粵地,以別於粵東,故又稱粵西。“百粵”一作“百越”。首句中的“百越”卽指廣西。《唐詩紀事》卷二十六載:“(閻)防在開元天寶間有文稱。岑參、孟浩然、韋蘇州有贈章。然不知得罪謫長沙之故也。”據“才子”句,知孟這次經湘入桂時閻防正在長沙貶所。閻有《夕次鹿門山作》(見《全唐詩》卷二百五十三)。孟和閻結識或在閻游襄陽時。詩中所說的“久別”,或指那次在襄陽離別。如果前首詩中所提到的經洞庭入湘弔屈,卽這詩中所述湘桂之游途中事,那麼,他這次湘桂之游及閻防謫長沙當都在開元十六年以前。又《南還舟中寄袁太祝》說:“沿泝非便習,風波厭苦辛。忽聞遷谷鳥,來報武陵春。嶺北回征棹,巴東問故人。桃源何處是?遊子正迷津。”“嶺北”,指越城嶺以北湘南邊境。“巴東”,指武陵(今湖南常德)。“故人”,指袁太祝。據“嶺北”二句,知孟此行似未入桂,僅至湘南卽“回征棹”,且將往武陵訪袁太祝。據“忽聞”二句,知時在春季,而袁似於此時由別處遷調武陵。揣摩詩意,孟似入桂探袁,中途聞袁已調任,故至嶺北折回,復往武陵相訪。又《送袁十嶺南尋弟》說:“羽翼嗟零落,悲鳴別故林。蒼梧白雲遠,煙水洞庭深。”“蒼梧”,卽唐梧州,治今廣西蒼梧。袁十之弟似貶在梧州。前詩“忽聞”二句似有陞遷意,但不知袁十之弟卽袁太祝否?又《題梧州陳司馬山齋》一作宋之問詩,題爲《經梧州》(見《全唐詩》卷五十二)。孟這次湘桂之游卽使到過梧州,但他一生“未祿於代”(王士源語),未遭貶謫,不當有“流芳雖可悅,會自泣長沙”之句,可見這詩當是宋作。又《宿武陵卽事》當作於他初抵武陵時,而《武陵泛舟》則寫在武陵遊覽情事。又《送袁太祝尉豫章》說:“何幸遇休明,觀光來上京。相逢武陵客,獨送豫章行。”據首二句,知這詩當作於開元十六、七年在長安時。據“相逢”二句,知袁遷武陵在作豫章(今江西南昌)尉之前。可見前面推斷孟湘桂之游當在開元十六年以前是不錯的。據《洞庭湖寄閻九(防)》:“洞庭秋正闊,余欲泛歸船。……遲爾爲舟檝,相將濟巨川”,知孟自武陵歸家在秋季。末二句抱負極大,想不久之後當有入京赴舉之行了。《臨洞庭》所述時序雖和這詩相同,而意氣殊異,似非這次經洞庭時所作,而當如前所論,作於入京赴舉失利以後。“欲濟無舟檝,端居恥聖明”!可能卽因再經洞庭,念及這詩“遲爾”二句有感而發。

三、經豫章,下贛石——他的《九日龍沙作寄劉大昚虛》說:“龍沙豫章北,九日掛帆過。……客中誰送酒?棹裏自成歌。歌竟乘流去,滔滔任夕波。”“豫章”,唐洪州(今江西南昌)。《南昌府志》(清謝啓昆纂,乾隆刻本)載:“龍沙,在(南昌)德勝門外。《寰宇記》云:在州北七里一帶,江沙甚白而高峻,左右居人,時見龍跡。按雷次宗《豫章記》云:“北有龍沙,堆阜逶迤,潔白高峻而似龍形,連亘五六里。舊俗:九月九日登高之處。”“客中”句用重九江州刺史王弘遣人送酒與陶淵明事（見《宋書·隱逸傳》）。劉眘虛這時似在洪州作官。劉，江東人，開元十一年（公元七二三）進士。曾官洛陽尉，遷夏縣令（見《唐才子傳》、《全唐詩》傳）。在當時頗負詩名。有《暮秋揚子江寄孟浩然》、《寄江滔求孟六（浩然）遺文》。後者作於孟卒後，恐遺文散佚，特作此詩托江滔代爲搜集，可見二人交誼之深。末二句寫乘船經洪州循贛江順流而下。又《夜渡湘水》："客行貪利涉，夜裏渡湘川。露氣聞香杜，歌聲識採蓮。……行旅時相問，潯陽何處邊。"① 寫夏末秋初渡湘水循近路赴潯陽（今江西九江）。這詩一作崔國輔作，但不知是孟作否？如是孟作，又不知《九日龍沙作寄劉大眘虛》是否卽此行經洪州時所作？又《彭蠡湖中望廬山》："我來限於役，未暇息微躬。淮海途將半，星霜歲欲窮"，似欲經彭蠡湖於潯陽入江往揚州。亦不知這詩和《九日龍沙作寄劉大眘虛》是否作於同一次行旅途中？夏末秋初渡湘水入贛，重九經龍沙，"歲欲窮"時過彭蠡湖，從時序、行程看，這三首詩很像是同一次行旅途中所作。若然，則可揣知孟另一次赴揚州係取道湘贛，而時在重九前後幾月之內。這次自湘赴贛或者就是走前述他從吳越還鄉途中自贛入湘的那條路線。這次去揚州亦當在開元十六年入京以前，但不知和"煙花三月下揚州"那次孰前孰後？入京前已兩赴揚州，這就難怪他後來在游越時所作詩中說"維揚憶舊遊"了。又《下灨石》："灨石三百里，沿洄千嶂間。沸聲常浩浩，洊勢亦潺潺。跳沫魚龍沸，垂藤猿狖攀。榜人苦奔峭，而我忘險艱。放溜情彌遠，登艫目自閑。暝帆何處泊？遙指落星灣。""灨"卽"贛"，指贛州（今江西贛州市）。"石"指石城（今江西石城）。《古今圖書集成》第九百二十一卷引舊志載："（石城縣有）琴水，……南流入灨水合琭化水入貢，（流經贛州。）""灨石"，當指石城至贛州之間的這一段水路。又同書第九百十九卷引舊志載："（贛州）府東北四百六十里爲石城。""石城縣，處琉璃樓蓋之雄，擅燕薮龍潭之勝。"石城距贛州雖有四百六十里，但琴水距石城較遠，且上游水小，不宜行船，那麼，"灨石"之間的航程頂多就只有"三百里"了。詩中所寫亦與此間景物相合。據末四句，知這詩當作於自石城順流赴贛州途中。石城之游，想亦在這次自湘入贛期內。"落星灣"，在今江西星子縣南五里鄱陽湖邊落星石附近。（見《清一統志》）王士禎說："孟浩然《下贛石》詩：'暝帆何處泊？遙指落星灣。'落星在南康府，去贛亦千餘里，順流乘風，卽非一日可達。古人詩祇取興會超妙，不似後人章句，但作記里鼓也。"（《帶經堂詩話》）

四、空滯洛陽——他的《李氏園臥疾》說："我愛陶家趣，林園無俗情。春雷百卉坼，寒食四鄰清。伏枕嗟公幹，歸田羨子平。年年白社客，空滯洛陽城。"知孟曾在洛陽呆過一個較長的時期。如前所論，他於開元十七年歲暮出京，雖過洛陽旋卽抵家，次年"自洛之越"，寒食前後雖可能在洛陽停留，但剛從家來，且卽將赴越，則不當有"歸田羨子平"和"年年白社客，空

---

① 《古今圖書集成》第一千二百五十三卷衡州府部藝文三除此詩外尚收《贈衡山糜明府》："爲縣瀟湘水，門前樹配苦。晚吟公籍少，春醉積林開。滌硯松江起，擎茶嶽影來。任官當此境，更莫夢天台。"存疑。

滯洛陽城"之歎。再後就更不可能多年寄旅洛陽了。可見他在開元十六年入京前曾一度久滯洛陽，不遇而歸。他的《同儲十二洛陽道中作》卽儲光羲《洛陽道五首獻呂四郎中》(見《全唐詩》卷一百三十九)的和章。儲光羲是當時著名山水田園詩人。又《宴包二融宅》："閒居枕清洛，左右接大野。……煙暝棲鳥還，余亦歸白社。"據首二句，知包宅在洛陽近郊。《晉書·董京傳》："(董京)至洛陽，被髮而行，逍遙吟詠，常宿白社中，時乞於市。"據末二句，知孟這時正久滯洛陽。包融，潤州人。開元初，和賀知章、張旭、張若虛齊名，號"吳中四士"。又《題李十四莊兼贈綦母校書》說："左右瀍澗水，門庭縱氏山。"瀍、澗二水，縱氏山，皆在洛陽附近。但不知這"李十四莊"就是他"臥疾"的"李氏園"麼?綦母校書卽綦母潛。綦母潛與王維、李頎等亦友善。現存王、李贈潛詩頗多。以上這些詩都當作於這次久滯洛陽期內。從這些詩中略可窺見他當時的交游與生活概況。又《上巳日洛中寄王迴九》亦當作於這一時期。孟又有《同張將薊門觀燈》："異俗非鄉俗，新年改故年。薊門看火樹，疑是燭龍然。"如果他確曾到過薊州(今河北薊縣)，或在這一時期。

五、入蜀——陶翰《送孟大入蜀序》(《全唐文》卷三百三十四)載："襄陽孟浩然，……天寶(孟開元二十八年已卒，此顯係‘開元’之誤)年，始游西秦，……流落未遇，風塵所已。……翰讀古人文，見《長楊》、《羽獵》、《子虛》賦，壯哉!至廣漢城西三千里，清江黇綠，兩山如劍，中有微徑，西入岷峨，□有奇幽，皆感子之興矣!勉旃!"孟從開元十七年冬離長安到二十一年五月自吳越還鄉以及開元二十五年到二十六年在張九齡荊州幕這兩段時期的行踪已明;又，從開元二十六年離荊州幕歸家到二十八年卒，爲期短暫，且多病痛。可見他入蜀當在開元二十一年(公元七三三)到二十五年(公元七三七)之間。他的《入峽寄弟》說："往來行旅弊，開鑿禹功存。壁立千峯峻，湍流萬壑奔;我來凡幾宿，無夕不聞猿。浦上搖歸戀，舟中失夢魂;淚沾明月峽，心斷鶺鴒原。離闊星難聚，秋深露已繁，因君下南楚，書此寄鄉園。"與陶序綜合揣度，知此行自襄陽鄉園出發，循江、漢水程，上三峽入蜀;時在深秋，目的在游歷。杜甫《柴門》："峽門自此始，最窄容浮查。禹功翊造化，疏鑿就欹斜。"朱注："《水經注》:廣溪峽，乃三峽之首，自昔禹鑿以通江。郭景純所謂巴東之峽，夏后疏鑿。"可與此"開鑿"句參看。"明月峽"，在今四川巴縣東。峽前南岸崖壁高四十丈，上有圓孔，形如滿月，故名(見《太平御覽》引李膺《益州記》)。知此行起碼西至巴縣。又《途中遇晴》說："已失巴陵雨，猶逢蜀坂泥。……今宵有明月，鄉思遠悽悽。""巴陵"，今湖南岳陽縣。距蜀地甚遠，且首二句對偶，可見這裏的"巴陵"與"蜀坂"均當泛指巴蜀的山坡。又此詩與《入峽寄弟》情調相似，當同作於初抵蜀地時。又《除夜》："迢遞三巴路，羈危萬里身。……那堪正漂泊，來日歲華新"，一作崔塗詩，題爲《巴山道中除夜書懷》(見《全唐詩》卷六百七十九)。馬茂元《唐詩選》說："按:孟浩然的踪跡沒有到過蜀中，詩的風格也不相類似，當係誤入。"風格很難爲憑，更不可說孟未到過蜀中；存疑可也，如無其他證據，則不能斷定這詩決非孟作。若是孟作，則可知他入峽後至歲暮未歸。又《行出東山望漢川》說："異縣非吾土，連山盡綠篁。平田出郭少，盤壠入雲長。萬壑歸於海，千峯劃彼蒼。猿聲亂楚峽，人語帶巴鄉。石上攢椒樹，藤間養蜜房。雪餘春未暖，嵐解晝初陽。征馬疲登頓，歸帆愛渺茫。坐欣沿溜下，信宿見維桑。"出蜀入楚，長江沿岸今宜昌、江陵、石首諸地都有"東山"，未詳此何所指。"漢川"，今湖北漢川縣。此當指漢水流域靠近作者故鄉一帶。"楚峽"，當指西陵峽，在今湖北宜昌市西北，順流出此峽，水勢漸平。這詩前半寫他所旅居的巴蜀"異縣"風光，後半寫春初順流出峽後遙望家鄉的喜悅。當作於自巴蜀歸途中。

一九六三年一月十五日脫稿，十二月六日修訂，於鏡春園。

《劉賓客嘉話錄》的校輯與辨偽

唐　蘭

一、今本存眞

劉賓客嘉話錄　　　　　　　江陵少尹韋絢錄並序

絢少陸機入洛之三歲，多重耳在外之二年，《說郛》節引，只有"絢"字。自襄陽負笈，至江陵，挐葉舟，升巫峽，抵白帝城，投謁故贈兵部尚書賓客中山劉公二十八丈，求在左右學問。是歲長慶元年，蒙丈人許措足侍立，解衣推食，《說郛》無"是歲"以下十八字。晨昏與諸子起居，或因宴命坐，與語論，《說郛》無"宴命坐與"四字。大抵根於教誘，而解釋經史之暇，偶及國朝文人劇談，卿相新語，異常夢話，若諧謔卜祝，童謠佳句。以上三十八字《說郛》節去，只存"劇談"二字。"文人"原作"丈人"，今改。即席聽之，退而默記，或染翰竹簡，或簪筆書紳，其不暇記，因而遺忘者不知其數，在掌中梵夾者，百存一焉。《說郛》無"或染翰"以下三十三字。今悉依當時日夕所話而錄之，不復編次，《說郛》節爲"今錄之"三字。號曰《劉公嘉話錄》，傳之好事，以爲談柄也。時大中十年《說郛》無"時"字。二月朝散大夫江陵少尹上柱國京兆韋絢序。《說郛》二十一節引"韋絢序"三字。

張巡之守睢陽，《詩話總龜》卷一引無"之"字。玄宗已幸蜀，"玄"本作"元"，據《侯鯖錄》及《說郛》改。《唐語林》《總龜》作"明皇"，《四六話》無此句。胡羯方熾，"胡羯"《唐語林》作"賊氛"，是清人所改。"羯"《侯鯖錄》誤作"雖"。城孤勢蹙，"城孤"《唐語林》《侯鯖錄》並作"孤城"。人因食竭，本脫"因"字，據《唐語林》《四六話》補。以紙布切煮而食之，"紙"本作"緒"，據《唐語林》《侯鯖錄》《四六話》及《總龜》改，《四六話》無"切"字。時以茶汁和之，"之"《總龜》作食，芸窗本《侯鯖錄》作"以馬溲喑之"，妄人所改，《四六話》無此句。而意自如。其謝加金吾將軍表曰：本無"將軍"二字，據《唐語林》《侯鯖錄》《四六話》及《總龜》增。各本無"加"字，寫本《侯鯖錄》"加"作"執"。"想峨嵋之碧峯，豫遊西蜀，"豫遊"《總龜》作"遊豫"。追綠耳於玄圃，"玄"本作"元"，據《四六話》《唐詩紀事》改。《唐語林》作"惡圃"，《四六話》作"囿"。保壽南山。逆賊祿山，迷逆天地，《唐語林》《四六話》《唐詩紀事》

及《總龜》並無此四字，"逆"《說郛》作"違"。戮辱黎獻，"辱"《總龜》誤作"屏"，"戮辱"《四六話》《唐詩紀事》作"殺戮"。糧膔闕迁，"粀膔"《唐詩紀事》作"糧腥"，《四六話》作"腥羶"。臣被圍四十七日，原作"臣被圍七旬"，據《唐語林》《四六話》《唐詩紀事》改，《總龜》作四十九日。凡一千二百餘陣。原作"親經百戰"，據《唐語林》改。《總龜》作"三千二百餘陣"，"三"字蓋誤。《四六話》《唐詩紀事》作"凡一千八百餘戰"。主辱臣死，當臣致命之時，"當"《總龜》作"迺"。"致"《唐詩紀事》作"效"。惡稔罪盈，是賊滅亡之日。"其忠勇如此。又激勵將士，《唐語林》《總龜》並無"又"字。嘗賦詩曰：本無"嘗"字。據《唐語林》《唐詩紀事》增。"接戰春來苦，孤城日漸危。合圍俸月暈，"俸"本作"殆"，誤，《說郛》作"如"，據《唐語林》《唐詩紀事》及《總龜》改。分守效魚麗。"效"本作"若"，據《唐語林》《唐詩紀事》及《總龜》改。屢厭黃塵起，時將白羽揮。裹瘡猶出陣，"陣"《唐語林》及《總龜》作"戰"。飲血更登陣。忠信應難敵，堅貞諒不移。"貞"《總龜》作"誠"，"諒"《唐詩紀事》作"自"。無人報天子，"子"本作"地"，依《唐語林》《唐詩紀事》《總龜》及《說郛》改。心計欲安施。"計"《總龜》作"既"誤。又《夜聞笛》詩曰：《唐語林》無"夜"字，《唐詩紀事》《總龜》無"詩"字。"岧嶢試一臨，虜騎俯城陰。"虜"《唐語林》作"鐵"，亦清人所改。不辨風塵色，安知天地心。營開星月近，戰苦陣雲深。旦夕更樓上，"更"《說郛》作"高"。遙聞橫笛吟。"吟"《總龜》作"聲"，誤。時雍邱令令狐潮以書勸誘，不納。其書有曰："宋七昆季、衞九諸子、昔斷金成契，今乃刎頸相圖"云云。時劉禹錫具知宋衞，耳剽所得，濡毫有遺，所冀多聞補其闕也。又說：許遠亦有文，其祭纛文為時所稱。"稱"《侯鯖錄》作"重"，《唐詩紀事》誤為巡祭纛文。所謂"太一先鋒，蚩尤後殿，蒼龍持弓，白虎捧箭"。又祭城隍文云："智井鳩翔，危堞龍擾。"本作"護"，據《唐詩紀事》改，《四六話》作"攖"。皆文武雄健，志氣不衰，"志"本作"士"，據《侯鯖錄》《四六話》《唐詩紀事》改。眞忠烈之士也。劉禹錫曰：此二公天贊其心，俾之守死善道，向若救至身存，不過是一張僕射耳，《侯鯖錄》無"是"字。則張巡許遠之名，《侯鯖錄》無"張許"二字。焉得以光揚于萬古哉。《侯鯖錄》無"揚于"二字。巡性明達，不以簿書介意。為眞源宰，縣有豪華南金，悉委之。故時人語曰："南金口，明府手。"及巡聞之，不以為事。原缺"時雍邱令"以下二百廿三字，據《唐語林》卷五補。

爲詩用僻事，《唐語林》卷二首有"劉禹錫曰"四字，《總龜》五作"劉夢得云"。須有來處。宋考功詩云：《總龜》無"詩"字。"馬上逢寒食，春來不見餳"，常疑此字，《唐語林》《總龜》並作"常疑之"。因讀毛詩鄭箋說簫處，《唐語林》"簫"上有"吹"字。注云："卽今賣餳者所吹"，本作"卽今賣餳人家物"，據《唐語林》改。六經唯此注中有"餳"字。《唐語林》無"注"字，《總龜》無"因讀"以下二十七字。吾緣明日是重陽，本無"吾"字，據《唐語林》及《總龜》增。《唐語林》無"是"字，《總龜》無"緣明日是"四字。欲押一"餻"字，《唐語林》無"欲"字。續尋思六經竟未見有"餻"字，本無"續"字，據《唐語林》增。此句《總龜》作"思索六經無餻子"。逐不敢爲之。本無"逐"字，據《總龜》增。嘗訝杜員外"巨顙拆老拳"，"嘗"本作"常"，據《唐語林》《總龜》改。"杜員外"三字《總龜》作"老杜詩有"四字。疑"老拳"無據，《唐語林》《總龜》無"疑老拳"三字，"無據"《總龜》作"無出處"。及覽《石勒傳》云：本無"云"字，據《唐語林》《總龜》增。"覽"《總龜》作"讀"。"卿旣遭孤老拳，孤亦飽卿毒手"，"飽"《總龜》作"遭"。豈虛言哉。後輩業詩，卽須有據，不可率爾道也。

刑部侍郎從伯伯芻嘗言：某所居安邑里，巷口有鬻餅者，早過戶，未嘗不聞謳歌而當爐，興甚早。一旦，召之與語，貧窘可憐。因與萬錢，令多其本，日取餅以償之。欣然持鏹而去。後過其戶，則寂然不聞謳歌之聲。謂其逝矣。及呼乃至，謂曰：“爾何輟歌之遽乎？”曰：“本流旣大，心計轉麤，不暇唱渭城矣。”從伯曰：“吾思官徒亦然。”因成大噱。

永徽中盧齊卿暴死，《太平廣記》一百四十六引作“卒亡”。及蘇，說：見其舅李某爲冥司判官，有吏押案，曰：“宇文融合爲宰相。”舅曰：“宇文融豈堪作宰相。”“作”《廣記》作“爲”。吏曰：“天符已下，《廣記》作“天曹符已下”。數日多少，卽由判官。”舅乃判一百日。旣拜，《廣記》作“旣而拜宰相”。果百日而罷。公因曰：“官不前定，何名眞宰乎？”本無“乎”字，據《廣記》增。《廣記》此三句在“永徽中”前。“公因曰”三字作“劉禹錫曰”。

崔丞相造布衣時，江左士人號爲“白衣夔”。時有四人：一是盧東美，本無“一”字，據《廣記》一百五十一引增。其二遺亡。《廣記》作“其餘亡姓字”。崔左遷在洪州，州帥曹王將辟爲副，《廣記》作“倅”。時德宗在梁，《廣記》作“興元”，按唐人稱“興元”爲“梁”耳。奏的合過，況曹王有功，且親也。此兩句《廣記》作“以曹王有功，且親，奏無不允”。時有趙山人，言事多中。崔問之，曰：“地主奏某爲副使，且的過否？”《廣記》作“且得過無”。對曰：“不過。”崔詰曰：“以時以事，本無下“以”字，據《廣記》增。必合得過也。”《廣記》作“必合得時”。山人曰：“却得一刺史，不久敕到，更遠於此。”崔不信，再問。曰：《廣記》無“曰”字。“必定耳。州名某亦知之，不可先言。”且曰：“今月某日敕到，必先弔而後賀。”崔心懼久之，蓋言某日，“某”《廣記》作“其”。卽崔之忌日也。謂趙山人曰：此五字《廣記》作“卽使呼趙生謂曰山人”九字。“言中奉百千，不中則輕撻五下，本無“則”字，據《廣記》補。可乎？”山人笑曰：“笑”《廣記》作“哂”。“不合得崔員外百千，“不合”上《廣記》有“且某”二字，“崔”字本無，據《廣記》增。只合得崔員外起一間竹屋。”本無“崔員外”三字，據《廣記》增。其語益奇。本無此四字，據《廣記》增。又問之，《廣記》作“崔乃問之”。“且我有宰相分無？”“無”《廣記》作“否”。曰：“有。”崔曰：“遠近？”《廣記》無“崔曰”二字，作“卽遠近”。曰：“只隔一兩政官，不至三矣。”本作“不至三年矣”，據《廣記》删“年”字。“至”《廣記》作“致”。及某日私忌，“及”《廣記》誤作“又”。洪州諸僚《廣記》作“同寮諸公”。皆知其說，是日《廣記》作“其日夕矣”。悉之江亭，“之”《廣記》作“至”。將慰崔忌，衆皆北望人信。至酉時，見一人從北岸袒而招舟，《廣記》作“入舟袒而招舟”似誤。急使人問之，《廣記》作“甚急，使人遽問之”。乃曰州之脚力，將及岸，問曰：“有何除改，“改”《廣記》誤作“政”。且有崔員外奏副使過否？”本無“且有”二字，又於“副使”下重出“員外”二字，《從廣記》改正。曰：“不過。却得虔州刺史，敕牒在此。”“此”《廣記》作“茲”。諸公驚笑。其暮，本無此二字，據《廣記》補。果先慰而後賀焉。明日說於曹王，曹王與趙山人鏹百千，不受，崔爲起竹屋一間，“爲”《廣記》作“與”。欣然徙居之。又謂崔曰：“到虔州後，須經大段恐懼，本作“須大經一段恐懼”，據《廣記》改。卽必得入京也。”旣而崔舅源休與朱泚爲宰相，崔憂間，《廣記》無“崔”字，“間”作“悶”。堂帖追入，甚憂惕。時故人竇參作相，拜兵部郎中，俄遷給事中平章事，與齊映相公同制。本缺此七字，據《廣記》增。

又曰：《廣記》一百五十一引無此二字。薛邕侍郎有宰相望，時有張山人善相，崔造相公方爲兵部郎中，《廣記》無"相公"二字。與前進士姜公輔同在薛侍郎坐中。薛問張山人曰：《廣記》作"且"。"坐中有宰相否？"心在己身多矣。張曰："有。"薛曰："幾人？"曰："有兩人。"薛意其一人即己也。本無此八字，據《廣記》增。曰："何人？"曰："崔姜二人必同時宰相。"《廣記》作"必宰相也，同時耳"。薛訝忿之，本無"訝忿之"三字，據《廣記》增。嘿然不樂。《廣記》"嘿"作"默"，"樂"作"悅"。既而崔郎中徐問張曰："何以同時？"意謂姜公始前進士，"前進士"三字《廣記》作"披褐"。我已正郎，本無"我"字，據《廣記》增。勢不相近也。曰：《廣記》作"張曰"。"命合如此，事須同時，本無此四字，據《廣記》增。仍郎中在姜之後。"後姜爲京兆尹功曹，《廣記》無"尹"字。充翰林學士。時衆知涇將姚令言入城的取朱泚，《廣記》無"的"字。泚曾帥涇，得其軍心。《廣記》作"得軍人心"。乃上疏令防虞之。"令防虞之"四字《廣記》作"請察之"。疏入十日，德宗幸奉天，悔不納姜言，遂於行在擢姜爲給事中平章事。崔後姜半年以夕郎拜相。"夕郎"乃給事中，見《紺珠雜記》。果同時，本無"時"字，據《廣記》增。而崔在姜後，《廣記》無"崔"字。離虔州後第二改官拜官亦不差。《廣記》無此十三字。而薛侍郎竟終於列曹。《廣記》無"而侍郎"三字。始知前輩不可忽後輩也。《廣記》無"也"字。

李丞相泌謂德宗曰："蕭宗師臣，豈不呼陛下爲愿郎。"聖顏不悅。泌曰："陛下天寶元年生，儻外言改年之由，或以弘農得寶，此乃謬也。以陛下此年降誕，故玄宗皇帝"玄"本作"元"，今正。《唐語林》作"明皇帝"。以天降至寶，"至"《唐語林》作"之"。因改年號爲天寶也。"聖顏然後大悅。本無"大"字，據《唐語林》增。又韋渠牟曾爲道士及僧，德宗問："卿從道門，本師復是誰？"渠牟曰："臣師李仙師，仙師師張果老先生。蕭宗皇帝師李仙師，爲仙帝。臣道合爲陛下師，由跡微官卑，故不足爲陛下師。"渠牟亦效李相泌之對也。本缺"又韋渠牟以下"七十八字，據《唐語林》補。

德宗降誕三日，玄本作"元"，據《廣記》一百五十引改。宗立於高階上，《廣記》無"立於高階上"五字。蕭宗次之，代宗又次之，保母襁褓德宗來，呈色不白皙，《廣記》作"德宗色不白皙"。耳仆前，《廣記》作"龍身仆前"。蕭宗代宗皆不悅。《廣記》無"皆"字。二帝以手自下遞傳呈上，《廣記》作"呈上玄宗"。玄宗一顧之，曰："眞我兒也。"謂蕭宗曰："汝不及他。"又謂代宗曰：本無"又"字，據《廣記》增。"汝亦不及他，鬚髯似我。"既而在位二十七年，"既"《廣記》誤作"完"。壽六十三。《廣記》作"年六十三崩"。蕭宗登位五年，代宗登位十五年。本脫"五年代宗登位"六字。然德宗寶二十五年。蕭宗七年，代宗十七年，數字並有誤。後明皇帝幸蜀，《廣記》作"帝"。至中路，曰："愿郎亦一遍到此來裏。""愿"《廣記》誤作"岩"。及德宗幸梁，是驗也。本無"驗"字，據《廣記》增。乃知聖人應天受命，"受"《廣記》誤作"授"。享國緜遠，"緜遠"《廣記》作"年深"。豈徒然哉。《廣記》作"豈是徒然"。按《分門古今類事》卷二引《松窗雜綠》與此略同。

劉希夷詩曰：本無"詩"字，據《唐語林》五及《總龜》二十九增。"夷"《總龜》誤作"民"。"年年歲歲花相似，歲歲年年人不同。"其舅宋之問《唐語林》此下有"也"字，《說郛》二十一有"曰"字，誤。苦愛此兩句，知其未示人，本無此五字，據《唐語林》增，《總龜》作"知其未乞傳人"。懇乞，《唐語林》作"懇乞此兩句"。許而不與。之問怒，以土袋壓殺之。"袋"《唐語林》作"簍"。宋生不得其死，"宋"字上《唐語林》有"劉禹錫曰"四字，《總龜》無"生"字，《唐語林》無"其"字。天報之也。"也"《唐語林》作"矣"，《總龜》作"亦其報也"。

逆胡將亂於中原，《廣記》一百六十三引首有"劉禹錫曰"四字，"將"上有"之"字，無"於"字。梁朝誌公大師"大"本誤"太"，據《廣記》及《説郛》二十一改。有語曰：《廣記》作"已贈詞曰"。"兩角女子綠衣裳，却背太行邀君王，"太"本誤"大"，依《廣記》及《説郛》改。一止之月必消亡。"兩角女子""安"字也。本無"也"字，據《廣記》增。"綠"者"祿"字也。《廣記》無"字"字。"一止"正月也。果正月敗亡。聖矣，符誌公之寓言也。《説郛》無"聖矣"以下。

時，本與上條連，今別之。《唐語林》卷五無"時"字。張巡將雷萬春於城上與巡語次，被賊伏弩射之，本無"之"字，據《唐語林》增。中萬春面，不動。令狐潮疑是木人，詢問巡，《唐語林》作"諜問之"。知是萬春，本無"是"字，據《唐語林》增。乃言曰："向見雷將軍，"將軍"《唐語林》作"萬春"。方知足下軍令矣。然其如天理何！"巡與潮聲，曰"僕誠下材，亦天下一男子耳。今遇明君聖主，疇則屈腰。逢豺狼犬羊，今須展志"云云，"請足下多服續命之散，數加益智之丸，無令病入膏肓，坐親斧鑕也。"本缺"然其"以下六十九字，據《唐語林》補。

瓊州地名胸脇，胸脇是蚯蚓也，故土多此蟲，蓋其狀物也。常至夜，江畔出其身，半跳於空中而鳴，其形胸脇。原注："上音屈，下音忍"。

絢曰："五夜"者甲乙丙丁戊更相送之，《唐語林》二作"更送之"。今惟言"乙夜"與"子夜""與"《唐語林》作"或"。何也？公曰：《唐語林》無"公曰"二字。"未詳。"

大司徒杜公在維揚也，嘗召賓幕閑語："我致政之後，必買一小駟八九千者，飽食訖而跨之，著一麤布襴衫，入市，看盤鈴傀儡，足矣。"又曰："郭令公位極之際，常慮禍及，此大臣之危事也。"司徒深旨，不在傀儡，蓋自污耳。司徒公後致仕，果行前志。諫官上疏言"三公不合入市"。公曰："吾計中矣。""計"者，卽自污耳。

刑部侍郎從伯伯芻自王府長史三年爲新羅使，始得郎中，朱紱。因見宰相，自言此事。時宰不知是誰，曰："大是急流。"

相國李司徒勉《唐語林》六無"相國"二字。爲開封知縣尉，捕賊。《唐語林》作"爲開封縣尉"，"特善捕賊"。時有不良試公之寬猛，乃潛納人賄，俾公知之。公召告吏卒曰："有納其賄者，我皆知之，任公等自陳首，不可過三日，"可"《唐語林》作"得"。過則與櫬相見。"其納賄不良故逾限，而欣然自實其櫬至。《唐語林》無"至"字。公令取石灰棘刺置於櫬中，《唐語林》無"櫬"字。令不良入，命取釘釘之，送汴河訖，乃請見廉使。使歎賞久之。《唐語林》"使"字上重出"廉"字。後公爲大梁節度使，人問公曰："今有官人如此，"官"本作"害"，據《唐語林》改。公如何待之？"《唐語林》無"公"字。公曰："卽打腿。"

上官昭容者，《廣記》一百三十七引，首有"唐"字。侍郎儀之孫也，"孫"本作"孤"，據《廣記》及《唐語林》卷三改。儀子有罪，本無"子"字，據《廣記》增，《唐語林》作"之"。婦鄭氏墳宮，遺腹生昭容。其母將誕之夕，夢人與秤，曰："持之秤量天下文士。"本無"文士"二字，據《廣記》《唐語林》增。"之"《廣記》作"此"。鄭氏冀其男也。及生昭容，母視之，《唐語林》無"母"字。曰：本無"曰"字，據《廣記》增，《唐語林》作"云"。"秤量天下，豈是汝耶？"本無"是"字，據《廣記》《唐語林》增。口中嘔啞如應曰："是。"本無"口中"兩字，據《廣記》《唐語林》增。"嘔啞"《廣記》作"嘔嘔"，《唐語林》作"啞啞"。

李丞相絳先人爲襄州督郵，《唐語林》卷三無"丞"字。《廣記》一百七十九引，"郵"誤作"部"。方赴舉，求鄉薦。時樊司徒澤爲節度使，"司徒"《廣記》《唐語林》並作"司空"。張常侍正甫爲判官，主鄉薦。張公知丞相有前途，"丞相"《廣記》作"絳"。啓司空，曰："舉人中悉不如李某秀才，本無"中"字，據《廣記》增。《廣記》無"某"字。請只送一人，請諸人之資以奉之。"《廣記》無下"請"字，"以"上有"悉"字。欣然允諾。又薦丞相弟爲同舍郎。"丞相"二字《廣記》作"絳"。不十年而李公登庸，感司空之恩，以司空之子宗易爲朝官。此二十三字《廣記》作"絳感澤殊常之恩，不十年登庸，澤之子宗易爲朝官"。人問宗易之文於丞相，"丞相"《廣記》作"絳"。丞相戲而答曰：《唐語林》本無"丞相戲而"四字，《廣記》作"絳戲而答曰"，據增改。凡《廣記》稱"絳"，《唐語林》均作"丞相"，今依例改之。"蓋代。"時人因以"蓋代"爲口實，"因"《唐語林》作"用"。相見論文，必曰："莫是李三蓋代否？"丞相之爲戶部侍郎也，"丞相之"三字，《廣記》作"及絳"二字。常侍爲本司郎中，因會，把酒請侍郎唱歌。《唐語林》"會"下有"詩"字，無"請"字。李終不唱而哂之，滿席大噱。本缺"又薦丞相"以下一百○七字，據《廣記》及《唐語林》補。

荣之菠稜者，本無"者"字，據《廣記》卷四百一十一引補。"稜"《廣記》作"薐"。本西國中，有僧自彼將其子來，本無"自彼"二字，據《廣記》增。如苜蓿蒲陶，《廣記》作"葡萄"。因張騫而至也。絢曰："豈非頗稜國將來而語訛爲菠稜耶。"而《說郛》二十一作"時"。"絢曰"以下，《廣記》作"菠薐本是頗陵國將來，語訛耳。多不知也"。

杜丞相鴻漸，《廣記》卷一百七十引作"丞相杜鴻漸"。世號知人，見馬燧、李抱貞、盧新州杞、《唐語林》三無"新州"二字。陸丞相贄、《廣記》無"丞"字，《唐語林》無"丞相"二字。張丞相弘靖，《唐語林》無"丞相"二字。李丞相藩《廣記》無"丞"字，《唐語林》無"丞相"二字。皆云"並爲將相"，"將"本作"宰"，據《廣記》《唐語林》改。既而盡然，許郭之徒，又何以加也。《唐語林》無此九字。大司徒杜公，《廣記》無"又"字。見張相弘靖，曰：《唐語林》無"相"字。"必爲宰相。"貴人多知人也如此。本缺"又大司徒"下二十四字，據《廣記》及《唐語林》增。

范希朝將赴鎮太原，辭省中郎官，既拜而言，曰："郎中有事，但處分希朝。希朝第一遍不應，亦且恕，至第三遍不應，即任郎中員外下手插打得。""插打"爲造箭者插羽打幹，言攢箭射我也。

公曰：《廣記》四百十一引無此二字。"諸葛所止，令兵士獨種蔓菁者何？"《廣記》無"何"字。絢曰：

"莫不是《廣記》無此五字。取其纔出甲，可生啗，本無"可"字，據《廣記》增。"啗"《廣記》作"啖"。一也；葉舒，可煮食，二也；久居則隨以滋長，本無"則"字，據《廣記》增。三也；棄去不惜，《廣記》作"棄不令惜"。四也；回則易尋而採之，五也；冬有根可斸食，六也；比諸蔬屬，其利不亦博乎。""乎"《廣記》作"哉"。曰：《廣記》作"劉禹錫曰"。"信矣。"三蜀之人"蜀"本作"屬"，據《廣記》改。"人"下《廣記》有"也"字。今呼蔓菁爲諸葛菜，江陵亦然。

　　河東張嘉貞爲平姚，見河東碑爲文書甚佳。及過，面奏天后，天后對之。河東請去簾，曰："臣出自寒微，今蒙召對，然咫尺天顏，猶隔雲霧，伏乞陛下去簾。"則天許之。事書史冊。

　　蔡之將破，有水牛黑色入池浴，既出，身自白，皎然，唯頭不變。又有雀數百，同爲一窠，皆絲絮爲之。有羣鳥同巢，一旦盡棄擲其鷇而去。有馬生牛蹄者。蔡州既平，憲宗命道士張某至境，置醮於紫極宮。宮本吳少誠生祠也，裴令公毀之爲宮，有道士院，階前種麻生高如墉，道士葺爲藩屏。其醮日霹靂麻屛兩片，下有穴五寸已來，有貍迹，尋之上屋，其蹤稍大如馬，亦如人足，直至屋上而滅。其韓碑石本吳少誠德政碑，世與狄梁公碑對立，其吳碑亦流汗成泥，狄梁公碑如故。不十日，中使至，磨韓之作而刊改制焉。

　　石季龍少好挾彈，《廣記》一百七十引作"劉禹錫曰季龍挾彈彈人"，《唐語林》作"劉禹錫曰石季龍挾彈殺人"。其父怒之，"父"《唐語林》作"兄"。其母曰："健犢須走車破轅，"須"《廣記》作"雖"。良馬須逸軼泛駕，然後能負重致遠。"本無"能"字，據《廣記》及《唐語林》增。蓋言童稚不奇不慧，"蓋"《廣記》作"太"，誤。"慧"《廣記》《說郛》二十一作"惠"，《唐語林》無"不慧"二字。必非異器定矣。《說郛》"必"作"即"，《唐語林》作"即非異器矣"。

　　人言鶴胎生，所以賦云"胎化仙禽"也。今鸕鷀亦是胎生，《抱朴子》、《本草》說同，此豈亦仙禽者乎？絢曰："但恐世只知鶴胎生，不知鸕鷀亦是胎生，鶴便謂胎生也。若緣鸕鷀食腥魚，雖胎生不得與鶴同，今見養鶴者說，其鶴食腥穢更甚於鸕鷀，若以色黑於鶴，則白鶴千萬年方變爲玄鶴，又何尚焉。"公笑曰："是以君子惡居下流，其鸕鷀之謂乎？"絢曰："鶴難見也，鸕鷀易見也，世人貴耳而賤目之故也。若使鸞鳳如鶴之長見，即鶴亦如鸕鷀矣。以少爲貴，世不以見爲聖爲瑞而貴之也。所以陳標詠蜀葵詩云：《二老堂詩話》引作"進士陳標詠黃蜀葵詩云"。《總龜》二十"蜀葵"作"葵花"。'能共牡丹爭幾許，得人憎處只緣多。'"憎"《總龜》作"嫌"。鸕鷀之謂也。"

　　劉僕射晏五鼓入朝，時寒，中路見賣蒸胡之處，勢氣騰輝，使人買之。以袍袖包裙帽底啗之。且謂同列曰："美不可言。美不可言。"

　　王承昇有妹，《實賓錄》無"有"字。國色，德宗納之，不戀宮室。德宗曰："窮相女子。"乃出之。《實賓錄》無"之"字。敕其母兄不得嫁進士朝官，"得"《實賓錄》作"聽"。任配軍將作親情。《唐語林》六《實賓錄》並無"作"字。"軍將"《實賓錄》作"將軍"。後適元士會，因以流落，《唐語林》作"以流落終"。眞窮相女子也。〈實賓錄〉無"子"字。《唐語林》無此句。

韓十八愈直是太輕薄，〈唐語林〉卷六首有"劉禹錫曰"四字。謂李二十六程曰："某與丞相崔大羣同年往還，直是聰明過人。"李曰："何處是過人者？"韓曰："共愈往還二十餘年，不曾共說著文章，《唐語林》作"不曾過愈論著文章"。此豈不是敏慧過人也。"《唐語林》無"豈不"二字。

韓十八初貶之制，席十八舍人爲之詞，曰：〈廣記〉四百九十七引作"韓愈初貶之制，舍人席變爲之詞曰"。"早登科第，亦有聲名。"席旣物故，友人曰：〈廣記〉作"友人多言曰"。"席無令子弟，豈有病陰毒傷寒而與不潔喫耶。"〈廣記〉無"喫耶"二字。韓曰："席十八喫不潔太遲。"《廣記》無"十八"兩字。人問之，"之"〈唐語林〉作"曰"，《廣記》作"人曰"，無"問"字。"何也？"曰："出語不是。"《廣記》作"不當"，《唐語林》作"不是當"。蓋忿其責辭云"亦有聲名"耳。"蓋忿其"《廣記》作"豈有忿"。

元載將敗之時，〈唐語林〉五作"元被敗"。妻王氏曰："某四道節度使女，十八年宰相妻，今日相公犯罪死，即甘心使妾爲舂婢，不如死也。"主司上聞，俄亦賜死。"俄"字下〈唐語林〉有"而"字。

王縉之下獄也，問頭云："身爲宰相，夜醮何求？"王答曰："知則不知，死則合死。"

元載於萬年縣佛堂子中，謁主者乞一快死也。"主者"本作"主官"，據〈唐語林〉五改。主者曰："相公今日受些子污泥，不怪也。"《唐語林》無"子"字。乃脫穢襪塞其口而終。

公曰：《唐語林》六無此二字。盧華州予之堂舅氏也，嘗於元載相宅門〈唐語林〉無"相"字。見一人，頻至其門，上下瞻顧。盧疑異人，"異"《唐語林》作"其"。乃邀以歸，且問元載相公如何？唐語林作"且問元相何如"。曰："新相將出，舊者須去。吾已見新相矣，一人緋，一人紫，一人街西住，一人街東住，本無此五字，據《唐語林》增。皆慘服也。然二人俱身小而不知姓名。"本無"不"字，據《唐語林》增。不經旬日，王元二相下獄，德宗將用劉晏爲門下，"將用"二字《唐語林》作"以"。楊炎爲中書，外皆傳說必定，疑季子之言不中。《唐語林》"疑其言不中"。時，國舅吳湊見王元事訖，本作"說"，據〈唐語林〉改。因賀德宗而啓之，曰："新相欲用誰？"《唐語林》"誰"下有"人"字。德宗曰："劉、楊。"湊不語。上曰："吾舅意如何；"吾"〈唐語林〉作"五"。言之無妨。"湊曰："二人俱曾用也，行當可見，陛下何不用後來俊傑。"上曰："爲誰？"吳乃奏常衮及某乙。翌日並命"命"〈唐語林〉作"用"。拜二人爲相，以代王、元，果如季子之說。〈唐語林〉作"果如其說"。緋紫短長，"長"〈唐語林〉作"小"。街之東西，無不驗也。"也"〈唐語林〉作"者"。

趙相璟之爲入蕃副使，本無"爲"字，據《廣記》一百五十二引增。謂二張判官曰："前幾里合有河，河邊柳樹下，《廣記》作"河之邊有柳樹下"。合有一官人 本無"人"字，據《廣記》增。着慘服立。"旣而忽然，"官人"置頓官也。本無此六字，據《廣記》增。二張問之，趙曰："某年三十前，巳夢此行，本無"巳"字，據《廣記》增。亦不怨他時相。""亦"字《廣記》作"所以"二字。趙相將薨時 "薨"下《廣記》有"之"字。長安諸城門金吾官 "官"《廣記》作"家"。見一小兒衣豹犢鼻，《廣記》無"衣"字。攜五色繩子，覓趙相。其人見者知異，本無此六字，據《廣記》增。不經旬日，"旬"《廣記》作"數"。趙相薨。《廣記》無

"相"字。

公曰：《唐語林》五無此二字。杜相鴻漸之父名鵬舉，父子而似兄弟之名，蓋有由也。鵬舉父嘗夢有所之，本無"夢"字，據《唐語林》增。見一大碑，云是宰相碑，已作者金填其字，未作者刊名於上。《唐語林》誤作"於柱上"。杜問曰：《唐語林》作"因問"。"有杜家兒否？"曰："有。任自看之。"記得姓下是鳥偏傍曳脚而忘其字，"是"《唐語林》作"有"。乃名子爲鵬舉，本無"子爲"二字，據《唐語林》增。而謂之曰："汝不爲相，卽世世名鳥邊而曳脚也。"《唐語林》無"卽"字。鵬舉生鴻漸，而名字亦前定矣，"亦"《唐語林》作"且"，"矣"《說郛》二十一作"也"。況其官與壽乎。《唐語林》無"其"字。

袁德師給事中高之子也。九日出饌，謂人曰："某不敢喫，請諸公破除。"且言是其先諱，良久低頭。然語多不可具載。

楊國忠　本誤作"忠"，據《廣記》二百五十引及《唐語林》五改。又《廣記》首有"唐"字。嘗會諸親，"會"本誤作"謂"，據《廣記》《唐語林》改。《唐語林》無"諸"字。時知吏部銓事，《唐語林》無"時"字，《廣記》無"事"字。且欲大噱以娛之。本無"以娛之"三字，據《唐語林》增。《廣記》作"以誤之"。又《唐語林》無"大"字。已設席，《唐語林》《廣記》並無此三字。呼選人名，引入於中庭，不問資序，短小者道州參軍，《廣記》作"通道參軍"。胡者湖州文學，《廣記》"胡者"下有"云"字，《唐語林》有"與"字，又"胡"作"鬍"。簾中大笑。"中"《廣記》作"下"。

盧新州爲相　"盧新州"《廣記》四百九十六引及《唐語林》四並作"盧杞"。又《唐語林》無"爲相"二字。令李揆入蕃，揆對德宗曰："對"上本無"揆"字，據《廣記》《唐語林》增。"臣不憚遠使，恐死于道路，本無"于"字，據《廣記》《唐語林》增。不達君命。"上惻然，欲免之，本無"欲"字，據《唐語林》增。此句《廣記》作"帝惻然憫之"。謂盧相曰：《廣記》無"相"字，《唐語林》作"謂杞曰"。"李揆莫老無？"《唐語林》作"李揆豈老無使"，乃不明文義者所改。杞曰："和戎之使，且須諳練朝廷事，本無"且"字，據《廣記》《唐語林》增。《唐語林》無"朝廷事"三字。非揆不可。且使揆去，向後差使小於揆年者，"向後差使"《廣記》作"則羣臣"。又"小"《廣記》作"少"。不敢辭遠使矣。"揆既至蕃，蕃長曰：本無"曰"字，據《廣記》《唐語林》增。又《唐語林》少一"蕃"字。"聞唐家有一第一人李揆，"聞"本作"問"，據《廣記》《唐語林》改。《廣記》無"第"上"一"字。《唐語林》無"有一"二字。公是否？"揆曰："非也。他那箇李揆，《廣記》無"箇"字。爭肯到此。"恐其拘留，"其"《廣記》作"爲"。以此誣之也。"誣"《廣記》《唐語林》作"詑"。又《廣記》無"此"字。揆門戶第一，《廣記》《唐語林》無"戶"字。文學第一，官職第一。致仕東都，《廣記》作"揆致仕歸東都"。《唐語林》作"揆致仕東都"。大司徒杜公《廣記》作"司徒杜佑"。罷淮海，"海"下《唐語林》有"也"字。入洛，見之，言及頭頭第一之說。《廣記》無"頭頭"二字。揆曰："若道門戶，門戶有所自，《唐語林》少"門戶"二字。承餘裕也。官職遭遇爾。今形骸凋悴，"悴"《唐語林》作"瘁"，《廣記》誤作"捽"。看卽下世，一切爲空，何第一之有。"

德宗降誕日，內殿三敎講論，以僧鑑虛對韋渠牟，"鑑"《唐語林》作"鑒"。以許孟容對趙需，以僧覃延對道士郗惟素。諸人皆談畢。鑑虛曰："臣請奏事，"臣請奏事"《唐語林》作"諸奏事云"。玄元皇帝。"玄"《唐語林》作"元"。我唐天下之聖人，本無"之聖人"三字，據《唐語林》增。《唐語林》無"我唐"二字。文宣王古今之聖人，釋迦如來西方之聖人，今皇帝陛下　本無"今"字，據《唐語林》增。是南瞻部州之聖人，臣請講御製賜新羅銘。"講罷，德宗有喜色。本無"臣請講以下"十六字，據《唐語林》增。

　　飲酒四字，著於史氏，出於則天時，壁州刺史鄭弘慶者進之，人或知之。以三臺送酒，當未盡曉。蓋因北齊高洋毀銅雀臺，築三箇臺，宮人拍手呼上臺，因以送酒。

　　德宗誕日，《唐語林》六"誕"上有"降"字。三教講論。儒者第一趙需，第二許孟容，第三韋渠牟，與僧覃延嘲謔，因此承恩也。渠牟薦一崔阡，拜諭德，為侍書於東宮，東宮順宗也。《廣記》二百六十引以上作"唐順宗在東宮，韋渠牟薦崔阡，拜諭德，為侍書"。阡觸事面牆。對東宮曰："臣山野鄙人，《唐語林》無"鄙"字。不識朝典，見陛下合稱臣否？"東宮曰："卿是宮僚，"宮"本作"東"，誤，據《廣記》《唐語林》改。自合知也。"

　　李二十六丈丞相　《廣記》二百五十一引首有"唐劉禹錫云"五字，又無"丈"字，"相"下有"程"字，《唐語林》六作"李司徒程"。善謔。為夏口日，有客辭焉，相留更住三兩日。《唐語林》無"更"字，《廣記》無"相留"字，作"李云且更三兩日"。客曰："業已行矣，舟船已在漢口。"曰："此漢口不足信。"《廣記》作"李曰：但相信住，那漢口不足信"。其客掩口而退。《廣記》"客"下有"盧胡"二字。《唐語林》無此六字。又因與堂弟居守相石投盤飲酒，本僅作"又因堂弟"四字，據《唐語林》增，《廣記》作"又因與裝以丞相留守石投店酒飲"，多誤字，蓋由不知"投盤"即"骰盤"，是酒令名也。居守誤收骰子，"骰"《唐語林》作"頭"，《廣記》作"石收頭子"。糾者罰之。丞相曰："何罰之有？""丞相"《廣記》作"石"，《唐語林》無此七字。司徒曰："汝向忙鬧時，本無"忙"字，"鬧"誤作"閑"，據《廣記》《唐語林》增、改。《廣記》無"向"字。把他堂印將去，《唐語林》無"他"字。又何辭焉。"飲酒家謂重四為堂印，《廣記》無"飲"字，《唐語林》無"酒"字。蓋譏居守太和九年冬"九"本作"元"，據《廣記》《唐語林》改。"居守"《廣記》作"石"。　朝廷有事之際而登庸也。本無"也"字，據《廣記》《唐語林》增。"庸"下《廣記》有"用"字。又與石話服食，云："汝服鍾乳否？"曰："近服甚覺得力。"司徒曰："吾一不得乳力。"蓋譏其作相日，無急難之效也。又嘗於街西遊宴，貪在博局，時已昏黑，從者迭報云："鼓動。"司徒應聲曰："靴！靴！"其意譏鼓動似受慰之聲以弔客，靴靴答之，連聲索靴，言欲速去也。又在夏口時，官園納芋頭而餘者分給將校，其主將報之，軍將謝芋頭，司徒手拍頭云："著他了也"。然後傳語，"此芋頭不必謝也"。本缺"又與石以下"一百四十三字，據《唐語林》補。

　　予與寶丈及王承昇同在朗州日，共歡宴。後三人相代為夔州，亦異矣。

二、補　遺

　　劉禹錫云：與柳八韓七詣施士匃聽毛詩，說"維鵜在梁"，"梁"人取魚之梁也。言鵜自合求魚，不合於人梁上取其魚，譬之人自無善事，攘人之美者，如鵜在人之梁，毛注失之矣。又說："山無草木曰岵"，所以言"陟彼岵兮"，言無可怙也。以岵之無草木，故以譬之。《唐語林》二。

因言"䍐罳"者復思也，今之板障屛牆也。天子有外屛，人臣將見，至此復思其所對敭、去就、避忌也。"魏"大、"闕"樓觀也，人臣將入，至此則思其遺闕。"桓楹"者，即今之華表也。桓、華聲訛，因呼爲桓。"桓"亦丸丸然柱之形狀也。《唐語林》二。

又說：古碑有孔，今野外見碑有孔。古者於此孔中穿楯以下於墓中耳。《唐語林》二。

又說："甘棠"之詩，"勿剪 原脫此二字，今補。勿拜，召伯所憩"，"拜"言如人身之拜，小能屈也。"能"《困學紀聞》三引《唐語林》作"低"。上言"勿剪"，終言"勿拜"， 此兩句《困學紀聞》引作"勿拜則不止勿剪"。明召伯漸遠， "明"《困學紀聞》作"言"。人思不得見也。"不得見也"《困學紀聞》作"不可及"。毛注"拜猶伐"非也。又言"維北有斗，不可挹酒漿"，言不得其人也。毛鄭不注。《唐語林》二。"毛鄭不注"四字，齊之鸞本作"毛都不注此下"。

按《唐語林》此下爲"爲詩用僻事"條。

韋絢曰："司馬牆何也？"曰："今唯陵寢繞垣，即呼爲司馬牆。而毬場是也，不呼之何也？"劉禹錫曰："恐是陵寢，即呼臣下避之。"《唐語林》二。

《詩》曰"我思肥泉"者，源同而分之曰肥也。言我今衞女嫁于曹，如肥泉之分也。《唐語林》二。

魏文帝詩云："畫舸覆緹"，本作"堤"，今正。即今淮浙閒艑船篷子上帷幕耳。《唐書·盧藩傳》言之， 文淵閣本《唐語林》原注云："案《唐書》無《盧藩傳》，韋絢唐人，亦無引《唐書》之理，疑有脫誤"。 船子著油□，比惑之，見魏詩方悟。《唐語林》二。

又曰："旄邱"者上側下高曰旄邱，言君臣相背也。鄭注云："旄當爲堥"，又言"堥未詳"， 齊之鸞本"又"上尚有一字，不清楚，似是"旣"字。何也？《唐語林》二。

郭璞《山海經》序曰："人不得耳聞眼不見爲無。"非也，是自不知不見耳，夏蟲疑冰之類是矣。仲尼曰："加我數年，五十以學易，可以無大過矣。"又韋編三絕。所以明未會者多於解也。《唐語林》二。

有楊何者有禮學，以廷評來夔州，轉雲安鹽官。因過劉禹錫，與之□□，何云："仲尼合葬於防。""防"地名，非也。仲尼以開墓合葬於防，"防"隧道也，且澘然流涕，是以合葬也。若謂之地名，則未開墓而已澘然何也。《唐語林》二。

按《唐語林》此下爲"五夜"條。

劉禹錫曰： 《總龜》作"劉夢得言"，《容齋隨筆》作"劉夢得云"。茱萸二字，《總龜》無"二字"二字。《隨筆》作"詩中用茱萸字者"。更三詩人道之， 本作"經二詩人用"，據《總龜》改，《隨筆》作"凡三人"。而有能否， "而"本作"亦"，據《總龜》改，《隨筆》無此句。杜甫云 "云"本作"言"，據《隨筆》改，《總龜》作"杜子美云"。"醉把茱萸子細看"，王右丞云： 本無"云"字，據《總龜》增，《隨筆》作"王維云"。"徧插茱萸少一人"，"徧插"《隨筆》作"插遍"。朱倣云："倣"《隨筆》作"放"。"學他年少插茱萸"，三君所用，《總龜》無此四字。杜公

《總龜》作“子美”。爲優。《唐語林》二本無“朱倣以下”至此，但存“最優也”三字，據《總龜》《隨筆》增。《詩話總龜》五《容齋隨筆》四。

劉禹錫曰：《總龜》無此四字。牛丞相奇章公初爲詩，務奇特之語，《總龜》作“矜奇特語”。至有“地瘦草叢短”之句。《總龜》無“之”字。明年秋卷成，呈之，乃有“求人氣色沮,“乃有求人氣色沮”七字，《總龜》作“曰：有求色必赧”。憑酒意乃伸”，盆加能矣。明年乃上第。《唐語林》二。《詩話總龜》十四，與下條爲一條。

因曰：本無此二字，據《總龜》補。楊茂卿云：“河勢崐崘遠，山形菡萏秋。”此詩題云：“過華山下作”，“此詩”云云《總龜》作“此過華陰山下作”，而用蓮蓬之菡萏，《總龜》作“初用蓮峯作菡萏”。極的當而暗靜矣。《唐語林》二。《詩話總龜》十四連上條，末句作“的當而暗盡矣”。

按《唐語林》此下爲“石季龍”條。

又曰：爲文自闢異一對不得。予嘗爲大司徒杜公之故吏，司徒冢嫡之薨於桂林也，柩過渚宮，予時在朗州，使一介具奠酹，以申門吏之禮。爲一祭文云：“事吳之心，雖云已矣。報智之志，豈可徒然。‘報智’人或用之，‘事吳’自思得者。”《唐語林》二。

柳八駁韓十八《平淮西碑》云：《總龜》句首有“劉夢得曰”四字。“駁”誤“駿”，“十”誤“一”。“‘左飧右粥’何如我《平淮西雅》之云：‘仰父俯子’。”本無“之”字，依《總龜》增。《總龜》“俯”作“撫”。禹錫曰：“美憲宗俯下之道盡矣。”《總龜》無此十二字。柳云：“韓碑兼有冒子，“冒”《總龜》作“帽”。使我爲之，便說用兵討叛矣。《唐語林》二。《詩話總龜》五，“便”誤作“使”。

劉禹錫曰：《總龜》無“禹錫”二字。“韓碑柳雅”，“柳”《總龜》誤作“劉”。予爲詩云：本無“爲”字，依《總龜》增。“城中晨雞喔喔鳴，“晨”《總龜》作“早”，《臨漢隱居詩話》作“城中喔喔晨雞鳴”。城頭鼓角聲和平”，美李尙書愬之入蔡城也，《總龜》無“尙書城也”四字。須臾之間，《總龜》無此句。賊都不覺。《總龜》作“賊無覺者”。又落句云：本作“又詩落句言”，此依《總龜》改。“始知元和十二載，四海重見昇平時”，“時”《臨漢隱居詩話》作“年”。所以言“十二載”者，《總龜》無“所以”二字。因以記淮西平之年。《唐語林》二。《詩話總龜》五“記淮西平”作“見平淮西”。按《臨漢隱居詩話》約引前二句云，“爲盡李愬之美”後兩句云：“爲盡憲宗之美”，不知此文有脫誤，抑是魏泰誤記上節劉氏評《平淮西雅》之語也。

段相文昌重爲《淮西碑》，碑頭便曰：“韓宏爲統，公武爲將。”用左氏“欒書將中軍，欒黶佐之”，文勢也甚善，亦是效班固《燕然碑》樣，別是一家之美。《唐語林》二。

又曰：薛伯鼻修史，爲愬傳，收蔡州徑入爲能。禹錫曰：“我則不然。若作史官，以愬得李祐，釋縛委心用之爲能。入蔡非能，乃一夫勇耳。”《唐語林》二。

劉禹錫曰：《春秋》稱“趙盾以八百乘”，凡帥能曰以，由也。由趙盾也。《唐語林》二。

又曰：王莽以羲和爲官名，如今之司天臺，本屬太史氏。故春秋史魚、史蘇、史墨，皆知陰陽術數也。《唐語林》二。

《南都賦》“南”齊之譌本《唐語林》作“蜀”，誤。“春苪”音子卯之卯也。“春苪”下本有“夏韭”兩字，而無

"昏"字,齊之鸞本有"昏"字。按"昏"字當接"子卯之卯也"五字,爲"茆"字作昏耳。後人既增"夏韭"二字,遂以"昏"字爲誤而刪之。然《南都賦》自云"春卯夏筍,秋韭冬菁",不云"夏韭"也。 而公孫羅云:"茆鳧卵"非也。且皆言菜也,何卯忽無言。《唐語林》二。

方書中"勞薪",亦有"勞水"者,揚之使水力弱,亦勞也。亦用筆心,筆亦心勞一也。與薪勞之理,皆藥家之妙用。《唐語林》二。

又曰:近代有中正,中正鄉曲之表也。藻別人物,知其鄉中賢愚出處。晉重之。至東晉吏部侍郎裴楷,乃請改爲九品法,卽今之上中下,分爲九品官也。《唐語林》二。

王武子曾在夔州之西市,齊之鸞本《唐語林》"在"誤作"爲",《廣記》只有"夔州西市"四字。 俯臨江岸沙石,下看諸葛亮八陣圖。"看"《廣記》作"有",非。箕張翼舒,鵝形鶴勢,"鶴"本作"鵲",據《廣記》改。聚石分布,"聚"〈廣記〉作"象"。宛然尙存。峽水大時,三蜀雪消之際,潁湧混瀁,"潁湧"本誤作"瀕淥",據《廣記》改,"混"《廣記》作"混"。可勝道哉。本無此四字,據《廣記》增。大樹十圍,枯槎百丈,破磴巨石,"磴"本作"礎",依《廣記》改。隨波塞川而下,水與岸齊,雷奔山裂,〈廣記〉作"人奔山上",似誤。則聚石爲堆者,斷可知也。本無"則"字,據《廣記》增。及乎水落川平,本作"及乎水巳平",據《廣記》改。萬物皆失故態,惟諸葛陣圖小石之堆,本無"諸葛"二字,據《廣記》增。標聚行列,依然如是者,僅巳六七百年,本作"垂六七百年間",據《廣記》改。年年淘灑推激,本無"年年"二字,據《廣記》增。迄今不動。劉禹錫曰:"是諸葛公誠明,一心爲先主效死。況此法出《六韜》,是太公上智之材所槮,自有此法,惟孔明行之,所以神明保持,一定而不可改也。"東晉桓溫過此曰:"此常山蛇陣,擊頭則尾應,擊尾則頭應,擊其中則頭尾皆應。" 常山者地名,其蛇兩頭,出於常山,其陣適類其蛇之兩頭,故名之也。溫遂勒銘曰:"望古識其眞,臨源愛往跡,恐君遺事節,聊下南山石。"陸法和亦曾征蜀,"陸法和"以下本另起,今據齊之鸞本《唐語林》改。"亦曾"二字本作"曾",亦據齊本。及上白帝城,插標,曰:"此下必掘得諸葛亮鏃。"既掘之,得箭鏃一斛。或曰:"當法和至此時,去諸葛亮猶近,應有人向說,故法和掘之耳。法和雖是異人,未必知諸葛亮箭鏃在此也。" "未必"本作"必未",據齊本改。《太平廣記》三百七十四引至"殆今不動"。 《唐語林》二。

　　按《唐語林》此下爲"諸葛亮令兵士獨種蔓菁"條。

禹錫曰:"'芍藥'和物之名也,此藥之性能調和物,或音'著略',語訛也。"絢時獻賦,用此"芍藥"字,以"煙兮霧兮,氣兮靄兮",言四時調和爲雲也。公曰:"甚善。"因以解之。《唐語林》二。

　　按《唐語林》所引,以上各條,似有次序,故首出焉。

劉□□云:"劉"作"鄉",今以意改。"張燕公文逸而學奧,蘇許公文似古,學少簡而密。張有河朔刺史冉府君碑,序金城郡君云:'蕣華前落,藁瘞城隅,天使馬悲,啓滕公之室;人看鶴舞,閉王母之墳。'亦其比也。"公又云:"張巧于才,近世罕比。端午三殿侍宴詩云:'甘露垂天酒，芝盤捧御書。含丹同蝘蜓，灰骨慕蟾蜍。'上親解紫拂林帶以賜焉。蘇嘗夢書壁云：'元老見逐，讒人孔多。既誅羣凶，方宣大化。'後十三年視草禁中，拜劉幽求左僕射制，上親授其意，及進本，上自益前四句，乃夢中之詞也。"《唐語林》二。

又曰："曰"本作"聞"，今以意改。杜工部詩如爽鶻摩霄，駿馬絕地，其《八哀詩》，詩人比之大謝擬魏太子鄴中八篇。杜曰："公知其一，不知其二。吾詩曰：汝陽讓帝子，眉宇真天人。虬髯似太宗，色映塞外春。八篇中有此句不？"或曰："百川赴巨海，衆星拱北辰。所謂世有其人。"杜曰："使昭明復生，吾當出劉曹二謝上。"杜善鄭廣文，嘗以花卿及姜楚公畫鷹示鄭，鄭曰："足下此詩可以療疾。"他日鄭妻病，杜曰："爾但言：子章髑髏血模糊，手提擲還崔大夫。如不瘥，即云：觀者徒驚帖壁飛，畫師不是無心學。未閒，更有：太宗拳毛騧，郭家師子花。如又不瘥，雖和扁不能爲也。"其自得如此。《唐語林》二。

按此二條本爲一條，詳其文義，當亦出《嘉話錄》。文中引"公又云"即章書通例。末云"其自得如此"，按張巡守睢陽條云："其忠勇如此"，杜丞相鴻漸條云："貴人多知人也如此"，苗給事條云："其父子之情切如此"，貞元末太府卿韋渠牟條云："名場險巇如此"，均與此相類，故定爲《嘉話錄》佚文。首言"鄭□□云"，疑本作"劉禹錫云"，既脫"禹錫"兩字，又誤"劉"爲"鄭"耳。按《觀林詩話》引《樹萱錄》云："杜工部詩世傳骨氣高峭，如爽鶻摩霄，駿馬絕地。"又《苕溪漁隱叢話》前集卷十一引《西清詩話》云："《樹萱錄》云：子美自負其詩，鄭虔妻病瘧，過之，云：當誦予詩，瘧鬼自避。初曰：日月低秦樹，乾坤繞漢宮。不愈則誦：子章髑髏血模糊，手提擲還崔大夫。又不愈則誦：虬髯似太宗，色映塞外春。若又不愈則盧扁無如何矣。"又《唐詩紀事》卷十八引《詩話》云："有病瘧者，子美曰：吾詩可以療之。病者曰：云何？曰：夜闌更秉燭，相對如夢寐。其人誦之，瘧猶是也。杜曰：更誦吾詩云：子章髑髏血模糊，手提擲還崔大夫。其人誦之果愈。"葛常之《韻語陽秋》引《古今詩話》曰："子美因見病瘧者，曰：誦吾詩可療。令誦：子章髑髏血模糊，手提擲還崔大夫之句，病遂愈。"諸書傳說不一，但以《嘉話錄》爲最早，且只是杜氏自得之意，並非其詩句真得療瘧疾，似爲近真也。

宣平鄭相之銓衡也，《廣記》首有"劉禹錫曰"四字。 選人相賀得入其銓。"入其"二字本誤倒，據《廣記》改。劉禹錫曰：本無"曰"字，據《廣記》增。"予從弟某在鄭銓，本無"予從"二字，據《廣記》增。"在"本作"爲"，據齊之鸞本《唐語林》改，《廣記》同。注潮州尉，"潮"《廣記》誤作"湖"，又"尉"字誤入下句"一"字下。 一唱唯唯而出。《廣記》少一"唯"字。鄭呼之却迴，曰："曰"上本尚有一"鄭"字，據《廣記》刪。'如公所試，"公"本作"此"，據《廣記》改。場中無五六人，一唱便受之，本無"之"字，據《廣記》增。亦無五六人，《廣記》無此句。此而不獎，何以銓衡。公要何官，去家穩便？'曰：'家住常州。'乃注武進縣尉。人翕然畏而愛之。及後作相，選官又稱第一，"選"《廣記》作"過"。宜其有後於魯也。"《廣記》無"宜"字。又云：

"陳諷、張復元各注幾縣尉，《廣記》無"尉"字。請換縣，允之。旣而張却請不換，鄭榜子引張，纔入門，報已定，《廣記》無"報"字。不可改。時人服之。"《唐語林》一《太平廣記》一百八十六。

裴藻者延齡之子，應鴻辭舉。延齡于吏部候消息。時苗給事及杜黃門同時爲吏部知銓，將出門，延齡接見，探偵二侍郎口氣。延齡乃念藻賦頭曰："是冲仙人。"黃門顧苗給事曰："記有此否？"苗曰："恰似無。"延齡仰頭大呼曰："不得，不得。"敕下，果無名藻者。劉禹錫曰："當延齡用事之時，不預實難也。非杜黃門誰能拒之。"《唐語林》三。

苗給事子纘應舉次，"給事"二字《廣記》作"粲"，又脫"次"字。而給事以中風語澀，"給事"二字，廣記作"粲"。而心中至切。"中"《廣記》作"緒"。臨試，又疾亟。纘乃爲狀，請許入試否。粲猶能把筆，淡墨爲書，曰"入！入！"本少一"入"字，據《廣記》增。其父子之情切如此。其年纘及第。《唐語林》四《太平廣記》一百八十。

元相載用李紓侍郎知制誥，元敗，欲出官。王相縉曰："且留作誥。"待發遣諸人盡，始出爲婺州刺史。又曰：獨孤侍郎求知制誥，"侍郎"《廣記》作"及"。試見元相，"相"《廣記》作"載"。元相知其所欲，《廣記》無此"相"字。迎謂常州曰：《廣記》無"迎常州"三字。"知制誥阿誰堪？""阿誰"二字本作"可難"，誤。據《廣記》改。《廣記》無"知"字。心知不我與也，《廣記》作"及心知不我與而他也"。乃薦李侍郎紓。《廣記》無"侍郎"二字。時楊炎在閣下，忌常州之來，"常州"《廣記》作"及"。故元阻之。本無"故"字，據《廣記》增。乃二人之力也。《唐語林》五《太平廣記》一百八十七無"之"字。

趙璟盧邁二相《廣記》"相"下有"國"字。皆吉州旅客，《廣記》作"皆吉州人"。人人呼爲趙七盧三。"人人"《廣記》作"旅衆"。趙相自微而箸，蓋爲是姚廣女壻，"廣"《廣記》作"曠"。姚與獨孤問俗善，因託之，得作湖南判官，《廣記》無"作"字。累奏官至監察。"奏"本作"授"，據《廣記》改。蕭相復代問俗爲潭州，"相復"二字原倒，據《廣記》改。有人又薦於蕭，蕭留爲判官，至侍御史。蕭入，主留務，有美聲，聞於德宗，遂兼中丞，爲湖南廉使。及李泌入相，不知之，俄而除替。璟旣罷任，遂入京。李元素知璟湖南政事多善，意甚慕之。"俄而除替"以下二十六字，《廣記》作"俄而以李元素知璟湖南留務事而詔璟歸闕"十八字，蓋節引而多誤也。璟閒居慕靜，"閒居"《廣記》作"居京"。深巷杜門不出，元素訪之甚頻。元素乃是泌相之從弟。《廣記》無"是"字。璟因其相訪，《廣記》無"其相"二字。引元素於靑龍寺，"引"《廣記》作"别"，誤。謂之曰："趙璟亦自合有官職，本無"合"字，據《廣記》增。誓不敢怨他人也。《廣記》無"他也"二字。誠非偶然耳，本無"誠"字，據《廣記》增。蓋得於日者焉。"《廣記》無"焉"字。遂同訪之。《廣記》無此句。仍密問元素年命，本無"仍密"二字，據《廣記》增。謂之曰：《廣記》無"謂之"二字。"據此年命，本無此句，據《廣記》增。亦合富貴人也。""亦合"本作"公亦"，據《廣記》改。元素因自負，亦不言於泌相兄也。《廣記》無"於"字。頃之，本無此二字，據《廣記》增。德宗忽記得璟，賜對，本無"對"字，據《廣記》增。拜給事中，泌相不測其由。會有和戎使事，出新相關播爲大使，張薦張式爲判官，泌因乃奏璟爲副使，"乃"《廣記》作"判"。未至西蕃，《廣記》無"西"字。右丞有闕，宰相上名，德宗曰:"趙璟堪爲此官",追赴拜右丞。"追赴"二字本作"進",據《廣記》改。不數月,遷尙書左丞平章事。五年,《廣記》"五年"上有"作相"二字。薨於位。此乃吉州旅人趙七郎之變化也。《唐語林》六、《太平廣記》一百五十二。

　　按此條下似當接今本"趙相璟之爲入蕃副使"一條。

　　司空曾爲楊丞相炎判官,故盧新州見忌,欲出之。公見桑道茂,道茂曰:"年內出官,官名遺忘,福壽。"果然。按《唐語林》本不記出處,此條次盧華州條上,且文義近似,故錄之。《唐語林》六。

　　永寧王二十、光福王八二相,皆出於先安邑李丞相之門。安邑薨於位,一王素服受慰,一王則不然,中有變色,是誰過歟?又曰:李安邑之爲淮海也,樹置裴光德,及去則除授不同。李再入相,對憲宗曰:"臣路逢中人送節與吳少陽,不勝憤。"聖顏頳然。翌日罷李丞相蕃爲太子詹事,蓋與節是蕃之謀也。又論:征元濟時饋運使皆不得其人,數日罷光德爲太子賓客,主饋運者裴之所除也。劉禹錫曰:"宰相皆用此勢,自公孫弘始而增穩妙焉。但看其傳,當自知之。蕭曹之時,未有斯作。"《唐語林》六。

　　劉禹錫守連州,"守"《廣記》作"牧","劉禹錫"《侯鯖錄》六作"劉夢得",蓋本作"公"字,各以臆改耳。替高霞寓,《廣記》脫"霞"字。霞寓本無此二字,據《侯鯖錄》增。《廣記》只有"寓"字。後入爲羽林將軍,自京附書,曰:《侯鯖錄》無"曰"字。"以承眷,輒請自代矣。"輒《侯鯖錄》作"顧","請"《廣記》作"舉"。公曰:"奉感。本無"奉"字,據《侯鯖錄》增。"公"字《廣記》作"劉",下皆闕文。然有一話。《侯鯖錄》無"然"字,《廣記》闕文。曾有老嫗,《侯鯖錄》"有"下有"一"字。山行見大蟲,本作"見一獸如大蟲",誤,據《廣記》引,"見"《侯鯖錄》作"遇"。嬴然踑步而不進,"踑步"《侯鯖錄》作"擺"。若傷其足者。《廣記》無"者"字。嫗因郻之,《廣記》作"嫗目之",誤。而虎舉前足以示嫗,《廣記》作"而虎逢自舉足以示嫗",《侯鯖錄》作"乃舉足以視嫗"。嫗看之,《廣記》無此句。乃有芒刺在掌下,《廣記》無"下"字,《侯鯖錄》無"乃"字。因爲拔之。俄而奮迅闞吼,別嫗而去,《廣記》作"俄奮迅闞吼"《侯鯖錄》作"俄頃奮迅而去"。似媿其恩者。"似"《廣記》作"而",無"者"字。"媿"《侯鯖錄》作"感"。及歸,翌日,《侯鯖錄》無此四字。《廣記》作"自後"二字。自外擲麏鹿狐兔至於庭者,《廣記》無"至者"二字,《侯鯖錄》無"者"字。日無闕焉。嫗登垣視之,乃前傷虎也,"傷"下《侯鯖錄》有"之"字。因爲親族具云其事而心異之。《侯鯖錄》無此十二字。一旦忽擲一死人入,本無"入"字,據《侯鯖錄》增。血肉狼籍,乃被村人兇者呵捕《廣記》作"嫗乃被村胥呵捕",《侯鯖錄》作"被村人所捕"。云:殺人。《侯鯖錄》作"將爲殺人",《廣記》無此句。嫗具說其由,《侯鯖錄》無"具"字。始得釋縛。乃登垣,《廣記》"乃"上有"嫗"字。伺其虎至而語之,曰:《廣記》《侯鯖錄》並無"之"字。'感則感矣,《廣記》無"感則"二字。叩頭大王,"頭"《侯鯖錄》作"首"。已後更莫抛人來也。'"《太平廣記》二百五十一"抛人"作"抛死人"。《侯鯖錄》六"莫"作"不",誤。《唐語林》六。

　　劉禹錫曰:史氏所貴著作起居注,橐筆於螭首之下,人君言動皆書之,君臣啓沃皆記之,後付史氏記之,故事也。今起居惟寫除目,著作局可張羅,不亦倒置乎。《唐語林》六。

劉禹錫曰：大抵諸物須酷好則無不佳，有好騎者必畜好馬，曰好瑟者必善彈，皆好而別之，不必富貴而亦獲之。韋絢曰：蔡邕焦尾，王戎牙籌，若不酷好，豈可得哉。《唐語林》六。

貞元末有相骨山人，瞽雙目，人求相，以手捫之，必知貴賤。房次卿方勇於趨進，率先訪之。及出戶時，後謁者盈巷，覩次卿已出，迎問之，曰："如何？"答曰："不足言，不足言。且道箇瘦長杜秀才位極人臣，何必更云。"或有退者。後杜悰果帶相印鎮西蜀也。《太平廣記》七六。

權丞相德輿言無不聞，又善廋詞。嘗逢李二十六於馬上，廋詞問答，聞者莫知其所說焉。或曰："廋詞何也？"曰："隱語耳。語不曰：'人焉廋哉！人焉廋哉！'此之謂也。"《太平廣記》一百七十四。

侍郎潘炎進士牓有六異：朱遂爲朱滔太子；王表爲李納女婿，彼軍呼爲駙馬；趙博宣爲易定押衙，"易"本作"異"，據《唐詩紀事》二十二改。袁同直入番爲阿師；竇常二十年稱前進士；奚某亦有事；唐詩紀事云，"其一爲奚陟。"時謂之六差。竇常新及第，薛某給事宅中逢桑道茂，給事曰："竇秀才新及第，早晚得官？"桑生曰："二十年後方得官。"一坐皆哂，不信。然果耳五度奏官，皆敕不下，卽攝職數四，其如命何！《太平廣記》一百七十九。

通事舍人宣詔，舊例，"例"本作"命"，據《近事會元》改。拾遺圉句把麻者，蓋謁者不知書，多失句度，故用拾遺低聲摘句以助之。"聲摘"原作"摘聲"，課，以意改。及呂溫爲拾遺，被喚把麻，不肯去，遂成故事。拾遺不把麻者，《近事會元》無"者"字。自呂始也。時柳宗元戲呂云："幸識一文半字，何不與他把也。"《近事會元》卷二引無"時柳宗元"以下。　《太平廣記》一百八十七。

開成末，韋絢自左補闕爲起居舍人。時文宗稽古尚文，多行貞觀開元之事。妙選左右史，以魏謩爲右史，俄兼大諫，入閣秉筆，直聲遠聞。帝倚以爲相者，期在旦暮，對敫　原作"剝"，今以意改。進諫，細大必行，公望美事，朝廷拭目以觀文貞公之風彩。會文宗晏駕，時事變移，遂中輟焉。時絢已除起居舍人，楊嗣復於殿下先奏，曰："左補闕韋絢新除起居舍人，未中謝，奏取進止。"帝頷之。李珪招而引之，絢卽置筆札於玉階襴檻之石，遽然趨而致詞拜舞焉。左史得中謝，自開成中。至武宗卽位，隨仗而退，無復簪筆之任矣。遇簪筆之際，因得密邇天顏，故時人謂兩省爲侍從之班，則登選者不爲不達矣。《太平廣記》一百八十七。

貞元末，《紀事》作"貞元元年"，《總龜》作"貞元中"。太府卿韋渠牟、金吾李齊運、度支裴延齡、京兆尹嗣道王實《紀事》無"王實"二字《總龜》無"度支"以下十一字。皆承恩寵事《總龜》作"皆寵貴"。薦人多得名位。時劉師老、穆寂皆應科目，"師老"《紀事》俱誤作"老師"。渠牟主持穆寂，齊運主持師老。總龜》無二"持"字。會齊運朝對，《總龜》無"朝"字。上嗟其羸弱，"上"《總龜》作"順宗"。許其致政而歸。本無"歸"字，據《總龜》增。"其"《紀事》《總龜》作"以"，"政"《紀事》《總龜》作"仕"。師老失據，"據"本作"授"，據《紀事》《總龜》改。故無名子曰：《紀事》《總龜》無"故"字。"太府朝天昇穆老，"府"《紀事》《總龜》作"尉"，課。尚書倒地落劉師。"師"《紀事》作"郎"。劉禹錫曰："名場險巇如此。"《太平廣記》一百八十八，本無"劉禹錫曰"以下十字，據《唐詩紀事》四十八引《古今詩話》《詩話總龜》三十六補。

又渠牟因對德宗，德宗問之，曰："我擬用鄭絪作宰相，如何？"渠牟曰："若用此人，必敗陛下公事。"他日又問，對亦如此。帝曰："我用鄭絪，定也，卿勿更言。"絪即昭國司徒公也。再入相位，以清儉文學號爲賢相，於今傳之。渠牟之毀，濫也。本與上爲一條，今別。《太平廣記》一百八十八。

韋延祐圍棊與李士秀敵手，士秀惜其名，不肯先，寧輸延祐籌，終饒兩路。延祐本應明經擧，道過大梁，其護戎知其善棊，表進之。遂因言江淮足棊人，就中弈棊明經者多解。《太平廣記》二百二十八。

貞元中有杜勸好長行，皆有佳名。各記有……《太平廣記》二百二十八，本與下條相違，今析之。"各記有"三字似有脫誤。

輕紗 本作"妙"，誤，據《唐語林》改。夏中用者名爲冷子。本無"名"字，據《唐語林》增。取其似蕉葛《唐語林》作"葉"。之輕健而名之。《太平廣記》二百二十八，本誤與上條相聯。《唐語林》八。

劉禹錫言：司徒杜公佑視穆贊也，《南部新書》無"也"字。如故人子弟，《南部新書》無"如"字，"弟"下有"也"字。佑見贊爲臺丞，數彈劾，本無"臺丞數彈劾"五字，而作四個方圍，據《南部新書》補。因事戒之，曰：本無"事戒"二字，作一方圍，據《南部新書》補。"僕有一言，"僕"字本空，據《南部新書》補。爲大郎久計，"大"本誤"入"，"計"字本空，據《南部新書》改。他日少樹敵爲佳。"本無"他日少樹"四字，作五方圍，又"敵"誤"蔽"，"佳"誤"珪"，據《南部新書》改正。穆深納之，"深"字本空，據《南部新書》補。由是稍霽其威也。《太平廣記》二百三十五，末句原作"友□□威也"，今據《南部新書》辛卷補正。

崔清除濠州刺史，替李遜。清辭戶部侍郎李巽。留坐與語。清指謂所替李遜，曰："清都不知李遜渾不解官。"再三言之。巽曰："李巽即可在，只是獨不稱公意。"清稍悟之，慭顧而去。《太平廣記》二百四十二。

楊茂卿客遊揚州，與杜佑書，詞多捭闔，以周公吐握之事爲諷。佑訝之。時劉禹錫在坐，亦使召楊至，共飲。佑持茂卿書與禹錫，曰："請丈人一爲讀之。"既畢。佑曰："如何？"禹錫曰："大凡布衣之士，皆須捭闔以動尊貴之心。"佑曰："休休！捭闔之事爛也。獨不見王舍乎，捭闔陳少遊，少遊刳其頸。今我與公飯吃，過猶不及也。"翌日，楊不辭而去。《太平廣記》二百四十四。

劉禹錫曰：崔護不登科，怒其考官苗登，即崔之三從舅也。乃私試爲判頭，毀其舅，曰："甲背有豬皮之異，人問曰：何不去之，有所受。"其判曰："曹人之祖重耳，駢脅再觀。相里之剋苗登，豬皮斯見。"初登爲東畿尉，相里造爲尹，曾欲笞之，袒其背，有豬毛，長數寸。故又曰："當偃兵之時則隧而無用，在穴之□則搖而有求。"皆言其尾也。《太平廣記》二百五十五。

柳宗元與劉禹錫同年及第，題名於慈恩塔。談元茂秉筆，時不欲名字者，彰曰："押縫版子上者率多不達,或卽不久物故。"柳起草,暗酙酌之。張復已下,馬徵、鄧文佐名盡著版子矣。題名皆以姓望,而辛南容人莫知之。元茂閣筆,曰:"請辛先輩言其族望。"辛君適在他處。柳曰:"東海人。"元茂曰:"爭得知?"柳曰:"東海之大,無所不容。"俄而辛至,人問其望,曰:"渤海。"衆大笑。慈恩題名,起自張莒,《緯略》引作"起自進士張莒"。本於寺中閒遊而題其同年人,《緯略》引作"遊寺中而題其姓名於塔下"。因爲故事。《緯略》卷五引"慈恩題名"以下,"因"作"遂"。《太平廣記》二百五十六。

貞元中武臣常愿好作本色語。曾謂余曰:"昔在奉天爲行營都虞候,聖人門 疑當作"問" 都有幾個賢郎。"他悉如此。且曰:"奉天城斗許大,更被朱泚吃兵馬槌爲如累雞子。今抛向南衙,被公措大偉爺鄧鄧把將化 疑當作"他"。官職去。"至永貞初,禹錫爲御史監察,見常愿攝事在焉。因謂之,曰:"更敢道紇鄧否?"曰:"死罪死罪。"《太平廣記》二百六十。

于頔之鎭襄陽也,朝廷姑息,除其子方爲太常丞。頔讓之,表曰:"劉元佐兒 本作"偘"今正。士榮,以佐之功,先朝爲太常丞,時臣與士榮同登朝列,見其凡劣,實鄙之。今臣功名不如元佐,某之凡劣不若士榮,若授此爵,更爲叨忝。"德宗令將其表宣示百寮。時士榮爲南衙將軍目覩其表。有渾鐩者錫之□也。"錫"疑當作"鎬"。鎬宴客飲酒,更爲令,曰:"徵近日凡劣,不得卽雨。"□ 疑當作"鐩"。曰:"劉士榮。"鎬曰:"于方。"鎬謂席人曰:"諸公並須精除。"《太平廣記》二百六十。

竇羣與袁德師同在浙西幕,竇羣知尉,嘗嘖堂子,曰:"須送伯禽。"按此所謂度詞也。"伯禽"名鯉,諧"理",或"李" 指司法也。問德師曰:"會否?"曰:"某乙亦不到如此,也還曾把書,□何乃相卿。"卿"疑當作"輕"。詰之:"且伯禽何人?"德師曰:"只是古之堂子也。"滿座人哂。《太平廣記》二百六十。

劉禹錫云:道宣持律第一。忽一旦霹靂遶戶外不絕。"旦"《類事》作"日"。宣曰:"我持律更無所犯,《類事》無"更"字。若有宿業則不知之。"於是裓三衣於戶外,"於是"《類事》作"乃"。謂有蛟螭憑焉。"謂"《類事》作"恐"。衣出而聲不已。"已"《類事》作"止"。宣乃視其十指甲有一點如油麻者,《類事》無"乃"字。在右手小指上,疑之,乃出於隔子孔中,一震而失半指。黑點是蛟龍之藏處也。"龍"《類事》作"螭"。禹錫曰:"曰"《類事》作"云"。"在龍亦尤善求避地之所矣,"在"《類事》作"斯","尤"《類事》作"可謂"。而終不免,"終"下《類事》有"猶"字。則一切分定,豈可逃乎。《太平廣記》三百九十三《分門古今類事》卷十八。

湖南觀察使有夫人脂粉錢者,自顏杲卿妻始之也。柳州刺史亦有此錢,是一軍將爲刺史妻致,不亦謬乎。《太平廣記》四百九十七。

三、附 錄

蘭按范攄作《雲谿友議》序云:"近代何自然《續笑林》,劉夢得撰《嘉話錄》,或偶爲編次,論者稱美。"以是知《友議》卷中《中山悔》一篇中,多有出於《嘉話錄》者。然范氏多竄易舊文,故僅附錄於後。

襄陽牛相公赴舉之秋,每爲同袍見忽,及至昇超,諸公悉不如也。嘗投贄於劉補闕禹錫,對客展卷,飛筆塗竄其文,且曰:"必先輩未期至矣。"然拜謝碧礪,終爲怏怏乎。歷廿餘歲,劉轉汝州,隴西公鎮漢南,枉道駐旌旄,信宿,酒酣,直筆以詩喩之。劉公承詩意,方悟往年改張牛公文卷。因誡子弟咸元承雍等,曰:"吾立成人之志,豈料爲非。況漢上尚書,高識達量,罕有其比。昔主父偃家爲孫弘所夷,嵇叔夜身死鍾會之口,是以魏武誡其子云:'吾大忿恚、小過失、愼勿學焉。'汝輩修進,守忠爲上也。"

　　席上贈劉中丞　襄州節度牛僧孺詩曰:

粉署爲郎四十春,《總龜》作"二十春",又"署"誤作"飾"。今來名輩吏無人。"今來"《總龜》作"向來"。休論世上昇沈事,且闕罇前見在身。"闕"《總龜》作"問"。珠玉會應成咳唾,山川猶覺露精神。莫嫌恃酒輕言語,曾把文章謁後塵。

　　奉和牛尚書　汝州刺史劉禹錫

昔年曾忝漢朝臣,晚歲空餘老病身。初見相如成賦日,後爲丞相掃門人。"掃"《總龜》作"倚",誤。追思往事杳嗟久,幸喜清光語笑頻。"光"《總龜》作"風"。猶有當時舊冠劍,待公三日拂埃塵。

牛公吟和詩,前意稍解,曰:"三日之事,何敢當焉。"原注:"宰相三朝後,主印,可以昇降百司也。"於是移宴竟夕,方整前驅也。《詩話總龜》十四引《古今詩話紀事》略有不同。按《唐語林》引《嘉話錄》有評牛丞相詩語,當與此節有關。

中山公謂諸賓友曰:"予昔與權丞相德輿庾詞,同舍郎莫之會也。原注:"庾詞隱語,時人罕知。"與韓退之愈優劣人物,而浙字當有誤。袁給事同肩。與李表臣程突梯,而悔李兵部紳。與柳子厚宗元評修國史,而薄侍郎衰。與呂光化論制誥,而鄙席舍人夔。余二十八年在外,五爲刺史,原注:"言遵道路知蘇杭五郡。"而不復親臺省,以此將知清途隔絕,其自取乎。"按《太平廣記》引"權丞相善庾詞",又今本《嘉話錄》有"韓十八愈直是太輕薄"條,"李二十六丈善謔"條,"李二十六"即"李程",皆與此有關。此必《嘉話錄》語而略有潤飾耳。

"或有淡薄相於,緘翰莽鹵者。每吟張博士籍詩云:《總龜》作"劉夢得每吟張籍詩云",無首十一字。'新酒欲開期好客,朝衣暫脫見閒身。'"新"《總龜》作"斬"。對花木則吟王右丞詩云:《總龜》作"又王維詩云"。'興闌啼鳥換,坐久落花多。'則幽居之趣少安乎。余友稀,舊人各原作"名",今正。爲異代。近日爲文都不愜。"則幽居"以下二十七字,《總龜》無。洛中白二十居易苦好余《秋水咏》曰:"洛中白二十居易"七字,《總龜》作"嘗言樂天"四字。'東屯滄海闊,南漾本作"壤",據《總龜》改。洞庭寬。'又《石頭城下作》云:'山圍本作"連",據《總龜》改。故國周遭在,潮打空城寂寞迴。'余自知不及蘇州韋十九郎中應物詩曰："余自知"以下十六字，《總龜》作"自知不及韋蘇州"。'春潮帶雨晚來急，野渡無人舟自橫。'嘗過洞庭，雖爲一篇，靜思杜員外甫落句云："嘗過"以下十七字，《總龜》作"又杜少陵過洞庭上云"。'年去年來洞庭上，《總龜》無此句。白蘋愁殺白頭人。'鄙夫之言，有愧於杜公也。"六字《總龜》作"亦媿杜公"。　按《詩話總龜》卷五，此條未注出處，或卽出《嘉話錄》。然脫略過甚，故附於此。

"楊茂卿校書《過華山詩》曰："茂"本作"危"，今正。'河勢崑崙遠，山形菡萏秋。'此句實爲佳對。按此見《唐語林》所引《嘉話錄》，然文頗不同，足徵范氏改作。又皇甫博士湜《鶴處雞羣賦》云：'若李君之在胡，但見異類；如屈原之相楚，唯我獨醒。'然二君衿裾，俱爲朝野之絕倫。余亦昔時直氣，難以爲制。因作一口號，贈歌人米嘉榮曰：'唱得梁州意外聲，"唱"《總龜》作"吹"。舊人唯有米嘉榮。近來年少輕前輩，"輕"《總龜》作"欺"。好染髭鬚事後生。'"事"《總龜》作"學"。按《詩話總龜》二十六引此詩爲韋應物，誤也。

"夫人遊尊貴之門，常須愼酒。昔赴吳臺，揚州大司馬杜公鴻漸爲余開宴，醉歸驛亭，似醒，見二女子在旁，驚非我有也。乃曰：'郎中席上與司空詩，持令二樂伎侍寢。'且醉中之作，都不記憶。明旦修狀啓陳謝，杜公亦優容之，何施面目也。余郎署州牧，輕忤三司，豈不難也。詩曰：'高髻雲鬟宮樣粧，春風一曲杜韋娘。司空見慣尋常事，《總龜》作"渾閒事"。斷盡蘇州刺史腸。《詩話總龜》二十六引《唐宋遺史》記事頗不同。

中山劉公　原注："後以太子校書尚書令呼到爲州牧也。"曰："頃在夔州，少逢賓客，縱有停舟相訪，不可久留。而獨吟曰：'巴人淚逐猿聲落，蜀客舟從鳥道來。'忽得京洛故人書題，對之零涕。"

又曰"浮生誰至百年，倏爾衰暮，富貴窮愁，寔其常分，胡爲嗟惋焉。

四、今本辨偽

蘭按今本《嘉話錄》已非原書，其間多爲後人以他書攙入。除卷首"韋絢序"至"蔡之將破"條，凡二十五條（文房本八葉半又三行），及"石季龍"條至"予與竇文"條，凡二十條（文房本第十五葉後半第五行起至二十葉盡，共五葉六行），總計四十五條（文房本共十三葉少一行），是眞韋書外，前段攙入《尚書故實》二十七條，《續齊諧記》二條，後段攙入《尚書故實》十條，《隋唐嘉話》二十九條，總計六十八條（文房本共十六葉四行），皆別錄於後，並辨之，庶眞偽昭然。然偽增各條，雖非韋氏原文，以校今本《尚書故實》與《隋唐嘉話》頗有勝處，《隋唐嘉話》且可增佚文四條，以作偽者出北宋元祐以前，所見尚是善本也。則此在韋書視之，固爲土苴，而在李、劉之書視之，轉可貴重，固不可廢也。

公嘗於貴人家，見梁昭明太子脛骨，微紅而潤澤，豈非異也。又嘗見人臘長尺許，眉目手足悉具，或以爲僬僥人也。見《尚書故實》。本爲兩條，"豈非異也"作"抑異於常也"。

元公鎭南海日，疽生於鬢，氣息惙然。忽有一年少道士，直來房前，謂元公曰："本師知病瘡，遣某將少膏藥來，可便傅之。"元公寵姬韓氏，家號靜君，遂取膏疾貼之於瘡上，至暮而拔，數日平復。於蒼黃之際，不知道士所來。及令勘，中門至衙門十餘重，並無出入處，方知是其異也。盛膏小銀合子，韓氏收得，後猶在。見《尚書故實》。首云："進士盧融嘗說，盧元公鎮南海日"云云。末又云："融卽相國親密，目驗其事，因附於此。"按李綽數記盧元公事，僞本《嘉話錄》截去"盧"字，只云"元公"，誤也。然韓氏之"家號靜君"爲今本《尚書故實》所無，王性之作《補侍兒小名錄》卽引此，或作此僞本者，所見《故實》別本有之也。

　　蜀王嘗造千面琴，散在人間，王卽隋文之子楊秀也。見《尚書故實》。

　　李汧公勉取桐絲之精者，雜綴爲之，謂之百衲琴。用蝸殼爲徽。其間三面尤絕異，通謂之"響泉韻磬"。絃一上，可十年不斷。見《尚書故實》。

　　絳州《碧落碑》文乃高祖子韓王元吉四男　原注："訓、誼、譔、諶。"　爲先妃所製，陳惟玉書。今不知者，皆妄有指說。見《尚書故實》。今本無注四子名，此所據蓋亦別本也。

　　荀輿能書，嘗寫貍骨方，原注："貍骨理勞方也。"　右軍臨之，謂之《貍骨帖》。見《尚書故實》。今本無注，但云"嘗寫貍骨治勞方"，此亦據別本。"治"是唐高宗名，避諱故作"理"。

　昔中書令河東公開元中居相位，有張憬藏者能言休咎，一日忽詣公，以一幅紙大書台字授公。公曰："余見居台司，此意何也？"後數日，貶台州刺史。見《尚書故實》。按此及下條皆張賓護述其先世故並不書姓。"河東公"爲"張嘉貞"。《太平廣記》卷七十七以爲"裴光庭"，誤也。

　　河東公出鎮幷州日，上問有何事，但言之。奏曰："臣有弟嘉祐，遠牧方州，原注："不記去處。"　手足支離，常縈念慮。"上因口敕"張嘉祐可忻州刺史"。忻州河東屬郡，上意不疑，公亦不讓，豈非至公無隱，出於常限也。見《尚書故實》。

　　王平南　原注："廙"。　右軍之叔也。善書畫，嘗謂右軍曰："諸事不足法，唯書畫可法。"晉明帝師其畫，右軍學其書。見《尚書故實》。

　　京國頃歲街陌中有聚觀戲場者，詢之，乃刺猬對打令。既合節奏，又中章程。見《尚書故實》。今本末云："時座中有前將作李少監餫，亦云曾見。"

　　汲冢書蓋魏安釐王時，衞郡汲縣耕人於古冢中得之。竹簡，漆書科斗文字，雜寫經史，與今本校驗，多有同異。耕人忘其姓名。見《尚書故實》。今本"衞郡"上有"晉時"二字，此有脫誤。又末注"耕人姓不"云云，亦與此云"忘其姓名"者不同。

　　世謂牡丹花近有，蓋以前朝文士集中無牡丹歌詩。公嘗言楊子華有畫牡丹處，極分明。子華北齊人，則知牡丹花亦久矣。見《尚書故實》。今本"公"作"張公"。

　　王僧虔，右軍之孫也。齊高祖嘗問曰："卿書與我書孰優？"對曰："陛下書帝王第一，臣書人臣第一。"帝不悅。嘗以擫筆書，恐帝所忌故也。見《尚書故實》。今本"臣書"句在"陛下書"句前，非是。

　　陸暢嘗謁韋皋，作《蜀道易》一首，句曰：疑當重一"首"字，作"首句曰"。"蜀道易，易於履平地。"皋大喜，贈羅八百匹。皋薨，朝廷欲繩其既往之事，復開先所進兵器，其上皆刻"之秦"二字。

不相與者欲窘成罪名。暢上疏理之云：“臣在蜀日見造所進兵器，‘之秦’者匠之名也。”由是得釋。《蜀道難》李白罪嚴武作也，暢感韋之遇，遂反其詞焉。見《尚書故寳》。“開”當作“閱”，“之秦”當作“定秦”，此有誤。

魏受禪碑，王朗文，梁鵠書，鍾繇鐫字，謂之三絕。原注：“古鐫字皆須妙於篆籀，故繇方得鐫刻。”張懷瓘《書斷》曰：篆籀、八分、隸書、草書、章書、飛白、行書，通謂之八體，而右軍皆在神品。右軍嘗醉書，點畫類龍爪，後遂爲龍爪書。如：科斗、玉筯、偃波之類，諸家共五十二般。見《尚書故寳》。今本兩條，原注今本作大字。

舒州灊山下有九井，其實九眼泉也。旱則殺一犬投其中，大雨必降，犬亦流出焉。見《尚書故寳》。今本前有“公曰”二字。

南山久旱，即以長繩繫虎頭骨，投有龍處。入水，即掣不定，俄頃雲起潭中，雨亦隨降。原注：“龍虎敵也，雖枯骨猶能激動如此。”見《尚書故寳》，今本“南山”作“南中”。原注均作大字。

五星惡浮圖佛像。今人家多圖畫五星，雜於佛事，或謂之禳災，真不知也。見《尚書故寳》。

武后朝宰相石泉公。原注：“王方慶，琅邪王。”后嘗御武成殿，閱書畫，問方慶，曰：“卿家舊法書帖乎？”方慶遂進自右軍已下至僧虔智永禪師等二十五人，各書帖一卷，命崔融作序，謂之“寳章集”。亦曰“王氏世寳”。見《尚書故寳》。今本“舊法書存乎”，此誤“存”字爲“帖”。又“各書帖一卷”下，脫“進上後”三字。

今延英殿，紫芝殿也，謂之小延英。苗韓公居相位，以足疾，步驟微蹇，上每於此待之。宰相傳小延英，自此始也。見《尚書故寳》。今本“紫芝”作“靈芝”。

八分書起於漢時王次仲。次仲有道術，詔徵聘，於車中化爲大鳥飛去，遺翮於山谷間。今有大翮山。小翮山偶忘其處。見《尚書故寳》。按今本末云“大翮山在常山郡界”，與此稍有不同。

李約嘗江行，與一商胡舟楫相次。商胡病，固邀與約相見，以二女託之，皆異色也。又遺一大珠。約悉唯唯。及商胡死，財寳數萬，約皆籍送官，而以二女求配。始殮商胡時，自以夜光含之，人莫之知也。後死胡親屬來理資財，約請官司發掘驗之，夜光在焉。其密行有如此者。見《尚書故寳》。按今本首云“兵部李約員外”。

楊祭酒愛才公心，嘗知江表之士項斯，贈詩曰：“度度見詩詩總好，及觀標格勝於詩。平生不解藏人善，到處相逢說項斯。”項斯由此名振，遂登高科。見《尚書故寳》。今本作“楊祭酒敬之”。

東都頃年創造防秋館，穿掘多得蔡邕鴻都學所書石經，至今，人家往往有之。見《尚書故寳》。按今本“至今人家”作“後洛中人家”。

王內史《借船帖》，書之尤工者也。盧公尚書寳惜有年矣。張賓獲致書借之，不得。云：“只可就看，未嘗借人。”盧公除潞州，旌節在途，才數程，忽有人將書帖來就公求售，閱之，乃《借船帖》也。公驚異，問之。云：“盧家郎君要錢，遣賣耳。”公嗟訝移時，不問其價，還之。後不知落何處。　見《尚書故實》。按今本云："故山北盧尚書匡寶惜有年，公致書借之。"所謂"公"者卽序所謂"賓護張公"也。故作此者遂改爲"張賓護"，而又誤"獲"爲"護"耳。《太平廣記》卷二百九作"盧公致書借之"，以後諸"公"字均作"盧公"，誤也。

　　飛白書始於蔡邕，在鴻都學見匠人施堊帚，遂創意焉。梁子雲能之。武帝謂曰："蔡邕飛而不白，羲之白而不飛，飛白之間，在卿斟酌耳。"　見《尚書故實》。按今本"梁子雲"作"梁蕭子雲"，且末有"張賓護家蕭齋"一段，此誤脫。

　　章仇兼瓊鎭蜀日，仇嘗設大會，百戲在庭，有十歲女童，舞于竿杪，忽有物狀如雕鶚，掠之而去。羣衆大駭，因而罷樂。後數日，其父母見在高塔上，梯而取之，則神形如癡。久之，方語，云：見壁畫飛天夜叉者將入塔中，日飼果食飲饌之類，亦不知其所自。四日，方精神如初。見《尚書故實》。

　　傳記所傳：漢宣帝以皂蓋車一乘，賜大將軍霍光，悉以金較具。至夜，車輔上金鳳皇輒亡去，莫知所之，至曉乃還。如此非一，守車人亦嘗見。後南郡黃君仲北山羅鳥，得鳳皇子，入手卽化成紫金，毛羽冠翅，宛然具足，可長尺餘。守車人列云："今月十二日夜，車輔上鳳皇俱飛去，曉則俱還，今日不返，恐爲人所得。"光甚異之，具以列上。後數日，君仲詣闕上金鳳皇子，云："今月十二日夜，北山羅鳥所得。"帝聞而疑之，以置承露盤上，俄而飛去。帝使尋之，直入光家，止車輔上。乃知信然。帝取其車，每遊行，輒乘御之。至帝崩，鳳皇飛去，莫知所在。嵇康詩云："翩翩鳳輔，逢此網羅"，"網"原誤"綱"，今正。正謂此也。見《續齊諧記》僅於首加"傳記所傳"四字，以掩飾其抄襲耳。

　　昔東海蔣潛嘗至不其縣，路次，林中遇一屍已臭爛，鳥來食之，輒見小兒長三尺，驅鳥，鳥飛起。如此非一，潛異之。看見屍頭上着通天犀導，揣其價可數萬錢，潛乃拔取。旣去，衆鳥爭集，無通驅者。潛以此導上晉武靈王晞，晞薨，以襯衆僧。王武剛以九萬錢買之，後落褚太尉處，復以餉齊故丞相豫章王，王薨後，內人江夫遂斷以爲釵。每夜輒見一兒，遶床啼叫，云："何爲見屠割，天當相報。"江夫惡之，月餘乃亡。見《續齊諧記》。今本"江夫"作"江夫人"，"天當相報"作"必訴天當相報"，此並誤脫。

　　蘭按以上二十九條今本插在卷中，《顧氏文房小說》本九葉後面四行起，至十五葉後面四行止。前爲《嘉話錄》原本"蔡之將破"條，後爲原本"石季龍"條。

　　《晉書》中有飲食名寒具者，亦無注解處，後於《齊民要術》並《食經》中檢得，是今所謂饊餅。桓玄嘗陳法書名畫，請客觀之，有客食寒具，不濯手而執書，因有污處。玄不懌，自此命賓，不設寒具。見《尚書故實》。

　　昌黎生，名父之子，雖敎有義方而性頗暗劣。嘗爲集賢校理，史傳中有說"金根車"處，皆臆斷之，曰："豈其誤與？必金銀車也。"悉改"根"字爲"銀"字。至除拾遺，果爲諫院不受。俄有以故人之子愍之者，因辟爲鹿門從事。見《尚書故實》。

今謂進士登第爲"遷鶯"者久矣。蓋自《毛詩·伐木篇》："伐木丁丁，鳥鳴嚶嚶，出自幽谷，遷于喬木。"又曰："嚶其鳴矣，求其友聲。"幷無鶯字。頃歲試"早鶯求友"詩，又"鶯出谷"詩，別書固無證據，豈非誤與。見《尚書故實》。

東晉謝太傅墓碑，但樹貞石，初無文字，蓋重難製述之意也。見《尚書故實》。

《千字文》梁周興嗣編次，而有王右軍書者，人皆不曉其始。梁武教諸王書，令殷鐵石於大王書中撮一千字不重者，每字一片紙，雜碎無紋。武帝召興嗣，謂曰："卿有才思，爲我韻之。"興嗣一夕編次進上，鬢髮皆白，而賞錫甚厚。右軍孫智永禪師自臨八百本，散與人外，江南諸寺各留一本。永公住永欣寺，積年學書，後有筆頭十甕，每甕皆數萬。人來覓書，幷請題頭者，如市，所居戶限爲之穿穴，乃用鐵葉裹之。人謂之鐵門限。後取筆頭瘞之，號退筆塚，自製銘誌。見《尚書故實》。按今本"散與人間""間"字此作"外"，"皆數石"此作"皆數萬"，似並有誤。"住吳興永福寺"此作"住永欣寺"。

鄭廣文學書而病無紙，知慈恩寺有柿葉數間屋，遂借僧房居止，日取紅葉學書，歲久殆遍。後自寫所製詩幷畫，同爲一卷，封進玄宗，御筆書其尾，曰："鄭虔三絕。"見《尚書故實》。

郭侍郎承嘏嘗寶惜法書一軸，每隨身攜往。初應舉，就雜文試。寫畢，夜色猶早，以紙緘裹，置於篋中。及納試而誤納所寶書帖。却歸鋪，於燭籠中取書帖觀覽，則程試宛在篋中。遽驚嗟，計無所出，來往棘圍門外。忽有老吏詢其事，具以實告。吏曰："某能換之。然某家貧，居興道里，儻換得，願以錢三萬見酬。"公悅以許之。遂巡寶程試入而以書帖出授公，公媿謝而退。明日歸親仁里，遽以錢送詣興道。欸關久之，俄有家人出，公以姓氏質之，對曰："主人死已三日矣，力貧未辦周身之具。"公驚嘆久之。方知棘圍所見，乃鬼也。遂以錢贈其家。見《尚書故實》。按今本"及納所寶書帖"，有脫誤，此作"及納試而誤納所寶書帖"，是也。"愆遽驚嗟"，此脫"愆"字。"公悅而許之"，"而"此誤"以"。又末有"嘗聞於盧公，今又得於張公"等語，此闕。

張尚書牧弘農日，捕獲發墓盜十餘輩。中有一人諳閒，言事。公因屏吏獨問。對曰："願以他事贖死。盧氏南川有堯女冢，近亦曾爲人開發，獲一大珠並玉盌，人亦不能計其直，餘寶器極多，世莫之識也。"公因遣吏發驗其冢，果有開處。旋獲其黨，考訊，與前通無異。及牽引其徒，皆在商州治務中。時商牧名卿也。州移牒，公致書，皆怒而不遣。竊知者云：珠玉之器，皆入京國貴人家矣。然史傳及地里書並不載此冢，且堯女舜妃者，死於湘嶺，今所謂者，豈傳說之誤與。矧遺訓於茅茨土階，不宜有厚葬之事，即此墓果何人哉。見《尚書故實》。按今本首作"公云：牧弘農日"，蓋李綽記張公語也。此改爲"張尚書"。《太平廣記》四百二作"張文規"，考李綽所稱"尚書"當是文規之子彥遠，《廣記》誤也。又按今本"入京國貴人家矣"下，有"公前戒徒步東出，過盧氏，復問邑中，具如所說"等語，此脫。

聖善寺銀佛，天寶亂，爲截將一耳。後少傅白公奉佛，用銀三鋌添補，然猶不及舊者。

見《尚書故實》。按今本此下尚記"會昌拆寺"事，此脫。

　　果州謝眞人上升前，在金泉山道場，上帝錫以馬鞍，使安其心也。刺史李堅遺之玉念珠，後問："念珠在否？"云："已在玉皇之前矣。"一日，眞人於紫極宮致齋，金母下降，郡郭處處有虹霓雲氣之狀。至白晝輕舉，萬目覩焉。見《尚書故實》。

　　舊官人所服唯黃紫二色。貞觀中，始令三品以上服紫，四品五品以朱，六品七品以綠，八品九品以青。見《隋唐嘉話》卷中。按今本"五品"誤作"以上"。

　　謝朓詩云："芳洲多杜若。"貞觀中醫局求杜若，度支郎乃下郴州，令貢之。判司曰："郴州不出杜若，應由謝朓詩誤。"太宗聞之大笑，改雍州司戶。見《隋唐嘉話》卷中。按今本作"判司改雍州司戶，度支郎免官"。

　　鄭公嘗出行，以正月七日謁見太宗。太宗勞之，曰："卿今日至，可謂人日矣。"此當是《隋唐嘉話》佚文。

　　虞公之爲秘書，於省後堂，集羣書中事可爲文用事，號爲《北堂書鈔》。今北堂猶存，而《書鈔》盛行於世。見《隋唐嘉話》卷中。末句今本脫"鈔"字。

　　貞觀中西域獻胡僧，呪術能生死人。太宗令飛騎中揀壯勇者，試之，如言而死，如言而蘇。帝以告宗正卿傅奕，奕曰："此邪法也，臣聞邪不干正，若使呪臣，必不能行。"帝令呪奕，奕對之初無所覺。須臾，胡僧忽然自倒，若爲物所擊，便不復蘇。見《隋唐嘉話》卷中，"宗正卿"今本作"太常卿"。

　　閻立本善畫，至荆州見張僧繇舊迹，曰："定虛得名耳。"明日又往，曰："猶近代佳手。"明日又往，曰："名下定無虛士。"坐臥觀之，留宿其下，十日不能去。張僧繇遂作醉僧圖，每以此嘲之，於是諸僧聚錢十萬，資閻立本作醉道士圖，今並傳於世。見《隋唐嘉話》卷中。"張僧繇"以下，此有脫誤。

　　率更令歐陽詢行見古碑，晉索靖所書，駐馬觀之，良久而去。數百步，復還，下馬佇立，疲倦則布毯坐觀。因宿其下，三日而去。見《隋唐嘉話》卷中。

　　貞觀中彈琵琶，裴洛兒始廢撥用手，今俗爲搯琵琶是也。見《隋唐嘉話》卷中。"搯"今本誤作"指"。

　　許敬宗性輕傲，見人多忘，或謂之不聰。敬宗曰："卿自難記，若遇何、劉、沈、謝，暗中摸索著，亦可識。"見《隋唐嘉話》卷中。

　　高陽許敬宗奏流其子昂於南，及敬宗死，博士袁思古議諡爲"謬"。昂子彥伯於衆中將擊之。袁曰："今爲賢家君報仇讎，何爲反怒。"彥伯慙而止。見《隋唐嘉話》卷中。今本作"許高陽敬宗"。

　　褚遂良問虞監曰："某書何如永師？"曰："聞彼一字直五百金，豈得若此。"曰："何如歐陽詢？"曰："不擇紙筆，皆能如志。"褚恚曰："既然，某何更留意於此。"虞曰："若使手和筆調，遇合作者，亦深可尙。"褚喜而退。見《隋唐嘉話》卷中。"五百金"今本作"五萬錢"，"皆能如志"下，此有闕文。

盧承慶尙書總章初考內外官。有督運遭風失米，盧考之，曰："監運損糧，考中下。"其人容色自若，無言而退。盧重其雅量，改注曰："非所及，考中中。"旣無喜容，亦無愧詞，又改曰："寵辱不驚，考中上。"見《隋唐嘉話》卷中。

劉仁軌爲左僕射，戴至德爲右僕射，人皆多劉而鄙戴。有老婦陳牒，至德方欲下筆，老婦問其左右，"此是劉僕射？"曰："戴僕射。"因急就前，曰："此是不解事僕射，却將牒來。"至德笑令授之。戴僕射在職無異跡，當朝似不能言。及薨，高宗歎曰："自吾喪至德，無復聞讜言。在時有不是者，未嘗放我過。"因索其前後所陳，章奏盈篋，閱而流涕。朝廷始重之。見《隋唐嘉話》卷中。

高宗承貞觀之後，天下無事。上官侍郎獨持國政，常凌晨入朝，巡落水堤，步月，徐轡。詠云："脈脈廣川流，驅馬入長洲。鵲飛山月曙，蟬噪野風秋。"音韻淸亮，羣公望若神僊焉。見《隋唐嘉話》卷中。"洛水"此誤"落水"。

賈嘉隱年七歲，以神童召見。時長孫太尉無忌、徐司空勣於朝堂立語。徐戲之，曰："吾所倚何樹？"嘉隱曰："松樹。"徐曰："此槐也，何言松？"嘉隱云："以公配木，何得非松。"長孫復問："吾所倚何樹？"曰："槐樹。"公曰："汝不能復矯對邪？"嘉隱曰："何煩矯對，但取其鬼木耳。"徐嘆曰："此小兒作獠面，何得如此聰明。"嘉隱曰："胡頭尙爲宰相，獠面何廢聰明。"徐狀胡也。見《隋唐嘉話》卷中。今本脫誤甚多。

左史東方虬每云："二百年後，乞你與西門豹作對。"按此當是《隋唐嘉話》佚文，《太平廣記》《唐語林》並引之。

昆明池者，漢孝武所制。蒲魚之利，京師賴之。中宗樂安公主請之。帝曰："前代以來，不以與人，此則不可。"主不悅，因役人別鑿一池，號曰定昆池。旣成，中宗往觀，令公卿賦詩。李黃門日知詩云："但願暫思居者逸，無使時傳作者勞。"及睿宗卽位，謂之曰："定昆池詩當時朕亦不敢言，非卿忠正，何能若此。"尋遷侍中。見《隋唐嘉話》卷下。"安樂公主"此誤"樂安"。

徐彥伯常侍，睿宗朝以相府之舊，拜羽林將軍。徐旣文士，不悅武職。及遷，謂賀者，曰："不喜有遷，且喜出軍。"見《隋唐嘉話》卷下。

代有《山東士大夫類例》三卷，其非士類及假冒者不見錄。署云："相州僧曇剛撰。"時柳常侍冲亦明於族姓，中宗朝爲相州刺史。詢問舊老，云："自隋以來，不聞有僧名曇剛。"蓋疾於時，故隱其名氏云。見《隋唐嘉話》卷下。

晉謝靈運鬚美，臨刑因施爲南海祇洹寺維摩詰像鬚。寺人寶惜，初不虧損。中宗朝，樂安公主五日鬭草，欲廣其物色，令馳騎取之。又恐爲他所得，因剪棄其餘，今遂無。見《隋唐嘉話》卷下。"維摩詰"之"摩"，此作"樂"，"安樂公主"此作"樂安"，俱誤。

洛陽畫匠解奉先爲嗣江王家畫像，未畢而逃。及見擒，乃妄云："工直未相當。"因於像前誓曰："若負心者願死爲汝家牛。"歲餘王家產一犉犢，有白文於背，曰是解奉先。觀者日夕如市，時開元二十年也。　見《隋唐嘉話》卷下。今本"歲餘"下有"奉先卒後歲餘"六字，此脫。"開元"今本作"今上"，此改。

雲陽縣界多漢離宮，故地有似槐而葉細，土人謂之玉樹。楊子雲《甘泉賦》云："玉樹青葱。"後左思以雄爲"假稱珍怪"，蓋不詳也。　見《隋唐嘉話》卷下。

江寧縣寺有晉長明燈，歲久火色變青而不熱。隋文帝平陳，已訝其古，至今猶在。見《隋唐嘉話》卷下。

王右軍《告誓文》，今之所傳，即其冀本，不具年月日朔。其眞本云："維永和十年三月癸卯朔九日辛亥"而書亦是眞小文。開元初年，閏月，江寧縣瓦官寺修講堂，匠人於鴟尾內竹筒中得之，與一沙門。至八年，縣丞李延業求得之，上岐王，岐王以獻帝，便留不出。或云：後借得岐王，十年王家失火，圖書悉爲煨燼，此書亦見焚。見《隋唐嘉話》卷下。"閏月"誤，今本作"潤州"是也。"岐王以獻帝"今本脫剩一"獻"字。

洛陽有僧房中磬子日夜輒自鳴，僧以爲怪，懼而成疾。求術士百方禁之，終不能已。曹紹夔素與僧善，夔來問疾，僧具以告。俄擊齋鐘，磬復作聲。紹夔笑曰："明日設盛饌，余當爲除之。"僧雖不信紹夔言，冀或有効，乃力置饌以待紹夔。食訖，出懷中錯，鑢磬數處而去，其聲遂絕。僧問其所以，紹夔曰："此磬與鐘律合，故擊彼應此。"僧大喜，其疾便愈。今本《隋唐嘉話》無此條。按《太平廣記》二百三引《國史纂異》與"樂工衞道弼天下莫能以聲欵者。"云云共爲一條，緊接其後。《唐語林》卷五同。考"衞道弼"一條見今本《隋唐嘉話》下，又《廣記》所引《國史纂異》各條，均卽《隋唐嘉話》，蓋同書而異名，則今本《隋唐嘉話》在"由是反欵服"下，脫去此一百三十字耳。

隋末有河間人嚴鼻酗酒，自號郎中。每醉必毆擊其妻，妻美而善歌，每爲悲怨之聲，輒搖頓其身。好事者乃爲假面以寫其狀，呼爲"踏搖娘"，今謂之"談娘"。今本《隋唐嘉話》無此條。按崔令欽《敎坊記》及《太平御覽》引《樂府雜錄》均有此事而微異，當皆本此。

故事，每三月三日、九月九日賜王公以下射中鹿鳴賜馬，第一賜綾，其餘布帛有差。至開元八年秋，舍人許景先以爲徒耗國賦而無益於事，罷之。　見《隋唐嘉話》卷下。"射中鹿鳴賜馬"，今本有脫誤。

皇甫文備武后時酷吏也。與徐大禮論獄，誣徐黨逆人，奏成其罪。武后特出之。無何，文備爲人所告，有功許之，在寬。或曰："彼曩時將陷公於死，今公反欲出之，何也。"徐曰："汝所言者私怨，我所守者公法。安可以公容私耶？"見《隋唐嘉話》卷下。"大禮"當作"大理"，"許之"當作"訊之"，此皆誤。今本脫"曩時"二字，末數語亦不同。

武后以吏部選人多不實，乃令試日自糊其名，暗考以定等。判之糊名，自此始也。見《隋

《唐嘉話》卷下。

按以上三十九條見於今本卷末。即《顧氏文房小說》本從二十一葉第一行起至三十葉第三行止。前接《嘉話錄》原本"予與竇丈"條。

五、跋

輯《劉賓客嘉話錄》竟，爲之跋曰：今本《劉賓客嘉話錄》有明《顧氏文房小說》刻本及淸曹氏《學海類編》本，其後有跋云：

> 右韋絢所錄劉賓客嘉話，《新唐書》採用多矣，而人罕見全錄。圖家有先人手校本，因鋟版於昌化縣學，以補博治君子之萬一云。乾道癸巳十一月旦海陵卞圖謹書。

按癸巳是宋孝宗乾道九年(公元一一七三)則今本實出於南宋初刻本也。然此實非韋絢原書。余作辨僞，今本一百十三條中，其可考定爲確是本文者僅四十五條耳。淸《四庫全書提要》亦曾指出其中"昭明太子脛骨"等條全與唐李綽《尙書故實》相同，而不知尙有兩條出於《續齊諧記》，二十九條出於《隋唐嘉話》，不僅以一書攙入也。編《提要》者未見《顧氏文房小說》本，遂武斷爲《學海類編》竄改舊本，以示新異，故四庫本遂刊去與《故實》相同諸條。然王楙《野客叢書》曾引"昌黎生改金根"事，黃朝英《緗素雜記》曾引"辨遷鶯"條，亦俱見於《故實》，作《提要》者爲之惶惑，遂只得謂爲或一事而兩書互見，疑以傳疑，姑並存之矣。余考今本作僞，實出宋人，故《紺珠集》、曾慥《類說》與陶宗儀《說郛》所引已與今全同。按王楙《野客叢書》在慶元嘉泰間(一一九五——一二〇四)所作，尙在卞圖刊本之後。《紺珠集》刊於紹興丁巳(一一三七)，《類說》刊於紹興庚申(一一四〇)，則均早於卞本三十餘年。黃朝英所作謂爲《靖康緗素雜記》，晁公武《郡齋讀書志》謂朝英爲紹聖後舉子，紹聖至靖康已三十餘年(一〇九四——一一二六)則其書更當在前。今按《緗素雜記》卷五引"辨遷鶯"條，卷七引"三臺送酒"條，卷八引"許敬宗性輕傲"條，卷九引"爲詩用僻事"條，均與今本同。又《緗素雜記》今亦非完書，《說郛》九所載又有引"五夜"條及"千字文"條，《苕溪漁隱叢話》前集卷十九所載引"賈島"條，卷四十所載引"謝靈運鬚美"條，除"賈島"條當是黃朝英誤記外，亦均與今本同。其間"遷鶯"條及"千字文"條，並見於《尙書故實》，"許敬宗"條"謝靈運"條並見於《隋唐嘉話》，固並是作僞者所攙入也。又按《道山淸話》云：

> 余少時嘗與文潛在館中，因看《隋唐嘉話》，見楊祭酒贈項斯詩云："度度見詩詩總好，今觀標格勝於詩。平生不解藏人善，到處逢人說項斯。"因問諸公："唐時未聞項斯有詩名也？"文潛曰："必不足觀。楊君詩律已如此，想其所好者皆此類也。"

道山不知何人，末有建炎四年(一一三〇)其孫名暐者跋，時高宗初卽位，則道山者必北宋人也。由書中所記，知其人爲蘇黃之徒，此條云"與文潛在館中"，則當在元祐元年張文潛入史館以後，而紹聖初請郡以前也（一〇八六——一〇九四）。其所舉"楊祭酒詩"，亦在今本《嘉話錄》，而云《隋唐嘉話》者，兩書同名"嘉話"，又同爲"劉"姓，易致淆混，追述其事，因誤記耳。葛常之《韻語陽秋》所引，固不誤也。此事實出於《尚書故實》，亦是僞本所抄撮，則元祐時已有此僞本矣。

四庫本既刪去若干條，遂謂："雖殘缺之餘，非復舊帙，然大概亦十得八九矣。"其說殊妄。韋絢原書既不可考，以何爲準則而云十得八九耶？余考《太平廣記》撰集於太平興國三年（九七八），所引《嘉話錄》，多出今本外；又元祐間人王讜所作《唐語林》序目有《劉公嘉話》，其書中所言有"劉禹錫曰"或"公曰"者，亦多出今本外；凡此兩書所引，較今本多出五十六條；即今本所存四十五條，亦可增補闕文近七百字；則今本所佚，決不止十分之六。四庫館臣於《廣記》等書所引，熟視無覩，而遽云十得八九，自欺欺人，殊可笑也。

今本《嘉話錄》共一百一十三條，其間所存原本僅四十五條，今以諸書所引，去其重複，別其謬誤，爲補遺五十六條，共一百零一條，不知於韋氏原書能得十分之幾也。《唐語林》所引最詳，然《語林》今亦非完書也。余唯以今本所存四十五條攷之，其見徵引者，凡三十二條，占三分之二強，未見徵引者不及三分之一。若以此推之，所輯補遺五十六條，亦可能爲原書三分之二強，或尚當有佚文二十餘條耶？則此輯本雖不敢謂盡復舊觀，而云十得七八，當無愧怍。

文人喜作僞書，然此書今本之作僞，特爲惡劣。余嘗疑此僞本之作，當在元祐以前，時無大亂，原本何以遽佚，作此僞本又何所圖？及讀《道山清話》，前所引一條，乃恍然此僞本實出三館也。《玉海》藝文類引《宋兩朝藝文志》云：

> 祖宗藏書之所曰三館秘閣，在左昇龍門北，是爲崇文院，自建隆至祥符，著錄總三萬六千二百八十卷。八年館閣火，移寫右掖門外，謂之崇文外院，借太清樓本補寫，既多損蠹，更命繕還，天聖三年成萬七千六百卷，歸於太清。九年冬新作崇文院，館閣復而外院廢，時增募寫書史，專事全輯。景祐初命翰林學士張觀，知制誥李淑宋祁編四庫書，判館閣官覆視錄校，二年上經史八千四百二十五卷，明年上子集萬二千三百六十六卷。差賜官吏器幣，詔求逸書。復以書有謬濫不全，始命定其存廢，因仿開元四部，錄爲《崇文總目》，慶曆初成書，凡三萬六百六十九卷，然或相重，亦有可取而誤棄不錄者。

於此可見宋初館閣之書，曾爲火焚，而借太清樓之書抄補。太清樓之書又有損蠹，故增募寫書史，專事全輯。然館閣所藏，仍有謬濫不全之書，故景祐以後，又由張觀等覆視，定其存廢。《玉海》所謂"僞謬重複，並從刪去，內有差漏者，令補寫校對"是也。然則《嘉話錄》之殘闕，殆當在祥符八年（一〇一五）館閣書被焚以後，所借太清樓書，只有殘本，校書者遂雜取他書以補之，覆視之時，既無別本可校，又爲小說家言，不甚經意，而此謬濫不全之本，遂爲館閣善本。後人又從館本錄出，至卞圖刻之，流行於世。而韋絢原書雖尚有唐人寫本，宋初舊抄，流落人間，王讜作《唐語林》時，尚得徵引，南渡以後，遂泯滅而無聞矣。

　　《郡齋讀書志》謂韋絢字文明，執誼子也，咸通中節度義武。按絢所著有二書，一爲《戎幕閒談》，太和五年（八三一）所作，記李德裕語，多涉怪異，今已不傳。又一卽此書，大中十年（八五六）所作，追記劉禹錫語。據序稱“絢少陸機入洛之三歲，多重耳在外之二年”，蓋二十一歲也。“自襄陽負笈至江陵，挐葉舟，升巫峽，抵白帝城，投謁劉公，是歲長慶元年（八二一）”，則作書時絢已五十六歲矣。然絢所記劉語，實不僅幼年從學之時，“李程善謔”一條，謂程譏李石太和九年（八三五）冬朝廷有事之時而登庸，又“開成末韋絢爲起居舍人”條，謂劉氏望魏謩善事朝廷，均已在文宗末年矣。按劉氏以開成元年（八三六）爲太子賓客分司東都，始離外任，絢所記當有在此年以後之語也。《雲谿友議》所記劉語多與此書合，而云“余二十八年在外，五爲刺史”，皆非夔州時語，亦可證也。

　　韋絢此書，在當時實爲創作，蓋雜記之書，大抵述故事，陳怪異，而此書或討論經傳，評騭詩文，前所未有也。劉氏既以文學名重一時，故其書常爲人所稱道，爲《戎幕閒談》所不及。其間“用餳字”與“不敢題糕”一條，尤爲人所樂道，宋景文《九月詩》云：“劉郎不敢題糕字，虛負詩中一世豪”，卽用此事。而黃朝英等摘其誤舉沈雲卿詩爲宋考功，此燕談之際，記憶容有未審耳。後李綽記張賓護語作《尙書故實》，與此書約略相類，張氏長於鑒別書畫，別是一家之美，然其名不著，故作僞者以之補葺，而隸事者往往用僞本《嘉話》，不知其出於《故實》也。

　　此書所引施士匃說詩，公孫羅《文選音》，以及張巡、許遠等詩文，均爲不經見之材料，僅藉此以傳。然古籍遺留，在在有裨考訂，初難較其輕重也。敦煌所出《守溫韻學殘卷》首題“南梁漢比丘守溫述”，昔人於“南梁”，或謂在今河南，或謂在今湖南，又或謂在今四川，紛紜不一，余昔嘗據《太平廣記》所引五代時王仁裕《玉堂閒話》考定爲興元，則當在今陝西。今以此書考之，“崔丞相造”條云：“時德宗在梁”，《太平廣記》引作“在興元”，又“德宗降誕”條云：“及德宗幸梁”，亦皆其證也。又按《劉夢得文集》卷六有《送令狐相公自僕射出鎭南梁詩》，又卷二十六有《山南西道節度使廳壁記》云：“流眄屋壁，見前修之名氏列于坐右，第有梁州刺史鼎興元尹記，與今稱謂不合，因發函進牘於不佞，且曰我以飾東壁，以新志累子，於是按南梁故事，起自始登齋壇之後爲記云”，又外集卷九《唱和集》後引云：“開成元年公鎭南梁”，則南梁之名劉禹錫久已稱之，不必徵之於五代王仁裕矣。余昔僅舉孤證，人或以爲疑，不期於此驟獲多證。且知守溫爲興元人，卽知其語音系統爲秦音，守溫爲字母等子之學之祖，則考知其語音系統，在中國音韻學史上，豈不小有助耶？又宋樓鑰《攻媿集》（武英殿本）卷十三《跋姜氏上梁文藁》云：

　　　上梁文必言“兒郞偉”，舊不曉其義，或以爲唯諾之唯，或以爲奇偉之偉，皆所未安。在敕局時，見元豐中獲盜推賞刑部例，皆節元案，不改俗語。有陳棘云：“我部領你懣廝逐去”，邊吉云：“我隨你懣去”，懣本音悶，俗音門，猶言輩也。獨秦州李德一案云：“自家偉不如今夜去”云。余啞然笑曰：“得之矣。”所謂“兒郎偉”者，猶言“兒郎懣”，蓋呼而告之，此關中方言也。上梁有文尚矣，唐都長安，循襲之然。嘗以語尤尚書延之、沈侍郎虞卿，汪司業季路，諸公皆博洽之士，皆以爲前所未聞，或有云“用相兒郎之偉”者殆誤矣。

按此書“武臣常愿好作本色語”條云：“被公揩大偉”，猶言揩大輩也，則關中方言，唐世巳然，信而有徵矣。趙璘《因話錄》卷四“盧尚書弘宣”條云：“我弭當家沒處得皮遐叔來”，“我弭”《唐語林》卷六作“我彌”，盧爲河中人，此當是其方言也。及宋代通作“懣”音，或寫作“滿”、“瞞”等，或又寫作“們”、“門”（語錄多用之），金元俗文學用北方俗語，又作“每”字，至明季而始定爲“們”字矣。且“偉”爲于母（喻三等），“弭”、“每”、“懣”、“們”，俱是明母，然又同由“輩”字轉讀，分化其語。由“輩”而變爲“弭”、“每”，或爲“懣”、“們”，既顯於世，由“輩”爲“偉”，湮沒無聞，故樓氏得見“秦中李德”一案始知之。今得此書證之，而樓說益明，是又談語法者所樂聞也。舉此二事，可例其餘，則予之沈沈永夜，輯錄此書，使九百餘年來久巳湮沒之古籍，重顯於世，要不能謂爲無益之事也。一九五〇年十二月唐蘭。

〔附記〕這是一九五〇年所輯的資料，最近整理抽籤時翻了出來，覺得它對研究唐代歷史還有一些用處，所以重新加一下標點，把它發表。由於擱下來已經十多年了，校輯工作儘管有不完備處，一時無法重新整理，只得暫存其舊。劉氏的哲學觀點基本上是唯物主義的，但他喜歡談天命，吉凶禍福，皆由前定，這是封建士大夫的局限性。讀這一類筆記，除了可以採用一部分有關史料外，對它的內容是必須有批判的眼光的。一九六三年八月唐蘭記。

宋 代 方 音

周 祖 謨

宋人筆記中有論及當時四方語音者，惜皆零散不備，而所指方域亦不甚明確，但由是可略知當時方音與今日方言之異同。因錄出數則，略加詮釋。

黃鑑《楊文公談苑》云："今之姓胥、姓雍者皆平聲。春秋胥臣、漢雍齒、唐雍陶皆是也。蜀中作上聲、去聲呼之。蓋蜀人率以平爲去。"

案此謂蜀人音胥姓作上聲，音雍姓作去聲。《廣韻》胥姓只有平聲一讀，雍則平去二音，宋邵思《姓解》卷三雍亦有於容、於用二切。蜀人以平爲去，前代載記中不多見。隋陸法言《切韻序》曾云："秦隴則去聲爲入，梁益則平聲似去。"益卽巴蜀之地。楊億謂蜀人率以平爲去，惜未能多舉例證。

劉攽《貢父詩話》云："司馬溫公論九旗之名，旗與旐相近，詩曰，言觀其旐，《左傳》龍尾伏辰、取虢之旐，然則此旐當爲芹音。周人語轉，亦如關中以中爲蒸，蟲爲塵，丹青之青爲蓁也。五方語異，閩以高爲歌，荆楚以南爲難，荆爲斤。昔閩士作《清明象天》破題云：'天道如何，仰之罙高。'會考官同里，遂中選。荆楚士題雪用先字，後曰十二峯巒旋旋添，讀添爲天字也。向敏中鎭長安，土人不敢賣蒸餅，恐觸中字諱也。"（《皇朝類苑》卷六十二引此文文字頗有不同。其中有"關中人言清濁之清則不改"一語，今傳本《貢父詩話》未舉。）

案劉貢父引司馬光言謂旐本音芹，引《小雅》晨旐押韻與《左傳》辰旐押韻爲證是也。此節所記關中言青爲蓁，青爲《廣韻》青韻字，蓁爲齊韻字，青韻有尾音 -ng，而齊韻無韻尾輔音，謂青爲蓁，則青韻讀似齊韻。唐五代之間西北方音卽已如此。羅常培先生《唐五代西北方音》第三十七頁所載《藏漢對音千字文寫本》青韻字與齊韻字韻母皆作ye 是也。今陝西西陲及甘肅平涼等地讀音，青等字亦無韻尾 -ng。至於以中爲蒸，以蟲爲塵，中蟲皆爲東韻字，蒸爲蒸韻字，塵爲眞韻字，中若音蒸，則蟲當音澄，不知何以不同。長安人恐觸向敏中諱而不敢賣蒸餅，是中蒸音同無疑。中爲知母字，蒸爲照母字,中為蒸音,不僅韻母相混,而且知組與照組亦合為一類。

閩人以高為歌音,亦見陸游《老學庵筆記》(見下)。《廣韻》高為豪韻字,高字音歌,則豪韻與歌韻無別,故閩士卽以高與何押韻。今福州語豪、歌兩韻元音同讀 [ɔ],高音 [kɔ],歌亦音 [kɔ],與貢父所記閩音情況相同。

荆楚人以南為難,以荆為斤,韻尾均與韻書音韻系統不同。南為覃韻字,韻尾為 -m,難為寒韻字,韻尾為 -n,以南為難,是 -m 尾已變為 -n 尾。故荆南舉子吟雪詩以添字入先字韻。

荆字韻尾為 -ng,斤字韻尾為 -n,以荆為斤音,不僅元音有變,韻尾亦由 -ng 變-n。今湖北、湖南、四川等地荆等字亦多有收 -n 者。

張師正《倦遊雜錄》云:“關右人或有作京師語音,俗謂之獠語,雖士大夫亦然。有太常博士楊獻民,河東人。是時鄜州修城,差望青斫木,作詩寄郡中寮友,破題曰:‘縣官伐木入煙蘿,匠石須材盡日忙。’蓋以鄉音呼忙為磨方能叶韻。士人而徇俗不典,亦可笑也。”(據《皇朝事實類苑》卷六十七)

案關右謂函谷關以西。河東在今山西永濟。忙為唐韻字,磨為戈韻字。呼忙為磨,則忙字無韻尾 -ng。

沈括《夢溪補筆談》卷一云:“經典釋文,如熊安生輩,本河朔人,反切多用北人音;陸德明,吳人,多從吳音;鄭康成,齊人,多從東音。如‘璧有肉好’,肉音揉者,北人音也。‘金作贖刑’,贖音樹者,亦北人音也。至今河朔人謂肉為揉,謂贖為樹。如打字音丁梗反,罷字音部買反,皆吳音也。如‘瘍醫祝藥劀殺之齊’,祝音呪,鄭康成改為注,此齊魯人音也。至今齊謂注為呪。官名中尙書,本秦官,尙音上,謂之常書者,秦人音也。至今秦人謂尙為常。”

案沈括為杭州人,生於宋仁宗天聖九年(公元 1031),卒於哲宗紹聖二年(公元 1095)。神宗時為史館檢討、集賢校理,又曾為河北西路察訪使,鄜延路經略使,故熟悉河朔音及秦音。

熊安生,《周書》卷四十五有傳,為長樂阜城人,通五經,長於三禮,北齊時為國子博士,後又入周。有《周禮義疏》二十卷,今亡。阜城在今河北阜城縣。陸德明所著《經典釋文》無熊安生音。沈括所謂經典釋文卽經典音義之意。《爾雅·釋器》:“肉倍好謂之璧”,陸書為肉字作音云:“如字,又如授反”。如授反卽揉字音。《書·舜典》:“金作贖刑”,《釋文》贖音石欲反,徐音樹。徐為徐邈。《廣韻》肉為屋韻字,贖為燭韻字,音肉為揉,音贖為樹,是入聲讀為去聲。又贖《廣韻》音神蜀切,為牀母三等字,樹音常句切,為禪母字。《釋文》贖音石欲反,石屬禪母,則與樹為雙聲。沈括謂宋代河朔人謂肉為揉,謂贖為樹,與今日北方音相似。

打音丁梗反，陸氏《釋文》以前無此音。《切韻》始有德冷反，同沈音。罷字，《左傳》襄公三十年"皆自朝布路而罷"，《釋文》罷，音皮買反。《論語·子罕》："欲罷不能"，《釋文》音皮買反，又皮巴反，又音皮。皮買反即《切韻》薄解反。案沈括謂打音丁梗反，罷音部買反爲吳音，是北宋時大部分地區讀音已與《切韻》不同。歐陽修《歸田錄》云："偏檢字書，乃無此'打'字音丁雅者，其義主考擊之打，自音謫耿。以字學言之，打字從手從丁，丁又擊物之聲，故音謫耿爲是，不知因何轉爲丁雅也。"今蘇州言打音 dang，與沈括所說正同。罷字義爲休止，音薄解反，《切韻》歸入蟹韻。

宋辛棄疾《稼軒詞·水龍吟》"稼軒何必長貧"下闋以下、馬、罷、啞諸字爲韻，下、馬、啞等皆爲上聲馬韻字。又史達祖《梅溪詞·賀新郎》"同住西山下"上闋以下、社、者、樹、惹、罷諸字押韻，其中除樹字爲去聲禡韻字外，下、社、者、惹四字皆爲上聲馬韻字。由是可知罷字已由 bai 變爲 ba，與現代方言相同。北音去聲；吳音上聲，讀作 ba，濁聲母，是沈括音也。

《周禮·天官》："瘍醫掌腫瘍、潰瘍、金瘍、折瘍之祝藥劀殺之齊"，鄭玄注云："祝當爲注，讀如注病之注，聲之誤也。注謂附著藥"，陸氏《釋文》云："祝，之樹反，出注"。案祝《廣韻》有之六、職救二切，一在屋韻，一在宥韻，注字則在遇韻，音之戍切。鄭玄以祝字義爲巫祝及祭者祝辭之意，故以祝爲誤字，當改作注，故《釋文》依鄭說音之樹反。沈括謂祝音呪，與鄭注不合。沈云："至今齊謂注爲呪"，二字音近。

官名尚書之尚，《周禮·天官冢宰》《釋文》音常，《廣韻》平聲陽韻音市羊切，與《釋文》同。常、尚聲調不同，沈以平聲讀爲秦音。

陸游《老學庵筆記》卷六云："四方之音有訛者，則一韻盡訛。如閩人訛高字，則謂高爲歌，謂勞爲羅。秦人訛青字，則謂青爲萋，謂經爲稽。蜀人訛登字，則一韻皆合口。吳人訛魚字，則一韻皆開口。他倣此。中原，惟洛陽得天地之中，語音最正。然謂絃爲玄，謂玄爲絃，謂犬爲遣，謂遣爲犬之類，亦自不少。"

案陸游爲山陰人（今浙江紹興），此條論四方有訛音，則一韻盡訛，蓋以韻書讀音爲準。合於韻書者爲正，不合於韻書者爲訛。閩人謂高爲歌，謂勞爲羅，秦人謂青爲萋，謂經爲稽，與前引《貢父詩話》所言相同。

陸稱登字蜀人讀爲合口，魚字吳人讀爲開口，揆陸意，當時方言登字一韻大都讀爲開口，魚字一韻大都讀爲合口，惟蜀人、吳人讀音開合不同。洛陽音謂絃爲玄，謂玄爲絃，謂犬爲遣，謂遣爲犬，亦屬開合問題。廣韻玄、犬皆合口字，絃、遣皆開口字。洛陽音與《廣韻》音正相反。

陸游生於宋徽宗宣和七年（公元1125），卒於寧宗嘉定三年（公元1210），曾爲福州寧德主簿(今福建寧德)，通判夔州(今四川奉節)，又隨王炎至秦隴，戍守大散關(在今陝西寶雞西南，地近甘肅)，文中所言閩人、蜀人、秦人語音蓋即聞之於上述各地。

又《老學庵筆記》卷十云：“世多言白樂天用相字多從俗語作思必切，如‘為問長安月，如何不相離’是也。然北人大抵以相字作入聲，至今猶然，不獨樂天。老杜云：‘恰似春風相欺得，夜來吹折數枝花’，亦從入聲讀，乃不失律。俗謂南人入京師，效北語，過相藍，輒讀其牓曰‘大厮國寺’，傳以為笑。”

案相與厮雙聲，同為心母字。口語音與韻書所載之文字讀音未必完全相合。相《廣韻》但音息良切，無思必切一音。厮字《廣韻》亦只收平聲支韻，音息移切，訓為厮養、役使。至於相共之義與讀音韻書並闕而不錄。唐人詩中相有厮音，而字仍作相，宋人詞曲，則有逕寫為厮者。如歐陽修《漁家傲》：“蓮子與人長厮類，無好意，年年苦在中心裏”，厮類即相類也。又同調：“天與多情絲一把，誰厮惹，千條萬縷縈心下”，厮惹即相惹也。由此可知厮當為仄聲。(《履齋示兒篇》卷二十三引《古今詩話》云：“厮字唐人作斯音，五代時作入聲。陶穀詩云：‘尖簷帽子卑凡厮，〔短靿靴兒末厥兵’〕是也。”)謂相為厮，或不限於北方，歐陽永叔乃廬陵人(今江西吉安)，則大江以南亦有言厮者。

趙彥衛《雲麓漫鈔》卷十四云：“且四方之音不同，國墨北惑字，北人呼作穀木卜斛，南方則小轉為脣音。北人近於俗，南人近於雅。”

案趙彥衛字景安，浚儀人(今河南開封)，於南宋孝宗隆興元年(公元1163)及進士第(見錢大昕《潛研堂金石文跋尾續》第五)。《雲麓漫鈔》有開禧二年自序，署為新安郡守，新安郡即徽州。宋寧宗開禧二年為公元1206年，是時景安蓋年逾六十矣。或云生於北宋，恐誤。國墨北惑為《廣韻》德韻牙脣喉三類字，《七音略》國惑二字為合口，墨北二字為開口。此云國墨北惑四字“北人呼作穀木卜斛，南方則小轉為脣音”，似此四字開合讀同一類。《廣韻》國墨北惑為德韻字，穀木卜斛為屋韻字，兩者相去較遠。北人呼國墨北惑為穀木卜斛，為他書所未載。羅常培先生《唐五代西北方音》所錄四種藏漢對音材料中國惑默北等字與屋韻字韻母相同，與趙彥衛所言宋代北音情況相似。今山西晉城太原等地國與穀音亦相同。至於趙謂“南方則小轉為脣音”，所指者何，尚難確定。

由此數則已可略知宋代南北東西方音中之一二特點，材料雖少，但其中可供研究古今音變之參考者尚多，考音論史者不可以其零散而忽之也。

王實甫年代新探

戴不凡

(一)

文獻難徵，王實甫的年代一直是個啞謎。

但是，在戲曲史上，這是一個值得研究的問題。它關係到《西廂記》這部名著產生的時代，也關係到雜劇形成的時代，和戲曲史的分期問題。

近人對王實甫年代的研究，約有三說。

第一說，把王實甫看作由金入元，和關漢卿是同時代的作家。王國維在《曲錄》中說：

> 右十三種，元王實父撰。實父大都人。案：實父所作《麗春堂》雜劇譜金完顏某事；而劇末云："早先聲把烟塵掃蕩，從今後四方、八荒、萬邦齊仰賀當今皇上"，以頌禱金皇作結。則此劇之作，尚在金世。實父亦由金入元者矣。

此說已有人指出論據不足，邏輯粗疏。不贅。但是，根據一些蛛絲馬跡來看，我以爲王國維的結論還是大體不差的(詳下)。

第二說，是從王實甫"名德信"這一點上做文章，把王實甫列爲元成宗大德以後的作家。這其實是將錯就錯，捕風捉影之談。因爲王實甫"名德信"，原是馬廉、鄭振鐸諸氏在傳鈔天一閣本《錄鬼簿》的時候，擅自改寫的。天一閣本《錄鬼簿》原本在王實甫名下寫的是"德名信"而非"名德信"。因此，將"名德信"的年代考證加到王實甫身上，這是不能成立的。在一次座談會上我已談過這個問題(見《戲劇論叢》1958年第三輯《關漢卿學術研究座談會的記錄》)。

第三說，是王季思先生的主張。他在發表於一九五五年九月號《人民文學》上的文章裏(此文後收入《西廂記簡說》一書中)指出：王實甫在戲劇方面活動的年代，"主要應在元成宗大德年間(1297—1307)及其以後"。理由之一是：金聖嘆的批本是根據某一"舊本"的；而"今本《西廂記》劇終謝聖語‘謝當今聖明唐聖主’，金聖嘆批本作‘謝當今垂帘雙聖主’，這是更合於當時的通例的”；因爲，他根據陳寅恪先生考證，元大德間布爾罕皇后居中用事，因此，“這‘垂帘雙聖主’，正是當時《西廂記》上演時對於元成宗和布爾罕皇后的祝頌。據此推斷，王實甫《西廂記》的寫成，當在大德年間，正是元人雜劇的黃金時代”。理由之二是：《麗春堂》第三折有“想天公也有安排我處”及“駕一葉扁舟睡足，抖擻着綠簑歸去”這三句唱詞，“都是引用白無咎的《鸚鵡曲》的。《朝野新聲太平樂府》記馮子振和白無咎《鸚鵡曲》在大德六年（公元 1302）”，因此，王先生認爲，王實甫在戲劇方面活動的年代，主要應在元成宗大德年間及其以後，“他的時代應該和白無咎、馮子振相去不遠，而比關漢卿、白仁甫稍遲”。我認爲這些說法也是值得研究的：

　　一、金聖嘆竄改的《西廂記》，其底本的確可能和目前的流行本略有不同；但是，我們無法證明金聖嘆的底本就是王實甫的手稿。此其一。其次，劇終的祝賀語，弘治本就是這樣刊印的：

　　　　〔清江引〕謝

　　　　當今

　　　　聖明唐聖主，

　　　　勅賜爲夫婦。

一句話就抬頭三次。弘治年間的書賈刊印一二百年前的作品“謝”唐朝皇帝時的祝賀詞，尙且要如此抬頭；準此，“垂帘雙聖主”一語，安能說一定就是“謝”元成宗及布爾罕皇后，而不是刊書多所竄改的明人所改易，用以歌頌他們的皇太后和小皇帝的？安能說這不是把一部《西廂記》改得面目全非的金聖嘆所擅改，用以向順治初年同時攝政的多爾袞和濟爾哈朗獻媚的？而且，即使肯定聖嘆舊本出於大德本，又安能就此斷定“垂帘雙聖主”一語，不是大德年間書賈在刊印前人劇本時所更易，用以歌頌他們的“當今聖主”的？因此，即使有那麼一個“聖明唐聖主”作“垂帘雙聖主”的舊本，亦不能作爲王實甫寫《西廂記》年代的證據。蓋舊本非原本，其理甚明。

　　二、用《麗春堂》和《鸚鵡曲》中有三句相同的詞句，來推斷王實甫的年代，也是缺乏理由的。比起白無咎來，王實甫顯然是偉大的。安能由於兩篇作品中有三句相同的句子，就此斷定王實甫是抄襲第四流作家白無咎的散曲，而不是這位缺乏才華的白無咎在抄襲舞台上久已風行的王實甫的名句；安能就此斷定王實甫是白無咎的晚輩，而白無咎不是王實甫的後學？

　　把王實甫的年代定爲元大德以後，鄙見以爲是站不住腳的。如果他確是一二九七——一三〇七年及其以後的作家，那麼，至遲在一三一〇年，已經開始在戲曲界廣泛交游活動的

《錄鬼簿》作者鍾嗣成，對於像《西廂記》這樣洋洋巨著的作者王實甫，對於當時最盛行的《雙漸趕蘇卿》的作者王實甫，對於作劇達十九本之多的作家王實甫，竟會茫無所知，而將他說成是"前輩名公"，自稱"余生也晚"，"不知出處"，甚至連鍾嗣成的前輩、《錄鬼簿》的創始者吳克齋"亦未盡其詳"，這不是難以解釋的事情麼？

（二）

如果像王國維那樣，只以《麗春堂》劇終的祝賀語來斷定王實甫是"由金入元"，這當然是不夠的。可是，《麗春堂》中的確有值得我們探索的問題。

這裏先抄《麗春堂》第一折的一段話：

……老夫，完顏女直人氏，小字徒單克寧，祖居萊州人氏，幼年善騎射，有勇略，曾爲山東路兵馬都總管行軍都統，後遷樞密院副使，兼知大興府事，官拜右丞相。老夫受恩甚厚。老夫復以年老乞歸田里，聖人言曰："朕念衆臣之功，無出卿右者；卿慎重得大臣之體。"今拜左丞相之職。時遇蕤賓節屆，奉聖人的命，但是文武官員，都到御園中赴射柳會。（引文均從脈望館本。《元曲選》及《酹江集》本此節文字僅微有不同，但無關大體。）

再抄一節《金史·徒單克寧傳》：

徒單克寧本名習顯，其先金源縣人，徙居北古土之地，後徙置猛安於山東，遂占籍萊州。……寡言笑，善騎射，有勇略。……（金世宗大定 3 年，1161 年）克寧改益都尹，兼山東路兵馬都總管行軍都統。……（大定 12 年，1172 年）遷樞密副使，兼知大興府事。（大定 19 年，1179 年）拜右丞相，徙封譚國公。克寧辭曰："臣無功，不明國家大事，更內外重任，當自愧，乞歸田里，以盡餘年。"上曰："朕念衆人之功，無出卿右者，卿慎重得大臣體，毋復多讓。"……（大定 21 年，1181 年）左丞相（完顏）守道爲尚書令。克寧於左丞相徙封定國公。……二十五年……詔克寧行左丞相事。…… 二十六年（1186）……遂以克寧爲太尉兼左丞相。

注意一下重點，不難發現，《麗春堂》中徒單克寧的身世自白，和《金史》本傳所記，真是若合符節；甚至金世宗的兩句慰留語，也是一字不差。

在這裏，很使人懷疑：王實甫是直抄《金史》本傳的。但是，《金史》的修成，已經是元至正四年（1344）十一月的事情了（據阿魯圖《上〈金史〉表》）。王實甫要抄，也只得在一三四四年以後才能抄（否則，在此以前，作爲一個元朝人，他是很少有機會看到被元所滅的金朝史料，這樣完備的《徒單克寧傳》的）。可是，在一三三〇年已經完稿的《錄鬼簿》上，已經著錄《麗春堂》這本雜劇了。

有沒有這兩種可能？一、上述徒單克寧的自白是後人根據《金史》本傳摻雜進去的；二、王實甫在元初擔任過保管或參加過纂修《金史》的工作。但這種可能性都是極小的。因爲，徒單克寧在戲中不是一個主要人物；後人或生活於元朝的王實甫寫戲，爲什麼只到檔案或史書中去直抄《徒單克寧傳》而不及其它呢？他們有什麼必要這麼做呢？金元雜劇的曲白，元明兩代多所竄改，這是事實；但是，却從來沒有過這種竄改的情況：把一個久已被人忘了的、戲裏的一個次要角色的身世自白，用史書的記載去加以代替，把他寫得和歷史一模一樣。因此，我以爲《麗春堂》這段人物自白的原本，就是現存的樣子。從這裏來看，情況很可能就是這樣的：

王實甫本來就是金朝人（元初或許還活着，但已經是晚年了）。所以他對金朝這位名臣感到很大的興趣，所以對徒單克寧的身世敍寫和史實毫髮不爽。

《麗春堂》中的主角是完顏樂善和李珪。這兩個人物於史無考。按《金史》，和徒單克寧並相的是完顏守道。他的事跡和劇中完顏樂善的事跡稍有相似之處。——但我不打算就這些來穿鑿附會了。值得注意的是：劇中左丞相徒單克寧完全是"眞人眞事"，右丞相完顏樂善却偏偏是隱其眞名；一位劇作家如果沒有避忌的話，何必這樣做呢？如果王實甫是元人，甚至他是早在元初（更無論以後）寫《麗春堂》的話，在寫人物的時候，何必把徒單克寧的自白寫得與史實沒有一點出入，却偏偏把完顏樂善的眞名隱去？否則，《麗春堂》如果是憑空揑合的——寫的不是眞人眞事，王實甫又有什麼必要把戲中一個次要人物寫成爲與史實毫無出入；爲什麼要把眞人眞事徒單克寧拖進戲裏去？在處理金朝內部矛盾的題材的時候，王實甫這種半眞半假的寫法，該是有所避忌的結果吧？若然，則他明明是生活於金朝。生活於元朝的作家，除非吃得空，否則是不必這樣寫的。

我以爲王實甫是金人。上面所述，並非孤證。在《麗春堂》中還有值得注意的地方：

一、王實甫在劇中把完顏樂善稱作"四丞相"。爲什麼稱"四"，劇中却無解釋。按《金史》，金朝只有左右二丞相，並無"四"個丞相；因此，'四'丞相只可能是完顏樂善行四的稱呼。一本《錄鬼簿》的題目正名正作"四（或'十'）大王歌舞麗春堂"；"四（十）"云云，恰好也說明完顏樂善是行四（十）。按《金史》，完顏氏是金朝的皇族；其最尊貴者，往往按行序稱幾大王。以王實甫這樣精通戲情戲理的劇作家，在寫戲的時候，却不管他的觀衆理解與否，不加介紹地，脫口而出，把戲中主角完顏樂善稱作爲"四（十）丞相（大王）"，這是很奇怪的。如果王實甫是在爲元朝的觀衆寫戲，那麼，觀衆對這稱呼恐將不知所云；如果王實甫認爲他的觀衆不煩介紹就能理解"四（十）丞相（大王）"的含意，那麼，他的觀衆必然是金朝人，而絕不可能是元朝中葉以後的人。

二、細細研讀一下《麗春堂》，那裏面君臣宴遊嬉戲（射柳、玩雙陸）的情況，那些大臣們間因細故產生糾紛，那裏面的生活和一些細節，旣不是生活在元朝一統中國之後的作者所能想像和體會出來的，更不是生活在元朝一統中國以後已經很久的劇作家所有必要去描寫的。假如王實甫是在元朝大德年間及其以後才寫《麗春堂》的話，我們很難想像，在"亂制詞曲爲譏者"要處"流"罪的法令下，在描寫這個被元朝所滅的金朝皇帝大臣們的故事的時候，在劇中居然可能、居然敢於用連篇累牘份量很重的讚美之詞，來歌頌完顏王朝的皇帝和丞相的。這除了王國維引用過的那些以外，還有很多，如：

> 破虜平戎，滅遼取宋中原統。建四十里金鋪，率萬國來朝貢。——〔點絳唇〕
>
> 盛世黎民歌歲稔，太平盛主慶年豐。……恰便似衆星拱北，萬水朝東。——〔混江龍〕
>
> 端的是萬萬載千秋聖主昌，地久天長。——〔唐兀多〕
>
> ………

像這些對金朝君臣的溢美之詞，和《麗春堂》的主題及人物描寫，並無什麼直接關係。這種唱詞，恐怕只有身處其境的人才能寫得出來。

　　三、劇本所寫的"時遇荗賓節屆，奉聖人的命，但是文武官員，都到御園中赴射柳會"這一引起戲劇衝突的中心事件，恐怕也不是經歷了元初大亂以後的劇作家所能設想，並且懷着很大興趣去描寫的。按：端陽射柳，是金世宗年間的實事。《金史·世宗本紀》云：

> （大定）三年（1163）……五月，以重五幸廣樂園射柳。命皇太子、親王、百官皆射。勝者，賜物有差。……自是歲以爲常。

《金史》此後每年均有端陽射柳的記載。至於《麗春堂》寫的到香山玩樂，也不是隨手拈來的。按《金史·世宗本紀》，世宗修建了香山寺，每率官員巡幸。從劇本不僅寫了"眞人"，而且也寫了這些"眞事"的角度來考察，王寶甫如不是金史專家，那只有這樣才可以解釋：他本來就是一個金朝人。

　　這裏，也不妨附帶看一下《西廂記》第五本中的兩個地方：

　　一、張生上場唱的"今朝三品職，昨夜一寒儒"（〔新水令〕）。張生及第後，正授河中府尹。按：唐朝沒有府尹而只有刺史；而府尹在金朝恰恰是正三品職（據《金史·百官志》）。我以爲，這是王寶甫"順手牽羊"般地把金朝府尹的品位寫到這裏來了。

　　二、比較接近古本或民間演出本的《西廂記》版本，在劇終〔清江引〕之前，都保留着這支〔錦上花〕：

> 四海無虞，皆稱臣庶。諸國來朝，萬歲山呼。行邁羲軒，德過舜禹。聖策神機，仁文義武。朝中宰相賢，天下庶民富。萬里河清，五穀成熟，戶戶安居，處處樂土。鳳凰來儀，麒麟屢出。

像這樣地歌頌"國泰民安"的曲詞，和上引《麗春堂》中的那些曲文，在詞意和口吻上是如出一口的。這也可以作爲王寶甫生活於相對地承平時代——金世宗或章宗時代的一個旁證（女眞人統治北方的中後期，和元朝統治中國的年代的老百姓生活，在相對的意義上說，前者是較後者稍爲安定的。假如王寶甫是元人，寫出"戶戶安居，處處樂土"的詞句，那眞是很難理解了）。

　　總之，從《麗春堂》中的材料來看，我覺得有理由說王實甫是金人而不是元人的。

　　如果王實甫是元朝元貞、大德或其以後的作家，有個問題就很難解釋了。我們知道，十三世紀五十年代左右，雜劇作家已經紛然競起，如關漢卿、白仁甫、馬致遠等，他們會寫《拜月亭》，會寫《梧桐雨》，會寫《漢宮秋》……，甚至還去大量地寫那些故事生僻，缺乏基礎，既沒有什麽思想意義也沒有什麽戲劇性的題材，可是，他們東尋西找題材時，却不去染指《西廂記》，而偏偏要把久已風行民間、家喻戶曉、而且基礎很好、已有董解元寫成底本的這個題目，留待"十四世紀的王實甫"出來寫作，這不是很奇怪麽？如果他們也寫過《西廂記》（是否達到王實甫的水平，這是另一回事），難道文獻中竟無一絲消息麽？這分明是"眼前有景道不得，崔顥題詩在上頭"！——王實甫先寫下了不朽的作品，後人只好束手了。不唯是束手而已，卽使像鄭德輝那樣的"老先生"，在編本子的時候，也只得把《西廂記》當作模子來套用了。

（三）

　　這裏，讓我們再從另一方面來探討王實甫的年代：《西廂記》的形式有值得研究之處。

　　明朝《西廂記》的研究者，如王伯良、沈璟、張深之輩，用周德清的《中原音韵》及明初寧獻王的《太和正音譜》這些北曲已經固定的形式（包括每首曲子的句數、每句的字數、平仄、音韵等等）去衡量《西廂記》。他們往往發現王實甫的作品不很合律。如：

　　一、"透骨相思病染"（第一折〔賺煞〕）。王伯良說他所見各本皆如此（見他校注的古本《西廂記》）。但他說："染"係"廉纖閉口韵"，不合律。他作了一番重大的研究，好容易改"染"爲"纏"，可是改來改去，"然總之非妙語也"，還是沒法改得好。

　　二、"九曲風濤何處險"。王氏也因誤入"廉纖閉口韵"，改"險"爲"顯"——但是，直到清朝中葉舞台上傳唱的《北西廂》，還仍作"險"（參考《清音小集》）。

　　三、"才高難入俗人機"。大音律家沈璟以爲"俗"字"中原音韵叶作平聲，似不如改'世'字爲妙"（見同上引）。

　　…………

　　如果從音律的角度來看，這類意見無疑是精彩的。可是，令人困惑難解的是：像王實甫這樣生活於歌台舞榭中的偉大作家，竟連平仄、開口閉口韵——這些最起碼的寫戲常識也常常鬧不清楚麽？

　　明末張深之和他的曲友們——包括著名的孟稱舜、沈自徵等，將《西廂記》的曲詞據譜"正"了一番（參閱《張深之先生正北西廂秘本》卷首及眉批），他們幾乎常常發現，《西廂記》的曲詞，用已經定型的北曲譜來衡量，字數有多有少。以《聯吟》折來說：

　　一、"俺拽起羅衫欲行……"（〔麻郎兒〕）——他們在上面批道："《西廂》此曲，首二句俱多一字。"

二、"簾垂下，戶已扃……"（〔東原樂〕）——他們在上面批道："第四句多一字，第五句少三字。"

三、"却尋歸路……"（〔綿搭絮〕）——他們在上面批道："《西廂》此曲，首四句俱少一字。"……

應該指出，上面這些曲牌都是北曲中最慣用的，而不是比較冷僻的。王實甫在填詞時，爲什麼會一反慣例呢？事實上，張深之的幾十條眉批，在向我們透露了一個重要消息：《西廂記》中像〔麻郎兒〕〔綿搭絮〕這類曲牌的句法，並不是偶然破格，因而和張深之所見的、後期的北曲格律有所不同。"俱多一字"、"俱少一字"云云，說明了王實甫時代的〔麻郎兒〕〔綿搭絮〕……俱有它們固定的句法。這種句法和張深之時代所能見到的北曲句法是名同而實異的了（已經是有所發展變化的了）。誰都知道，《西廂記》是場上之曲而非案頭之曲。王實甫如果一憑己意任意增減字數來填〔麻郎兒〕〔綿搭絮〕……，演員根本是唱不了的。

這裏順便再舉一個例子來說明這問題。《賴婚》折的〔雙調五供養〕：

> 若不是張解元識人多，別一個怎退（得）干戈。排着酒果，列着笙歌，篆烟微，花香細，散滿東風帘幕。救了咱全家禍，殷勤呵正禮，欽敬呵當合。

張深之認爲"第四、五、六句俱少二字"，"第十句'呵'字是正調；句末亦添'呵'字，非"。其實，直到現在還能演唱的紹興調腔的《北西廂》，這裏的句法和一般版本的《西廂記》是一模一樣的；並不合乎張深之的北曲格律。調腔至遲在明末就是一個有高度藝術成就的劇種（參考張岱《陶庵夢憶》），這一古老民間劇種所唱北曲格律不同於張深之、孟稱舜、沈自徵輩所見的北曲格律，恰好說明了王實甫原著的本來面貌就是如此；說明了《西廂記》北曲的格律，不僅比晚出的崑山腔中的北曲不同，比起較早的《太和正音譜》之類也是有差別的；它是一種比較更古老的北曲格律，而不是明朝曲家們所尊奉的已成定型的北曲格律。

再看，衆所週知的關於《西廂記》雜劇體製的一些問題，如：一個故事居然用五本、二十一套曲子來寫；每本間加〔絡絲娘〕承前啓後的曲子；破元人雜劇一折一人獨唱到底的體例（如《鬧齋》《驚夢》都插入鶯鶯唱詞等等，破例處之多，亦可見作者並非偶一爲之）等等，全是違反元人雜劇慣例的。如果說，王實甫是雜劇形式都已經日趨完備、凝固的元朝大德年間及其以後時代的作家，那麼，上面這些問題都是令人無法解釋的。

《西廂記》中這些不合乎元人雜劇規格的地方，是不是恰恰證明：這不是王實甫在破元人雜劇之格；而是後人以元人雜劇之格去律金人雜劇呢？

從戲曲史上所有劇種的發展來看，一個劇種在早期的時候，它的形式格律總是比較自由的；而到了中晚期，則日趨凝固和定型。雜劇和北曲應當不是例外的。從《西廂記》這種雜劇——北曲的規格發展到後來的雜劇——北曲的規格，其中是有値得研究的問題的。

（四）

　　根據以上的蛛絲馬跡來看，我以爲把王實甫定爲金代的作家（或由金入元，至少比關漢卿的年紀要大），或者是較說得過去的。

　　按：徒單克寧生年無考。《麗春堂》寫他拜左丞相之事，實在一一八六年；他卒於一一九一年（明昌二年）。從這裏來看，王實甫的卒年當然不可能早於一一八六年以前。其次，還應注意，從一二一一年起，蒙古攻金的軍隊已經開始抵達中都（北京）城外，一二一四年，金朝皇帝逃往南京（開封）。從這時起，中都已經是亂成一片，並終於被燒成一片廢墟。因此，作爲大都人的王實甫，他也很少有可能在一二一四年前後就在大都家中，用着相當恬靜的心情寫"竚立閒堦，月明如水浸樓台"這樣的作品的。因此，關於王實甫寫《西廂記》的時代，我臆測有兩個可能：

　　一是：王實甫也是在金章宗時（1190—1208）寫成《西廂記》的；

　　二是：王實甫在一二一四年或稍後，從北京逃往開封，在金亡（1234）以前，他在這個偏安而極其繁華的都市中完成了《西廂記》。

　　這兩種可能性都有。在沒有得到進一步的證明以前，我自己是比較偏於前一種可能。因爲，從現存王實甫的作品來考察，其中很少流露出那種被稱爲"亂世之音"的感情。《麗春堂》的背後，那顯然還是一片昇平景象；《破窰記》的背後，也還是一個封建秩序頗爲正常的社會；《西廂記》作者的感情，更不是一個處於大動亂之中或以後的作家的感情，而頗像正在醞釀着大動亂的社會中的作者的感情。這些，無論拿關漢卿、馬致遠、白朴的作品來比較一下，是可以較清楚地辨認出來的。另一方面，從北曲的格律來說，關漢卿的作品還是較爲接近我們通常所說的北曲的；如王、關時期相差甚近，同是大都人所寫的一種雜劇——北曲却有兩般規格，恐怕是不太可能的。我以爲，王實甫的年代很可能比關漢卿更前一些。——當然，這裏只是猜測。僅供參考。

　　可能有人會提出疑問：如果根據前一種可能，那豈不是違反了一個事實：王實甫和董解元旣是同時代人，那麼，他怎麼可能根據《董西廂》來改編《西廂記》？我以爲：（一）王實甫當然可能據《董西廂》——說唱本來改編爲戲曲；但是，他又何嘗不可以根據當時院本（雜劇）舞臺上的《西廂記》演出本來改編？（二）兩部作品中有許多關目相同、詞句相同，是王襲用董詞，是董襲用王詞，還是王實甫雜劇的祖本和董解元諸宮調的祖本同出一源，這都是有可能的，是値得考慮的問題。（三）如是同出一源，以後在說唱和雜劇中各有發展，又彼此互相豐富，以至於說唱作品中，一個很主要的人物法聰，在戲曲舞臺上作爲惠明，但同時却都能得到觀衆的批准。

說王實甫是金人，那就有一個問題要研究一下：金朝有沒有可能產生像《西廂記》這樣的雜劇巨著呢？——完全有可能。

第一，我們通常所說的雜劇，根本不是元朝一統中國以後從天而降的。元人陶宗儀說：

> 院本、雜劇，其實一也。國朝始釐爲二。（《輟耕錄》）

這話固可理解爲：金朝的院本和雜劇都是一樣幼稚，元以後，雜劇有了新的發展和提高，因此和簡單的院本才有所區別。但是，陶宗儀的話也還是可以另作解釋的：在金朝，"小戲"形式的院本和"大戲"形式的雜劇，都是籠統地稱爲院本或雜劇的，入元以後，才把"院本"一詞專用於那些小戲，而把"雜劇"一詞專用於四大套曲的大戲。——四大套曲的元雜劇，在金朝其實也叫院本。從今存的大批金院本目錄來看，其中有許多大型的、故事複雜的作品，這恐怕不是我們所慣稱的簡單的玩笑戲形式的"院本"所能搬演得了的。這些"院本"中，就有許多該是我們所說的"雜劇"。

第二，從其它史料來看，完全可以證明金代雜劇其實是已經很發展和繁榮了。

先請看《大金國志·楚國張邦昌錄》：

> 方邦昌冊立時，百官對金帥皆慘怛，邦昌亦色喪。……邦昌每日於迎陽門上罷去閣門儀制，設常禮，畢，與執政侍從以上對坐議事，語則稱名字。遇金人至，則遽易服。衛士等曰："伶人往日作雜劇，每裝假官家；今日張太宰作假官家。"

書的作者是在替張邦昌的投降辯護的。可是，這記載却透露了一條消息：當時確已有雜劇；確已有雜劇在扮"假官家"（皇帝）。從這裏來看《金史·章宗紀》：明昌二年十一月丙寅"禁伶人不得以歷代帝王爲戲及稱'萬歲'，犯者以不應爲事重法科"。這條禁令之出，決非偶然。若不是當時雜劇舞臺上皇帝的形象很多（更可能是批判皇帝的戲很多），何至於去驚動"天聽"，下此禁令！而從戲曲劇種的發展情況來看，一個劇種能夠扮演帝王將相的，它決不是一種剛發展不久的小戲，而是一種大戲——雜劇在金朝其實是大戲形式了。

金朝不但有雜劇，而且早已有雜劇作家。《金史·永中傳》云：

> ……會鎬王府尉奏永中第四子阿離合懣，因防禁嚴密，語涉不道，詔同簽大睦親府事鼇、御史中丞孫即康鞫問，並求得第二子神徒門所撰詞曲，有不遜語。……詔賜永中死，神徒門、阿離合懣等皆棄市。

《金史·孫即康傳》所記略同：

> 永中府尉奏：永中第四子阿離合懣語涉不軌。詔同簽大睦府事鼇與即康鞫之。第二子神土門嘗撰詞曲，頗輕肆。遂以語涉不遜就逮。

按：永中，金世宗之子，封鎬王。上述記載，也向我們透露了：當金章宗時代，連皇家的嫡系子孫，也在利用詞曲作政治斗爭。如果當時詞曲——雜劇形式並未形成，如果當時撰詞曲——

雜劇不是蔚然成風,神徒(土)門當不至於會用"不遜"語去撰詞曲的。

　　關於金朝(及與之相對峙的南宋)雜劇的情況,筆者將擬另草專文。這裏僅列舉一二事實,用以說明金朝(南宋)確有雜劇,確有相當繁榮發展的雜劇。金代有這樣的雜劇,那麼,像《西廂記》這樣的巨著是不待遲至百年以後才有出現可能的。由此看來,認爲元成宗時代雜劇體制才完備,才可能出現像《西廂記》這樣宏偉的著作,這種說法也是可以商榷的。北宋時汴梁早就出現《目蓮救母》這樣的"連臺本戲"(《東京夢華錄》)了,那麼,像《西廂記》這樣類似"連臺本戲"形式的作品,爲什麼不可能在金朝出現呢?

1960 年 3 月據舊稿改畢

吳偉業《圓圓曲》與《楚兩生行》的作期

——讀詩質疑之一

馮沅君

《圓圓曲》是吳偉業詩的名篇之一。它諷刺吳三桂的罪行，尚有一定意義；但其中對義軍的仇視與消極情調，則是應批判的。關於它的作期，頗有異說，這裏略加考訂。弄清楚這首詩的作期，可以有助於我們了解吳偉業思想的發展過程，以便對這個變節人物更好地進行批判。

就所見到的資料論，關於《圓圓曲》的作期有三種不同的看法。

清雍正、乾隆間的，程穆衡的《吳梅村先生編年詩箋》列《圓圓曲》於卷十（第十三首）。程書第十卷所收的詩爲清順治十六年（1659）的作品。由此推想，程穆衡是認爲《圓圓曲》成於這一年；而且從他將《滇池鐃吹》編在這首詩前來看，更可想見他以爲這首詩是順治十六年，吳三桂與其他清朝將領佔領雲南後作的。靳榮藩的《吳詩集覽》、吳翌鳳的《梅村詩集箋注》都將《圓圓曲》列在七言古詩的最後一卷，這說明靳、吳對程書的編次是基本上同意的。

清道光時，顧師軾作《梅村先生年譜》，在順治元年（1644）下，寫着"有《圓圓曲》"。

《梅村家藏稿》在清宣統二年（1910）方發現。它和《吳詩集覽》、《吳梅村詩集箋注》一樣，也是分體編次的，但分前後二集（前集起卷一，至卷八；後集起卷九，至卷二十）。前後集劃分的原因書中沒有交代，就所收的詩的年代推測，大約是以吳偉業變節仕清，赴京任清朝官職的前後爲標準。吳赴京在順治十年（1653）九月，所以前集卷一五言古詩之年代可考者，終於順治十年，卷四五言律詩、卷五卷六七言律詩、卷七五言排律、卷八七言絕句皆與此同；僅卷二卷三七言古詩的年代可考者終於順治八年（1651）。《圓圓曲》見前集卷三，是五十一首七言古詩的倒數第十首。這種情形暗示我們：《家藏稿》的編者可能以爲這首詩是吳偉業北行前三數年作的。

這三種看法中，最早者將《圓圓曲》定在 1644 年，最晚者定在 1659 年，彼此相差十五年之久。對於這些異說，我們如何取捨？我覺得以作品的具體內容與有關事實來衡量是比較妥善的。衡量的結果證明《家藏稿》的編次可說是最近事實，不過年分並未確定。

《圓圓曲》究竟作於何時？我們假定在順治七年（1650）前後。我們用以推論的是詩中例證，有以下四項。

一、"橫塘雙槳去如飛，何處豪家強載歸；此際豈知非薄命，此時只有淚沾衣。"這四句寫圓圓爲外戚嘉定伯周奎所得，並將她帶到北京。這件事應與下面的"傳來消息滿江鄉，烏桕紅經十度霜"結合起來看，如果能獲得圓圓入京的年分，就可以推定"十度霜"約指的是什麼時候，從而探索詩的作期。

冒襄的《影梅菴憶語》曾說到他和圓圓的關係。據說他初次見圓圓在明崇禎十四年（1641）春。這年秋天，他聽到圓圓爲豪家掠去的消息，可是這個消息是誤傳，他到蘇州又見到她，並訂下婚嫁之約。崇禎十五年（1642）二月，他又到蘇州，圓圓已在十日前爲"竇、霍門下客以勢逼去"。冒襄所謂"竇、霍"當指周奎（一說是田畹）。他這些敍述，不僅使我們瞭解嘆"薄命"、"淚沾衣"果何所指，更重要的是我們由此可知圓圓北去的年分。如果有人懷疑《影梅菴憶語》中的"陳姬"是否圓圓，且看以下材料。

鈕琇的《觚賸》（卷四）"圓圓"條說：

> 明崇禎末，流氛日熾，……而大江以南，阻於天塹，民物晏如，方極聲色之娛，吳門尤盛。有名妓陳圓圓者，容辭閑雅，額秀頤豐，有林下風致。年十八，隸籍梨園。每一登場，花明雲艷，獨出冠時，觀者魂斷。維時田妃擅寵，兩宮不協；烽火羽書，相望於道，宸居爲之憔悴。外戚周嘉定伯以營葬歸蘇，將求色藝兼絕之女，由母后進之，以紓宵旰憂，且分西宮之寵。因出重貲購圓圓，載之以北，納於椒庭。

"隸籍梨園"諸句與《影梅菴憶語》中的"此中有陳姬某，擅梨園之勝，不可不見"，"是日燕弋腔紅梅。以燕俗之劇，咿呀啁哳之調，乃出之陳姬之口，如雲出岫，如珠在盤，令人欲死欲仙"基本相同。據此可見，所謂"某"，不過是圓圓的代語。代語的使用可能因爲當冒襄作《影梅菴憶語》時，吳三桂方聲勢煊赫，不便明言他與圓圓的關係。

陸次雲的《圓圓傳》論圓圓事與《觚賸》有出入，但有的地方可與冒書相發明。它說：

> 圓圓，陳姓，玉峯歌妓也。……崇禎癸未歲，總兵吳三桂慕其名，齎千金往聘之，已先爲田畹所得。

癸未是崇禎十六年（1643），即冒書"壬午"（崇禎十五年）的次年。冒書無誤，此是一證。圓圓於 1642 年入京大致可信。由此時下推十年左右，當爲順治七年前後，《圓圓曲》大約即是這時候寫的。

從以上事實來看程書、顧譜，它們的失實不難立見。如果用程說，定《圓圓曲》於順治十六年，那末由 1642 年到 1659 年是整十七年，十七年怎能用"十度霜"？如果用顧說，定《圓圓曲》於順治元年，那末，詩中怎能講到以後六、七年的事？

　　二、"專征簫鼓向秦川，金牛道上車千乘；斜谷雲深起畫樓，散關月落開妝鏡。"這四句所提到的地名，秦川、金牛（金牛峽）、斜谷、散關都在今陝西，而且斜谷、金牛又都離漢中不遠。從這一點着眼，我覺得這四句詩講的是吳三桂於順治五年（1648）"移鎮"漢中及以後一二年間的事。

　　《清史·列傳》稱：吳三桂於順治八年（1651）八月"入覲"，清帝命他同李國翰進兵四川，後又進兵貴州，十六年與其他諸將領合攻雲南。這年三月，清帝又命他鎮雲南，"並諭吏、兵二部，凡雲南省文武官舉黜及兵民一切事，命三桂暫行總管"。如果《圓圓曲》是順治十六年作的，這些大事在詩中似應有所交代，儘管簡單一些，可是詩中竟未提到。在這類地方，程書的推斷、編次不能不令人懷疑。我們將《圓圓曲》假定在順治七年前後似乎比較合理些。

　　三、"珠歌翠舞古梁州。"吳翌鳳《梅村詩集箋注》對"古梁州"的解釋是"《明史·地理志》，雲南禹貢梁州徼外地"。這種說法很牽強。因爲漢中就屬梁州，還有人說，由於漢中有梁山，故有梁州之稱；三國蜀漢時，梁州便治漢中，也可爲旁證。吳翌鳳爲什麼牽強地以雲南釋梁州？可能是他誤解了《觚賸》與《圓圓傳》的幾句話。《觚賸》說：

　　　　自此由秦入蜀，迄於秉鉞滇雲、垂旄洱海，人臣之位，於斯已極。圓圓皈依上將，匹合大藩，回憶當年牽蘿幽谷，挾瑟勾闌，豈復思有茲日？

《圓圓傳》說：

　　　　旋受王封，建蘇台，營郿鄔於滇南.而時命圓圓歌，圓圓每歌大風之章以媚之。……吳益愛之。

鈕、陸記圓圓生平，故須備述始末，吳詩早於《觚賸》與《圓圓傳》，所敍截止於作詩時事，彼此自可不同。吳翌鳳不加區別，誤以爲吳詩也敍到圓圓入滇後，所以對"古梁州"只得曲解。其實何止吳翌鳳如此，程穆衡定此詩於順治十六年，原因十九與吳相同；箋引《觚賸》，不是一證嗎？

　　四、"爲君別唱吳宮曲，漢水東南日夜流。"這兩句連在一起，頗爲費解。程書對前句的解釋是："按其時三桂有女嫁王永寧，方居蘇州拙政園，故云‘別唱吳宮曲’也。"這種看法未盡切當。如果說這句爲三桂女而發，那末前面的"君不見"以下四句將如何解釋？而且也未說明本句與下句的聯系。我覺得，就全詩看，作者頗有以圓圓與西施相比的意思。因此，在敍圓圓入京以前的事蹟時曾說："夢向夫差苑裏遊，宮娥擁入君王起；前身合是採蓮人，門前一片橫塘水。"篇末便又用"館娃初起鴛鴦宿，越女如花看不足；香逕塵生鳥自啼，屧廊人去苔空綠"，來暗示盛極必衰，用相諷諭。"別唱吳宮曲"句即承此而來。至於"漢水"句，當是用李白《江上吟》"功名富貴如長在，漢水亦應西北流"句意。李說漢水如西北流，功名富貴便可長在；吳說漢水日夜不息地東南流，可證功名富貴不能長在；措辭微異，意實相同。又考李白的《江上吟》是他天寶九年遊襄陽時作的。襄陽卽在漢水邊上，詩人卽日所見，拈取爲喻。《圓圓曲》也用漢水爲喻，是因爲它作於吳三桂鎭漢中時，漢中不也近漢水？吳偉業是有寫作修養的，在借用前賢詩意時，必多方推敲，使它與自己的作品恰合。我們也就從這裏探索詩中人所在的地點，因而推斷詩的作期。

以上四項論據從不同方面證實程書、顧譜的看法難以成立，而《家藏稿》的安排大致無誤。這也難怪，《家藏稿》雖發現很晚，但它曾經吳偉業的兒子吳暻等校理，當然比較只參考吳偉業的曾孫的意見的程書更可信從。

在《楚兩生行》的作期問題上，《吳梅村編年詩箋》和《梅村家藏稿》也是矛盾的。前者列詩於順治九年（1652），後者則列於後集。《家藏稿》前、後集既以吳偉業入京前後爲分界（詳前），可見編者認爲詩非順治九年的作品，而成於吳入京以後。從作品所涉及的史事和其他有關材料論，我們相信《家藏稿》雖未確定年分，但其編次近是；《編年詩箋》則有待商酌。

我們認定這首詩作於淸康熙初年，例證如下。

一、《楚兩生行》的序中說：

> 柳生近客於雲間帥，識其必敗，苦無以自脫；浮堪敖弄，在軍政一無所關，其禍也幸以免。

雲間帥是馬逢知。董含的《三岡識略》說：

> 馬逢知初名進寶，起家羣盜，由浙移鎭雲間。貪橫僭侈，百姓殷實者，械至倒懸之，以醋灌其鼻。人不堪，無不罄其所有，死者無算。復廣佔民廬，縱兵四出刦掠。

正因爲馬逢知這樣殘暴殃民，所以稍有見識的人都可預見他難有好下場。

馬逢知任蘇松常鎭提督在順治十三年（1656），被劾在順治十六年（1659）。這年夏天，鄭成功自長江進兵，連下瓜州、鎭江、直至南京近郊。鄭軍敗退後，淸臣先後參奏，說馬與鄭成功通聲氣，並魚肉蘇、松兩郡人民，要求逮捕治罪。十七年被殺，家屬也被株連。柳敬亭以藝爲馬門客，而未被牽連，故吳爲他慶幸。據此，吳詩的作期不得早於順治十七年。程書誤編是很明顯的。

二、冒襄所輯的《同人集》（卷四）收吳偉業致冒襄的信七封。這七封信中，第二封標“甲辰”，卽淸康熙三年（1664）；第四封標“丁未”，卽康熙六年（1667）；第七封標“辛亥”，卽康熙十年（1671）。第五、第六兩封都曾講到蘇崑生。第五封說：

> 有中州一友向在左寧南幕中，弟曾合柳敬亭同一歌贈之，所謂蘇崑生是也。王烟老賞音之最，稱爲魏良輔遺響尙在蘇生，而不免爲吳兒所困，比獨身薖寺中，惟兄翁可振拔之。水繪園中，不可無此客也。

第六封說：

　　大梁蘇崑生兄，於聲音一道得其精微，四聲九宮，清濁抗墜，講求貫穿於微眇之間。……古道良自愛，今人多不彈。昔年知交大半下世，淪落江湖，幾同挾瑟齊王之門矣。……弟故令一見左右，以小札先之。

這兩封信盛稱蘇崑生的技藝，也說到他的艱難處境，與《楚兩生行》的詩和序所言，完全一致。"曾合柳敬亭同一歌贈之"的歌應即《楚兩生行》。它的作期比這兩封信略早。

　　這兩封信是什麼時候寫的？第四封既然是"丁未"，它們不能在丁未前；第七封既然是"辛亥"，它們不能在辛亥後。它們的年代必在康熙六年與十年之間。再看，第四封說："弟春夏踪跡半在九峰、金閶之間。"第五封也說："弟比作雲間遊，遍歷九峰。"這證明第五封也可能是丁未寫的，即非丁未也不能晚於次年。《楚兩生行》早於第五封信，頗似在丁未前；不過詩序說蘇崑生"到海濱寓吾里蕭寺"，第五封信也說"比獨身蕭寺中"，詩與信的距離顯然不太久。

　　三、《楚兩生行》說到柳敬亭時有："我念邗江頭白叟，滑稽幸免君知否？失路徒貽妻子憂，脫身莫落諸侯手。"這又使我們想像，吳作詩時上距馬逢知的失敗，時間也不太長，柳當時似尚未得新主人。詩的作期大約即在康熙初年。

　　就《家藏稿》編次的順序看，《楚兩生行》列後集七言古詩之首，而第二首是《茸城行》。《茸城行》為馬逢知作，它未提到馬的失敗，可見是順治十六年以前的作品。現在前列三證既說明《楚兩生行》應作於康熙初，那末《家藏稿》編者所定的作期還應修正，所以我們只能說它是近是。

　　有人認為吳偉業這首詩的作期不能早於順治十三年，晚於康熙六年，並且說詩序中的"渡江"指蘇崑生往謁冒襄。他的論據是《清史稿·列傳》的馬逢知傳與吳致冒二書。這些看法對我有所啟發，但我不全同意。首先是詩的作期不是不能早於順治十三年，而是不能早於順治十七年。其次，序中的渡江未必即指蘇謁冒。因為在吳致冒的第五書中明言作詩早於作書，第六書雖然說到教蘇往謁冒，可是未提這首詩。同時，就這封信的內容看，大約是第五書去後，冒未答覆，因再推薦。這更說明《楚兩生行》的寫作與蘇謁冒中間是經過若干時日的。如果有人說詩儘管做得早，但詩序較晚，是蘇謁冒時寫的。對於這種說法，吳的第五書中便有反證——"所謂蘇崑生是也"。因為蘇崑生三字不見於詩，而見於序；吳在向冒講到詩的時候引了序中的話，大可證明詩與序是同時作的，詩既早於第五書，序也如此。序中的渡江是否是蘇往投別人？

　　嚴格地說，以上的論述還只是對《圓圓曲》和《楚兩生行》的作期的初步探討，希望以後能得新證來肯定或修正這次探討的微小的收穫。

關於"一夜鄉心五處同"

陳 友 琴

《文史》第二輯虞莎同志《讀詩臆札》中談及白居易所作《自河南經亂……》一詩,有云:"此詩疑是居易在洛陽作。所謂'鄉心五處同',指思鄉之心五地皆同。'五處'蓋爲江西浮梁,浙江於潛,安徽烏江.徐州符離.及居易所在之洛陽。至於下邽,本爲居易之故鄉.然則居於下邽之'弟妹',自當不在'五處'之內矣。"

《中華文史論叢》第五輯,朱金城同志《白居易詩選編年注釋質疑》文中也說:"這首詩大概是貞元十五年秋天作於洛陽。"

我是不同意以上兩位同志的說法的。

說白居易這首詩是在洛陽寫的,沒有一點根據。題中所云五處和詩中的"五處同"正相吻合,不能把下邽平空略去,硬加上洛陽。這樣解詩恐不免於主觀臆測,缺乏說服力。

首先釋"鄉心"的"鄉"。一般都認爲此處的鄉指下邽(今陝西省渭南縣附近),我看是有問題的。白居易詩文中稱下邽爲故鄉是貞元二十年以後的事,貞元二十年以前他在詩文中都稱河南爲故鄉。爲《泛渭賦》的序中說:"明年(按指貞元二十年)春,予以校書郎.始徙家秦中,卜居於渭上。"在這以前,他是把河南當作故鄉的,因爲他誕生於河南新鄭縣南郭宅,也是在新鄭縣長大起來的,所以他在《傷遠行賦》中說:"命余負米而還鄉……自鄗而歸洛陽。"這裏"還鄉"之"鄉"和"歸洛陽"都是以河南爲故鄉的明證。又爲《宿榮陽》:"生長在榮陽,少小辭鄉曲",《及第後歸覲諸同年》:"春日歸鄉情",都指河南。他既以河南爲故鄉,寫此詩時如眞在洛陽,似不能還說什麼"一夜鄉心五處同。"何況如依虞、朱二同志所說,加上洛陽一處.便成六處,爲什麼白居易不說:"一夜鄉心六處同"呢?虞莎說:"至於下邽,本爲居易之故鄉",這和貞元二十年以前白居易原以河南爲故鄉的事實是不符合的。又說:"居於下邽之弟妹自當不在五處之內",這僅僅是虞莎的憑空猜想.恐非白氏本意。我對"一夜鄉心五處同"的理解是:分散在浮梁、於潛、烏江、符離、下邽五處的白氏弟兄們在這個月明之夜裏都同樣地懷念河南故鄉,並不是以下邽爲故鄉而對它表示懷念。

至於白居易寫這首詩的地點我認爲似應在符離而不在洛陽。寫作時間似應是貞元十六年而不是貞元十五年。貞元十六年四月白居易的外祖母"疾殁於徐州古豐縣官舍"[1]這一年的冬天,"權窆於符雒縣之南偏。"[2]他對於"實生我親,實撫我身"[3]的外祖母,是必須親自爲之經營葬事的。他九月到符離,並有《亂後過流溝寺》一詩,所云:"九月徐州新戰後,悲風殺氣滿山河。"徐州與符離相距極近。"新戰"指徐泗濠節度使張建封死後部下作亂,當時最高統治者派杜佑、張伍去鎭壓一役而言(見《通鑑》卷235),它和"時難年荒"詩指貞元十五年叛亂的歷史背景雖有所不同,但時間是相近的,詩中流露出痛恨當時軍閥割據、毒害人民的思想感情也大抵近似。題中說"兼示符離及下邽弟妹",可見他是先給同住在一地的弟妹看然後又捎寄到下邽去。這裏並沒有說下邽是故鄉,更沒有說下邽不在五處之內。"共看明月應垂淚"的"共",應包括下邽的弟妹在內而不應有例外。

朱金城同志說這首詩寫於貞元十五年秋天,恐失於查考。據白居易《送侯權秀才序》中說:"貞元十五年秋,予始舉進士,與侯生俱爲宣城守所貢。"此時他正應鄉試於宣州,十分忙碌,便不能分身到洛陽,況且從前交通困難也不能在一個秋天裏一會兒在宣州一會兒又到洛陽,因此金城同志貞元十五年作於洛陽之說,似沒有可信的理由。

這詩也決不會寫於貞元十六年以後,因爲題目裏的"烏江十五兄",死於貞元十七年[4],可知這首詩的寫作時間一定在十七年以前無疑。我說他在貞元十六年的秋天寫於符離似較合於時間、地點和條件。聊備一說以供讀這首詩的同志們參考。

---

[1][2][3] 均見《白氏長慶集》卷四十二《唐故坊州鄘城縣尉陳府君夫人白氏誌銘并序》。符離,今屬安徽省宿縣。
[4] 白居易《祭烏江十五兄文》作於貞元十七年七月七日,見白集卷四十。

從高鶚生平論其作品思想

吳 世 昌

一、前　言

《紅樓夢》百二十回，前三分之二爲曹雪芹原作，後三分之一爲高鶚補作。雪芹除此小說外，其他作品絕少傳世，而論曹之文之書層出不窮。高鶚則有詩集、詞集、制藝等作，而迄今尚無人爲專文論之者，併其生卒年亦不詳。近來甚至有人懷疑《紅樓夢》後四十回是否爲高鶚所作。如果不知其人的生平事迹、行誼思想，如何能論其作品？我們既要批評作品，自必先有 “論證”，可知無 “證” 則其 “論” 必空。但如對其作者了無所知或所知不足，則又以何爲 “證”？故作此文，爲研究或評論後四十回《紅樓夢》者奠一基礎。

在解放以前，有關這位《紅樓夢》後四十回的作者一般讀者只知道下列一些簡略事實：

1. 他是漢軍旗人，字蘭墅，原籍奉天(遼寧)鐵嶺，隸內務府鑲黃旗。

2. 乾隆五十三年戊申(1788)他考中了順天(北京區)鄉試舉人，乾隆六十年乙卯(1795)中三甲一名進士。

3. 曾任嘉慶六年(1801)順天鄉試同考官、內閣侍讀、刑科給事中等官職。

4. 他娶詩人張問陶(1764—1814)之妹爲妻，張問陶是他戊申同科的舉人(舊時稱爲“同年”)。他和張又是嘉慶六年的同闈考官。

5. 他著有《高蘭墅集》和《吏治輯要》(有漢、滿、蒙三種文字本，故又稱《三合吏治輯要》)，但二書均未見流傳。

6. 他補作後四十回《紅樓夢》，據一百二十回刻本程偉元序及高序，知在乾隆辛亥(1791)以前，程氏說他“閒且憊矣”。

但除了這幾點以外，我們連他的生卒年份都茫無所知，因此便無法知道他幾歲中舉．幾歲娶張氏，幾歲寫作《紅樓夢》後四十回。至於其他情況，更不了解。

解放後,有關《紅樓夢》及其作者的材料陸續刊布,對於這方面的研究提供了前所未有的方便。一九五五年北京文學古籍刊行社影印的《高蘭墅集》是一個輯本,其中包含一些前此未見流傳的詩、詞、文。當時我在英國未能買到此書,故在寫拙著《紅樓夢探源》時未能利用其中材料。但直到現在,由於我們尚不知他的生卒年,以致凡與高鶚年齡有關的一些重要問題,依然無法解決。這對於《紅樓夢》後四十回的研究是一個不小的障礙。

一九六二年我回國以後,見到一些前所未見的材料。其中比較重要的為《高蘭墅集》中的《硯香詞》四十四首和高鶚的詩集刻本《月小山房遺稿》①。這批材料中都有些零碎記錄的年份干支,可藉以考出高氏一部分的行誼,推知他的某些事迹發生時的約略年齡,因而可以對於高氏之為人有比較詳細的了解,得以試從前人所不注意的角度來考察他補作《紅樓夢》後四十回的問題。這樣得出的結論,也許要比全憑推測的說法可靠些。下文將先探索高鶚的生卒年,然後說明他的生活概況、家庭背景,並試圖由他的詩詞作品進而論其為人品質和思想。

二、高鶚的生卒年

《月小山房遺稿》有高鶚的學生“長白覺羅增齡”的序文,繫年“嘉慶丙子(1816)春三月”。序中說到高氏卒後由序者之弟少峰手鈔乃師“遺詩一帙,將付梓人”。由此可知高氏至遲死於嘉慶二十一年丙子之前一、兩年,即一八一五年或一八一四年。

《遺稿》所輯各詩乃按體分編:首五律(一至七葉)、次七律(一至五葉)、次七截(絕)(一至八葉)、末試帖(一至六葉)。故如詩題下無干支,即不易定其年代。各體之中,惟七截有一些年月可考,如第二葉上有《庚戌三月寓齋枕上聞風雨聲》一題,知為乾隆五十五年(1790)作。這時他已中舉二年,但《紅樓夢》刻本尚未付印。第二葉下有《送張竹雪歸皖江》,詩云:

> 靈和殿角舊容儀,皎皎臨風玉一枝。三十年來渾未見,逢君翻是送君時。②

此詩緊接上一首“庚戌三月”之詩,當即作於是年或庚戌以後不久。第四葉又有送張詩,全題云:“張竹雪來都,出其別後所著《滄波詞》,感舊懷人,淒然欲絕。聞又將行矣,賦此贈之。”共二首,其第二首末聯云:

> 屈指春風銷五度,人生禁得幾分離!

---

① 下文簡稱《遺稿》。“月小山房”隱“高”字,蓋用蘇軾《後赤壁賦》“山高月小,水落石出”二語,又按《清史稿》卷四九○《文苑傳》二,《李鍇傳》附高鶚傳,說他有《蘭墅詩鈔》,但未見他書著錄。《遺稿》為高卒後其學生華齡所輯錄(詳下文),若其生前已有詩鈔,不應在《遺稿》序中絕不提及。故《清史稿》所云,未知所據。

② 張竹雪,名不詳。據《遺稿》七截卷,第二葉下、第四葉上,他著有《擷芳詩》、《滄波詞》。

詩末自註云:"竹雪自辛亥旋里,至是五年矣。"故知上引第一首送張詩作於乾隆辛亥(1791),
而此第二次送張詩則作於五年後之嘉慶元年丙辰 (1796) ① 在兩次送張詩之間, 第三葉上, 有
《重訂〈紅樓夢〉小說旣竣題》,爲辛亥送張詩後的第三首,當爲次年壬子(1792)程乙本刪改畢後
所作。送張詩以後的第六題是《燈下閱卷呈那繹堂② 諸同年》。按嘉慶六年辛酉(1801)順天鄉
試高爲同考官,則《燈下閱卷》詩亦作於一八〇一年。由此數例,亦可以推知各體詩在每一類
中大約仍以年代相次。

由辛亥(1791)送張詩第三句"三十年來渾未見",知高、張二人相識,迄辛亥年止,至少已
有三十年。由高鶚在兩首詩的題中、註中都直呼其字,知高之聲齒大概較張爲長。自辛亥上
溯三十年爲乾隆二十六年辛巳 (1761)。高氏詩中第二句乃用杜甫《飲中八仙歌》中指崔宗之
之語,則三十年前的張竹雪已是所謂"瀟灑美少年",至少必已在弱冠之年,即二十歲左右。高
氏可能較張大幾歲。即使假定二人年齡相若, 則高在辛亥作此詩時也已至少有五十歲。高
鶚到乾隆戊申(1788)才中舉,其時至少已有四十七歲。若高比張大三、四歲,即三十年前二人
在"靈和殿角"相遇時高已在二十以上,則他中舉已在五十以後。如假定高在五十歲中舉,則
其在壬子(1792)年爲《紅樓夢》程乙本作"序言"時已五十四歲。今觀其在這一年所作《重訂〈紅
樓夢〉小說旣竣題》一詩云:

> 老去風情減昔年,萬花叢裏日高眠。昨宵偶抱嫦娥月,悟得光明自在禪。

從第一句,我們甚至可以認爲他作此詩時可能已不止五十四歲了。

他的《硯香詞》共四十四首,詞名之下有次題《籤存草》,並有自註:"自甲午(1774)迄戊申
(1788)。"據此,可知這是他中舉以前到中舉之年共十四年中的作品,平均每年約得三首。如
以上述他的中舉的最可能的年齡五十歲爲準,則《硯香詞》作於他三十六至五十歲之間。從
作品內容,也約略可以考見作者的年齡,例如詞中《聲聲慢》下片云:

> 記起少年酒伴, 費金丸買破, 杏怨梨愁。趁蝶隨蜂, 浪嬴兩袖香留。今日鬢絲憔悴, 任閒情都付
> 秦謳。……

這是一首追憶少年冶遊之詞,作時已自稱"鬢絲憔悴"("絲"比白髮),則顯然不是四十歲以前的
光景。但此詞在長調中編在辛丑(1781)以前第五首,如假定爲辛丑前二年所作,作時年四十
一,則其中舉之年也正是五十。

---

① 高鶚於上年乙卯中進士, 旋授侍讀。故下一首《直夜》即在內閣中書任內所作,有"五雲高處看三臺"之句。
② "繹堂"是那彥成的號。他姓章佳氏,字韶九,一字東甫(1764—1833)。他和高氏都是戊申舉人,故爲"同年"。那
   彥成次年即中進士,在嘉慶四年 (1799) 已任工部尙書,次年因在陝西鎭壓白蓮敎無功,奏對失旨,降爲翰林院
   編修。高鶚呈那氏詩,當在此時。

　　《高蘭墅集》又收高鶚爲麟見亭的母親惲珠①的《紅香館詩草》所作序文，繫年"甲戌之秋，八月旣望"，②是嘉慶十九年（1814）。序中有"披讀一過，老眼頓明"之語。上文所引增齡爲《月小山房遺稿》寫序在嘉慶丙子（1816）三月，彼時高氏已卒，其弟華齡（卽少峰）並已收集和手鈔了高氏之詩。故由此二序，確知高鶚卒於一八一六年春天以前，一八一四年"八月旣望"之後。高鶚卒於何處，現亦無從確知。但卒於刑科給事中任內，最大可能是北京。而增齡爲《遺稿》所作序文，却寫於"荆南道署"，其弟少峰，當時也同在荆南（湖北宜昌）他們父親善怡菴的道署中。故在增齡兄弟得知乃師高鶚的訃聞以後，華齡才開始收集其遺詩，編排手鈔，完了又請其兄作序，這一段時間可能不止三個月，則假定高鶚卒於上年乙亥（1815），較爲合理。當然，也可以說，高氏在甲戌中秋的次日寫完《紅香館詩草》的序文以後不久就死去，則時間可以卽在甲戌年。但《遺稿》只有一百二十一個詩題，一百四十一首詩③，華齡收輯、編鈔這個集子，大概不至於要化一年以上的時間。故在未有其他確切的證據以前，不妨暫時假定高鶚卒於嘉慶二十年乙亥（1815）。雪芹之生與高鶚之卒，中間正好相隔百年。

　　再依上文推定他五十歲中舉，時在乾隆戊申（1788），則可能生於乾隆三年戊午（1738）或略早。由這兩個生卒年看來，高鶚享年七十七歲左右。

三、從現有材料看高鶚生平

　　關於高鶚生平的現有材料，以其詩集《月小山房遺稿》和《硯香詞》爲主。但《遺稿》爲高氏死後其學生所編，包括高氏晚年的作品。《硯香詞》則爲其戊申（1783）多天自編之集，雖爲數不多，然較詩集爲早，無戊申以後作品，故先論其詞。

　　作爲文學作品而論，《硯香詞》之淺薄無聊，與《蘭墅十藝》中的八股文眞堪伯仲。上文已說到這四十四首詞作於他三十六至五十歲之間。一個三、四十歲的人竟寫出這樣幼稚、輕佻、惡劣的東西，尤其令人驚異。但因其中保存一些年月和高氏家庭生活的資料，故不失爲有史料價值。如和《遺稿》對勘，頗可考見高氏生平一些事迹。如再結合別的有關資料來看，則我們雖不能知他的詳細歷史，但對於他的爲人、思想、交遊等等，至少可以得到一個大概輪廓。在理解了高氏生活情況以後再來看《紅樓夢》後四十回的補作情況、內容評價，乃至是否爲高氏補作這些問題，也許可以提供一些前人所不曾注意的證據。

---

①　麟慶（1791—1846）字振祥，一字伯餘，號見亭，姓完顏，是金世宗第二十四世孫。他的母親惲珠（1771--1833），字星聯，一字珍浦，是清初陽湖畫家惲壽平（南田）的後人。惲壽平是曹寅的朋友。麟慶後任河道總督，著有《河工器具圖說》（四卷）、《凝香室詩文偶存》等書。

②　這二句又是套《赤壁賦》成語。

③　計五律四十五題，五十一首；七律十七題，二十一首；七截四十題，五十首；試帖十九題，十九首。

《硯香詞》依詞調的長短分類鈔集①，因此不能認爲是編年的，須憑個別詞調下所註干支及有關內容而定其年代。但在各類之中，似乎仍依年編次，而不是嚴格地按照每調字數多寡排列②。即如小令二十一首中，前數首極爲淺薄幼稚，一看便知是初學詞者所作；其開始二首及第七、第十一至十三首，已爲批閱者所勾去。而末第三首《南鄉子》下繫年"戊申"(1788)，知爲本集中最後一年，即高鶚中舉這一年的作品。這個詞稿，據書末"校記"，被最後一首《惜餘春慢》詞單頁所掩蓋的原稿上有"戊申季冬訂"五字，知爲高氏中舉這年年底收集起來的。由此我們可以從《硯香詞》所透露的一鱗半爪，推知高氏中舉以前的一些生活片段。戊申以後不再有詞，也許高老先生從此要"結束鉛華歸少作，摒擋絲竹入中年"了罷，但他此時早已過了中年，而在他的《遺稿》裏，中舉以後的近體詩中仍有不少側艷之篇③。所以不如認爲此公的詞實在太不高明，可能是他自己知難而退。只要看詞稿中那位不知名的批閱者的刪改評語，也就夠他受的了。但我們現在不是要評他的詞而是要從這些詞中考知他的生平事迹。

上引《遺稿》序文的作者增齡說到他和他的"諸弟"稱高鶚爲"夫子"，在他跟前"侍坐有年"，似乎高鶚在做官以前曾設館授徒，或爲某姓延至家塾敎其子弟。《硯香詞》有《如夢令》(影印本，頁28)，小題爲"塾齋初秋"，詞中有"人靜北窗閒，暫學徵君高臥"之句，證明他在中舉前曾設塾授徒。詞中又有《好女兒》、《錦帳春》、《怨東風》、《酷相思》四首，在第一首《好女兒》下自註云："本意四闋，爲李氏女作。"四詞分詠此女十四歲上學，十九歲出嫁，其夫病死，女欲自殺殉夫等事，每首下均詳註本事。其第一首調下註云："女十四，從兄入家塾，學執筆，而性極慧，善解人意。"詞中有"班管初拈，道字嬌嫌，那慣人前頻問對。……宛是生前杜麗；心兒小，性兒甜。問若個先生消受得……"④他把李氏女比作《牡丹亭》中的杜麗娘，他儼然以女學生的"先生"自居。據此則《如夢令》詞調下所註"塾齋"，可能即李氏家塾。高鶚在中舉以前，正如當時許多秀才一樣，以授徒爲生，殆無可疑。但是否即在李家，或他自己也設過私塾，則不可知。當時一般情形，某家延師課子，等到孩子長大，考上秀才，即不須再敎。故爲人家塾師，少則三、五年，多則十來年，便須另換一家。高鶚在戊申以前可以有二十年以上的

---

① 計小令二十一首，中調十五、長調八，共四十四首(卷末所記中調"十四"是誤計)。每首眉端註明"小"、"中"、"長"等字。但分類並不準確，如《青玉案》六十七字、雙調《江城子》七十字，算入小令，而六十字的《唐多令》反鈔在後面，算入中調。

② 如葉27的《荷葉盃》(二十六字)即編在《采桑子》(四十八字)之后；葉28的《如夢令》(三十三字)又在《賀花聲》(五十四字)和《菩薩蠻》(四十四字)之後；葉31另一首《菩薩蠻》則又在《南鄉子》(五十六字)之後。

③ 例如七截《寄懷》、《小遊仙》、《有贈》等，均爲庚戌(1790)以後作。其前一首《感舊時爲英二竺喬賦》，可能爲庚戌所作。

④ 對於一個已死的女學生用這樣輕佻的口氣，高氏人品可見一斑，至於詞的內容膚淺、貧乏，更不必說。

時間做塾師。《遺稿》的序者增齡、編者華齡及其諸弟都是高氏弟子，大概也在戊申以前。《遺稿》七截卷葉二上有《庚戌三月寓齋枕上聞風雨聲》詩題。庚戌爲一七九〇年，已在他中舉後二年，他的住處已不是《硯香詞》中所謂"塾齋"而改稱"寓齋"，可見他已不再是塾師，故在《紅樓夢》序中程偉元說他"閒且憊矣"。

高鶚既爲增齡、華齡等兄弟之業師，則他們的父親善怡菴是高氏當塾師時的東家。《遺稿》五律卷，第五葉下有詩題云：《善怡菴招同桂香嚴諸公小集，賦贈怡菴》，在第五句"競賞梅花卷"下自註云："予以介菴梅花詩卷贈令嗣增松崖。"故知爲《遺稿》作序之增齡松崖的父親卽善怡菴。同卷第七葉上有《贈別及門華少峰省侍之楚》三首，知《遺稿》的校刻者覺羅華齡字少峰，卽增齡"序"中所謂"偕少峰諸弟侍坐有年"、"少峰手鈔遺詩一帙"的"少峰"。此詩第二首末聯云："遙思綵衣列，玉樹暎高堂"，知其時華齡的父親和兄弟均已在"荊南道署"，華齡去探親，當在增齡作序(1816)之前不久，則此詩乃高氏晚年所作。增齡是嘉慶庚午(1810)舉人，官山東臨淸州知州，著有《蠡吟小築文集》①其序高鶚《遺稿》已在中舉之後。寫於"荊南道署"，蓋在任知州以前。善怡菴官至荊南道，大概由侍讀出任。《遺稿》七截卷，第六葉有《答善怡菴侍讀》云：

　　　　渭濱淮水兩漁竿，別有淸風七里灘。不是嚴光太高尙，受恩深處報恩難。

詩意莫知所指，末二句尤不倫不類。但末句顯然套用脂評《石頭記》第六回回末的詩聯下句"受恩深處勝親朋"，而此句則又從《淸平山堂話本·張子房慕道記》，"受恩深處宜先退"及《醒世恆言》卷三十二，"受恩深處親骨肉"等語套來，可知高氏平日也看一些話本小說。

在高鶚的交遊中，尙有一位詩人冷村，著有《操縵堂詩稿》。高鶚爲他寫"跋"，說"冷村五古，頗近韓、柳。……古人所謂'木葉盡脫，石氣自淸'，冷村五律，其庶幾乎!"②楊鍾羲的《雪橋詩話》說："冷村布衣瑞昌，愛衵山水，有《操縵堂詩稿》，高蘭墅跋"，並引其五言三聯："煙霞方外物，詩酒客中身。""寒生深樹裏，秋到萬山中。""靑山千疊翠，黃葉一林秋。"③高氏《遺稿》七律卷有《秋日同兆挹波、王冷村登薊門亭》，知冷村姓王，名瑞昌④。"兆挹波"爲滿人，名、字連稱(如"麟見亭"之類)。《硯香詞》中《荷葉盃》下次題云："聞挹波談秋雋事，戲書"，當卽此人。此"跋"高氏系年"乾隆四十七年壬寅(1782)小陽月"，爲其在中舉前六年所作。"跋"中論冷村詩，引唐人除韓、柳外，只白居易(《長慶集》)一人，隨卽說到明朝的"鳳洲(王世貞)、滄溟

---

① 參看恩華《八旗藝文編目》"別集三"，葉六二上。
② 見盛昱、楊鍾羲所編《八旗文經》卷二三，葉一四。影印本《高蘭墅集》葉二一錄此跋全文。
③ 初集卷九，葉六七上。
④ 恩華說，"瑞昌字繼齡，又字冷村"。見《八旗藝文編目》"別集三"，葉七二上。可知王瑞昌亦漢軍人。但楊、恩二氏似均不知其姓王，蓋皆未見《月小山房遺稿》。

（李攀龍）七子（指後七子）”。最後說，“惜不得令南施（閏章，1619—83）北宋（琬，1614—73）見此也”。這些話雖是對朋友作品照例的贊語，但也可藉此以見高氏平日所熟悉的古人詩集。當時考舉人要做試帖詩，所以高鶚對詩還下過一番工夫，不像《硯香詞》那樣薄劣。即便是艷體，詩也比詞好得多。現從《遺稿》七律中選錄較好的一首，並藉以說明另一問題。

　　　　　荀令衣香去尚留，明河長夜阻牽牛。便歸碧落天應老，僅隔紅牆月亦愁。萬里龍城追夢幻，千張
　　　鳳紙記綢繆。麻姑見慣滄桑景，不省人間有白頭。（葉四上，《無題》二首之一）

此詩學李義山，雖得貌遺神，但尚不惡濫。作詩年份不詳。但編在《看放榜歸感書》之前第二首，而《看放榜》一首則可考知作於乾隆丙午（1786，詳下文），則此詩當亦作於是年或更早。張問陶辛酉（1801）贈高詩有“俠氣君能空紫塞，艷情人自說《紅樓》”一聯。下句因有張自註說：“傳奇《紅樓夢》八十回以後，俱蘭墅所補”一句，故意義明確；上句則歷來無人能解。今觀此詩有“萬里龍城追夢幻”之句，五律《寒夜》之二有：“壯懷漂泊盡，何必定殊方”（葉二下）之句，《看榜》詩之二末聯有云：“料應別有鈞天曲，蘇、李歸來費揣摩。”（葉四下），則高鶚在乾隆丙午以前顯然到過邊疆。張詩“俠氣”、“紫塞”之句①，似乎說明高鶚在邊疆所任是幕僚之類。高鶚又說他自己“壯懷漂泊盡”，大概是不滿於他在邊塞的生活，所以回京堅持繼續應舉子業。乾隆丙午那年他大概剛從西北回京就應考，又沒有考中。他把這次失敗，歸咎於他在邊地回來，對於當時京師所流行的八股作風和政治氣候，還沒有弄清楚，所以說，“蘇、李歸來費揣摩”。而對於那些考中的卷子，則用譏諷的口氣，說是“鈞天曲”。

　　高鶚和麟慶認識，是在內閣侍讀任內。麟慶於嘉慶己巳（1809）中進士，年僅十九。他的《鴻雪因緣圖記》有三條提到高鶚。第一條在第一集上第三十圖，“鳳閣吟花”，說他官內閣中書時兼任文淵閣檢閱、國史館分校，在宮內典籍廳辦事。壬申（1812）四月，廳前已枯芍藥重開，他和高鶚等五人賦詩詠此花，在“高蘭墅侍讀”下自註云：“名鶚，漢軍進士，後官給事中。”奉寬的《〈蘭墅文存〉與〈石頭記〉》②一文中說高鶚於乾隆六十年中乙卯科進士，“授內閣中書，擢侍讀”以後，直至“嘉慶十八年”（壬申，1812）才“陞刑科給事中”，與《鴻雪因緣》所記相符。高鶚升給事中在這年四月以後，他已七十多歲，三年後即死去，他在給事中任內只兩、三年。他為惲珠的《紅香館詩草》寫序在甲戌（1814）之秋，時與麟慶相識至多也只四、五年（可能只有二、三年，因麟慶授官十天即南下娶妻，至庚午或辛未才回京）。兩人年齡相差五十來歲，故惲珠在《國

────────────────

① “紫塞”始見於鮑照《燕城賦》：“北走紫塞雁門。”《文選》註引《古今註》謂“秦築長城，土色紫，漢塞亦然”。則泛指邊塞。地名“龍城”者有三：（1）《漢書·匈奴傳》所謂匈奴於每年“五月大會龍城”以祭天之地，傳說在今塔米爾河岸，《史記·衛青傳》說青“擊匈奴出上谷龍城”，當即其地。上谷在今懷來。（2）今河北長垣縣南。（3）今東北朝陽縣治。一般詩中的“龍城”通常指（1），如王昌齡《出塞》：“但使龍城飛將在”，即其例。高詩可能即從王詩聯想來的。又按《遺稿》五律有《盤山曉望》、《圖河夜宿》、《草橋道中》諸詩，當然是旅途所作，但不能確指其地點和年月。

② 原載一九三一年三月《北大學生》第一卷第四期。據《紅樓夢》研究參考資料》（四）第六六頁。

朝閨秀正始集》卷二十《高儀鳳傳》說高鶚"與大兒麟慶同官中書,爲忘年交"。高送給麟慶的
詩說,"愧我頭顱鬢已霜";《紅香館詩》"序"說,"然披讀一過,老眼頓明",都與上文考定的年
齡相符。高鶚贈麟慶的詩未見收入華齡所編《月小山房遺稿》,但保存在上述惲珠的《高儀鳳
傳》中:

> 高儀鳳,字秀芝,漢軍人,給事中鶚女。按鶚字蘭墅,別號"紅樓外史",乾隆乙卯進士,與大兒麟
> 慶同官中書,爲忘年交。贈句有云:"終、買暫敎遲侍從,'絲綸'原不負文章。《眞靈位業》依然在,愧我
> 頭顱鬢已霜。"嘉慶甲戌大兒爲余刻《紅香館集》,蘭墅制序焉。

此傳作於甲戌(1814)以後,可能已在高鶚卒後。高贈麟慶之詩,自然是在與麟慶同官相識以
後所作。其時高鶚已年逾七十,但這詩却做得眞不高明。蓋因麟慶當時是二十多歲的青年,高
鶚第一句就用漢代的青年才子終軍和賈誼來相比。但終軍二十多歲出使南越時,在呂嘉發
動的一次政變中被殺害;賈誼謫長沙,死時也只三十三歲。麟慶好好地做着京官,旣未出使,
也非遣謫,怎麼用兩個客死異鄉的短命古人來和他相比[1]?"惲珍浦太夫人"錄存此詩,無非
要表示她的兒子少年時卽得老輩器重贈詩,其實對於詩句內容,未暇深思。但也幸而如此,
否則我們便不知道《遺稿》以外尚有此逸詩。

　　《鴻雪因緣圖記》一集下,"紅橋探春"條[2]記於癸未(道光三年,1823)二月麟慶遊揚州以後,
追記他在內閣中書任內高蘭墅送給他一把扇子,上繪王漁洋"官揚州司李(推官,1661—65),邀
諸名士紅橋修禊,賦冶春詞故事"。後來他在揚州見到實地風景,"與扇頭風景無二",遂把扇
上之圖移作書中"紅橋探春"圖。高鶚送給麟慶這扇子,顯然是當年參與"紅橋修禊"的畫家
所繪寫實的景象,不能指爲高鶚所繪。現有材料中,也未發現高鶚善畫或到過揚州的迹象[3]。
麟慶記此條,已在高鶚卒後八年。

　　同書第三集上,"仙橋敷土"條記作者有一次和瑞生培齋在酒仙橋,培齋出一句"跨鶴酒
仙應入座"讓他對。麟慶見有人騎驢而來,便對"騎驢詩客或題橋"。不意來者正是高鶚,三
人相見大笑。這幅圖上有高鶚騎驢自西來,正上小橋。這可能是現存唯一有高鶚的一幅圖。
但此條記於麟慶葬母以後十年,卽道光二十三年癸卯(1843),其時已在高卒後二十五年。所

---

① 第二句以"絲綸"代詔書。又以詔書代中書省職務,尤爲牽強。其實他把白居易的內直詩"絲綸閣下文章靜"套
　用了,又從白詩的末句"紫薇花對紫薇郎"聯想到"仙曹",他就索性搬出道教的神仙職官表《眞靈位業圖》來硬
　湊。全詩其實不甚通順。

② 此條及下條均承周汝昌先生檢得告知。

③ 近見汪初(間樵,1777—1808)的《滄江虹月詞》卷三,頁一四下《臨江仙》序云:"重過廣陵,蘭墅兄招遊篠園,看芍
　藥,小飮花下,卽席賦此。"此詞作於甲子(嘉慶九年,1804)其時高已中進士,任內閣侍讀,年六十五左右,而汪初
　是二十多歲的少年,似不可能稱他爲"兄"。故疑此"蘭墅"爲另一同名者,不能遽指爲卽高鶚。高鶚後來考選江
　南道御史,任刑科給諫中,已在汪初死後一年(一八〇九)。

記之事，當在二十五至三十年之前，其圖亦全憑想像。這些材料，只能當作談助，却無甚史料價值。

四、高鶚的家庭狀況

對於高鶚的上世，我們現在尚無所知。康熙雍正間有指畫家高其佩(?—1734)，曾任雍正元年至六年刑部侍郎，也是漢軍人，原籍也是奉天鐵嶺，也隸內務府鑲黃旗，不知是否爲高鶚先人或親屬。

高鶚的父親在乾隆辛丑(1781)死去，依上文所考，他這年可能已四十三歲，下距他的中舉尚有七年。這一年他的前妻也死了。在《滿江紅》詞調下他自註說：

　　辛丑中秋。是歲五月，丁先府君憂。六月內人病，至是瀕危。草土餘生，神魂顛倒，援筆製此，亦長歌當哭之意耳。(影印本，葉四二)

詞殊劣①，且哀毀和悼亡同詞，"堂上"與"房中"對舉，以封建時代的文藝標準來衡量，也算是絕無僅有的。但由此可知他在乾隆五十年乙巳(1785)娶的詩人張問陶之妹張筠(1768—87)至少是續妻(可能是再續)。此時高鶚的大兒子玉樞當已結婚，還有其他的前妻子女，而且高鶚又有別的情婦(俱詳下)。張筠以十八歲的少女，嫁給這麽一個在家已兒女成行、在外猶沾花惹草的半老秀才，她的處境和心情，可想而知是不好受的。

高鶚的母親比他父親壽長，至少到乾隆丙午(1786)還活着。這一年他又去考了一次舉人，又沒有考中，作了兩首下第詩，題爲《看放榜歸感書》，其第一首云：

　　又看羣仙上大羅，歸來抱膝且吟哦。無情白髮駸駸長，有路青雲望望過。"君子不憂"乃所願，"小人有母"謂之何。休疑塵世浮名感，五載生徒廢《蓼莪》。②(葉四下)

由末句，知道此詩作於其父死後五年。據上引《滿江紅》自註，知其父卒於辛丑(1781)，則此詩作於乾隆丙午(1786)。同時也證實了他中舉以前授徒爲生。此時他已"白髮駸駸"，也和上文所考他後來中舉時(1788)年已五十左右相符。從這首詩可見他屢次應舉失敗的苦悶心情。"青雲有路"，可是他有了白髮還是爬不上去。對於那些中了舉的，他望之如"羣仙"之"上大羅"天。他把繼續去應試的理由說成是爲了養母。而對於"塵世浮名"的歆羨，他也直言不諱。

---

① 詞中竟有"栽蓼枝延荒塚草，杜鵑血閧香羅帕"，這樣硬湊的惡句。而且爲了平仄，竟把《詩經》的篇名《蓼莪》顛倒成"栽蓼"。下片又有"堂上酒，紅珠瀉，房中宴，春酥炙"等語。

② 詩中"君子不憂"，截取《論語·顏淵》："司馬牛問君子，子曰：'君子不憂不懼'"一語。"小人有母"乃用《左傳》隱公元年潁考叔對鄭莊公語："小人有母……未嘗君之羹。"末句是當時一個濫熟的典故。晉代王裒因父親王儀直言而爲曹丕所斬，每讀《詩經·小雅·蓼莪》至"哀哀父母，生我劬勞"二句，"未嘗不三復流涕"，以至他的學生只好廢此篇而不讀。高鶚這樣生吞活剝地用經籍中語來做詩，眞可以和《儒林外史》中的一些人物比美。

高鶚的前妻大概有好幾個兒女。《遺稿》五律卷(葉六上)有《爲長子玉樞娶婦》詩，末聯云：
"向平婚嫁始，未敢學聲癡。"可見他的兒女不少。《八旗文經》卷五十九，作者考丙，葉七下，
"高鶚"條下又列舉"高玥乘亭、高瑛東岡、高芬芸圃，均有集"①。諸高不知是否卽鶚之子姪。
玉樞如爲其長子之字，則其名亦必爲偏旁從玉之字，與玥、瑛同列。《遺稿》五律中又有《嬌
女》詩，未知是否卽後來惲珠爲之作傳的高儀鳳②。北京首都圖書館藏高鶚手鈔《唐陸魯望詩
鈔》，首數頁據傳是其小女所鈔，亦不知是否卽儀鳳抑另一女兒。

　　高鶚在戊申中舉之前似乎還有一妾(?)和他離異，自去唸佛修行。《硯香詞》的末一首
《惜餘春慢》顯然卽指此事。原詞曾有塗改，照錄如下：

　　　　春色闌珊，東風飄泊，忍見名花無主。釵頭鳳拆，鏡裏鸞孤，誰畫小奩眉嫵？曾說前生後生，梵唄
　　清禪，只儂(原作"共誰"，後改)揮麈。恰盈盈剛有，半窗燈火，照人淒楚。　那便向粥鼓鐘魚，妙蓮臺
　　畔，領取(原作"消受")蒲團花雨。蘭芽忒(原作"太")小，萱艸都衰，擔盡一身甘苦。漫恨天心不平，從
　　古佳人(原作"紅顏")，總歸黃土。更饒(原作"縱憑")伊槌(原作"打")破虛空，也只閒天無語。(影印
　　本，葉四五)

此妾大概原爲樂戶或女伶("名花")，在高家還生下了孩子("蘭芽忒小")，又要侍候高鶚的衰邁老
母("萱艸都衰")，大概也是受不了痛苦("擔盡一身甘苦")才離開他的。據本書末所附的《硯香詞校
記》，知《惜餘春慢》詞下原有標題"畹君話舊，作此唁之"，知此女名畹君，與高鶚結識已久。
離異以後，他還常去找她。集中有一首《唐多令》的小題是："題畹君畫簁"，其下片全是調笑
之詞。另有一首《金縷曲》，原稿上有被重鈔此詞的紙片所掩蓋的題記：

　　　　不見畹君三年矣。戊申秋雋，把晤燈前，渾疑夢幻。歸來欲作數語，輒怔忡而止。十月旬日．燈
　　下獨酌，忍酸製此，不復計工拙也③。

詞中說畹君是他"故人"，呼她爲"卿卿"。又說，"一部相思難說起，儘低鬟默坐空長歎。追往
事，寸腸斷"。下片似乎說畹君要他"重踐舊盟"，使他十分爲難，以致回家以後，還在"怔忡"。

　①　按《熙朝雅頌集》卷八八收高玥詩三十五首，小傳云："玥字乘亭，漢軍人。官浙江湖州府同知。有《若谿宦遊
草》，徐珵序云：'蒼老不及杜而斌媚過於香山'。"(葉七上)卷一百零三收高瑛詩十七首，傳云："瑛字季華，一字
東岡，漢軍人。貢生，累官四川石砫廳同知。有《味蔬艸堂存藥》。"(葉十)，同卷收高芬詩七首，傳云："芬字芸
圃，一字香岩，晚號巢壺老農，漢軍人。監生，官遼陽州吏目。有《巢壺老農詩鈔》。"(葉一三下)

　②　《古典文學資料彙編：〈紅樓夢〉卷》頁二五，錄楊緪羹《雪橋詩話》三集，卷五，所引"怕看春草當窗綠，別後珠簾
盡日垂"，一粟以爲卽高儀鳳詩。似爲另一滿洲女子顧塔哈所作，與高無關。參看楊氏原書三集，卷五，葉四九
下。

　③　影印本《高蘭墅集》葉四三末行僅餘首二十二字，此據書末"校記"補足。《關於高鶚的一些材料》文中引此題記
前數句後，接着說："調寄，'念奴嬌'一詞"，(《文學研究》1957年第一期第一六七頁)殊誤，蓋未細審各詞內容。
清人稱中舉爲"獲雋"，"戊申秋雋"謂是年秋闈中舉，而《念奴嬌》一詞所詠爲"暮春亭館，儘鶯兒燕子，流連長晝"，
與秋雋無關，與作詞的日期"十月旬日"亦顯然不符。其下片所詠女子，也不像是題記中所說的畹君。

另有一首《南鄉子》，題為"戊申秋雋喜晤故人"，中有："今日方敎花並蒂，遲遲"等語，卽指《金縷曲》中與畹君相晤之事。又有《臨江仙》，題為"飲故人處"，也是艷情，則此"故人"亦卽畹君。《遺稿》七律《幽蘭有贈》："九畹仙人竟體芳，托根祇合傍沅湘"，似亦贈畹君①。另外還有些艷詞，如《浣溪沙》之二，《南歌子》、《聲聲慢》、《滿庭芳》、《念奴嬌》等，都是些沾花惹草的冶遊之詞。有的輕佻得近乎下流，如《菩薩蠻》詠"梅花刻底鞋"，充分表現了封建時代無聊文人的惡劣品質。

　　高鶚在中舉以前的家庭狀況，生活情形，和個人品質，略如上述。而張問陶的四妹張筠却正在這時(1785)嫁給這位短視（《百字令》自註）而好色的白髮秀才作為續絃。僅僅二年，就把一個頗有詩才的少女磨折死了。據張問陶的四首哭妹詩，張筠死於丁未(1787)，年僅二十②。張問陶比筠大四歲。他和高鶚是戊申(1788)同科舉人（舊稱"同年"），又二年庚戌，他中進士，哭妹詩卽作於是年，原題為：《冬日將謀乞假，出齊化門哭四妹筠墓》，原註："妹適漢軍高氏，丁未卒於京師"，作詩時已在其死後三年。這四首詩不僅是奉寬所謂"慘切不忍卒讀"，而且毫不掩飾他對於高鶚的憤怒，直斥高為"羅刹"（惡魔）。又說張筠生前"宛轉從夫"，死後連侍婢都"捫心暗斷腸"。從詩中又知道張筠並未生孩子("拜墓無兒")，則高鶚子女皆前妻所出。張筠能詩，據哭妹詩第二首所引她的《江上對月》詩句"窈窕雲扶月上遲"，在高鶚的《遺稿》中就找不出這樣幽美的句子。震鈞說："張船山有妹嫁漢軍高蘭墅鶚，以抑鬱而卒。……蘭墅能詩，而船山集中絕少唱和，可知其妹飲恨而終也。"可與哭妹詩互相印證。張詩第四首云："我正東遊汝北征，五年前事尚分明。"則張筠於乾隆乙巳(1785)北上。但《船山詩草》卷二有《乙巳八月出都感事》、《金陵阻風卽日》等詩，知其在北京別妹東遊在這年八月以前，亦卽張筠在八月之前到京，嫁與高氏。

　　今既知張筠嫁高為續絃，且其時他已四十多歲，家中子女成行，上有老母，而高鶚本人也只是個秀才塾師，人們不免要問，為什麼張家要把一個有才學的十八歲女兒嫁與這麼一個人？哭妹詩第三首說：

　　　一曲《桃夭》淚數行，殘衫破鏡不成妝。窮愁嫁女難為禮，宛轉從夫亦可傷。人到自憐天亦悔，生無多日死偏長。未知綿憫留何語，侍婢捫心暗斷腸。

首二句說張筠嫁時就傷心，沒有賠嫁的妝奩。第三句說因為家裏窮，無法顧及禮節，也說明

____

① "蘭"、"畹"意義相關，係從《離騷》"余旣滋蘭之九畹兮"一語而來。

② 原詩見《船山詩草》卷五"松筠集"，葉十四，編於庚戌。上引奉寬之文錄四律全文。李勺洋《十二筆舫雜錄》卷十記此事云："船山四妹名筠，適漢軍高氏子，年二十，遽卒。嘗有《江上對月》句云：'窈窕雲扶月上遲'，劇佳。"（此條周汝昌先生錄寄）。按李歷乾、嘉、道三朝，知當時人事。但此條似卽據張之哭妹詩，無所增益。惟震鈞的《天咫偶聞》卷三記此事，指明"漢軍高氏"卽"高蘭墅鶚"，餘詳下。

沒有嫁妝的原因，所以在夫家受欺侮、只能"宛轉從夫"。張家此時窮是實情，並非詩人故意誇大，以博讀者同情。張問陶又有《咏懷舊遊》十首之六云："殘衫破帽憑君笑，廉吏兒孫不諱窮。"[1]船山有詩題自述他幼時貧苦的情形說，"少與亥白[2]流寓漢陽，奔走衣食，飢寒中時時離別。……"詩中有"飢寒不死悲江上"之語。(卷五，葉三〇)。又有《除夕懷人》詩，其八首之二懷"漢陽賣餅李叟"，自註云："辛丑癸卯(1781-83)之間，全家流寓漢陽，恆數日不舉火。叟憐之，時時以餅來餽問。與之值，必強之乃受。八口飢寒，至今無恙，叟與有功焉。"這首詩寫得相當動人，值得一讀：

> 曾賒餅餌當飡殕，何止淮陰一飯恩。此日捫心猶有淚，當時乞食竟無門。十年繞夢悲江漢，三策留書告子孫。爲訊衰翁今健否？因君不忍餤鷄豚。(卷五，葉二二)

把這詩和高鶚的《看放榜》詩對閱，可以看出二人品格的高下。張問陶的八首《懷人》詩所懷者不是什麼達官貴人，而是老兵、賣餅叟、舟師、作詩奴、書商、佃農、妓女、輿夫，都是在舊社會中被人壓迫、賤視的人。他的父親張顧鑑曾任九年山東館陶知縣(乾隆庚辰至己丑，1760-69)，而卸任後窮困如此，則他自稱"廉吏兒孫"，大概也是眞情。爲他詩集寫序的逯寧和向道蕐也說他"人實貧嬴，而文采高麗"，可見他的貧困爲人所共知。他初娶周氏，死後，第二個妻子林頎(字佩環，一字顓徵)是成都知縣林西崖的女兒。西崖因愛他的詩，才把女兒配給他，但並不是"嫁"給他，而是他"贅其家"[3]。從他的別的詩中，知林氏常住成都娘家，而他的父母及季弟則在逯寧原籍。他又另有"四兄"，則連張問陶至少已有兄弟及妹七人以上(因筠爲四妹，則可能尚有他妹)。張顧鑑家中兒女多而家貧，故不惜讓兒子入贅他家，把女兒嫁給高鶚作繼室，以省一副嫁妝[4]。

五、高鶚與八股文

現在流傳的高鶚的作品中，《硯香詞》只是一個塗改的稿本，《月小山房遺稿》也是他卒後學生所編刻，二書在高氏生前均未刻行。高鶚所最得意的，除補作的《紅樓夢》後四十回外，即是制藝(八股文)。他自編的《蘭墅文存》和《蘭墅十藝》，收錄八股文二十七篇，雖也未刻行，但他已徧徵題詠，又自加按語，其沾沾自喜之情，與友人的溢美之詞，前後映輝，蔚爲奇觀。《高蘭墅集》輯本雖只收三篇，但已頗足說明他對八股文的愛好，這才是他眞正的本行業務！即以第一篇《麻冕禮也今也純》而論，下注"戊午"，這是嘉慶三年(1798)。他早已在十年前中

① 《船山詩草》卷四，葉二下。此時作於庚戌夏末。後文引張詩不再贅書名，但記卷葉。
② 亥白爲其兄張問安之號，問安字季門，與潤陶是戊申同科舉人，著有《小瑯嬛詩集》。
③ 見本書《出山小草》卷四，葉三〇，《硯緣詩》長題。
④ 在封建時代嫁女時置備嫁妝是一筆大開支，常有父母買不起嫁妝，只好把女兒嫁與人作繼室的情況。

了舉，三年前中了進士，而對於這塊"敲門磚"猶不肯放下者，因爲還有人向他請教，他得現身說法，寫些示範的樣本。即如此篇後面他的"自記"說："此滿洲科試題。針對下節，須在用筆淺深、一重一掩之間。諸生論題，爲擬此藝。"他有時既須爲考官，不免仍得注意考生文字。至於他自己的得意之作，自然更要保存。如乙卯"欽取第二名"的卷子①，《子曰賜也賢乎哉夫我則不暇》，更要誇示朋友，垂教後世。凡此種種，在知道了他的生平以後，便易於了解。

以一般情形而論，過去知識分子做八股文，目的是爲"應舉"，而應舉又只是走上官僚之路的"進身之階"。所以八股文被稱爲"敲門磚"，意謂門一敲開，磚便可以丟掉，這是過去文人對於八股文的相當現實的估價。一般秀才都在三十歲以前考上舉人，若至三十乃至四十仍未考上，便改變方向，別求謀生之道，也即是放棄舉業和做官的念頭。——所謂："人生……四十未仕，不應再仕。"若在三十以前中了舉，又考中進士，步步高陞爲封建統治階級的一分子，他當然不再搞這"勞什子"的八股文。若當閒散的京官，如翰林院散館各職，稍有志氣者也不屑再弄八股文而研究一些當時認爲有益的學問，如經、史、諸子、小學、音韵、地理之類。愛好文藝的人便向詩、詞、戲曲或繪畫方面發展。高鶚在中舉以前一段長時期內也曾做詩、填詞、愛好話本小說，補作和修改了《紅樓夢》。但他並不甘心放棄舉業，雖屢試屢蹶，却屢蹶屢試！直到"白髮鬖鬖"，還惦記着"塵世浮名"。所以他於垂老之年考中了舉人，其快意大概和《儒林外史》裏的范進差不多。他的詞集中有三次談到"秋雋"。小令《荷葉盃》調下次題說："閒挹波談秋雋事戲書"，其詞云：

　　　　昑斷嫦娥佳信，更盡②。小玉忽驚人，門外傳來一紙新。眞麼？眞！眞麼？眞！

這是在中舉以後和一個朋友又談到此事，他回憶當初報喜時那種將信將疑、又喜又驚的心情，眞是別人描摹不到的活現景象。在"戊申秋雋喜晤故人"而寫的《南鄉子》一詞中，也流露了這種心情，甚至於說他和她"同到花前攜手拜，孜孜。謝了楊枝(指觀音菩薩)謝桂枝(指嫦娥)。"另一首《念奴嬌》的次題是"不見畹君三年矣戊申秋雋把晤燈前……"已見前引，(畹君卽《南鄉子》中的"故人"，在本詞中也有"故人親見"之語。)《硯香詞》爲戊申中舉後年底所編，在甲午至戊申中舉這十四年中只有四十一首，而這年中舉以後到"季冬"的三個月中，專談到"秋雋"的就有三首，可見他對於中舉的重視。事實上，這也確是他一生中的轉折點：在這以前，他大部分生命化在"塾齋"中，懷才不遇③；中舉以後雖然也過了七年才中進士，入內閣，但畢竟從此做了

────────

① 此處所謂"欽取第二名"，似指會試放榜的名次。

② 前人稱"中舉"爲"蟾宮折桂"，蟾宮卽月宮，所以中舉是"嫦娥佳信"。報喜又在淸早，故曰"更盡"。

③ 《看放榜解咸書》之二第二聯云："卞和玉璞誰重賞？管輅金錢事總訛。"上句用卞和獻璞被刖故事，下句大概說卜筮無準。《魏志·管輅傳》設輅善卜多驗，但無涉及"金錢"之事。高鶚常用錯典故，如《紅樓夢》第三十七回"古人說的'蕉葉覆鹿'"，見《列子》，而他誤改爲"莊子說的"。

“老爺”，用當時流行的話說，是天上“文曲星”下降；用他自己的話說，是加入了“羣仙”的隊伍，也“上大羅”天了。這爲他舖平了做官的道路，也打開了結識達官貴人的門徑。他在中進士以後任內閣侍讀，雖非肥缺，却有機會結交權貴，如“牧亭貝子”之類（見《遺稿》七藏卷，葉六下），可以爬上“青雲”之路了。

高鶚編集《蘭墅十藝》，請人評贊題詠，已在中進士以後十多年。薛玉堂的二詩一評，都寫於嘉慶丁卯（1807）十二月中。薛玉堂稱他爲“年兄”，詩中說，“相與十三年，論文愜素心”，可知二人是乾隆乙卯進士同年，因此而相識的。薛詩又說，“不數《石頭記》，能收焦尾琴（自註謂汪小竹）”。① 薛氏的評語又說：“蘭墅之傳不在此，而此亦足以傳矣。”“此”指《蘭墅十藝》，“蘭墅之傳”則明指高鶚所續的《紅樓夢》後四十回。這句評語似揚而實抑，在上文稱贊了一頓他的制藝以後，忽然來這一下“曲終奏雅”，說穿了，是：“你的八股文並沒有小說價值高。”這對於中舉二十年後還念念不忘八股文的“蘭墅年兄大人”，實在有點難堪。這位薛玉堂不但有骨氣②，也有點眼光。

知道了高鶚對於八股文這樣有興趣，這樣自負，再來看他所續的《紅樓夢》，所刪改的《石頭記》中有關八股的曹雪芹原文，便更可以了解這决不是偶然的，也不是另一位刪改者和續作者恰好是高年兄的同道。高氏在續書中硬要寶玉“中第七名舉人”（第一百十九回），③ 這是大家知道的，也是續書常受批評的焦點。但寶玉中舉，也非突然而來。要把一個平日痛罵八股、舉業的青年改造爲願意去應考，在故事中需要長期的、令人信服的轉變。也需要刪去在曹氏原書中與此矛盾的部分。而且還得把“素來不講這些混賬話”的林妹妹也變爲瓊閨綉閣中的“祿蠹”之流，才有可能，對於這些工作，高鶚都作了精心的安排。要寶玉應舉先得逼他念八股，這個逼他的人必須是賈政。但在脂評系統的《石頭記》第七十八中，賈政早已放棄了逼寶玉作舉業的主意。在他召集寶玉等三人作《姽嫿詞》時，有一大段關係曹氏後半部原著故事重要無比的文字，全被高鶚大力刪去，以適應他自己改造的寶玉故事。雪芹原文如下：

> 說話間賈環叔侄亦來了。……他兩個雖能詩，較腹中之虛實，雖也去寶玉不遠；但第一件，他兩個終是別路，若論舉業一道，似高過寶玉，若論雜學，則遠不能及。第二件，他二人心思滯鈍，不及寶玉空靈娟逸，每作詩亦如八股之法，未免拘板庸澀。……近日賈政年邁，名利大灰。然起初天性，也是個詩酒放誕之人。因在子姪輩中，少不得規以正路。近見寶玉雖不讀書（指八股文），竟頗能解此（指詩詞），細評起來，也還不算十分玷辱了祖宗。就思及祖宗們各各亦皆如此。雖有精深舉業的，也不曾發迹過一個。看來此亦賈門之數，況母親溺愛，遂也不強以舉業逼他了。所以近日只是這等待他。又要環、

---

①　關於汪小竹事，參看《文學研究》1957 年第一期第一六九至一七〇頁。

②　《無錫金匱縣志》（光緒辛巳）卷二二《文苑》說薛玉堂是乾隆乙卯進士，“歷官濱陽知府，以疾歸。載書數千卷，閉門却掃，足迹不入城市，年七十九卒”。舊書中所謂“足迹不入城市”，意謂不去勾結官紳，在鄉里爲非作歹。

③　高鶚自己中的第幾名舉人，不詳。但《儒林外史》中的范進却也是“高中廣東鄉試第七名亞元”。（第三回）

蘭二人舉業之餘,怎得亦能同寶玉才好。……①

此段連我引時節略的共四百四十二字, 全被高鶚刪去。這裏有些話, 如"每作詩亦如八股之法", 說到"舉業一道似高過寶玉"的人之中有那個下流的賈環, 又說"雖有舉業也不曾發迹", 在高鶚看來都是刺心之語。至於賈政"不強以舉業逼他了", 則和高鶚所要寫的後半部的主要故事寶玉中舉完全相反, 他更不能不刪。否則續書的開宗明義第一回(即第八十一回)賈政就要寶玉"兩番入家塾", 竟是自相矛盾。請看高鶚塞在賈政嘴裏的話,與上文所引可有共同之處:

> ……"就是做得幾句詩詞,也並不怎麼樣,有什麼希罕處?比如應試、選舉,到底以文章(指八股)爲主。你這上頭倒沒有一點兒工夫。我可囑咐你:自今日起再不許做詩做對的了, 單要學習八股文章。限你一年,若毫無長進,你也不用念書了,我也不願有你這樣的兒子了。"

但如果賈政不這樣"強以舉業逼他", 在下一回中又怎能借賈代儒之口來大顯高鶚在八股文方面的專業本領呢?高鶚在這回裏從"節旨"、"句子"到"串講"解說"後生可畏"這一章說:"'不足畏'是使人料得定,方與'焉知'的'知'字對針,不是'怕'的字眼。"這和《蘭墅十藝》中的《麻冕禮也今也純》篇末"自記"說,"針對下節,須在用筆淺深……"同一語氣。賈代儒的結論說,"要從這裏看出方能入細"。這和高鶚在《德者本也財者末也》的篇末"自記":"須要說得融圓方爲圓相",又何其相似②!

不但此也。在未見代儒之前, 高鶚還請黛玉給寶玉先作好了"思想準備":

> 黛玉道:"我們女孩兒家雖然不要這個,但小時跟你們雨村先生念書,也曾看過。內中也有近情近理的,也有清微淡遠的。那時候雖不大懂,也覺得好,不可一概抹殺。況且你要取功名,這個也清貴些。"③

寶玉本來可以問黛玉:"怎麼雨村也給你看八股?我多早晚說'要取功名'來着?"但是高鶚不許他問,只讓他心裏覺得黛玉"勢欲薰心",又"在鼻子眼裏笑了一聲"。這段文字的主要目的,當然是要借重林黛玉這樣高雅的小姐來稱頌八股文"近情近理","清微淡遠",連"雖不大懂"的人"也覺得好,不可一概抹殺"。若非像高鶚這樣對八股有興趣的專家,恐怕誰也寫不出這樣的故事。

六、高鶚與後四十回《紅樓夢》

關於高鶚的材料,我們現在所能掌握者仍然太少,尤其是有關他補寫後四十回《紅樓夢》

---

① 參看影印北大藏本七十八回脂評《石頭記》,葉一九一三至一五,《紅樓夢八十回校本》,頁八九三至四。比較《紅樓夢》,北京人民文學出版社本,八八三頁。

② 參看《紅樓夢》第八十二回,頁九二一(同上版)。影印《高蘭墅集》葉六五,七三至七四。重點是我加的。

③ 參看《紅樓夢》第八十二回,頁九一九(同上版)。

的情況,以及他所根據的原稿①與補作部分的比例,還無從知道。我們只能就《紅樓夢》書中內證,測定其中某些故事爲雪芹原有,某些可能原有,經高鶚改寫,某些則完全爲高所補作,且大反雪芹原意②。但從他自己的詩、詞、文稿中,可以考見有關他本人的一些事實。例如他的卒年(1815),大致上已可確定。他的生年可從他寫某些作品時的歲數約略推知,其準確性約在三年之內。現知他中舉之年(1788)約爲五十歲,其寫作後四十回《紅樓夢》在中舉之前,已四十多歲。但在全書付刻(1791)之前,他也仍在時時修改中。中國科學院文學研究所所藏鈔本《紅樓夢稿》的後四十回,原鈔部分比較簡單,後來又加以添改,當卽據不同的後四十回補作稿本爲底本,先鈔的底本較簡,後來又據添改本,補入改後之文③。

關於高鶚的一生事迹及其家庭生活,我們也探索一個簡略的輪廓。由於他在中舉以前長久授徒爲生,而所敎的內容經常是八股文,又加上他自己也“揣摩”了幾十年八股以準備應舉,這就局限了他的思想和作品。不但他的詩生吞活剝地用《論語》、《左傳》一類字句進去,而且往往用八股章法來部署庸俗的思想。在不能用八股章法的《硯香詞》中各調,就顯得十分淺薄、幼稚。從他的詩、詞看他爲人,似乎品格不高,熱中利祿。

上文曾引用《遺稿》中《重訂〈紅樓夢〉小說旣竣題》一詩首句:“老去風情減昔年。”據百二十回《紅樓夢》程乙本弁言,知此書“重訂”功竣,在壬子(1792)花朝。由此可推知下列三點:

（1）在高鶚“風情未減”以前之“昔年”,他對於這部小說所下的工作,決不止於修訂,而實爲續作後四十回。只有在風情已減以後,才只能作些“重訂”的工夫。

（2）旣云“昔年”,可知不是去年或前年。續書之作乃在風情未減之昔年,亦卽遠在中舉(1788)之前。減去風情,意味着一個人從中年進入老境。這樣的轉變可不是三、四年內之事。

（3）續作旣非成於去年或前年,則程偉元於乾隆辛亥(1791)在程甲本的“序”中所謂“鼓担”收購,請友人(指高鶚)襄助修輯之說,卽不可信。因爲如果僅爲修輯成稿,則不消一、二年卽可完工。這樣,高詩就不應該稱“昔年”。一個人若在上年修輯一書,次年又“重訂”一番,重訂完了賦詩紀其事,不能指這修輯工作乃在“昔年”風情未減時所爲,以致迴顧今日“重訂”時,人已“老去”。大概一個人自“昔”至“今”,減却風情,爲時須七、八年或十來年。

以上三點,可以解釋歷來無法解決的關於百二十回《紅樓夢》的一些疑題。其一,乾隆間周春的《閱〈紅樓夢〉隨筆》所說,他在乾隆庚戌(1790)卽在南方買到百二十回本《紅樓夢》。這是未有程偉元活字本以前的鈔本。其二,所謂“甲辰”(1784)夢覺主人序本中的前八十回正文

---

① 後四十回中有若干內證,說明高鶚確有雪芹的一些後半部的殘稿,我另有專文論此事,茲不贅。
② 參看拙著《紅樓夢探源》(英文本)第五卷,第十八章。具體例子見第二四〇至五八,二七五至八五,二八七至九六頁。
③ 參看拙作《〈紅樓夢稿〉的成分及其年代》,《圖書館》季刊,1963 年 12 月號。

文字,有的已同程甲本,而和脂評《石頭記》不同。其三,吳曉鈴先生藏乾隆殘鈔本的舒元煒"序"中,已說到八十回是"有二於三分",又說"數向缺夫'秦關'"①。這三點都指明在未有程刻本以前已有百二十回本《紅樓夢》。因此,就有人以爲:旣然後四十回早已存在,可能不是高鶚所作。但這想法其實不合邏輯。爲什麼在未有程刻本以前,別人可以續作後四十回,惟獨高鶚不能續作?有此想法者,其實受了胡適的影響。胡適武斷地認爲高鶚續作後四十回是在他中擧(1788)以後,卽在程乙本付刻(1792)以前不久②。這些只是揣想,毫無事實根據。今由分析高氏《重訂〈紅樓夢〉小說旣竣題》一詩,知其續作後四十回乃在風情未減之"昔年",卽在一七八八年中擧以前,則在一七九〇年周春在浙買到百二十回本《紅樓夢》鈔本,便毫不足怪。高鶚旣早已補作後四十回,則凡前八十回中的文字有與其補作部分矛盾者,自必加以刪改。故夢覺主人序本的底本若據高氏改本過錄,當然與同爲高氏改本的程甲本相同。而舒元煒僅僅聽說此書有一百二十回,尤爲平常。這些理由,只能證明高鶚補作遠在程刻本之前,只能證明胡適妄說之誤,却絲毫不能證明後四十回不是高鶚續作的。更由乾隆鈔本《紅樓夢稿》的後四十回原鈔文字較爲簡單,後來又另據他本添改得和程甲本差不多這一事實,可證原鈔未改部分乃據高氏初稿本,後添部分則爲高氏增訂本。可見高氏續作也像曹雪芹一樣時時增刪,歷有年所,並不是像有些人以爲一氣呵成的。

　　也有人認爲後四十回的續作者可能不是高鶚,他也許眞如程偉元"序"中所謂只是幫着老程作些整理稿子的工作而已。這一說的主要根據,是對於張問陶贈高詩中自註的不同解釋。張氏說:"傳奇《紅樓夢》八十回以後,俱蘭墅所補。"他們認爲張氏所謂"補"是"修補"之意。我在上引《圖書館》季刊中論《紅樓夢稿》一文中曾指出高氏在《紅樓夢》中"修補"得最多的是前八十回,且程、高二人在他們的"弁言"中也直認不諱;而張問陶却特別指出高氏所補者乃"八十回以後",可知張氏所謂"補",決非"修補"之意。我又列擧自唐代小說《補江總白猿傳》以至元、明、清以來各種小說如《西遊補》、《紅樓夢補》等許多證例,凡言"補"者都指補作,亦卽續作,從無解爲"修補"者 (頁50—51)。我又擧清代倪鴻論張氏注中"所補"二字,意卽"所續",而魯迅先生在《中國小說史略》中亦稱後四十回爲高氏"續書",則他也不認爲此"補"字作"修補"解。最後我說:"我們旣沒有理由證明張問陶是撒謊,也就不必忙於剝奪高鶚的後四十回《紅樓夢》的著作權。"有位讀者在《圖書館》季刊 1964 年第一期的《信箱》欄質問我道:

　　　　爲什麼"沒有理由證明張問陶是撒謊",而有理由誣蔑程、高本人是撒謊?

---

① "秦關百二"見《史記》及《漢書》《高祖本紀》漢六年紀,歷來以"百二"爲"一百二十",但此解釋於書無據,茲不詳論。

② 《胡適文存》第一集,卷三,頁二四一《高鶚年譜》,第三條。

這一問問得好利害！"誣蔑"人可不是小事。但可惜這一質問其實是無的放矢，因爲我在論《〈紅樓夢稿〉的成分及其年代》一文中並沒有說"程、高本人是撒謊"。但即使假定我說了程、高撒謊云云，倒也是事實，並非如這位讀者所謂"誣蔑"他們。原來程偉元在程甲本"序"中說，"原本目錄一百二十卷。……不佞以是書既有百二十回之目，豈無全璧？"以下就說他歷年收集，最後在鼓担上買來十餘回，凑足一百二十回，正合"原本目錄"之數。這豈不是想以"百二十回目錄"來騙讀者，說他陸續收買來的後四十回正是按目無誤的雪芹原稿嗎？但是脂硯齋評語中所引述的雪芹後三十回原稿中的好些回目，沒有一句和程本後四十回的回目相同，這位讀者能說程偉元"序"中所謂"原本目錄"，"既有百二十卷之目"，不是謊話嗎？高鶚在他的序中附和程氏，說他"以其所購全書見示"，這不是幫他圓謊嗎？謊是撒不得的。脂硯齋在十六回殘本《石頭記》第一回第五葉上評道："諺云：'一日賣了三個假，三日賣不出一個眞'，信哉！"我在上文第四節曾把高鶚和張問陶二人的品質略作比較，孰優孰劣，讀者可以自己得出結論。張問陶爲他的四妹在高家夭折，對高鶚如此不滿，難道他還要把高鶚所未寫的作品歸功於他嗎？以前文人互相標榜是有的，但張問陶却絕無理由要標榜一個"羅刹"。

最後，還須說明一下關於"補"字的解釋。近來有人把它解作"修補"或"補訂"而非補作，其實這並不是什麼"新"說。早在一九三五年，《青年界》七卷五號所載宋孔顯的《〈紅樓夢〉一百二十回均曹雪芹作》一文中，即主張此說。一九五八年林語堂在僞中央研究院某刊物所發表的《平心論高鶚》一文，即抄襲宋說，而加以推衍。次年又有人在新加坡出版《紅樓夢新解》一書，對於後四十回的作者問題又抄襲前人之說，認爲高氏之"補"乃"修補"而非補作（頁六四）。近來主張這一"補"字是"修補"的議論雖多，但我却未見有誰提出任何新論據或新意義。這些輾轉抄襲、陳陳相因的舊說，對於嚴肅的學術研究不會有何好處。

一九六四年七月卅一日寫畢，八月七日修改

〔附記〕近見《文學遺產》第507期（一九六五年五月二日）《關於高鶚的〈月小山房遺稿〉》一文，考出高鶚卒年，認爲"他死於嘉慶二十年（一八一五）的可能性最大"。其所據材料與本文大致相同，其結論雖較簡略，也和鄙說相符。文中又引高鶚《重訂〈紅樓夢〉既竣題》七言絕句，以爲題名"重訂"，而不說"補作"，"似乎就是前面所說'整理'的意思"，則顯係誤解。既曰"重訂"，即將先作之稿再次改訂之意，但不能因此即證明他以前未作此稿。任何人"重訂"自己的稿子，別人如何能憑他"重訂"二字，取消他原來的著作權呢？如果這位作者明年"重訂"一下《關於高鶚的〈月小山房遺稿〉》一文，我們能否定他今年此文的著作權嗎？至於高鶚詩中自己說他"老去風情減昔年"，正說明他之補作後四十回乃在"風情未減"之"昔年"，則已詳上文。

一九六五年五月十三日校後記

《夏小正》五事質疑

于 省 吾

  《夏小正》爲今本《大戴禮》之第四十七篇，但《隋書·經籍志》著錄《夏小正》一卷，已經單行。舊說，依今本《竹書紀年》夏禹元年有"頒夏時于邦國"一語，遂誤認爲《夏小正》乃夏代所記。夏代相當于龍山文化，近年來所發現的龍山文化的陶器上僅有很簡單的符號字，還沒有發展到以文字紀錄史實的階段，由此可見舊說之不足爲據。《禮記·禮運》："孔子曰，我欲觀夏道，是故之杞而不足徵也（《史記·夏本紀》《正義》引《括地志》云，汴州雍丘縣，古杞國城也），吾得夏時焉。"鄭注："其書存者有《小正》。"《史記·夏本紀贊》："孔子正夏時，學者多傳《夏小正》云。"《禮運》和《史記》所說的如果屬實，則《小正》當爲春秋前期杞國人所記。此外另有一說：古本《竹書紀年》稱禹"居陽城"，陽城在今豫西登封縣內，故左宣十一年傳的"少西氏"即"陳公子少西"，字"子夏"，又襄十年傳的"子西"即"鄭公孫夏"之字。近年來考古學家也說夏墟在豫西和晉之西南部。因此，《小正》也可能是春秋時期居于夏代舊日領域、沿用夏時者所作。《左傳》記晉國多用夏時，便是很好的例子。《小正》經文的撰述時期，要比《逸周書·時訓》、《禮記·月令》早得多。至于《小正》之《傳》，舊說多以爲戴德所作，雖無確據，而其爲西漢人的撰述則是無疑的。

  《小正》經文僅四百六十三字，典切樸實，有敍無論，文詞極爲簡奧。通觀全文所記，係以農田、園藝、畜牧、蠶桑、狩獵等各種生產事業爲主，而與生產有關的許許多多的客觀事物，如星象、風雨、冰雪、水潦、旱災的發生節候，草木鳥獸蟲魚的蕃殖月令，都是世代經驗的積累，用來爲實際生產服務。它是先秦遺留下來的寶貴篇籍。可是，由于經文的古質簡括，不易理解，不僅《傳》說頗有曲戾難通之處，而宋代以來，尤其是清代學者的注釋，雖然各有闡發，而臆說觀縷，失其本義者亦夥。今專就《小正》訓詁上的癥結問題，提出五點質疑，並加論證。

  有關《夏小正》各種校注本，自宋朝關澮、傅崧卿以迄清代，約有五十餘家之多。清程鴻詔《夏小正集說》集錄清儒之治《小正》者四十餘家，但引文未免失之簡略。張政烺同志喜搜羅《小正》注本，他說："清米書升《夏小正釋義》較各家爲優，只見上海圖書館有藏本。"本文僅擇引各家的主要說法，加以辨解。

寒日滌、凍塗

  正月："寒日滌、凍塗"，《傳》："滌也者，變也，變而煖也；凍塗者，凍下而澤上多也。"王引之《經義述聞》："日當爲曰，《說文》作㫁，云詮詞也，字亦通作遹，又作聿。《爾雅》，粵、于、爰、曰也；爰、粤、于、於也。然則曰之爲言爰也、於也。寒曰滌者，寒氣於是乎變也。”洪震煊《夏小正疏義》：“《說文》，變、更也，從攴䜌聲；䜌、治也，從䜌得聲，是變亦具有治義也。滌訓除，《曲禮》馳道不除，鄭君注云，除、治也，變除同爲治，故滌除變更治，義通也。”莊述祖《夏小正經傳考釋》：“《詩》‘十月滌場’《正義》云，洗器謂之滌，則是淨意，故爲埽也。”按“凍塗”謂凍者融釋爲泥塗，自來解者並沒有什麼出入。問題在于“寒曰滌”的“滌”字，《傳》訓爲“變”，不知典籍中無解“滌”爲“變”者。如訓“滌”爲“除”，“除”又訓“治”，義亦難通。王引之謂“曰當爲曰”，而“滌”字仍從《傳》說，臆改成文，無法令人首肯。總之，各家滯于“滌”字以爲之解，終不可通。至于《初學記》和《玉海》引“滌凍塗”三字爲句，尤不可從。

　　“寒曰滌”的“滌”字本從“攸”聲，“攸”即古“悠”字，應訓作“遠”，今特分別予以說明。宋傅崧卿引關澮本舊注謂“滌一作條”。按《周禮·秋官》序官的“條狼氏”，杜子春注謂“條當爲滌器之滌”，是滌、條字通之證。“滌”從“條”聲，“條”從“攸”聲，故從“條”與從“攸”古每通用。《論語·微子》的“以杖荷蓧”之“蓧”，《說文》引作“莜”；《書·禹貢》“篠簜”之“篠”，《說文》引作“筱”。《爾雅·釋訓》的“條條”，《釋文》謂“舍人本作攸攸”。《易·頤卦》的“其欲逐逐”，《釋文》謂“子夏傳作攸攸。《志林》云，攸當爲逐，蘇林音迪。荀作悠悠”。《漢書·敍傳》引易卦作“其欲浟浟”，顏注謂“浟音滌”。按攸、悠、浟並屬喻紐四等，滌、條並屬定紐四等，古讀喻四歸舌頭定紐（詳曾運乾《喻母古讀考》）。滌、條本從“攸”聲，古讀“攸”或“悠”同“滌”或“條”，故相通借。金文有“攸”無“悠”，“悠”爲後起字。《詩·十月之交》的“悠悠我里”，《爾雅·釋訓》《釋文》作“攸攸我里”；《詩·雄雉》的“悠悠我思”，《說苑·辨物》引作“遙遙我思”。《爾雅·釋詁》謂“悠、遠也”，是“悠”可讀作“遙”，亦可訓作“遠”，遙與遠同義。“寒曰滌”即“寒曰悠”，夏正正月，寒氣日漸疏遠，而煖氣漸來，這就是“寒曰悠”的本義。下言“凍塗”，謂凍結者已化爲泥塗，義正相承。《傳》說不知“滌”或“條”之通作“悠”，竟訓作“變”，而各家又輾轉紆曲以傅會之，古義之湮，由來已久。

<h2 style="text-align:center">綏多士女</h2>

　　二月：“綏多士女”，《傳》：“綏、安也。冠子取婦之時也。”《通典》卷五九“嫁娶時月議”：“冠以二十爲限，而無春秋之期，笄以嫁而設，不以日月爲斷，何獨嫁娶當繫於時月乎？王肅云，婚姻始於季秋，止於仲春，不言春不可以嫁也。”金履祥《夏小正注》：“周禮會合男女，即此也。男有室，女有家，所以安之也。”孔廣森《大戴禮記補注》：“士禮，霜降而婦功成，嫁娶之事始焉，故自十月初昏，至二月其盛也，過是則晚矣，《周禮》亦以仲春會男女。《士冠禮》云，夏葛屨，冬皮屨，則周冠無常月。”莊述祖《夏小正經傳考釋》：“……至媒氏仲春之令，專指男女之無夫家者而言，蓋嫁娶失時無主之者，則媒氏於是司而會之，司猶主也，豈謂萬民之判必會以仲春邪？傳言嫁子取婦之時者，固非謂嫁取必以二月也。以三月蠶事起，故嫁取之期盡於是月。言時以急之，父母之心也。”按古禮，無論冠子或娶婦，均不以二月爲限，則《傳》說是無法講得通的。今先將“綏多士女”的“綏”字和“士女”二字加以說明，然後再解釋全句的意義。

　　宋傅崧卿引關澮本“綏”作“緌”，此外，《詩·摽有梅》疏，《禮記·雜記》疏，《儀禮·士冠禮》

疏,《周禮·媒氏》疏,《通典》卷五十九,王肅、《聖證論》並引作"綏"。按作"綏"或"緌"含義相同,作"緌"並非誤字。以古文字證之,卜辭、金文均有"妥"無"綏","綏"爲後起字。妥、象以爪擒女之形,猶之乎古文字"俘"本作"孚",象以爪擒子之形,引申之則爲"俘掠"之"俘"。"妥"之本義爲俘女,乃古義之已湮者。再以典籍中"綏"通"緌"證之,《儀禮·士昏禮》"授綏"鄭注:"綏、所以引升車者。"左哀二年傳:"子良授太子綏。"孔疏:"綏者挽以上車之索。"又《說文》:"緌、系冠纓也。""綏"訓爲"索","緌"訓爲"纓",均屬繩類,作動詞用,則訓爲"系結"之"系"或"縛係"之"係",字亦通作"繫"。卜辭"係"作𠔏,象以繩索係人之頸。

關澮本"綏"作"緌"者,《集韻》平聲十二齊"綮"同"緌"。又去聲十二霽"揆"之重文作"探","楑"之重文作"捼",是從奚從系互作之證。緌、係疊韻,故相通假。"綏"亦通作"傒",《淮南子·本經》:"傒人之子女",高注:"傒、繫囚之繫。"由此可見"綏"或作"緌",字異而義同。

"士女"乃古代青年或壯年男女的通稱,無階級貴賤之別。《詩·氓》:"女也不爽,士貳其行",《國語·齊語》:"罷士無伍,罷女無家",這裏所說的士與女指未婚者言之;《詩·女曰雞鳴》:"女曰雞鳴,士曰昧旦",這裏所說的士與女指夫婦言之;《師寰簋》:"徒馭敺(驅)俘,士女羊牛",以士女與羊牛並列,則士女指被俘的壯年男女言之,無已婚未婚之別;《詩·甫田》的"以穀我士女",《既醉》的"釐爾女士"(女士卽士女,倒文以諧韻),士女均指奴隸言之(詳拙著《詩既醉篇舊說的批判和新的解釋》)。王引之《經義述聞》《詩·載芟》"有依其士"條說:"書傳無稱子女爲士者",此說甚是。然則《傳》訓"綏多士女"爲"冠子取婦之時",顯然站不住脚。

綜上所述,則"綏"字古文作"妥"者,取義于俘女。"綏"字也作"緌"或"傒"者,均爲縛係之義,訓同而字異。至于"士女"的訓解,或爲未婚的男女,或爲夫婦,或爲被俘掠的壯年男女,或爲壯年的男女奴隸。此文之"綏多士女",則專就壯年男女之爲奴隸者言之。"綏"字訓爲縛係,與《孟子·梁惠王》"係累其子弟"的"係累"以及《淮南子·本經》"傒人之子女"的"傒"字義訓相同。

在古代社會,奴隸往往是帶着手銬脚鐐,在奴隸主的皮鞭監視之下,被強迫地從事勞動,其原因就在于爲了防止奴隸的逃亡和反抗。馬克思曾經指出:"羅馬的奴隸是由鎖鍊,……被繫在他的所有者手裏。"(《資本論》卷一,人民出版社1957年版,第717頁)《墨子·尚賢中》:"傅說被褐帶索,庸築乎傅巖。"《呂氏春秋·求人》:"傅說殷之胥靡。"按靡與縻古字通,《廣雅·釋詁》訓靡爲係,《小爾雅·廣言》訓縻爲縛。《荀子·儒效》"胥靡之人",楊注:"胥靡、刑徒人也,胥、相,靡、繫也,謂鎖相聯相繫。"《漢書·楚元王傳》:"胥靡之,衣之赭衣,使杵臼雅舂於市",顏師古注:"聯繫使相隨而服役之,故謂之胥靡,猶今之役囚徒以鎖聯綴耳。"直至解放前,尚屬于奴隸制社會的我國西南大小涼山的彝族,對于奴隸也均施以縲絏。

通過以上的論證,我們可以知道,奴隸們在其被迫從事勞役的時候,通常都是身上帶着鎖鍊或被繩索縛係着的。由此以推,則《小正》之"綏多士女",亦正同此意。《小正》二月先言"往耰黍",又言"初俊羔",均係敍記農田畜牧之事,下接以"綏多士女",是說用被索係的許多壯年男女奴隸,以從事于農業和牧業的勞動,這是容易理解的。

　　"綏多士女"既然是就被繩索所縛係的奴隸爲言，則與之詞義相仿的《孟子》之"綏厥士女"，在此有必要連帶說明一下。《孟子·滕文公篇》敍武王伐紂說："有攸不惟臣，東征，綏厥士女，匪厥玄黃，紹我周王，見休，惟臣附于大邑周。其君子實玄黃於匪以迎其君子，其小人簞食壺漿以迎其小人，救民於水火之中，取其殘而已。"趙注："從有攸以下，道周武王伐紂時也，皆《尙書》逸篇之文（焦循《孟子正義》謂'其君子以下，乃孟子申說《書》意，非《尙書》文'，甚是），攸、所也，言武王東征，安天下士女，小人各有所執往，無不惟念執臣子之節。匪厥玄黃，謂諸侯執玄三纁二之帛，願見周王（紹、昭古字通，昭訓見，焦循《孟子正義》訓'紹'爲'介紹'，係臆說），望見休善（見休謂見休于王，《沈子簋》'見厥于公、休'，可證。朱熹《集註》謂'事之者皆見休'是對的。趙注以爲'望見休善'，殊誤），使我得附就大邑周家也。其君子小人各有所執以迎其類也。言武王之師，救殷民於水火之中，討其殘賊也。"按趙注訓綏爲安，與《小正》《傳》說同。趙注謂"安天下士女"，較《小正》《傳》說"安多士女"之義尤爲廣泛。趙注訓綏爲安，合于孟子的語意。但是，這裏却出現了一個大漏洞，因爲，如果依照孟子之意，則武王旣然是弔民伐罪，理應實施"老安少懷"，憐恤鰥寡的政策，也就是說，安撫的對象爲老少鰥寡。今乃置老少鰥寡于不顧，被安撫的只有一些壯年男女，這是不合乎情理的。由此可知，孟子也不理解"綏厥士女"之"綏"的本義爲縛係，是顯而易見的。

　　武王東征之"綏厥士女"，與前文引用的《師寰簋》敍征伐淮夷所說的"徒馭毆俘，士女羊牛"，爲同樣的事例，只是戰事的規模有大小，俘虜有多少罷了。如果不然，則左定四年傳所說的分魯公、康叔、唐叔以殷民的族和宗，又于分魯公下言"將其類醜"，這些種族奴隸，能夠說不是來源于武王或者周公東征所縛係的戰俘嗎？

　　總起來說，舊訓綏爲安，則"安厥士女"與"安多士女"，與本文所解釋的縛係戰俘或奴隸之義恰恰相反。我們分析史料和考證史料的目的，是爲歷史認識提供根據。因之，本文對于"綏厥士女"和"綏多士女"的解釋，可以說爲研究周代社會性質者提供了具體的例證。

越有小旱、越有大旱

　　三月："越有小旱"，《傳》"越、于也，記是時恆有小旱"；四月："越有大旱"，《傳》："記時爾。"洪震煊《夏小正疏義》："越、古通作粤。《爾雅·釋詁》云，粤、于也。《說文》云，粤、審愼之詞者，從亏從寀，亏、於也，寀悉也。馬融注《書·微子》'越至于今'云，越、于也，于是至矣，于今到矣。此越有小旱，猶言于是有小旱云爾。"雷學淇《夏小正本義》："于是時恆有小旱，承上祈麥實言之也。因小旱而祈雨，以實此麥也。古禮有大雩有小雩，小雩在季春，在《周禮》卽男巫之春招弭以除疾病，女巫之掌歲時，祓除釁浴。旱暵則舞雩也。"王筠《夏小正正義》："此及四月越有大旱，皆爲常雩記也，不記雩祭，亦小正不記大禮也。《周禮·司巫》，若國大旱，則帥巫而舞雩，此無定期者也。惟三四月往往有小旱大旱，於麥有害，故常雩定在四月，今禮猶然。而《月令》仲夏乃大雩，故鄭君以龍見而雩駮之。"

　　《傳》訓"越"爲"于"，以爲語詞，自來解者並無異議。上引洪氏說解作"于是有小旱"，然則"越有大旱"，亦自然應解作"于是有大旱"，"于是"二字的用法，令人感到突然。而且，除此之外，《小正》中言"有"者數見不鮮，未見言"越有"者，看來，"越"作"于是"解，就大有問題了。其實，越通作粵，經傳習見，洪氏已經有了說明，以金文驗之，則均作雩(即雩)。今將古籍中作"粵"或"越"和金文中作"雩"者略舉數例于下：

　　粵　《書·武成》："粵來若三月"，"粵五日甲子"，"粵六日庚戌"，"粵五日乙卯"。(據《漢
　　　　書·律曆志下》引今文《尚書》)

　　越　《書·高宗肜日》："越有雊雉。"

　　　　《書·微子》："越至于今。"

　　　　《書·召誥》："越六日乙未"，"越若來三月，惟丙午朒，越三日戊申"，"越三日庚戌"，
　　　　"越五日甲寅"，"越三日丁巳"(《說文》引作"粵三日丁亥"，亥當作巳)，"越翼日戊
　　　　午"，"越七日甲子"。

　　　　《逸周書·世俘》："越若來二月"，"越五日甲子"，"越六日庚戌"，"越五日乙卯"。

　　雩　《小盂鼎》："雩若塙乙酉。"

　　　　《麥尊》："雩若二月"，"雩王在庝"。

　　　　《魆卣》："雩四月既生霸庚午。"

　　　　《靜簋》："雩八月初吉庚寅。"

　　　　《毛公鼎》："雩四方死母動。"

　　根據上面所列，古籍中作"粵"者係"雩"字的形訛；作"越"者係"雩"字的通借。以金文證之，則均應作"雩"。王國維《毛公鼎銘考釋》謂"雩、古粵字，小篆作粵，猶霸之譌爲雫"，甚是。因此可知，《小正》之"越有小旱"和"越有大旱"之"越"本應作"雩"，是毫無疑問的。"雩有小旱"，"雩"字應逗，"有小旱"爲句；"雩有大旱"，"雩"字應逗，"有大旱"爲句。左桓五年傳："龍見而雩"，服注："龍、角亢也，謂四月昏，龍星體見，萬物始盛，待雨而大，故雩祭以求雨也。"按于三月言"雩"，則"有小旱"，于四月再言"雩"，則"有大旱"，前後文義本相承。各家舊說亦往往引典籍中祈雨之雩祭以釋此文，但仍以"越"爲語詞，不知"越"之本應作"雩"，即指雩祭言之。王筠《夏小正正義》竟謂"不記雩祭"爲"小正不記大禮"，其意以爲必須"夏大正"才能記雩祭。可見不識古文之弊，一至于此。

爽 死

　　七月："爽死"，《傳》："爽也者猶疏也。"黃叔琳《夏小正增訂》："爽、蔱也，草名，蓋夏枯草之屬"；孔廣森《大戴禮記補注》："疏者爽之陰聲，故相轉注"；洪震煊《夏小正疏義》以爲爽當爲來，來古文萊省，萊一名藋，"萃以積水久而生，藋以積水久而死，一生一死，通見秋水之大也"；雷學淇《夏小正本義》："自生之草，其莖葉根實可食者爲疏，故臣妾得聚斂之。園圃所種藝者爲荣，即家蔬也，蔬、疏古字通"；王筠《夏小正正義》："若據《周禮》臣妾聚斂疏材，以疏爲蔬之古字，則七月蔬尚未成，安有死者。"此外，關于"爽死"尚有十餘種異說，詳程鴻詔《夏小正集說》，無須備引。有的意改成文，有的曲加詮釋，互相駁難。《小正》中的義訓，聚訟紛紜者，莫逾于"爽死"二字，令人無所適從。

　　《傳》訓"爽"爲"疏"而不訓"死"字,是《傳》亦不解"爽死"之義。實則"爽"乃"賞"的假字,爽與賞的古音同屬審紐、陽部,故相通借。《禮記·月令》孟冬:"立冬之日,天子親帥三公九卿大夫以迎冬于北郊,還反,賞死事,恤孤寡。"《呂氏春秋·孟冬紀》(以下簡稱《呂紀》)、《淮南子·時則》與《月令》詞句略同(《呂紀》、《淮南子》帥作率,反作乃,下屬爲句)。關于"賞死事,恤孤寡"的解釋,《月令》鄭注:"死事、謂以國事死者,若公叔禺人、顏涿聚者也。孤寡其妻子也,有以惠賜之,大功加賞";《呂紀》高注:"先人有死王事以安社稷者,賞其子孫,有孤寡者矜(憐)恤之";《淮南子》高注:"有忠節蹈義死王事者,賞其子孫也。幼無父曰孤,無夫曰寡,皆存慰矜恤之。"由此可證,《小正》之"賞死",卽《月令》、《呂紀》、《時則》"賞死事"的省語,猶之乎今日的"撫恤烈屬"。《月令》、《呂紀》、《時則》與《逸周書·時訓》專以二十四氣爲言者略有不同,但均采及《小正》而又雜以明堂(《時訓》不言明堂)、五行災異之說。唯有《小正》語極簡奧,撰述時期較早。今以《月令》與《小正》對勘,比如:《月令》、孟春之"蟄蟲始振",《小正》、正月作"啟蟄";《月令》仲春之"上丁,命樂正習舞釋荣",《小正》二月作"丁亥,萬用入學";《月令》季夏之"鷹乃學習",《小正》六月作"鷹始摯"。這是《月令》與《小正》文詞繁簡不同的例證。然則《小正》之"賞死",卽《月令》以及《呂紀》、《淮南子》"賞死事"的省語。

　　或謂《小正》之"賞死"爲七月,而《月令》、《呂紀》、《淮南子》之"賞死事"則在孟冬十月,月分不同,何以爲解?按左閔二年傳言"龙涼冬殺"。《月令》孔疏:"北郊還,因殺氣之盛,而賞其家後也。"正因爲孟冬有"殺氣之盛"的說法,所以《月令》、《呂紀》在輯錄舊說時,刪掉了其他月分有關"賞死事"的記載。其實死國事者不應乎孟冬爲限。《淮南子·時則》于仲夏之月言"存鰥寡,振死事",高注:"有先人爲死難,振起(振應訓爲救)其子孫也。"又《時則》于季夏之月言"行惠令,弔死問疾",這是"賞死事"、"振死事"以及"弔死"不限于孟冬的確證。因此可知,《小正》于七月言"賞死"本無不合。由於舊說不知爽、賞之通借,"賞死"卽"賞死事"的省語,因而臆解分歧,是非莫辨。

黑　鳥　浴

　　十月:"黑鳥浴",《傳》:"黑鳥者何也,烏也;浴也者,飛乍高乍下也。"孔廣森《大戴禮補注》:"謂之鴉浴者,言烏乘暄飛上下若浴然";洪震煊《夏小正疏義》:"浴當爲傗或惆字之誤,讀如劇。《說文》云,惆、劵也,劵、劇也。……烏傗也者,謂烏劵而倦飛也。"按《傳》及孔、洪二氏之說,均不解"浴"字之義而曲爲之釋。"浴"卽古"欲"字,金文作"谷"或"俗",《師詢簋》的"谷女弗以乃辟圅于囏",《毛公鼎》與此句同而"谷"作"俗"。《莊子·繕性》:"滑欲於俗思",《闕誤》謂"張本俗思作欲思"(以聲訓言,《釋名·釋言語》謂"俗、欲也,俗、人所欲也");《易·損·象傳》:"君子以懲忿窒欲",《釋文》謂"欲孟作浴";《老子》六章:"谷神不死",《釋文》謂"谷、河上本作浴"。由此可證,欲之古文本作谷、俗、浴,俗、浴並從谷聲,故相通用,作"欲"乃後起字。《詩·烝民》孔疏:"欲卽樂也。"古者動詞名詞每相轉化。然則"黑鳥浴"應讀作"黑鳥欲",訓作"黑鳥樂"。雷學淇謂"蓋烏爲冬鳥,十月羣鳥多已避藏,烏之飛獨乍高乍下,樂其時之相適也"。按雷氏之解十分中肯,但不知"浴"之卽"欲",應訓爲"樂",猶爲未達一閒。

汲古閣單本《史記索隱》的一些問題

程 金 造

一

宋人鋟刻經史諸書，合正文與注解於一編，使讀者無左右披閱之煩，原是極方便的事情；可是後人讀書，還崇尚注解的單行原本；其故，自然是認爲單行注本爲注者原編，未經刪削錯亂，可以見其本眞而已。司馬遷的《史記》，其通行注解，有裴駰《集解》，司馬貞《索隱》和張守節《正義》三家。當初也各自單行，不與《史記》正文相附儷，卷帙也不全一致。宋人刻書，把它們合於一編，或正文與《集解》同編，或正文與《集解》、《索隱》同編，或正文與《集解》、《索隱》、《正義》三家同編。但是，三家與正文同編之本，讀者多便，流傳最廣。因此三家注各個單行之本，自然就漸漸失傳了。然而當初三家注與正文合刻之際，散附於正文百三十篇之下，不但卷帙錯亂了，其由於三家意重而刪落，或刻時生出的譌誤錯亂，自是勢所難免。故現行《史記》各本之間，文字譌誤，每見差互，注文多少，亦復不同。加以三家所據傳本不同，合刻者彙之於一編，使相附儷，這就使《史記》產生了許多疑難問題。因此，讀《史記》者，每以得見三家注解單行原本爲快。然而《集解》與《正義》兩書，單行之本，後世迄未發現；明末，汲古閣主人毛晉，始得北宋《索隱》單本，爲之重刊以行世，這就是所說的三十卷本《史記索隱》。

毛晉三十卷《史記索隱》，無目錄，其前二十八卷，爲《史記》百三十篇注解，末兩卷爲各篇述贊和補《三皇本紀》。毛晉《跋語》說，"遇一單行本子，乃北宋秘省大字刊本"，而重爲刊行者。因此許多學者，有的認爲小司馬之原書復出，褒讚備至，如清《四庫全書總目提要》卷四十五說："此單行之本，爲北宋秘省刊版，毛晉得而重刊者，錄而存之，猶可以見司馬氏之舊。"盧文弨《鍾山札記》卷三說："《史記》三家注多異同。其《索隱》之注尤多猥，並有非注而亦係於注者，讀之反足以致疑。汲古閣有單本《索隱》，殊自井然，凡小司馬欲以己意更定者，不以入注，附刻於全書之後，乃爲善耳。"近人羅振常《善本書所見錄》卷二說："汲古閣《史記索隱》，原出宋刻，觀毛氏《跋語》，原是大字，行欵雖改，而字句未敢輕易。今以世行本《史記》校之，僅一《敍》中，其異同已不可枚舉，誠善本也。前人注書，多用也字，凡唐寫卷子本皆如此。其後刊本，則多刪去。此本亦多也字，足徵其據卷子本上版，尚未經後人刪節也。"這些都深信毛晉《跋文》，只作皮相觀察，沒有眞正閱讀校勘，所以認識不到本質。又如《抱經堂文集》卷四《史記索隱校本敍》說："毛本所梓，亦有次第顚倒，脫文譌字，難可盡據，則仍當以三家注本正之。"這又與其《鍾山札記》之說，全然相反。張宗泰《魯巖所學集》卷四《跋司馬貞史記索隱一》說："琴川毛氏，旣稱審正定本，則宜逐句逐字，精細核對，俾讀者得所依據。乃諦審其中，錯訛之字、脫漏之字、添設之字，其舛誤不下數百條。且有貫之《史記》，有大字在前而解釋在後、有大字在後而解釋在前者，幾於卷卷有之，不知爲何時所竄亂。"這些認識，雖然是從校讀實踐中得來的，但仍然信毛晉北宋刊本之言，沒有作正本淸源的玫慮；所以也難於使人淸楚地了解毛本《史記索隱》在《史記》研究上的眞實價值。我嘗以毛本《史記索隱》，與南宋黃善夫本《史記》三家注《索隱》相校，條分字對，審其體例，玫其本源，凡歷數月，方得畢事。認爲毛本《史記索隱》一書，實在不足推重。並且毛晉所謂北宋刊版之言，也是欺人之談，不足憑信，以下分述之。

二

　　黃善夫本《史記》，刊於慶元之際，不知道根據何種傳本合刻的。但是從現行《史記》三家注本說，則黃本爲時最早。它雖然錯亂了《集解》、《索隱》、《正義》三家注本的原來卷帙，可是小司馬《索隱》之書，條文較多，譌誤較少，釋文演注，體例分明。就是有倂兩、三小條作一條的，而刊刻精詳，井然有序。毛晉所刊單本《史記索隱》，其方式如《經典釋文》之標字列注。其注，少者兩三字，多者數百言。若是從每一篇說，則多者至數百條，少者至八、九條（《司馬相如列傳》多至三百三十多條，《田儋等列傳》少至八、九條），總共五千八百多條。如果和黃本《索隱》相校，毛本《史記索隱》的缺點，有下列完全脫落、譌誤竄錯、混亂於裴氏《集解》等三種情況：

（甲）黃本具有而毛本完全脫落者，如：

（1）《夏本紀》，厥田斥鹵。《索隱》曰："鹵，音魯。《說文》云，鹵，鹹地，東方謂之斥，西方謂之鹵。"

（2）《夏本紀》，華夷爲牧。《索隱》曰："按《左傳》云，萊人劫孔子，孔子稱夷不亂華。又云齊侯伐萊。服虔以爲東萊黃縣是。今按《地理志》，黃縣有萊山，恐卽此地之夷。"

（3）《始皇本紀》，鉏櫌白挺。《集解》徐廣曰，櫌，田器，音憂。《索隱》曰："徐以櫌爲田器，非也。孟康以櫌爲鋤柄，蓋得其近也。"

（4）《曆書》，無大餘無小餘。《索隱》曰："上大小餘，朔之大小餘；此謂冬至大小餘。至今亦與朔同日並

　　無餘。分至與朔法異，故重列之。"

（5）《封禪書》，少翁以方蓋夜致王夫人及竈鬼之貌云。《索隱》曰："《漢書》作李夫人卒，帝悼之，李少翁致其形，帝爲作賦。此云王夫人，《新論》亦固（案固爲同字之譌），未詳。"

（6）《齊世家》，成公九年卒，子莊公贖立。《索隱》曰："劉氏音神欲反，系家及《系本》並作贖，年表作說也。"

（7）《齊世家》，昭王南征不復是以來問。《索隱》曰："宋忠云，昭王南伐楚，辛由靡爲右，涉漢，中流而隕。由靡逐王，遂卒不復，周乃侯其後於西翟。"

（8）《燕世家》，湣公三十一年卒釐公立。《索隱》曰："年表作釐侯莊。徐廣云，一無莊字。按燕失年紀及其君名，表言莊者，衍字也。"

（9）《田敬仲世家》，孫子曰夫韓魏之兵。《索隱》曰："孫臏。"

（10）《田敬仲世家》，大敗之馬陵。《索隱》曰："在宣王二年。"

凡此諸條，爲數不下百數十，論性質，也極重要，而不知毛本何以脫落不具。如果它眞是照卷子上版的，理應條文最完，刪落最少，而不知何以比黃氏合刻本還少。而且，毛本《索隱》，不但比黃本少，即與其他版本相校，條文也是少。吳氏《拜經樓藏書題跋記》卷二說："元中統刻《史記索隱》，有中統二年校理董浦敍。按元世祖中統二年，爲宋理宗景定二年辛酉。然則此書雖元年號，其實宋刻也。汲古閣專刻《史記索隱》，世稱善本；此本較毛刻注尤備。"此則足以爲明證（案吳所指本，即平陽段子成刊本，只《集解》《索隱》二者，而無《正義》，故吳氏稱元刻《史記索隱》）。固然黃本所載的《索隱》，也非完整之本，而也有刪落，但是黃本之刪落各注，主要是由於三家意思重複，合刻者特意刪掉的①，是曾經斟酌過的。至於毛本《索隱》之脫落條文，從關係或意義上看，不見其有何必要。若從數量上講，則毛本《索隱》之脫落，比黃本多一二百條。

（乙）毛本譌誤竄錯者，如：

（1）《項羽本紀》，楚雖三戶亡秦必楚也。《集解》瓚曰，楚人怨秦，雖三戶猶足以亡秦也。《索隱》曰："臣瓚與蘇林解同。韋昭以爲三戶楚三大姓昭、屈、景也。二說皆非也。按《左傳》，以昪楚師於三戶（案見《左傳》哀四年），杜預注云，今丹水縣北三戶亭，則是地名不疑。"

　　毛本《索隱》曰："臣瓚與蘇林解同，韋昭以爲三戶楚三大姓昭、屈、景也；二說皆非，按三戶地名。"

---

①　如《夏本紀》，至於荆山。（集解）徐廣曰，地理志，荆山在南郡臨沮縣。黃本《索隱》此條無注，而毛本《索隱》則有："此東條荆山，在南郡臨沮縣東北隅"十五字。黃本以其與《集解》意重而刪去。又如《樗里子列傳》，來則置之鬼谷。（集解）徐廣云，在陽城。《正義》曰："劉伯莊云，此鬼谷，關內雲陽，非陽城者也。按陽城鬼谷，時屬韓，秦不得言置之。"（黃本八頁）《索隱》此條無注。而毛本《索隱》有此條注曰："按徐廣云在陽城，劉氏云此鬼谷在關內雲陽是矣"二十字。黃本蓋以與《正義》注意重而刪去。又《仲尼弟子列傳》毛本多幾條，黃本蓋因其無關重要，或與《集解》意重，刻時刪掉。所以說黃本於各家注之刪削，是曾經斟酌過的。

案黃本《索隱》，於二說皆非句下，引《左傳》杜注以駁臣瓚、韋昭之說，並申明己見，最爲有力，此小司馬注釋之通例。若毛本則於二說皆非之下，刪去二十餘字，只留"三戶地名"四字，空言無據，此顯然是後人脫落的。

（2）《楚世家》，莊王二十年圍宋以其殺楚使也。《索隱》曰："《左傳》宣十四年，楚子使申舟聘於齊曰，無假道於宋。華元曰，過我而不假道，鄙我也。鄙我，亡也。殺其使者必伐我，伐我亦亡也。亡一也，乃殺之。楚子聞之，投袂而起。九月，圍宋。是也。"

　　　毛本《索隱》曰："《左傳》宣公十二年，楚子伐蕭，蕭人囚楚相宜僚。王曰勿殺，吾退。蕭人殺之。是殺楚使也。"

案《史記》下文曰："圍宋五日，城中食盡，易子而食，析骨而炊。宋華元出以告情"云云。則正是宣十四年伐宋之事。《公羊》、《穀梁》也都在宣十四年，黃本《索隱》此條不誤。而毛本《索隱》乃注以伐蕭。伐蕭與正文事不合，且不在楚莊二十年，不知毛本何以錯亂至此。

（3）《陳杞世家》，周武王克殷紂乃復求舜後。《索隱》曰："按《左傳》，虞遏父爲周陶正，以服事武王。杜注，遏父，舜之後。陶正，官名，是生滿者也。"

　　　毛本《索隱》曰："遏父，遂之後。陶正，官名，生滿。"

案黃本《索隱》釋封舜後，引《左傳》襄二十五年文實之，並引杜注，明舜後爲誰，於周任何職，此小司馬釋事通例。毛本則刪去《左傳》文字，只餘杜注數語，又誤舜爲遂字。乍視之，簡直不知所云。

（4）《鄭世家》，晉與鄭謀誅周亂臣入敬王於周。《索隱》曰："王避弟子朝之亂，出居於狄泉，在昭二十三年。至二十六年，晉鄭入之。經曰，天王入於成周，是也。"

　　　毛本《索隱》曰："避弟子朝之亂。"

案黃本《索隱》釋入敬王一事，先槪述事實，然後引《春秋》經文作證，最爲清楚。毛本則只釋以避弟子朝之亂六字，殊不明暸。

（5）《外戚世家》，春秋譏不親迎。《索隱》曰："《公羊》，紀裂繻來逆女。《傳》曰，外逆女，不書；此何以書？譏也。何譏爾？始不親迎也。"

　　　毛本《索隱》曰："按《公羊》，紀裂繻來逆女。何以書？譏也，譏不親迎也。"

案此條，黃本《索隱》引《公羊》隱二年傳文，釋譏不親迎之義，文義最完，與《公羊》相符。毛本文頗竄改，與《公羊》語不合。

（6）《張儀列傳》，虎賁之士跿跔科頭。《集解》跿跔，晉徒具，跳躍也。又云偏舉一足曰跿跔。科頭，謂不著兜鍪入敵。《索隱》曰："跔，又音劬。《戰國策》作虎摯之士。"

　　　毛本《索隱》曰："上跿跔音徒俱二音。又音劬。劉氏云，謂跳躍也。又集韻云：偏舉一足曰跿跥（案當作跥）。《戰國策》曰，虎摯之士虎跔。科頭，謂不著兜鍪。"

案毛本《索隱》羼入丁度《集韻》，（案今見卷二虞韻跔字下曰，跿跔，跳躍。一曰偏舉一足曰跿跑），顯是後人竄亂，固已非小司馬之舊了。

（7）《魯仲連鄒陽列傳》，匕首竊發。《索隱》曰："《通俗文》云，其頭類匕，故曰匕首，短而便用也。"

　　毛本《索隱》曰："《風俗通》云，其頭類匕，故曰匕首，短而便用也。"

案毛本作《風俗通》，而《風俗通》並無此文。《太平御覽》卷三百四十六引《通俗文》，與此同。《顏氏家訓·書證篇》曰："殷仲堪《常用字訓》，亦引服虔《通俗》之說。"即指《通俗文》言，《隋書·經籍志》小學類著錄之。毛本作《風俗通》，殊誤。

（8）《屈原賈生列傳》，訊曰。《集解》李奇曰，訊，告也。張晏曰，訊，《離騷》下竟亂辭也。《索隱》曰："訊，音信，劉伯莊音素對反。訊猶宣也，重宣其意。周成《解詁》音碎也。"

　　毛本《索隱》曰："李奇曰，訊，告也。張晏曰，訊，《離騷》下竟亂辭也。訊，音信。劉伯莊音素對反。訊猶宣也，重宣其意，周成師古音碎也。"

案毛本此條，除混入《集解》注文外，又誤周成《解詁》為周成師古。周成《解詁》，卽魏掖庭右丞周成《雜字解詁》，見於《隋志》。若作周成師古，便無義可取了。

（9）《黥布列傳》，姓英氏。《索隱》曰："布本姓英，有人相之當黥而王。故《漢雜事》云，布改姓黥以厭當之也。"

　　毛本《索隱》曰："按布本姓英，國名也，咎繇之後，以少時有人相之當刑而王，故《漢書》云，布改姓黥以厭當之也。"

案毛本此條，誤《漢雜事》為《漢書》，而《漢書·黥布傳》並無厭當之之語。《北堂書鈔》卷六十四引有《漢雜事》之文，《後漢書·胡廣傳》李賢注亦引之，《史記·匈奴列傳》小司馬又引作《漢事》（案或脫雜字），都指此書，是後漢應奉所撰。毛本作《漢書》實誤。

（10）《匈奴列傳》，過居延攻祁連山。《索隱》曰："《西河舊事》云，山在張掖、酒泉二界上，東西二百餘里，北（北上當有南字）百里有松五木，美水草"云云。

　　毛本《索隱》曰："《西京舊事》云，山在張掖、酒泉二界上，東西二百餘里，南北百里，有松栢五木，美水草云云。"

案張掖、酒泉，在黃河之西，黃本作《西河舊事》甚是。《西河舊事》，雖不見於《隋志》，而《世說新語·言語篇》注引之，《漢書·西域傳》師古注亦引之。若毛本作《西京舊事》，所記當是陝西長安間事，自不能遠及張掖、酒泉一帶。顯是譌文。如以上諸例，類型甚多，為數不下幾百條，無須多舉。

（丙）毛本混亂裴氏《集解》者。

　　小司馬於解釋正文之外，往往也解釋裴氏《集解》，其方式有二：如果專釋《集解》之說，不與《史記》正文相涉者，則於大字標列《集解》文字之前，先下一注字（明其非《史記》正文）然後再加詮釋。但毛本往往脫去注字，有似注文為《史記》正文，致使人誤認小司馬所據之本，殊多異字①，或有據以改易《史記》者，迷誤讀者，爲害甚大。如：

（1）《項羽本紀》，楚蠭起之將。《集解》如淳曰，蠭起，猶言蠭午也云云。《索隱》曰："凡物交橫爲午，言蠭之起交橫屯聚也。故《劉向傳》注云，蜂午，雜沓也。鄭玄云，一縱一橫爲午。"

毛本《索隱》："蠭午（案此標出之大字）曰："凡物交橫爲午，言蠭之起交橫屯聚也。故《劉向傳》注云，蜂午，雜沓也云云。"

案《史記》黃、王、中統諸本，皆作蠭起。裴氏《集解》引如淳說蠭起猶蠭午，因起無交午之意，故釋之。小司馬直釋蠭午，所以釋《集解》如淳之說，爲專釋《集解》之文，其體例如此。毛本在所標蠭午二字上，依例當有注字，今毛本脫去，使人誤認小司馬據本正文作蠭午，雖以王念孫之通博，猶不免被其所惑②。

（2）《項羽本紀》，沐猴而冠耳。《集解》張晏曰，沐猴，獼猴也。《索隱》曰："言獼猴不任冠帶，以喻楚人性躁暴云云。"

毛本《索隱》：沐猴而冠耳（標出字）曰："言獼猴不任冠帶，以喻楚人性躁暴云。"

案毛本標字沐猴而冠下，依例應有"注獼猴"三字甚明，因獼猴是《集解》解釋的，不見於正文，今毛本脫去。

（3）《高祖本紀》，沛豐邑中陽里人。《集解》李斐曰，沛，小沛也云云。《索隱》曰："按漢改泗水爲沛郡，治相城，故以沛爲小沛也。"

毛本《索隱》：沛小沛。（標出字）曰："按漢改泗水爲沛郡，治相城，故以沛爲小沛也。"

案小司馬釋小沛是釋《集解》李斐之說，則毛本《索隱》標出之沛小沛三字上，脫去一"注"字甚明。

（4）《高祖本紀》，常告歸之田。《集解》服虔曰："告，晉如嗥呼之嗥。李斐云云"。《索隱》曰："韋昭云云。服音如嗥呼之嗥。按《東觀漢記·田邑傳》云，邑年三十，歷卿大夫號歸罷，厭事，少所嗜欲云云。"（文多不盡錄。）

毛本《索隱》：如嗥呼之嗥（標出字）曰："按《東觀漢記·田邑傳》云，邑年三十，歷卿大夫云云。"

案此條嗥呼之嗥，本是《集解》所引服虔之說，而小司馬詮釋之。毛本在如嗥呼之嗥五字上，當有"注"字，今脫去之。

（5）《呂太后本紀》，乃令永巷囚戚夫人。《集解》如淳曰，《列女傳》曰，周宣姜后脫簪珥待罪永巷，後改爲掖庭。《索隱》曰："（上略）韋昭云，以爲在掖門內，故謂之掖庭也。"

① 案《史記》三家注，據本各異，有的彼此字不一致。（如《屈原列傳》而作離騷，毛本《索隱》作離愬。又如《趙世家》公孫支書而藏之，毛本《索隱》作籍之是也）。但全書爲數不如後人所想像者之多，此事如從體例上細看，自明。

② 案王念孫《讀書雜志》史記一，說此條以爲《漢書》、《漢紀》、《史記》三書，原皆作蠭午，輾轉妄改，僞作蠭起。然此說殊無版本根據，純屬臆想，王氏泥信毛本《索隱》標作蠭午，誤認爲小司馬原書如此，而不知毛本錯亂，蠭午之上，脫去注字也。

　　毛本《索隱》:掖庭(標出字)曰:"按韋昭以爲在掖門內,故謂之掖庭也。"

案掖庭二字,乃《集解》之文,小司馬掖庭之解釋,乃對《集解》言之。毛本掖庭上,其脫去"注"字甚明。再一個方式是,如果小司馬解釋正文並申明或駁斥《集解》之說者,則以大字標出正文,再於下列《集解》之說,然後申明或駁斥之。而毛本往往於此處脫去作界別的按字,混《集解》以入《索隱》,使人誤認小司馬注文,與《集解》之文殊多重複,如:

　　(6)《趙世家》,立襄公曾孫周。《集解》徐廣曰,年表云,襄公孫也。《索隱》曰:"《晉世家》云,襄公少子名周。"

　　　　毛本《索隱》曰:"徐廣云,年表云,襄公孫也。《晉世家》,襄公少子名周。"

案小司馬此條,引《晉世家》以駁《集解》徐廣之說。(又案《晉世家》言悼公周者,其大父捷,襄公少子也。是周爲襄公曾孫,小司馬語有脫文)。毛本《索隱》涵入《集解》,成兩說並舉,體例全錯了。

　　(7)《田敬仲完世家》,齊稷下學士復盛。《集解》《劉向別錄》曰,齊有稷門,城門也。談說之士,期會於稷下也。《索隱》曰:"《齊地記》曰,齊城西門側系水左右,有講室趾,往往存焉。蓋因側系水,故曰稷門。古側稷音近耳。又虞喜曰云云。《春秋傳》曰云云。"

　　　　毛本《索隱》曰:"劉向《別錄》曰,齊有稷門,城門也。談說之士,期會於稷下也。《齊地記》曰,齊城西門側系水左右,有講室趾,往往存焉。蓋因側系水,故曰稷門。古側稷音近耳。又虞喜云云,《春秋傳》云云。"

案小司馬此條,所以釋稷門之得名,伸《集解》引《別錄》之說,黃本條理分明,毛本則涵《集解》以入《索隱》,體例全非。

　　(8)《蘇秦列傳》,覆三軍得二將。《集解》徐廣曰,齊覆三軍,而燕失二將。《索隱》曰:"《戰國策》云獲二將。亦謂燕之二將,是燕之失也。"

　　　　毛本《索隱》曰:"按徐廣云,齊覆三軍而燕失二將。又《戰國策》云獲二將,亦謂燕之二將,是燕之失也。"

案此條黃本先後清楚,毛本則涵《集解》《索隱》爲一條,彼此不分明了。

　　(9)《伍子胥列傳》,伐楚取六與潛。《集解》六"古國,皋陶之後所封。潛縣有天柱山。"

　　　　毛本《索隱》卷十七文同《集解》。

　　(10)《伍子胥列傳》,昭王使公子囊瓦。《集解》按"《左傳》楚公子貞字囊,其孫名瓦,字子常。此言公子,又兼稱囊瓦,誤也。"

　　　　毛本《索隱》卷十七全襲爲《索隱》文。

案以上兩條,黃、王、中統諸本,都是《集解》的文字,而毛本則全錄爲己有。

　　總計以上諸現象,在毛本全書五千八百條中,爲數約佔十分之一。它條文脫落較多,它譌誤錯亂較多,它有《集韻》竄入部分,它有《集解》襲取部分;在標字標注之際,它有注字脫落部分,它體例淆亂。至於張宗泰等所指出的前後顛倒部分,那還是形式上的小毛病。像這樣一種本子,當然很難使人相信它是原出北宋秘省刊行的本子。

三

毛氏汲古閣單本《史記索隱》,它不出於宋刻,還不只由於以上的情況,更使人致疑的,還在於它的流傳踪迹。案毛晉《跋語》是說遇北宋秘省大字三十卷本,而爲之重刊行世。那原書當有牒文、牌記,或其他具體證明,何以這些一字不題,而空說是北宋秘省刊本呢?是可疑者一。毛晉既稱幸遇此書,自可能他買到此書;可是《汲古閣珍藏秘本書目》,何以沒有這北宋秘省刊本《史記索隱》的著錄呢?是可疑者二。如果毛晉未買此書,那必然是假之它人重刊的;可是當時藏書家所有書目,如《絳雲樓書目》,《李浦汀書目》,《萬卷堂家藏藝文自記》,《脈望館書目》,《世善堂藏書目錄》,《天一閣藏書目錄》,《澹生堂藏書目錄》,《李氏得月樓書目》,《近古堂書目》,《百川書志》等等,何以都不見此書著錄呢?是可疑者三。如果北宋秘書省確乎是刻過此書,那它自是客觀存在,又絕不止一本,則不但明代藏書家應有著錄,就是清代藏書家也應有著錄;可是如《天祿琳琅書目》,《天祿琳琅書目後編》,《季滄葦藏書目》,《傳是樓宋元版書目》,《楝亭書目》,《鐵琴銅劍樓宋元本書目》,《結一廬宋元本書目》,《滂喜齋宋元本書目》等等,都沒有著錄,就是讀書題跋之類,如《知聖道齋讀書跋》,《拜經樓藏書題跋記》,《士禮居藏書題跋記》,《錢竹汀日記所見古書》諸書,也都不見此北宋秘省大字《史記索隱》,是又可疑者四。這是從書籍流傳說。如果再從刊刻方面攷覈,則北宋京師刻書,先由秘書省校,然後交國子監去刻。所以北宋監本就是秘書省刊本。可是,王國維《五代兩宋監本攷》所載北宋監刻書籍,並沒有《史記索隱》單本的目錄,就是《宋會要》,《玉海》,以及其他宋代人著述中,也沒有北宋秘省刊刻《史記索隱》單本的記載[1],是又可疑者五。(北宋軍府州縣公私刻家,也沒有刻《史記索隱》單本的,《天祿琳琅後編》卷四著有建邑王氏世翰堂嘉祐二年刻《史記索隱》一書;而《故宮善本書目》卷一張允亮先生攷證,已明此書爲僞造,而且是百三十卷本,並非三十卷本。)總此五端,可以說毛晉所謂北宋秘省刊本之言,實在沒有一點根據。然而數百年來,學者對於毛本《史記索隱》,有明見其譌脫嚴重,次序顛倒,也認爲它出於北宋秘省,不敢有所懷疑。這一則是誤信毛晉《跋語》的誑言,一則是對北宋時代書籍傳佈估計錯誤。總以爲版刻印刷,早已興於唐五代之時了,下及兩宋,一切書籍,自然都是印刷傳佈了。其實,實際情況,却不如此。南宋雖然鋟刻大興,但在北宋時期,鋟板印刷,尙未普遍,經籍的流傳,主要還賴於抄錄。當時公私藏書,多是寫本。試看北宋藏書的大家,如晏殊、王洙、李

---

[1]　王重民先生謂宋人著述,無秘書省刻單本《史記索隱》的記載。

淑，司馬光諸家，都是長僱寫工，謄抄各本，這就足以作證據。而且，北宋時期，官方所刻的書，多屬於醫藥之類，以及經史中一些重要的書籍；像小司馬《史記索隱》這書，旣詮釋《史記》正文，又疏通裴氏《集解》，有似於春秋時代諸侯的附庸，在當時，未必如後世學者的重視。所以北宋時代，恐怕未曾刊刻。那末，毛晉所謂原書出於北宋秘省刊版的話，其不足信，是很明顯了。

但是，北宋秘書省雖然並沒有刻印這單本《史記索隱》，可是毛晉所遇到的那三十卷的原書，也絕不是後人僞造的，它是小司馬原書輾轉傳錄又經過宋人羼亂的抄本。因爲從唐宋《藝文志》以下，如《郡齋讀書志》（史評類），《遂初堂書目》（史學類），高似孫《史略》（雜傳類），《玉海》（藝文類），以及《直齋書錄解題》（正史類），都有《史記索隱》三十卷的著錄，可以說小司馬三十卷《索隱》原書（原卷帙，原規模）直從唐初傳至宋末，而都是抄本。毛晉所遇見的，應該就是這種輾轉傳抄下來的本子。從卷帙次第說，《直齋書錄解題》卷四著錄此本"末二卷爲述贊，爲《三皇本紀》"。今毛本《索隱》前二十八卷爲《史記》注文，末二卷與《書錄解題》所說完全相符，此其一。又張守節撰《史記正義》，比小司馬晚二十年，是曾經見到《索隱》的，在《匈奴列傳》題下《正義》明說《索隱》本《匈奴列傳》次第次《平津侯》後，爲列傳的第五十二[①]。這又和毛本單行《索隱》情況，完全相符。此其二。如果毛本《索隱》眞是出於僞造，那就不只卷帙情況與《直齋書錄解題》和《正義》所說的不能相符，其他如《集韻》竄入的部分，注文前後顚倒的情形，必然彌縫得了無痕迹。所以還應當肯定，毛晉當初所遇見的本子，是唐初傳抄下來小司馬舊規模的一個本子。因爲歷時較久，輾轉傳抄，譌誤脫亂自然日見其多。毛晉聲稱北宋秘省刊版，不過是高其聲價而已。

毛本《史記索隱》，旣然不足稱爲善本，其價值自然不能和黃、王、中統諸本相提並論。可是，若論其卷帙規模，還是唐初小司馬的舊面目，對於《史記》研究，自然也有一定的功用。從我主觀的看法說：

第一，《史記》之學，六朝之時，已大興起，師說家法，前後相承。小司馬的《史記》，是受之於崇文館學士張嘉會的，句法逗讀，或者有與他人不同獨到之處。那末，在毛本《索隱》標字列注之際，可以知道小司馬的句逗，作爲研究《史記》的參攷，這是毛本《索隱》獨有的功能，爲別本所不能有的。

第二，《史記》三家注合刻之本，如黃本、王本、中統本等，其小司馬之文，亦間有譌誤脫漏；毛本《索隱》，有時也可以作它山之助，加以訂正，這也是毛本獨有的功能。

---

① 汲古閣《索隱》列傳次第是，《李將軍列傳》第四十九，下接《衞將軍列傳》第五十一，《平津侯主父列傳》第五十一，《匈奴列傳》第五十二，《南越列傳》第五十三。又張守節撰《正義》時之曾見《索隱》，見拙撰《史記正義、索隱關係證》，載在 1962 年《文史哲》第六期。

　　第三，《史記》三家注解，據本各異，文字之間，間有參差不同之處。到宋人把三家合刻在一編之後，各個據本的本來面目都消失了，其文字不相同處，很難以觀察出來。毛本《索隱》，標字列注，規模未有泯滅。如果細心從體例上審查，有時可以確知小司馬據本的異字，對研治《史記》，很有幫助。

　　毛本《史記索隱》的眞正價值，我以爲是如此。然而如果有《史記》研究者，想把三家注解徹底整理一下，在小司馬《索隱》方面，可以就毛本的卷帙規模，本照其標字列注的形式，參照黃、王、中統諸本，增補脫漏，訂正譌誤，分淸《集解》和《索隱》的界限，改正它上下顚倒的次序。可以使小司馬三十卷的原書，復歸於完整，這不但是太史公的功臣，也是小司馬的諍友了。

《李燾年表》補正

徐　規

《李燾年表》在《文史》第二輯刊出後，發現其中尚多疎舛，如紹興十年庚申條下，誤仍周必大《李文簡公神道碑》記事舊貫，繫"李燾赴華陽縣主簿任"於其攜所著五十策謁成都帥張燾之前。李燾謁張帥，確在紹興十年三月，《年表》中已有論證。赴華陽任之年月，今從其本人所撰《華陽縣主簿廳內東壁又記》載："此歲壬戌之秋，余實來主此縣簿"（見《成都文類》二九），得知在紹興十二年壬戌之秋，卽獻策而未獲薦之後兩稔。且李心傳《繫年要錄》卷一六二亦載："李燾初第進士，調華陽簿未上，讀書龍鶴山之巽巖。會詔舉賢良，張浚（應作張燾）見其所著五十策，善之。然不果薦。"足證李燾見張帥乃在讀書龍鶴山時，而不在就主簿任之後。據此，則《年表》中紹興十年條下之李燾赴華陽縣主簿任、秦檜遣人諭意及《從何使君父子遊墨池》詩（詩句見《成都文類》八，參校《全蜀藝文志》十三、《宋詩紀事》四五）兩段文字，均應移入紹興十二年條下。

又如乾道七年條下，僅據宋人岳珂《愧郯錄》卷十一《制舉科目》所載："出題之制，國初以宰相撰題，紹聖元年命翰林學士林希撰題，乾道七年九月命宰相葉衡撰題。"斷定乾道七年九月李燾赴中書省應試賢良方正科之六論題係宰相葉衡所出。今考葉衡拜相乃在淳熙元年十一月戊申，而乾道七年任宰相者獨虞允文一人，是則岳珂所記，顯有錯繆。六論題如係葉衡所出，其時葉衡尚未拜相；若爲宰相所撰，自非允文莫屬。"宰相"與"葉衡"兩者必有一誤，甚或皆誤。六論題究出何人之手，在未獲確證前，寧暫從闕。

至於他處更改，亦大抵幾經考索，限於篇幅，不擬詳述。謹將勘誤與增補分別列表如次。

一、勘　誤

頁　數	行　數	誤	正
69	18	（《神道碑》，《宋史本傳》繫於四年，誤。……）	（《神道碑》。《宋史本傳》繫於四年，誤。……）
69	30	（紹興七年丁巳）三月，胡安國上所纂《春秋傳》（《繫年要錄》一〇九）	（紹興六年丙辰）十二月，胡安國上所纂《春秋傳》（《春秋胡氏傳》卷首《進表》）

頁　數	行　數	誤	正
70	20	《象山集》附錄陸持之所編《年譜》	《象山集》附錄《年譜》
70	30	獄使聖城清	獄使聖域清
70	31	舊宅荒荆榛	舊宅荒榛荆
71	2	拜呼嚴與李	并呼嚴與李
72	11	頗從帝紀，止稱中元，不冠建武，	頗從帝紀，止稱中元。蓋袁宏《後紀》亦止稱中元，不冠建武。
74	9	乃守成都	及守成都
74	13	乞給筆箚。錄付史館。	乞給筆箚，錄付史館。
77	18	九月，李燾患時文衰弱	九月，李燾患時文卑弱
79	5	又此次六論題係宰相葉衡所出（《愧郯錄》卷十一《制舉科目》）	全部刪去
79	19	或言雲安之西三十里有自然曲水	或言雲安之西三十里許有自然曲水
79	21	水極峻	水極峻急
79	22	識金於石耳，殆非禊飲處耳！	識金數於石耳，殆非禊飲處也。
79	23	賞悟良久乃去	賞晤良久乃去
81	1	李垕除密書省校書郎	李垕除祕書省校書郎
81	9—11	"現編四朝正史，……。"從之（《宋會要輯稿·崇儒》四之三一）。	"現編修《四朝正史》，……。"從之（《宋會要輯稿·崇儒》四之三十）。
82	28—31	……下第歸。呂祖謙嘗云："李仁甫以仲信（垕字）上合作策，題問賢良，……。"周必大次韻爲贈（《省齋文稿》六）。	……下第歸，周必大次韻爲贈（《省齋文稿》六）。呂祖謙嘗云："李仁甫以仲信（垕字）上合作策題問賢良，……。"
83	9	每每太息今所編集，	每每太息。今所編集，
84	4	正月，呂祖謙撰《大事記》成，起春秋後，迄於五代（《大事記序》）。	正月，呂祖謙初撰《大事記》，自序云："起春秋後，訖於五代。"僅編至漢武帝征和三年而病卒（《東萊呂太史文集》六《大事記序》，十五《庚子辛丑日記》）。
87	29—31	據《宋元學案》補遺八引《李文簡集》云："謝疇，……仁甫爲之序，稱其'治春秋極有功。'"	按謝疇，字元錫，潼川人。從李燾遊，編定《春秋古經》十二篇。燾爲之《後序》，稱其治《春秋》極有功。《後序》見《通考·經籍考》九。
88	10	《同易古經》	《周易古經》

二、增　補

（1）頁67倒行3附注內"《周益國文忠公集·平園續稿·李文簡公神道碑》。"之下，補入：

　　參校明人周復俊編《全蜀藝文志》四七所引碑文。

（2）頁68行4，刪去"邵伯溫五十九歲（《繫年要錄》七八）"一條。補入：

　　楊時六十三歲（《楊龜山集》卷首《年譜》）

（3）頁68行25之末（建炎二年）補入：

　　劉靖之生（《張南軒集·墓誌》）。

（4）頁68行26之下（建炎三年）補入：

　　四月，詔權罷祕書省（《宋會要輯稿·職官》十八之二四）。

（5）頁69行1之下（紹興元年）補入：

　　二月，復置祕書省，仍詔監、少監不並置，置丞、郎、著佐各一員，校書郎、正字各二員。宰相范宗尹嘗因奏事，言無史官誠朝廷闕典。由是復置（《繫年要錄》四二）。

（6）頁69行5附注內增改為：

　　《宋會要輯稿·崇儒》四之二十。《朝野雜記》甲集四。　《繫年要錄》四三作"衢州布衣何克忠"。

（7）頁69行9之下（紹興二年）補入：

　　十一月，知湖州汪藻言：古者有國必有史，故書楣前議論之辭則有時政記，錄柱下見聞之實則有起居注，類而次之謂之日曆，修而成之謂之實錄。今踰三十年無復日曆，何以示來世，乞即臣所領州，許臣訪尋故家文書，纂集元符庚辰（三年）以來詔旨為日曆之備。詔許之。凡六年成書（《宋史·汪藻傳》，《繫年要錄》六十。參閱《宋史·綦崇禮傳》）。

（8）頁69行10之下（紹興三年）補入：

　　八月，詔復置史館於祕書省內，以侍從官兼修撰，餘官兼直館、檢討，若著作郎、佐有闕，依元豐例，差郎官兼領（《繫年要錄》六七，《宋朝事實》九）。

（9）頁69行16，刪去"邵伯溫卒"一條。補入：

　　劉清之生（《朱文公集·祭文》，《宋元學案》五九）。

（10）頁69行21一條（紹興五年）增改為：

　　五月，詔令婺州取索故直龍圖閣趙明誠家藏《哲宗實錄》，繳進（《宋會要輯稿·崇儒》四之二四，《朝野雜記》甲集四）。

（11）頁69行25之下補入：

　　是年，詔依祖宗故事，增館職為十八員。著作郎、著作佐郎、祕書郎各二員；校書郎、正字通十二員。而監、少監、丞不與焉。又移史館於祕書省之側，別為一所，以增重其事（《宋會要輯稿·職官》十八之二六，《宋朝事實》九，《通考·職官考》十）。

（12）頁 69 行 28 一條（紹興六年）增改爲：

正月，趙鼎上《重修神宗實錄》通成二百卷，《考異》二百卷（趙鼎《忠正德文集》四《重修神宗實錄繳進表》，《繫年要錄》九七）。

（13）頁 70 行 6 到 8 一條（紹興八年）增改爲：

六月，李燾登黃公度榜進士（嘉慶《四川通志》一二二，《繫年要錄》一二〇）。獻《反正議》十四篇。以皇儲久虛，……。

（14）頁 70 行 17 之下補入：

是年，汪藻上所修書，自元符三年至宣和七年詔旨，凡六百六十五卷（《宋史·汪藻傳》。而《朝野雜記》甲集四作八百六十五卷）。

（15）頁 70 行 18 一條（紹興八年）增改爲：

是年，胡安國卒（胡寅《斐然集》二五《先公行狀》）。

（16）頁 71 行 4 之下（紹興十年）補入：

是年，詔罷史館，以日曆歸祕書省國史案，置監修國史官。舊史館官罷歸元官。尋復詔以國史日曆所爲名（《宋朝事實》九，《宋史本紀》，《宋史》一六四《職官志》）。

（17）頁 71 行 20 一條（紹興十六年）增改爲：

李燾秩滿外銓，……注嘉州軍事推官（《神道碑》未書年，從十二年秋赴主簿任及十七年丁父憂推斷，當在十五、六年間）。

（18）頁 74 行 7（紹興二十八年），上《徽宗實錄》條末補入：

多取材於汪藻所修徽宗朝《詔旨》（《宋史·汪藻傳》）。

（19）頁 74 行 15 一條（紹興二十九年）增改爲：

是年，四川安撫制置使王剛中奏辟李燾爲幹辦公事（《神道碑》，《繫年要錄》一八三）。

（20）頁 74 行 19 到 21 一條增改爲：

塾字叔虞，……塾字季修，終承務郎。垕、塾皆周必大之門。（《神道碑》，《本傳》，《周益國文忠公集》附錄《行狀》，《張南軒集》十二《約齋記》，《困學紀聞》十三，《全蜀藝文志》三十，嘉慶《四川通志》一五〇）。

（21）頁 74 行 23 "開禧中"之前補入：

慶元元年，任奉議郎、祕書省著作佐郎兼實錄院檢討官，編修《高宗實錄》（《揮麈錄》卷首《實錄院牒》）。

（22）頁 74 行 31 之末補入：

葉適談詩，嘗謂："近世獨李季章、趙蹈中筆力浩大，能追古人，雖承平盛時亦未易得"（《水心文集》二七《答劉子至書》）。

（23）頁 75 行 2 "垕字季允，理宗朝"之後補入：

曾以吏部尚書兼修國史、實錄院修撰之職,專提領《高宗正史》。

又本條附注內補入:

　　許應龍《東澗集》二,《全蜀藝文志》三一、四四,《宋元學案》七一,畢沅《續資治通鑑》一六八端平二年條。

(24)頁75行20一條(隆興元年)增改爲:

　　四月,呂祖謙、樓鑰、孫逢吉、袁樞等舉進士(《東萊呂太史文集》附錄《年譜》,附錄拾遺樓鑰撰《祠堂記》,《宋史·孫逢吉傳》,民國《福建通志·列傳》十三《袁樞傳》)。

(25)頁77行13附注(浙本《長編》)之後補入:

　　孝宗謂輔臣曰:"自建隆至治平百餘歲事迹備於此矣"(《朝野雜記》甲集四)。

(26)頁77行14到17(乾道四年)增改爲:

　　五月,行乾道新曆(《宋史本紀》。而《中興聖政》四七繫於八月)。李燾言:"曆久必差,自當改法。《統元曆》行之既久,其與天文不合固宜。況曆家皆以爲雖名《統元》,其實《紀元》,若《紀元》又多歷年所矣。曆術精微,莫如《大衍》,《大衍》用於世亦不過三十四年,後學膚淺,其能行遠乎!隨時改曆,此道誠不可廢。抑嘗聞曆不差不改,不驗不用。未差無以知其失,未驗無以知其是,失然後改之,是然後用之,此劉珙要言至論也。舊曆差失甚多,不容不改,而新曆亦未有明效大驗,但比舊稍密爾。厥初最密,後猶漸差;初已小差,後將若何!故造曆不可不重也。謹按仁宗用《崇天曆》,自天聖至皇祐,其四年十一月月食,曆家言曆不效,詔以唐人曆及本朝四曆參定。曆家皆以《景福》爲密,遂欲改曆,而劉羲叟獨謂,《崇天曆》頒行踰三十年,方將施之無窮,兼所差無幾,不可偶緣天變,輕議改移;又謂古聖人曆象之意,止於敬授人時,雖則預考交會,不必脗合辰刻。辰刻或有遲速,未必獨是曆差。仁宗從羲叟言,詔復用《崇天曆》。羲叟曆學,爲本朝第一,歐陽修、司馬光輩皆遵承之。《崇天曆》既復用又十三年,至治平二年(原誤作"三年",今據《長編》二〇四改正)始改用《明天曆》。後三年,謀熙寧元年(原誤作"三年",今據《長編》二六三熙寧八年閏四月壬寅條及《長編拾補》三上改正)七月月食不效,又詔復用《崇天曆》。《崇天曆》復用至熙寧八年,始更用《奉元曆》。《奉元曆》議,沈括實主之。明年正月月食,《奉元曆》遂不效,詔問修曆人姓名,括具奏辨,故曆得不廢。先儒蓋謂括強解,不深許其知曆也。然後知羲叟所稱止於敬授人時,不必輕議改移者,不亦至言要論乎!請朝廷察二劉所陳及《崇天》、《明天》之興廢,申飭曆官,加意精思,勿執今是舊非,能者熟復討論,更造密度,使與天合,庶幾善後之策也。"詔送太史局,仍詔求訪精通曆書之人(《續資治通鑑》一四〇,《朝野雜記》乙集五)。

(27)頁78行5到7(乾道五年)增改爲:

　　十二月,李燾乞刊定《徽宗實錄》之疏牙者。其言曰:"臣見太平興國三年,初修《太祖實錄》,命李昉等同修而沈倫監修,五年成書。及咸平元年,眞宗謂倫所修事多漏略,乃詔錢若水等重加刊修,呂端及李沆監修,二年書成,視前錄爲稍詳,而眞宗猶謂未備。大中祥符九年,復詔趙安仁等同修,王旦監修,明年書成。《太宗實錄》初修於至道,再修於大中祥符九年。《神宗實錄》三次重修,《哲宗實錄》亦兩次重修。神宗、哲宗兩朝所以屢修,則與太祖、太宗異,蓋不獨事實有所漏略,而又輒以私意變亂是非,故紹興初不得不爲辨白也。其誣謗雖辨白，而漏略固在，然猶愈乎近所修《徽宗實錄》，蓋《徽宗實錄》疏舛特甚。近詔修《四朝正史》，夫修《正史》當據《實錄》，《實錄》倘差誤不可據，則史官無以準憑下筆。請用太祖、太宗故事，將《徽宗實錄》重加刊修，並不別置私局，只委史院官取前所修《實錄》仔細看詳，是則存之，非則去之，闕則補之，誤則改之。《實錄》先具，《正史》便當趣成。"又言："臣近進《續資治通鑑長編》，自建隆迄治平，自合依詔旨接續修進，乞許臣專意討論徽宗一朝事迹纂述。《長編》既具，即可助成《正史》"（《續資治通鑑》一四一）。

（28）頁78行8之下（乾道五年）補入：

是年，李燾在臨安築小樓，名以"四望"。樓成，曾置酒其中，邀友朋同賦詩。祕書省校書郎蜀人員興宗之詩有云："我友子眞子，士以古誼徵。載書來上都，結束車不勝。插架備小築，且以觸賓朋。""交從二十年，我能識其膚。彼腹椰子大，千卷貯亦曾"（《九華集》一《李巽巖四望樓》，五《上（孝宗）皇帝書》）。

（29）頁78行19之下（乾道六年五月）補入：

虞允文薦李燾及范成大爲金國祈請使，求陵寢地及更定受書禮。燾辭不行，謂允文曰："今往，金必不從，不從必以死爭之，是丞相殺燾也"（《續資治通鑑》一四一）。

（30）頁78行26之下（乾道六年庚寅）補入：

秋冬間，李燾爲安置淳化初湖北轉運使張詠（946--1015年）之畫象，特在漕司衙內作"乖崖堂"。十二月，堂成，並爲撰記云："乖崖堂爲忠定張公復之作也。乖則違衆，崖不利物，此復之自贊其畫象云爾。象故在成都仙遊閣上，或摹寫鄂之部刺史聽事後屋壁間，追隘醫塵，與象弗稱。余既更諸爽塏，並書所以作堂意，揭示來者。（中略）上章攝提格（庚寅）則涂（十二月）甲子，眉丹稜李燾仲仁父書"（張詠《乖崖集》附集李燾《湖北漕司乖崖堂記》）。

（31）頁79行1到4（乾道七年）增改爲：

十一月甲戌，孝宗親策李垕於集英殿，有司以其對策近訐直，考入第四等。葉衡奏請敔其狂而取其忠，足以顯容諫之盛。戊寅，孝宗特御殿引見，賜制科出身。……（《朝野雜記》甲集十三，《宋史·葉衡傳》）。

（32）頁79行24附注內（乾道九年）增改爲：

《全蜀藝文志》六四，參見《丹稜縣志》。

（33）頁80行1附注內（乾道九年）增改爲：

《全蜀藝文志》四十，參見雍正《四川通志》四一。

（34）頁80行20之末（淳熙二年）補入：

又披輯舊聞，以修一路圖經（《朱文公集》九一《邵武縣丞謝君墓碣銘》）。

（35）頁81行20之下（淳熙三年）補入：

十月，呂祖謙除祕書省祕書郎兼國史院編修官、實錄院檢討官，以重修《徽宗實錄》，用李燾之薦也（《東萊呂太史文集》附錄《年譜》）。

（36）頁82行1（淳熙四年），刪去“祖謙乃燾所薦也”七字。

（37）頁82行4到5“李燾力請變文體，……”一段記事移入行8之下，並在這段記事之末補入：

> 明年，呂祖謙致書朱熹亦論及此事云：“所論永嘉文體一節，乃往年爲學官時病痛，數年來，深知其
> 繳繞狹細，深害心術，故每與士子語，未嘗不以平正樸實爲先。去夏與李仁甫議文體，政是要救此弊”
> （《東萊呂太史別集》八《與朱元晦書》）。

（38）頁82行6到8一條增改爲：

> 春，王明清覓官臨安，獲登李燾之門。燾命其子屋與之遊。明清出《揮麈錄》二編，燾一見稱道再
> 三，且以宣（和）、政（和）名卿出處詢之，如黃寔，章子厚之甥，不麗其舅，而卒老於外；方軫，蔡元長之姻
> 婭，引登言路，而首論其非，逐穉遠竄，潘兌，朱勔里人，不登其門而擯斥；李森爲中司，不肯觀望；王黼
> 窮鄧之綱之獄而被逐，燕、雲之役，蓋成於陳堯臣；王棻之枉，緣盛章父子欲害劉炳兄弟；世皆亡其事
> 跡。明清爲冥搜倫類，凡二十餘條，摭據依本末告之。燾益喜，大加敬歎。燾又云：“僕兼攝天官，覲銓
> 牓有臨安龍山監稅見次，君可俯就，但食其祿，而相與討論。徐請君於朝以助我。”明清力辭以名迹不
> 正，且非其人而歸。未幾，燾父子俱去國，明清餞別於秀州之杉青閘下，舟中相持悵然（《揮麈前錄》四
> 《王知府自跋》）。時李屋曾有書簡致王明清，略云：“宣、政從臣出處，極爲詳備，受賜甚多。《揮麈錄》
> 昨晚與老人伏讀，共歎該洽。如屋輩可知愧矣。鄭公之說甚善，切幸小留，以容乞靈龍山，俯就食其祿可
> 也。一二同舍郎，與凡厚善，皆以爲喜。老人亦約同白廟堂，且喻意京兆。來早幸過此共飯，已約叔度
> 款宏論”（同上《李賢良簡》）。明清又曾錄家藏蔡京自辯方軫指斥其姦惡一疏，以貽李燾，載之《長編》
> （《揮麈後錄》三）。

（39）頁83行24之末（淳熙五年）補入：

> 劉靖之卒，李燾爲其書墓（《張南軒集·墓誌》，《朱文公集》九八《劉子和傳》）。葉適舉進士（《宋
> 史》）。

（40）頁85行3附注（《水心文集》十二）之後補入：

> 又在《習學記言序目》中云：“本朝則李燾史最信而覈”（卷三七）。“班彪言：司馬遷漢事，止據陸
> 賈，無別書。彪及固自著，亦不言所承何書，但云：繼採前史遺事，傍貫異聞而已。今史家用官文書，比
> 以日月，猶尚錯謬。則遷、固綴集所聞而成者，安得傳信。故余爲李燾序，以爲《春秋》後，財有燾書也”
> （卷二五）。

（41）頁85行6之末補入：

> 清人朱彝尊曾云：“宋儒史學以文簡爲第一，蓋自司馬君實、歐陽永叔書成，猶有非之者，獨文簡免
> 於譏敪”（《曝書亭集》四五《書李氏續通鑑長編後》）。錢大昕《跋續資治通鑑長編》云：“（上略）搜羅旣
> 博，遂有一事而重出者，如大中祥符八年六月，詔：自今〔吏部〕選人，有罪犯者，銓司未得定入官資敍，
> 並具考第及所犯取旨云云。又見於九年六月。此類殊不少矣。其辨昭憲太后遺命傳位太宗無遽傳光
> 美事，又言光美非杜太后所生，則恐其有所諱避，不如《宋史》之直筆也”（《潛研堂集》二八。“吏部”二

字據《長編》增補）。孫原湘《李氏續通鑑長編跋》云：“此書眞一代之良史也。今卽其所舉最大事者數條
考之：其於開寶之禪，首採吳僧文瑩之言及蔡惇直筆，然後參以程德元（玄）傳及《涑水記聞》，傳疑也。
其於涪陵之貶，引《建隆遺事》而實之，以太宗卽位之初，廷美尹開封，德恭授貴州防禦使，與太祖傳位
之跡略相似，以明傳聞之說未可全棄，著實也。於澶淵之盟，則引陳瑩中之言，以爲寇準之功不在於主
親征而在於畫百年無事之策，向使其言獲用，不惟無慶曆之悔，且可無靖康之禍，其意直謂靖康之事皆
由景德誤之，原禍始也。於西夏之封，先載富弼一疏，復載吳育邊備之疏，田況邊兵之奏，而實以韓琦家
乘之汰邊兵及分遣內臣汰諸路兵，彰國弱之本也。於英宗之復辟，則首著韓琦之諫及光獻撤簾事以補
實錄所不載，而於蔡氏直筆、邵氏見聞、王氏別錄所載太后不樂還政等語並削去，明臣道之權也。至於
熙寧之更新，元祐之圖舊，則尤旁參互審，辨異析同，使邪正心迹纖豪莫隱，尤人所難言者。凡此數
事，淺識既不能言，拘儒又不敢言，而文簡以宋臣言宋事，獨能繼南董之筆，援《春秋》之義，發憤討論，
使衆說咸歸於一，厥功不在司馬氏下矣。”（《天眞閣集》四三）。

（42）頁86行20（淳熙十一年）“劉子澄”之下增一附注“（清之）。

（43）頁87行19“《建隆遺事辨》一卷”之後補入附注一條：

　　（此書久已佚去，其議論尙散見於《長編》十七、二二兩卷附注中。）

（44）頁87行20“《趙普別傳》一卷”之後補入附注一條：

　　（《通考·經籍考》六十引李燾“趙普遺稿序”云：“王禹偁嘗賦詩哭普，謂其章疏與夏訓、商謨相表
裏。《本傳》獨載普諫伐幽州，辭多刪潤，每恨弗見其全。網羅搜索，久乃得普遺文，而幽州之奏咸在，後
有論星變及薦張齊賢二奏。其言諄諄，要本於仁，嗚呼賢矣。禹偁褒讚，諒不爲私，而史官簡編，誠可
歎息。乃次第其遺文，以傳於世。其四六表狀往往見禹偁集，蓋禹偁代作也，雖禹偁代作，必普之心聲
云耳，因弗敢棄。顧章疏決不止此，當博求而附益之。”）

（45）頁87行25與頁88行14兩處所引《四川通志》，均增“嘉慶”二字，示別於雍正《四
川通志》。

（46）頁89行3“李燾評述或考證他書之文，《文獻通考》頗多徵引”。之後補入：

　　其記述四川地區之文，散見《成都文類》中，有《比較圖序》（卷二三），《華陽縣主簿廳內東壁記》、
《又壁記》、《雙流逍遙堂記》（卷二九），《新修（成都學宮）四齋記》（卷三十），《貢院記》（卷四六），《論華
陽縣釋奠不當廢說》（卷四九）等篇。收入《全蜀藝文志》中，尙有《胸脰記》、《嘯臺磨崖記》（卷四十），
《雲安曲水留題》（卷六四）等篇。

（47）頁89行3到4“其詩，……。見《兩宋名賢小集》”之後增改爲：

　　《成都文類》、《全蜀藝文志》、《宋詩紀事》各有若干首。

　　李燾父喪服除在紹興二十年，而還鄉守服之歲，未見記載。丁母憂歲亦然。《年表》中均
從其服除之年推定。

按三年之喪，前人說法不同。然據宋英宗治平二年三月壬午，禮院奏稱：

> 謹按禮學：王肅以二十五月爲畢喪，而鄭康成以二十七月；《通典》用康成之說，又加至二十七日終，則是二十八月畢喪，而二十九月始從吉，蓋失之也。祖宗時，據《通典》爲正，而未講求故事。天聖中，更定五服年月，敕斷以二十七月。今士庶所同遵用。（《長編》二〇四，參校《續資治通鑑》六三。）

其後，司馬光在《書儀》卷九《禫祭》條亦云：

> 《三年間》曰："三年之喪，二十五月而畢。"（中略）歷代多從鄭說。今律勅三年之喪，皆二十七月而除，不可違也。

可見宋人畢喪以二十七月爲通例。考諸事實亦如此。程頤父珦，元祐五年正月十二日病卒。七年三月四日延和殿奏事，三省進呈：程頤服除，欲與館職，判檢院（姚名達《程伊川年譜》）。呂祖謙於乾道二年十一月一日丁母艱，五年二月從吉（《東萊呂太史文集》附錄《年譜》）。但間有超出二十七月者，如李彌遜於"建炎元年七月，遭魯國太夫人艱，解官。建炎四年，服除。四月，奉太平觀祠"（《筠谿集》附錄《筠谿李公家傳》）。不及者當亦有之。據此，則《年表》中將李燾丁父憂還鄉守服一事置於紹興十七年，似尚近理。

清人閻若璩《詠劉敞、李燾、王應麟、馬端臨》詩云："原父復仁父，經奇史更奇。（中略）有宋雖烜海，斯人獨羽儀。網羅遺失盡，異代即同時。"自注："余嘗集四公逸事爲一帙，足補《宋史》列傳之略，及馬無傳"（《潛邱箚記》六）。可知閻氏輯有李燾等逸事，惜未梓行（見淸阮葵生《茶餘客話》二一《潛邱遺書》條），無從獲睹。

近時日本周藤吉之亦著有《南宋李燾與續資治通鑑長編之成立》一文，刊布《駒沢史學》（1957年十二月號，見日本《史學雜誌》六七編十二號《論文要目》），惜未覽及。

昔人謂：讀天下書未遍，不得妄下雌黃。予實深有愧乎斯言！

一九六四年三月補正於杭州道古橋畔

《文史》二輯誌疑

李次錢

飢成不遂

《詩·雨無正》:"戎成不退,飢成不遂。"毛傳、鄭箋訓遂爲安,朱子《集傳》訓遂爲進,《澤螺居詩義解結》謂均不可通,引《說文》:"遂亡也。"並引桂氏《說文義證》:"亡當爲仙(作)。"朱氏《說文通訓定聲》:"亡者往之誤。"……清代學者於《說文》遂訓亡之義,茫無所知,其實許氏以遂爲墜,故訓爲亡,典籍中多訓墜爲落、爲隕、爲失,均與亡義相因,《說文》訓遂爲亡本不誤,"飢成不遂",謂饑饉已成而不消失。云云。(119頁)

次錢按:《澤螺居詩義解結》謂許氏以遂爲墜,故訓爲亡,"飢成不遂",是饑饉已成而不消失,疑皆可商。《說文》遂下曰:"亡也。"亡下曰:"逃也。"逃下曰:"亡也。"余按亡者逃也,逃者亡也,亡逃同意相受,於六書爲轉注,何煩以遂爲墜而訓爲亡乎?蓋亡之本義爲逃,亡者失之其所之,故引伸之義,謂失爲亡,未有不往而亡者,引伸之義,亦謂往爲亡也。《管子·權修》:"無以蓄之,則往而不可止也。"注:"往謂亡也。"可證。《楚辭·天問》:"遂古之初。"王逸曰:"遂往也。"此直以亡之引伸義釋遂爲往,固無乖於訓詁之理,然而,許書說解,必自用本形本義之字,安有以引伸形義之字爲說解,致陷矛盾之理乎?朱氏《說文通訓定聲》謂亡者往之誤,是以往爲遂之本義,而《澤螺居詩義解結》又以失爲亡之本義,於許均爲誣矣。《詩》"飢成不遂"之遂,當依《說文》:"遂亡也,亡逃也。"言饑饉已成,不可逃避,猶今俗語謂不可避免也,若釋不遂爲不消失,乖於詩義,理亦未宜然也,大抵饑饉有時,安有永不消失者乎?

霍然病已

《枚乘七發》:"霍然病已。"李善注:"霍,疾貌也。"吳氏小如《訂補》曰善注非是,引胡紹煐曰:霍,解散之貌,《荀子·議兵篇》楊注:"霍然猶煥然也。"既言病已,不得爲疾貌。(137頁)

次錢按:疾急也。疾、急、激,三聲同,假疾爲急激,古書常見。善注疾貌,謂急貌耳,豈謂疾病之貌乎?煥然解散,皆急速之喻也。"霍然病已",亦言病愈之速,猶後世言其病頓愈也。善注正得其意,《訂補》徵引,於義轉晦。

《永樂大典》纂修人考

王 重 民

關於《永樂大典》之纂修歷史，雖有不少歷史文件及論文，但於當時之具體纂修工作，如纂修機構之組織與領導、纂修人之分工及其分工方法與所分任之具體工作，則語焉不詳。因使當時之取材方法、編纂步驟、與夫全稿之組成，猶不得知其約略。今茲所考雖重在纂修人，實欲揭示每人所擔任之纂修工作，藉以說明全書之纂修方法與方式。

約二十年前，余有機會得閱明本地方志幾四百種，見其有及於《永樂大典》纂修人事跡者，卽節引其書，隨加摘錄，文字亦仍其舊。嗣於所見明人傳記及明人文集，凡有關於此者，亦隨加摘錄。積久漸多。一九五九取積稿閱之，略爲排比，得二百四十六人，《永樂大典》之纂修方法與方式，亦因以稍明。雖覺費力多而收穫少，然欲進一步研究此問題，則舍此莫由也。

考永樂元、二年間參與纂修《文獻大成》者僅百四十七人，在決定開局重修之後，於永樂三年四年各徵召纂修人一次，永樂六年又徵召一次；然六年所徵多是善楷書供繕寫之士。截至十一月成書時，供纂修鈔寫之役者共二千一百六十九人。以逐漸擴充發展而形成如此龐大之編纂機構，若組織不密，分工不清，殊難進行系統的編纂工作，當時必有詳細之規章條例，而今不可得見矣。今可得知者：《文獻大成》旣爲解縉所主修，其內容當如解縉早年在《大庖西上封事》中所言者。開局重修，意在包羅"經史子集與凡道釋醫卜雜家之書"，局中組織與分工，蓋卽以此爲對象。由監修總裁總其大成，而副總裁則除參與總的計劃以外，又各秉一實際任務，領導纂修若干人，從事各該部門之編纂工作。其分工方式，如林環爲《書經》副總裁，王彥文爲《詩經》副總裁，高得暘爲《三禮》副總裁，蔣用文、趙友同爲"醫經方"副總裁釋道聯爲釋敎副總裁是也。每一部門之內，有時尚可再分，如三禮、醫經方範圍較廣，必還分爲若干小組，其詳分今不得知，但如王玽"分校後晉五代史"，柴欽"分修禮樂音韻書"，則可推知副總裁所領導部門之內，均依具體情況，又設有分校小組；三禮、醫經方等較廣泛部門，均應如是也。蓋必由小組分校、搜集並校定小組範圍內之資料，再由部門副總裁，按照韻目字目，備好各該部門範圍內所應有之事目,然後將所有資料交付主持編排各韻目之纂修人,然後按韻排列,付之清鈔,而《大典》成矣。永樂六年年初,全稿初具,鈔寫轉忙,又多徵召楷書繕寫人,正由此也。及全書告成,修書人均受賞,或升官,或入監讀書,故永樂七年計劃重鈔付梓時,又重新徵召繕書人,則事在已行,惜其未成也。茲先列監修以下姓氏,於括號中標注本文頁碼,以便稽查。其纂修、繕寫人姓氏,以筆劃爲序。

監　　　修	姚廣孝(173)	鄭　賜(174)	解　縉(174)		
副　監　修	劉季箎(174)	梁　潛(174)	李至剛(175)		
都　總　裁	陳　濟(175)				
總　　　裁	王　景(176)	王　達(176)	胡　儼(176)	楊　溥(176)	鄒　濟(176)
	林　環(177)				
副　總　裁	鄒　緝(177)	王　褒(177)	梁　潛(177)	吳　溥(177)	李　貫(178)
	楊　覯(178)	曾　棨(178)	朱　紘(178)	王　洪(178)	蔣　驥(178)	潘　畿(178)
	王　偁(179)	蘇伯厚(179)	張伯穎(179)	梁用行(179)	楊　相(180)	尹昌隆(180)
	高得暘(180)	葉　砥(180)	晏　璧(180)	王　璡(180)	王彥文(181)	余　爕(181)
	劉叔毖(181)	徐　旭(181)	劉　均(181)	蔣用文(181)	趙友同(181)	釋道聯(182)
纂　　　修	方　定(182)	方　佐(182)	王　恭(182)	王　玠(182)	王　琦(183)
	王　瀹(183)	王士謙(183)	王仲壽(183)	王汝玉(183)	王宗旦(183)	王信功(183)
	王時習(183)	王敬先(183)	丘　錫(184)	包　衍(184)	包彝古(184)	田　忠(184)
	石彥誠(184)	朱思全(184)	朱德茂(184)	江　鐵(184)	江奚修(185)	何　澄(185)
	余　璿(185)	吳　福(185)	吳　寧(185)	吳　潤(185)	吳子恭(186)	吳宗直(186)
	吳原頤(186)	呂　昇(186)	宋　琰(186)	宋　緒(186)	宋孟徽(186)	宋子環(186)
	李　曄(187)	李昌祺(187)	李時勉(187)	李孟昭(187)	沈　永(187)	沈　升(187)
	沈　洪(188)	周　文(188)	周　召(188)	周　忱(188)	周　璞(188)	周　翰(188)
	周　麟(188)	周　述(189)	周孟簡(189)	周時立(189)	季　箎(189)	林　圭(189)
	林　誌(189)	林復眞(189)	邵　煇(190)	金　實(190)	俞　允(190)	俞　益(190)
	姚治中(190)	柯　暹(190)	柴　欽(191)	段　民(191)	胡　敏(191)	胡　嶟(191)
	胡　幾(191)	胡　器(191)	范　寧(192)	倪　琮(192)	唐　耕(192)	唐子儀(192)
	唐文楷(192)	夏止善(192)	孫子良(192)	徐　曦(192)	桂宗生(193)	桂宗儒(193)
	桂宗蕃(193)	桂宗環(193)	祖　儁(193)	翁孟學(193)	翁與學(193)	茹　洪(193)
	凌晏如(194)	高　柏(194)	張　洪(194)	張　侗(194)	張　受(194)	張文選(194)

張廷玉(194)　張宗璉(194)　張叔豫(195)　張得中(195)　梁　常(195)　梁　礦(195)

梁　濟(195)　梁宗仁(195)　章　敏(195)　章　謨(195)　郭　雷(196)　陳　全(196)

陳　恭(196)　陳　琦(196)　陳　穀(196)　陳　壽(196)　陳　謨(196)　陳　璉(196)

陳士啟(197)　陳廷傑(197)　陳仲完(197)　陳敬宗(197)　陳孟潔(198)　陳孟京(198)

陸顧行(198)　彭　戩(198)　曾　燧(198)　曾與賢(198)　曾春齡(198)　程宗福(199)

程南雲(199)　黃　珏(199)　黃宗載(199)　黃約仲(199)　楊　昇(199)　楊　欽(199)

楊　璉(200)　楊信民(200)　楊應春(200)　董　琰(200)　廖　敏(200)　熊　倫(200)

瞿　宏(200)　裴仕傑(200)　趙　志(201)　趙　新(201)　趙　濟(201)　趙虜廸(201)

劉　本(201)　劉　曾(201)　劉　泰(201)　劉仕隆(202)　劉仲戩(202)　劉仲鐔(202)

劉伯純(202)　劉良驥(202)　劉維新(202)　樊　敬(202)　歐陽俊(203)　歐陽習(203)

潘　吉(203)　滕用亨(203)　鄧　林(203)　鄧時俊(203)　鄭　肇(203)　鄭　棠(204)

鄭　琳(204)　鄭仲原(204)　鄭復言(204)　盧　翰(204)　蕭　禧(204)　蕭　寬(205)

蕭省身(205)　龍　原(205)　檀　凱(205)　薛　富(205)　戴弘演(205)　顏　嶧(205)

魏　驥(205)　羅仲深(206)　釋大岡(206)　釋宗靜(206)　釋如珪(206)　釋指南(206)

釋善啟(206)　釋璧菴(206)　釋清奇(206)　釋惟寅(207)　釋慧暕(207)

謄錄及圈點生　尹子源(207)　方　正(207)　王師韓(207)　史　常(207)　朱用和(207)

吳　敬(208)　吳　凱(208)　吳伯鼎(208)　金　祺(208)　姜　謨(208)　俞得濟(208)

夏　文(208)　孫　哲(209)　孫　玘(209)　高　盟(209)　陳　雍(209)　陳德剛(209)

曾　貫(209)　黃　童(209)　劉　俊(209)　劉　選(210)　口德遵(210)

存　　疑　林　鴻(210)　陳　廸(210)　曾鶴齡(211)

附　　錄　虞原璩(211)

監　修

姚廣孝

　　《明史》本傳：姚廣孝長洲人。永樂二年四月拜資善大夫太子少師。重修《太祖實錄》，廣孝爲監修；又與解縉等纂修《永樂大典》。（卷145）

　　《太宗實錄》：上覽所進書（按指《文獻大成》）尚多未備，遂命重修，而敕太子少師姚廣孝、刑部侍郎劉季箎及縉總之。（卷36）

　　按《永樂大典目錄》卷首有姚廣孝等進表

鄭　賜

胡儼《資政大夫禮部尙書鄭公賜神道碑銘》：公諱賜，字彥嘉，姓鄭氏，世爲閩之建寧人。洪武甲子以《易經》領鄉薦，明年擢進士，拜監察御史。轉北平布政司右參議。今上時在藩國，公服事惟謹。永樂三年遷禮部尙書。有詔命儒臣纂修《永樂大典》，公實監之。（《獻徵錄》卷33引）

徐學聚《國朝典彙》：永樂四年四月，上視朝之暇，輒御便殿閱書史，或召翰林儒臣講論。嘗問：“文淵閣經史子籍皆備否？”學士解縉對曰：“經史粗備，子籍尙多闕。”上曰：“士人家稍有餘資，皆欲積書，況於朝廷可闕乎？”遂召禮部尙書鄭賜，令擇通知典籍者，四出購求遺書。且曰：“書籍不可較價值，惟其所欲與之，庶奇書可得。”（卷22）

解　縉

《明史》本傳：解縉字大紳，吉水人。洪武二十一年擧進士，授中書庶吉士，甚見愛重。上封事萬言，略曰：“臣見陛下好觀《說苑》、《韻府》雜書，與所謂《道德經》、《心經》者，臣竊謂甚非所宜也。《韻府》出元之陰氏，抄輯穢蕪，略無可採。陛下若喜其便於檢閱，則願集一二志士儒英，臣請得執筆隨其後，上泝唐虞夏商周孔，下及關閩濂洛，根實精明，隨事類別，勒成一經，上接經史，豈非太平制作之一端歟？”成祖入京師，擢侍讀，命與黃淮、楊士奇、胡廣、金幼孜、楊榮、胡儼並直文淵閣，預機務。（卷147）

曾棨《內閣學士春雨解先生行狀》：上方銳意稽古禮文之事，詔修《烈女傳》、《永樂大典》諸書，公爲刊定凡例，刪述去取，並包古今，蒐羅臠括，纖悉靡遺。（《解文毅公集·附錄》）

副　監　修

劉季箎

《明史》本傳：劉季箎初名韶，以字行，餘姚人。洪武中進士，除行人，使朝鮮，擢陝西參政。建文中，召爲刑部侍郎。永樂初，纂修《大典》，命姚廣孝、解縉及季箎總其事。（卷158）

王兆雲《詞林人物考》：劉韶字季箎，以字行。永樂乙酉纂修《大典》，命少師姚廣孝及尙書鄭賜監修，而難其副，乃以命季箎。討論裁決，人多服之。（卷2）

宋端儀《立齋錄》：永樂乙酉，廣召文儒纂修《大典》，命太子少師姚廣孝，禮部尙書鄭賜監修，而擇六卿之式（貳）①有文學者一人爲之副，遂以命刑部左侍郎劉季箎。（北京大學圖書館藏明鈔本卷1引楊士奇撰《劉季箎墓誌》）

梁　潛

---

① “式”他鈔本作“二”，當是“貳”字之誤。按是書有兩種傳本，一題《立齋錄》，此本是也，一題《立齋閒錄》，傳鈔較多。兩本內容相同，而編排次序不同。故此本此條在卷1，而題《閒錄》之本則在卷3。

《萬曆泰和志》：梁潛字用之。授四會知縣，既改陽春，尋召入修《高皇帝實錄》。書成，陞翰林院修撰，兼右春坊右贊善，未幾轉侍讀。會修《永樂大典》，以本院推舉，才學服衆，得與姚少師廣孝共總其事。（卷10）

楊士奇《贊善梁公潛墓碣銘》：潛字用之，永樂元年召修《太祖高皇帝實錄》，書成，陞翰林院修撰。五年，命以本官兼右春坊右贊善，時修《永樂大典》，召至四方儒學老成充纂修及繕寫之士幾三千人，人衆事殷，特命 太子少師姚廣孝、禮部尚書鄭賜總之。已而賜卒，命禮部翰林院就本院推舉才學服衆者代賜，遂舉用之。（《獻徵錄》卷19引。又宋端儀《立齋錄》卷1）

李至剛

楊士奇《中順大夫興化府知府李公墓表》：公諱鋼，字至剛，號敬齋，以字行，華亭人。洪武戊辰舉明經，奉命侍懿文太子。太宗文皇帝入正大統，公來朝，遂以爲通政司右通政。方修《洪武實錄》，公與焉。及修《永樂大典》，四方文儒皆集，仍以公董之。（《東里文續集》卷33）

都 總 裁

陳 濟

《明史》本傳：陳濟字伯載，武進人。讀書過目成誦，嘗以父命如錢塘，家人齎貨以從，比還，以其資之半市書。口誦手鈔十餘年，盡通經史百家之言。成祖詔修《永樂大典》，用大臣薦，以布衣召爲都總裁，修撰曾棨等爲之副，詞臣纂修者及太學儒生數千人，翻秘庫書數百萬卷，浩無端倪。濟與少師姚廣孝等數人，發凡起例，區分鈎考，秩然有法。執筆者有所疑，輒就濟質問，應口辨析無滯。書成，授右贊善。（卷152）

金寔《儒林郎右春坊右贊善武進陳公濟行狀》：先生諱濟，字伯載，姓陳氏，常州武進縣人。嘗以父命游錢塘會稽，從縉紳先生學，從者載泉貨隨之貿遷，比還，先生以其資之半贖書。父奇之，笑曰："汝能盡讀耶？吾弗汝愲。"先生自是益肆力其間，日夜務記覽，聞人有異書，輒假手錄成帙，如是者十餘年，遂貫穿經史百家之言。會朝廷修《永樂大典》，大臣有言先生者，以布衣召至，爲都總裁。時合內外詞臣暨太學儒生衆數千人，繕閱中秘四庫書，浩瀚填委，先生至，則與故少師姚公，尚書鄭公，祭酒學士數輩，詳定凡例，區別去取，莫弗允愜。而六館執筆之士，凡有疑難，輒從質問，一時之人，無不服其該博。書成，擢右春坊右贊善。居輔導之職十有五年，甲辰夏五月，卒於寓舍。年六十一。（《獻徵錄》卷19上引）

沈德符《萬曆野獲編》：陳濟字伯載，中外薦其學行，文皇命召至京，以爲《大典》都總裁。都總裁之名惟元時有之，在本朝未之見，斯亦異矣。今人但知濟曾爲重修《太祖實錄》總

裁耳。①（1959 年中華書局鉛印本下册頁 788）

總 裁

王 景

《明史·董倫附傳》：王景字景彰，松陽人。成祖即位，擢學士。永樂六年卒於官。（卷 152）

按《明史》未言總裁《永樂大典》事。《實錄》稱"命翰林學士王景爲總裁"。

王 達

黃佐《翰林院侍讀學士王達傳》：王達字達善，無錫人。家素貧，嗜學不倦，縣令辟爲鄉校師，改除大同府學訓導。革除年間，以薦入爲國子助教。初，成祖居燕藩，聞達名；及即位，召與語稱旨。太子少師姚廣孝復薦之，遂入翰林爲編修，與修《高皇帝實錄》。尋陞侍讀學士，編纂《永樂大典》，爲總裁。永樂五年六月卒，年六十五。（《獻徵錄》卷 20 引）

胡 儼

《明史》本傳：胡儼字若思，南昌人。少嗜學，於天文、地理、律曆、醫卜無不究覽。洪武中，以舉人授華亭教諭。成祖即位，以解縉薦授翰林檢討，與縉等俱值文淵閣。永樂二年拜國子監祭酒，遂不預機務。儼館閣宿儒，朝廷大著作多出其手。重修《太祖實錄》、《永樂大典》、《天下圖誌》皆充總裁官，居國學二十餘年。（卷 147）

黃佐《南雍志》：永樂二年冬十一月丁巳翰林院進所纂錄韻書，賜名《文獻大成》，上以其未備，遂命重修。以祭酒胡儼兼翰林院侍讀及學士王景等爲總裁，開館於文淵閣，禮部簡能書監生繕寫。（北京圖書館藏鈔本卷 2）

又：五年（按當作六年）冬十一月乙丑進重修《文獻大成書》，更賜名曰《永樂大典》，祭酒兼翰林院侍讀胡儼以總裁有鈔幣之賜。（同上）

楊 溥

《明史》本傳：楊溥字弘濟，石首人。建文二年進士，授編修。永樂初，侍皇太子爲洗馬。（卷 148）

按《實錄》稱："司經局洗馬楊溥爲《大典》總裁。"

鄒 濟

楊士奇《故中順大夫詹事府少詹事鄒公墓誌銘》：公諱濟，字汝舟，餘杭令聘佐教縣學，遂

---

① 按《實錄》只稱"命儒士陳濟爲總裁"，而當時對陳濟實以"都總裁"稱之者。蓋總裁五人，胡儼自永樂二年兼充祭酒，不能專任修書事，王景、王達、楊溥對修書事似非主管，而二王又於永樂五、六年柜繼逝世，總裁中實只陳濟一人，既始終其事，又專力纂修者。故事實上只有陳濟一人總修書之大成。

奉母徙家焉。用翰林修撰李貫舉修《實錄》。詔修《永樂大典》，以五人總裁，而公與焉。①
（《東里文續集》卷 33）

林 環

錢謙益《列朝詩集小傳》：林環字崇璧，莆田人。永樂丙戌狀元，授翰林院修撰，歷侍講，總裁《永樂大典》。（1957 年古典文學出版社鉛印本上冊頁 168）

歐陽熙《綱齋集序》：崇璧先生永樂丙戌廷試第一人，自修撰陞侍講，未及十年而卒。然以文行老成，修《永樂大典》則拔爲總裁。（《綱齋集》卷首）

《侍講林公環傳》：永樂四年廷對第一，授翰林修撰。明年陞侍講，預修《永樂大典》爲《書經》總裁官。②（《獻徵錄》卷 20 引）

副 總 裁

鄒 緝

《明史》本傳：鄒緝字仲熙，吉水人。洪武中舉明經，授星子教諭。建文時入爲國子助教。成祖即位擢翰林侍講，立東宮，兼左中允，屢署國子監事。（卷 164）

陳敬宗《素庵鄒先生哀辭序》：素庵鄒先生仲熙，博學能文，朝廷纂修國史與《永樂大典》諸書，先生筆削之功居多。（《澹然居士集》卷 7）

按《實錄》稱"翰林院侍講鄒緝爲副總裁"。

王 褒

《明史·林鴻附傳》：王褒字中美，侯官人。爲長沙學官，遷永豐知縣。永樂中，詔預修《大典》，擢漢府紀善。（卷 286）

《詞林人物考》：永樂初年朝京師，考上最，已而以文學表修《高廟實錄》，遂擢褒爲翰林修撰。及修《永樂大典》，勅充總裁官。（卷 2）

梁 潛

見監修。按《實錄》，修撰梁潛初爲副總裁，永樂六年陞監修。

吳 溥

楊榮《故國子司業吳君墓表》：君諱溥，字德潤，別號古崖，崇仁人。洪武丙寅舉邑庠弟子員，庚午，領江西鄉薦，乙亥入爲太學生，庚辰試禮部第一，廷對賜進士出身，擢翰林編修。永樂初，與修《太祖高皇帝實錄》，書成，陞修撰。既又纂修《永樂大典》，充副總裁。戊子，用祭

---

① 按《實錄》所載總裁五人無鄒濟，殆後來有人出缺時，濟始補入五人之數歟？

② 按林環實官總裁，故其《送翁敎授序》云，"余時適總裁其事。"又《送陳德剛還莆田序》云，"且余總裁其事。"其在館之實際工作，則爲"《書經》總裁官"耳。

酒胡公若思薦,陞國子司業。(《楊文敏公集》卷20)

李　貫

《中允李貫傳》:李貫江西廬陵人。革朝庚辰進士第三人,爲翰林院修撰。北師入都,貫歸附復官。後陞中允,以姻家累,坐罪下獄死。(《獻徵錄》卷19引)

按楊士奇《鄒濟墓誌銘》,稱"用翰林修撰李貫舉修《實錄》"。又《實錄》稱"修撰李貫爲《永樂大典》副總裁"。

楊　覯

《實錄》云:"修撰楊覯爲副總裁。"其他事蹟無考。

按北京圖書館藏明鈔本《實錄》作楊覯,石印本作楊觀,以《持靜齋書目》卷四《侯助敎詩文集》七卷稱有"永樂九年楊覯序",則作"覯"者是。

曾　棨

袁表《曾襄敏公棨傳》:曾襄敏公棨,字子啟,永豐人。永樂二年進士第一人,授翰林院修撰。上屢摘羣書隱僻事問公,悉能對,以故喜公。明年修《永樂大典》,爲副總裁,陞侍讀。(《獻徵錄》卷18)

朱　紘

《乾隆建昌府志·人物傳四》:朱紘字文冕,南豐人。登建文二年進士,授吏科,改翰林院編修,與修《永樂大典》爲副總裁。紘少聰敏,博稽子史,所著有《仕優稿》。(卷48)

王　洪

《明史·林鴻附傳》:王洪字希範,錢塘人。八歲能文,十八成進士,授吏科給事中,改翰林檢討。與修《大典》。歷修撰侍講。(卷286)

《四庫全書總目提要》:《毅齋詩文集》八卷,附錄一卷,王洪撰。洪爲《永樂大典》副總裁官。《明史·文苑傳》稱王偁預修《永樂大典》,學博才雄,自負無輩行,獨推讓同官王洪,則洪之文章概可見矣。(卷170)

蔣　驥

楊榮《嘉議大夫禮部侍郎蔣君驥墓表》:良夫諱驥,世爲杭之錢塘人。登洪武庚辰進士第,擢官行人。永樂初,以薦與修《太祖高皇帝實錄》,陞翰林院檢討。自是日居秘閣,得盡閱古今天下之書。未幾,復與修《永樂大典》,承命爲副總裁。書成,忽爲人所連,逮,繫獄十有餘年。官至禮部右侍郎。(《獻徵錄》卷35引)

潘　畿

《乾隆永嘉縣志》:洪武歲貢潘畿,字民止,翰林院典籍。修《洪武實錄》、《永樂大典》成,陞檢討。有《樗菴集》。(《溫州經籍志》卷25引)

按《實錄》云："檢討潘畿爲副總裁。"則被任爲副總裁時已陞檢討矣，縣志有誤。

王偁

《明史·林鴻附傳》：王偁字孟敭，洪武中領鄉薦，入國學。永樂初，用薦授翰林檢討，與修《大典》。學博才雄，最爲解縉所重。（卷286）

解縉《廬舟集序》：永樂初，敕修金匱石室之書，繼是復有《大典》之命，內外儒臣及四方韋布士集闕下者數千人，求其博洽幽明，洞貫今古，學博而思深，如吾太史三山王君孟揚者不一二見。（卷首）

《廬舟集·自述誄》：敕修《大典》，萃內外儒臣及四方韋士毋慮數千人，濫竽總裁之例。（卷5）

宋端儀《立齋錄》：翰林檢討閩中王偁與修《永樂大典》。永樂五年有旨：戴頭巾修書。既而以目疾不能到館，侍郎劉季箎奏請；得旨："帶療①仍修書。"初，偁當《大典》諸儒羣集，一日有及凡例未當者，偁曰："譬之欲構層樓華屋，乃計工於箍桶都料，得不有誤耶？"論者謂其取禍□□□宮傳。（鈔本卷1）

蘇伯厚

《弘治建寧府志》：蘇伯厚名垶，以字行，建安人。太宗皇帝即位，伯厚以薦，與修《高廟實錄》，陞翰林院侍書。復與修《永樂大典》，陞檢討。（卷33）

胡儼《有嚴先生墓表》：先生諱垶，字伯厚，世爲閩之建安人。及居翰林，預修國史，繼修《永樂大典》，任總裁，皆能其事。（《胡祭酒文集》卷22）

張伯穎

楊榮《翰林院修撰張公嗣祖墓表》：君諱嗣祖，字伯穎。洪武甲子領江西鄉薦，明年會試禮部，得乙榜，授廣東陽山縣學敎諭。永樂初，以近臣薦，擢翰林五經博士，與修《高廟實錄》。書成，遷檢討。未幾，修《永樂大典》，充副總裁。秩滿陞修撰。所著述有《書題講說》、《中庸析理》、《苦淡齋集》、《無名翁傳》通若干卷，藏於家。（《獻徵錄》卷21引）

梁用行

《嘉靖吳江縣志》：梁時字用行，博學工文章，以氣格爲主，不事纖麗，亦善筆札。少時，遭家籍沒，聚徒講學于長洲。洪武中薦授岷府紀善，遷翰林典籍，修《永樂大典》，充副總裁。有《嘻餘集》。（卷25，王鏊《姑蘇志》卷54略同）

錢謙益《列朝詩集小傳》：梁時字用行，長洲人。洪武中，以善書，選授岷府紀善，遷翰林

---

① "療"《立齋閒錄》本作"鐐"，俱可通。按上文稱"目疾"，則"帶療"近是，惜"取禍"以下字破滅，不知所取何禍。《閒錄》本既作"鐐"，故末句作"論者謂其取禍由此"，不知宋端儀何所據。不有他證，殊難斷"療"、"鐐"二字之是非優劣。

典籍。修《永樂大典》，充副總裁。（1957 年古典文學出版社鉛印本上冊頁 202）

楊　相

楊士奇《從子之宜墓誌銘》：之宜名相，余從兄思貽甫冢子也。永樂二年會試廷對第二甲一名，釋褐爲翰林庶吉士。相素知自重，篤好畜書，在太學三年購積千餘卷，旣登第，一夕盡於火，哭之慟。後悉貲重購之，浸加於舊矣。（《獻徵錄》卷 47 引）

按《實錄》云：“命庶吉士楊相爲副總裁。”

尹昌隆

《明史》本傳：尹昌隆字彥謙，泰和人。洪武中進士及第。永樂二年，冊世子爲皇太子，擢昌隆左春坊左中允，隨事匡諫，太子甚重之。（卷 162）

按《實錄》云：“左春坊左中允尹昌隆爲副總裁。”

高得暘

錢謙益《列朝詩集小傳》：高得暘字孟升，錢塘人。洪武間以文學薦，授敎諭。永樂初，召爲宗人府經歷，與修《大典》，進講東宮。博物洽聞，名重一時。所著有《節庵集》。（1957 年古典文學出版社鉛印本上冊頁225—226）

《四庫全書總目提要》：《節庵集》八卷，《續編》一卷，高得暘撰。得暘永樂初充《永樂大典》副總裁。鄒濟《墓誌》稱：“得暘與修《永樂大典》，分掌三禮，編摩有方。”今核所纂三禮諸條，於前人經說去取，尙爲精審，蓋亦博識之士。（卷 175）

葉　砥

王直《江西饒州府知府葉公砥墓誌銘》：公葉氏，諱砥，字周道，更字履道，上虞人。洪武庚戌公以明經取進士第，得定襄縣丞。己卯求賢，遂起爲翰林編修。永樂初，以吏事被逮，籍其家，惟薄田弊廬，故書數篋而已，事白還之，仍命與史事。會修《永樂大典》，徵天下名儒，命公爲副總裁。稽經考史，無不愜當。平生爲文甚多，號《坦齋集》。（《獻徵錄》卷 87 引）

晏　璧

李贄《續藏書·顏伯瑋附傳》：晏璧廬陵人。官于徐，因爲伯瑋傳其事。（1959 年中華書局鉛印本卷 7 頁 122）

按《實錄》云：“山東按察僉事晏璧爲副總裁。”

王　璡

楊士奇《故翰林侍講王君墓誌銘》：宣德二年三月二日，翰林侍講王進汝嘉卒。自幼喜學問，穎敏異羣兒。嘗坐累謫五開，後舉明經，爲武昌府學訓導，歷九年，陞大庾縣學敎諭。所至盡心，啟迪學者，率見成效。初被召，修《永樂大典》爲副總裁。又召修《四書、五經、性理大全》，書成，皆受重賜，遂陞翰林五經博士。（《東里文集》卷 18，按《吳都文粹續集》卷 45 轉載此文,王進作王璉,是。)

王鏊《姑蘇志》：王璉字汝嘉。少坐累,謫戍五開。後舉明經,爲武昌府學訓導,陞大庾教諭。永樂初,召修《永樂大典》,充副總裁。(卷52)

王彥文

《嘉慶松江府志·古今人傳》：王彥文號益齋,爲府學訓導,陞嘉興知縣。舉修《永樂大典》,領《詩經》副總裁、所著有《詩傳旁通》行世。(卷51)

余 夔

王直《侍講余公墓誌銘》：公諱夔(原名學夔),字一夔,泰和人。永樂甲申以《書經》取進士第,及修《永樂大典》,天下名儒集館閣,以公爲副總裁。(《抑菴文後集》卷33)

劉叔毖

《正史韻姓》：永樂十八年十月湖廣辰州府同知劉叔毖卒。叔毖廬陵人,博學有文。初爲沅陵知縣,陞北京行部員外郎,召修《永樂大典》,爲副總裁。其去沅陵六年矣,沅陵民累累陳乞還,叔毖遂陞辰州府同知。(明鈔本第19冊)

徐 旭

梁潛《修撰徐公旭傳》：公諱旭,字孟昭,姓徐氏,饒之樂平人。幼穎悟,稍長,從其鄉先生蔡仲淵授《春秋》。年三十一,登洪武乙丑科進士。及今上卽位,遷郎中,預修《高皇帝實錄》。明年,拜朝列大夫國子祭酒。又明年,罷爲翰林修撰,俾預修《永樂大典》,爲副總裁。(《獻徵錄》卷21引)

劉 均

王直《劉君宗平墓誌銘》：永樂二年,余取進士入翰林,時初至京師,四方之士相與遊者蓋甚寡,惟翰林有學士解公,侍讀胡公,侍講楊公,直以世契得從容其間;而君亦自大寧教諭與修《高廟實錄》,陞翰林待詔,又自待詔陞檢討,一時同郡進者凡數人,皆篤於鄉誼,往來相善也。太宗皇帝徵天下名儒集館閣,修《永樂大典》,翰林之賢則命爲副總裁,而君在焉。予限以職業,不得。其在翰林與纂迹,早暮盡心,考據精功,不取快一時。君諱均,宗平其字,拙闇其號也,吉水之金灘人。(《抑菴文後集》卷31)

蔣用文

梁潛《靜學齋序》：予在禁林七年,得交遊之士二人焉:烏江蔣君用文,姑蘇趙君友同也。二人者忠信慈厚,而皆跡於醫,皆爲上御醫。方纂修《永樂大典》編古今方,二人者又總裁其事,遂得朝夕往還。久之,蔣君去侍青宮,予亦兼官春坊,進與蔣君接迹而並趣,退而與趙君有校讐講益之雅,相得益密。(《泊菴集》卷6)

趙友同

王鏊《姑蘇志》：趙友同字彥如，長洲人。自少篤學，嘗從宋濂遊。洪武末，任華亭縣學訓導。永樂初，滿考當遷，會姚廣孝言其深於醫，遂授太醫院御醫。又有言其知水事者，詔從夏原吉治水浙西。其後大臣數薦其文學，及修《永樂大典》，遂用爲副總裁。（卷54）

楊士奇《御醫趙彥如墓誌銘》：太醫院御醫趙友同，字彥如，大臣嘗言其文學於上，時方修《永樂大典》，即用爲副總裁。後修《五經、四書、性理大全書》，又用爲纂修，書成，皆被寵賜。彥如卒於永樂十六年四月一日，春秋五十有五。（《東里文集》卷18）

按《四庫全書總目》卷一百七十五著錄友同《存軒集》，稱集首結銜爲“修職郎太醫院御醫兼文淵閣副總裁”，不稱《永樂大典》副總裁，蓋當時制度如此。

釋道聯

喻謙《新續高僧傳四集》：釋道聯字祖芳，晚號拙逸叟，姓陸氏，鄞人也。永樂四年丙戌，朝廷纂修《大典》，再被徵召，命爲釋教總裁。（卷6）

按釋教總裁當作釋教副總裁。

纂 修

方 定

《嘉靖淳安縣志》：方定字志安，號止軒。博學善吟咏。洪武間，以《詩經》領京闈鄉薦，分教在平州，轉海州。預修《永樂大典》，陞長泰縣學敎諭。有《止軒集》傳於世。（卷12）

方 佐

《萬曆寧波府志》：方佐字用輔，鄞人。長遊郡庠，名聲藉藉。永樂戊子貢上春官，卒業太學，預修《大典》。書成，授漳州府檢校，尋改南康府。（卷27）

王 恭

《明史·林鴻附傳》：王恭字安中，隱居七巖山，自稱皆山樵者。永樂初，以儒士薦起，待詔翰林，年六十餘，與修《大典》。書成，授翰林院典籍。（卷286）

王兆雲《詞林人物考》：王恭字安中，閩縣人也。環閩皆山，而恭家故貧，則爲樵；往來羣山中，自稱曰皆山樵者。恭善爲詩，援筆纏纏千言立就。文皇帝四年，有司以儒士薦，強起至京師，年六十餘，老矣。勅修《永樂大典》，同郡王偁爲翰林檢討，同纂修，戲謂恭曰：“君無以會稽章綬故來耶？”恭從容笑謝曰：“吾山中斧柯，幸自無恙，君無深誚我爲矣”。居三年，《大典》成，試詩高第，授翰林典籍。居頃之，投牒歸。著詩數十卷，號曰《白雲樵唱》。其在金陵，曰《鳳臺清嘯》；歸田，曰《草澤狂歌》，軼不盡傳。（卷2）

王 玼

劉球《故貴州宣慰司儒學訓導王公墓誌銘》：有博聞君子，姓王諱玼，字子瑀，號山暉，安福人。永樂改元，大集名儒於文淵閣，纂修《大典》，公以翰林解學士縉薦，預其列，分校後晉五代史。總裁姚少師廣孝，每稱道其從事勤敏，蒙讌賚爲多。（《兩谿文集》卷23）

王 琦

林瓌《陳孺人墓誌銘》：沙堤王母陳氏孺人以洪武壬午十二月二十六日卒。又五年，其子琦，以莆郡進士應善選，赴秘閣與修《永樂大典》。（《絅齋集》卷10）

王 瀹

朱睦㮮《中州人物志》：王瀹字子淸，弱冠舉進士。文皇以其少，遣歸卒業。久之，起授翰林庶吉士，入文淵閣，纂修《永樂大典》。有《退菴集》六卷。（卷4）

王士謙

《光緒安徽通志·人物志·宦蹟·吳原頤附傳》：同邑〔宣城〕王士謙，亦以司訓辟，召修《大典》。（卷183）

王仲壽

《雍正江西通志·人物志》：王仲壽字亮中，樂平人。永樂進士，以翰林庶吉士，預修《永樂大典》。（卷89）

王汝玉

王鏊《姑蘇志》：王汝玉名璲，以字行，長洲人。穎敏強記。[1] 年十七，中浙江鄉試。洪武末，以薦攝郡學，授應天府學訓導，擢翰林五經博士。永樂初，進檢討，再進春坊贊善，預修《永樂大典》。所著有《青城山人集》。（卷52）

王宗旦

笪蟾光《茅山志後編》：王宗旦洪武初由崇禧宮高道選神樂供祀。永樂間，預修《大典》。與學士解縉爲方外交。吏部尙書王英表其墓。詩有《懶雲稿》。（卷末，附《道秩考》）

王信功

陳道潛《戶部主事王君墓誌銘》：宣德四年二月二十八日，戶部主事王君成之卒于京。君諱信功，字成之。永樂癸卯登賢書，隨丁母憂，至丙戌登進士第。時修《大典》，選授翰林庶吉士，與石渠校讐之任。（1931年涵江書局本《洪園編》卷下頁26）

王時習

《雍正江西通志·人物志》：王時習字勉學，南康人。永樂鄉舉，入太學，修《大典》。壬辰登進士，擢御史。（卷90）

王敬先

王直《王敬先墓誌銘》：今上改元之三年，詔修《永樂大典》，徵天下學官及嘗考貢士者，皆

---

① 按《明史》卷152《鄒濟附傳》畧同，唯"穎敏強記"句下多"少從楊維楨學"一句。

使執筆焉。敬先爲郴州宜章縣學訓導，嘗考試於廣西，由是預徵入館閣，來者蓋累百人，然如敬先者不多也。敬先朝入坐館中，編摩讎校，其所去取，皆當乎人心，同列敬服之。書畢，受賞而歸。（《抑菴文後集》卷29）

丘　錫

《弘治建寧府志》：丘錫字永錫，崇安人。博通經史，領洪武乙卯鄉試，授湖廣衡州府學教授，調浙江衢州府學。永樂初，與修《永樂大典》。宣德中，與修《太宗皇帝實錄》，仍乞教職，陞俸，改建昌府學。五爲鄉試考官。致仕歸，好學不倦，年八十卒。所著有文藁若干卷並《崇安縣志》。（卷3）

包　袻

《同治進賢縣志·高士志》：包袻字彥孝，學得家授，著書立言。永樂中與修《大典》，尋以老疾辭，賜歸。授徒養高，從遊者甚衆。其文有《土苴集》。[①]（卷19）

包彝古

楊晨《路橋志畧》：包彝古名昶，以字行，號蘭雪。以明經薦修《永樂大典》。竣事，授蘄水縣。嘗上書請立建文後，謫戍甘肅。有集不傳。（卷上）

田　忠

《弘治建寧府志》：田忠字伯邑，建安人。登永樂甲申進士，選庶吉士，預修《永樂大典》。拜戶部主事，陞南京武庫司郎中，尋改車駕。（卷30）

楊榮《薊門別意圖序》：予友田伯邑，世家鳳陽。洪武初，其祖秀實來爲福建行都司斷事，遂家建寧。伯邑其諸孫也。幼而聰穎，長而敦厚。永樂甲申登進士第，選入翰林讀書，爲庶吉士。方是時，詔修《永樂大典》，伯邑得與纂修。（《楊文敏公集》卷12）

石彥誠

《雍正江西通志·人物志》：石彥誠字誠之，寧縣人。洪武進士，授武義縣丞，召修《永樂大典》，書成，遷知徐聞縣。（卷68）

朱思全

梁潛《題松齋處士潛德卷後》：余昔假令陽江，適金華朱君思全爲丞於廣之新會縣。與陽江接壤。及余至京師，又三年，思全亦來，同預修《永樂大典》，出入秘閣相往還。（《泊菴集》卷16）

朱德茂

據《餘姚縣志》，參閱宋緒條。

江　鐵

---

① 《千頃堂書目》卷18頁14上有楊復《土苴集》五十卷，當是書名相同。

《弘治建寧府志》：江鐵字志堅，建安人。永樂甲申進士，選爲庶吉士，預修《永樂大典》。拜監察御使，陞浙江按察司副使，轉廣東參政卒。（卷28）

楊榮《送浙江按察副使江至堅赴任序》：予友江至堅，少同里閈，既遊郡庠，篤志好學，不事表襮，同列罕及焉。既而予以科目忝官詞林，至堅亦登永樂甲申進士第，與修《永樂大典》；書成，拜監察御史。（《楊文敏公集》卷14）

江奚修

梁潛《送江大尹詩序》：江君奚修，都昌人。洪武中以薦至京師，奉命按事閩越，有能聲。然奚修不事表襮，欲晦迹一時，乃自混於醫，以能醫選爲太醫局官，同預修《永樂大典》，出入秘閣者幾一歲。（《泊菴集》卷6）

按奚修當是字，其名待考。

何　澄

《乾隆建昌府志·人物志》：何澄字源清，號舸齋，新城人。洪武癸酉舉人，敎諭福寧，立敎約十二條，學者興起。陞海康丞。母喪，服除赴闕，修《永樂大典》，居七年，乞假遷母墓。（卷48）

余　璿

《乾隆無錫縣志》：余璿字彥恆，少從王達遊，博學強記。洪武中舉儒士，預修《永樂大典》。（卷30）

吳　福

王鏊《姑蘇志》：吳福字好德，鄞縣人。洪武庚辰進士，禮科給事中，奉使琉球；使回，與修《永樂大典》。又奉敕四門，撫安軍民，陞江西按察司僉事，入爲禮部員外郎，與修《五經、四書、性理大全》，官止福建右布政使。（卷57，又《崇禎吳縣志》卷51）

吳　寧

楊士奇《吳敎諭墓誌銘》：永樂十三年，梓潼縣學敎諭泰和吳寧存淵丁母憂歸，明年二月三日以疾卒於家。存淵洪武癸酉中江西鄉試第六名，丁丑除保寧府梓潼縣學敎諭，又奉府檄攝廣源縣學，敎諸生如梓潼。永樂丙戌，召修《永樂大典》，書成賜楮幣，還職。蓋卒時年五十有九。（《東里文續集》卷36）

吳　潤

《正史韻姓》：吳潤字汝德，常州府武進縣人。補縣學生。永樂初，以楷書起修《永樂大典》。（明鈔本第4冊）

《萬曆武進縣志》：吳潤字汝德，以邑庠生舉修《永樂大典》，除刑部主事。歷知建昌、姚安、廣信三府，累陞雲南按察使，江西布政使。年七十九，卒于家。（卷6）

吳子恭

楊士奇《送吳子恭先生致仕詩序》：安成吳子恭先生明經守道，被召纂修《永樂大典》於中祕，一時四方老師宿儒多在。而通博明正，率推子恭先生。（《東里文集》卷6）

吳宗直

林環《送吳郎中奔母喪還鄉序》：余丙戌春領鄉薦來京師，時某處吳公宗直適贊治春官，余始至以諸生禮謁。既而余忝進士及第，授官翰林，日趨事文淵閣下。時皇上方留意經籍，欲網羅羣書選成《大典》，悉召耆英碩彥，俾贊厥猷。公遂以學行之粹，爲揆路之臣論薦以入。（《絅齋集》卷5）

吳原頤

《光緒安徽通志·人物志·宦蹟志》：吳原頤字師程，宣城人。洪武庚戌以明經辟司訓，遷國子博士，壬午典江西鄉試。永樂間，預修《大典》。同邑王士謙，亦以司訓辟召修《大典》。（卷188）

呂　昇

《正史韻姓》：景泰四年十二月，南京大理寺少卿呂昇卒。昇浙江山陰人，由舉人授溧陽縣儒學教諭，以近臣薦，陞江西按察司僉事，與修《永樂大典》。後調山西按察司，尋陞南京大理寺少卿，以老致仕，至是卒。（明鈔本第24冊）

楊榮《送福建按察僉事呂公考滿復任詩序》：會稽呂公升常，始由溧陽學官，用薦擢江西按察僉事，聲譽赫然。其後，以文學召修《永樂大典》。書成，調官山西，凡二年，復調閩中。（《楊文敏公集》卷14）

宋　琰

李賢《通議大夫南京兵部右侍郎宋公琰墓表》：公諱琰，字廷珪，拙菴其別號也，奉化人。永樂乙未登進士第，選爲翰林庶吉士，預修《永樂大典》，書成，賜白金文綺，授中書舍人，蒞事翰林。（《獻徵錄》卷43引，又《古穰集》卷14。）

宋　緒

宋孟徽

《光緒餘姚縣志》：宋緒字公傳，篤學有志操。永樂初，與仲父孟徽，及同邑趙麐廸、朱德茂、張廷玉，皆被徵預修《大典》。書成授官，緒獨辭曰："願賜歸教授鄉里，不願得官。"上嘉其恬退，許之。（卷23頁9下引《嘉靖志》）

黃虞稷《千頃堂書目》：宋公傳《元詩體要》十四卷。南海鄧林序，稱其嘗與同修東觀書，蓋永樂初，纂修《大典》者。（卷31）

宋子環

楊士奇《越府右長史宋君合葬墓誌銘》：子環字文瑩，〔廬陵人〕。自幼醇厚秀頴，喜學問，從明經師，日勤不懈，舉中永樂三年第二甲進士，爲翰林庶吉士，與修《永樂大典》。書成，被賜賚，擢吏部驗封主事，授承直郎。（《東里文續集》卷34）

李 曄

《光緒杭州府志》：李曄字子華，餘杭人。洪武二十二年除中書舍人。升廣東按察司僉事。永樂間，預修《大典》，除江西參議，卒。（引《乾隆志》）

李昌祺

《明史》本傳：李昌祺名禎，以字行，廬陵人。永樂二年進士，選庶吉士，預修《永樂大典》。僻書疑事，人多就質。擢禮部郎中。（卷161）

錢幹《河南右布政使李公墓碑》：李公昌祺以明經取進士第，簡入翰林爲庶吉士。會修《永樂大典》，禮部奉詔選中外文學之士，以備纂修，公選中列。凡經傳子史，下及稗官小說悉在收錄。與同事者僻書疑事，有所未通，質之於公，多以實歸，推其該博。精力倍人，辰入酉出，編摩不少懈。書進，被宴賚，擢爲禮部主客司郎中。（徐紘《明名臣琬琰錄》卷24）

李時勉

《明史》本傳：李時勉名懋，以字行，安福人。中永樂二年進士，選庶吉士，進學文淵閣，與修《太祖實錄》，授刑部主事；復與重修《實錄》；書成，改翰林侍讀。（卷163）

彭琉《朝列大夫翰林學士國子祭酒李時勉行狀》：永樂癸未中江西鄉試，明年甲申中會試，賜同進士出身。改翰林庶吉士，俾就文淵閣讀書。先生益自淬礪磨濯，造詣精深，同列亦多推讓之。明年預修《永樂大典》。（文津閣本《古廉集》附）

李孟昭

楊士奇《送李孟謙訓導序》：廬陵李草堂先生之季子孟謙訓導分宜縣學，官滿調安慶府學。近見先生冢子石埭教諭孟昭，被召纂修《永樂大典》，與余同在翰林。孟昭端厚溫雅，文行表然。（《東里文續集》卷7）

沈 永

《萬曆興化縣志》：沈永號南谿，永樂間爲醫士，與修《大典》，選入內廷。（卷6）

沈 升

《正史韻姓》：正統十一年二月，太僕寺少卿沈升卒。升字志行，浙江海寧人。登永樂甲申進士，太宗選庶吉士，升與焉。久之，授刑部主事，命修《永樂大典》、《性理大全》諸書。書成，有綵幣之賚。（明鈔本第26冊）

王直《太僕寺少卿沈公墓表》：永樂二年，太宗皇帝復以科舉取士，天下之會試於禮部者凡數千，拔其尤者得四百七十人。海寧沈公志行初以《易經》中浙江鄉試第二，至是會試在十七,及奉大對,占第二甲前列。會朝廷有大著述, 包羅古今, 揆敍萬類, 以爲《永樂大典》。又《四書、五經、性理大全》諸書,時公皆在其中。(《抑菴文後集》卷27)

沈 洪

據《萬曆無錫縣志》,見翟宏條下。

周 文

《正史韻姓》:周文字宗武,仁和人。永樂甲申進士,選翰林院庶吉士。時修《永樂大典》,天下文學之士,咸在館局,獨雅推文有纂述能,聲稱赫起。然亦以是不得終在史館,去爲兵部主事,稍遷員外郎,轉湖廣參議。無何以疾卒。(明鈔本第22冊引《浙江良吏》)

梁潛《贈周主事考滿序》:錢塘周宗武始以進士選爲翰林庶吉士,時修《永樂大典》,天下文學之士抱藝效能,奮其志以精於事者蓋雲集於秘書。凡博聞多識之士與某交之厚者,皆稱其能。(《泊菴集》卷5)

周 召

王直《周公明傳》:先生周氏,諱召,字公明,吉水之泥田人。邃於《春秋》,所著有《春秋望洋》、《策學舉要》,及詩文若干卷,藏於家。太宗皇帝時,纂修《永樂大典》,徵天下名儒,先生前後居館閣者凡六年,其所撰述,少有能及者。(《抑菴文後集》卷34)

周 忱

王直《周文襄公祠堂記》:公周氏,諱忱,字恂如,廬陵人。永樂甲申取進士,太宗皇帝命拔其尤者入翰林,俾進學;公願與其間,上嘉重之,許焉。公日夜奮勵不少懈。時方修《永樂大典》,一時名儒皆集館閣,亦多讓公爲能。書成,授刑部主事。(《抑菴文後集》卷5)

周 璞

《萬曆廬州府志》:周璞巢縣人。國學生,任全州同知,政暇讀書不輟。時大學士解縉以文行重,璞著《韞玉齋記》,韙之。永樂中薦入中秘,預修《大典》。(卷9)

周 翰

《萬曆紹興府志》:周翰字維翰,鄞人。永樂三年中浙江鄉試。明年,會車駕臨太學,獻賦稱旨,詔禮部所選副榜士,就廷覆試,擢翰第一。命進學翰林,預修《永樂大典》。七年除翰林典籍。先是文淵閣以儲古今書籍,歲久卷帙淆亂,翰爲理葺。逾二載,秩然完整,名書要旨,輒能記憶。秩滿,陞檢討,預修《兩朝實錄》。書垂成而病。有文集藏於家。(卷31,楊士奇《東里文集》卷19《故翰林檢討周君墓誌銘》所記事蹟畧同。)

周 麟

《萬曆平陽府志》:周麟臨汾人。幼嗜學,博通五經,中永樂乙酉解元,纂修《永樂大典》。授淸豐敎諭,陞肅府敎授。有詩文遺稿。(卷8)

周　述

《正史韻姓》：正統二年十月，左春坊左庶子兼翰林院侍讀周述卒。述字崇述，江西吉水人。永樂初，曾棨榜進士，除翰林院編修，與修《永樂大典》、《四書、五經、性理大全》。秩滿，陞侍讀，尋陞左春坊左諭德，仍兼侍讀。宣宗登極，預修《兩朝實錄》，書成，進左春坊左庶子，仍兼侍讀。卒于官。（明鈔本第 20 冊）

周孟簡

干直《長史周君墓誌銘》：太宗皇帝改元之初，詔天下設科取士，明年二月，親策士於廷，其第一人得永豐曾棨，其次則吉水周述、周孟簡從兄弟也。孟簡亦拜翰林編修，又與二十八人同讀書禁中，既而與修《永樂大典》。（《抑菴文集》卷 9）

黃虞稷《千頃堂書目》：永樂甲申周述與弟孟簡同及第。初孟簡第二，述第三；傳臚時，上曰："弟不可以先兄。"遂先述。同授翰林院編修，預修《永樂大典》。述累官左庶子；孟簡襄府長史。述有《東墅集》；孟簡有《竹磵集》，又《翰林集》一卷，《西垣詩集》一卷。（卷 18）

周時立

林環《送周時立還吉水序》：永樂乙酉秋，閩藩合多士羣試於有司，時江右之吉水周溪園先生實司文衡，余齒俊造之末，不揆駑庸，見知伯樂。明年春余中禮闈，奉對大廷，拜官翰林。方數月，先生以纂修《大典》，應召來京師，與余偕事於文淵閣，朝濡夕染，蒙先生嘉惠多矣。（《絅齋集》卷 7）

季　篪

《常昭合志稿》：季篪字仲怡，有文學，精於著述。永樂末(初)，以經明行修薦，預修《大典》。授崑山訓導，遷曹縣教諭。所著有《友梅集》、《崑山》《崇明》二志。（卷 30）

林　圭

《道光福建通志·文苑志》：林圭字聖玉，莆田人。洪武初，舉明經，爲寧國教諭。永樂間，嘗應召修《大典》，以老致仕。圭治經有師法，工古文詞，達官至莆者必禮其廬。卒年九十四。（卷 51）

林　誌

錢謙益《列朝詩集小傳》：林誌字尚默，閩縣人。永樂中，鄉試會試皆第一，廷試第二人。除編修，歷右春坊右諭德。扈從南北，纂修皆與。宣德初，卒於官。（1957 年古典文學出版社鉛印本頁 242）

王用威《蔀齋公文集序》：以《易經》領永樂辛卯鄉試，壬辰會試，俱魁多士，廷試賜進士及第第二人。擢翰林院編修，預修《永樂大典》。（萬曆間活字印本卷首）

林復眞

黃虞稷《千頃堂書目》：林復眞《止庵集》，字剛伯，常熟人。龍虎山道士，預修《永樂大典》。歸居致道觀之來雲堂。（卷 28）

邵　煇

楊士奇《國子助敎邵先生墓誌銘》：北京國子助敎邵先生卒。余數過監學，重先生淳厚端雅，蓋良師範也。邵世家福州之懷安，先生諱煇，字時晦，永樂丙戌登進士第，爲翰林庶吉士，預修《永樂大典》，勤於職務，同輩服其能。（《東里文續集》卷 37）

金　實

《明史·桂彥良附傳》：金實開化人。永樂初，除翰林典籍，與修《太祖實錄》、《永樂大典》。選爲東宮講官，歷左春坊左司直。（卷 137）

楊榮《奉議大夫衞府左長史金君用誠墓表》：衞府左長史三衢金君，以正統己未夏五月二十日卒於官。君諱實，字用誠，浙之三衢開化人。自幼穎悟，書過目成誦。壬午，對稱上旨，命入翰林，與修《太祖皇帝實錄》，書成賜以金幣。永樂紀元，擢翰林典籍。修《永樂大典》。未幾，特選爲東宮講官。（《楊文敏公集》卷 20）

黃虞稷《千頃堂書目》：金實《覺非齋文集》二十八卷。字用誠，開化人。永樂初，詣闕上書，稱旨，命入翰林，預修《太祖實錄》，授典籍。又預修《大典》，授春坊司直郎，改授□（衞）王府長史。（卷18）

俞　允

《嘉慶松江府志·古今人傳》：俞允字嘉言，華亭人。後改名永。登洪武二十七年進士，授行人，補楚府紀善。永樂初，敕修《大典》，召授禮部主事，與胡儼、劉季篪、楊溥同在史局。（卷 51）

俞　益

王直《知縣俞公墓表》：宣德十年十一月三十日，潛山知縣臨安俞公以疾卒於官，年六十。公諱益，字友謙，別號鈍菴，其先本河間人。通《春秋》，遂取永樂甲申進士，選爲翰林庶吉士，與修《永樂大典》。書成，授靖安知縣。（《抑菴文後集》卷 25）

姚治中

王直《題姚治中墓碣銘》：永樂初，予在館閣，太宗文皇帝徵天下名儒修《永樂大典》，擇郡縣學有文藝之士，皆命執筆其間，廷佐（治中字）與焉。（《抑菴文後集》卷 36）

柯　暹

《正德池州府志》：柯暹建德人，由擧人預修《永樂大典》，忤權要，繫大獄三載，屛其食不死。出知交趾麗州，尋改知永新，調吉水，九載，特陞雲南浙江二按察使。號東岡居士，善草書，有文集行於世。（卷 6）

黃虞稷《千頃堂書目》：柯暹《東岡集》十二卷。暹字啓暉，一字用晦，池州建德人。年十七，領鄉薦，明年，預修《大典》。尋選入翰林，知機宜文字，進《玄兔詩》。（卷18）

陳敬宗《送浙江按察廉使柯公序》：建德柯公，年十七，中永樂乙酉鄉舉，再會試中乙丑乙榜，卒業太學，與修中秘《大典》，選入翰林。（《澹然居士文集》卷3）

柴　欽

《明史·趙撝謙附傳》：柴欽字廣敬，以庶吉士與修《永樂大典》。言其師（趙撝謙）所撰《聲音文字通》，當采錄；遂奉命馳傳，即其家取之。（卷285）

劉球《翰林柴廣敬傳》：柴廣敬諱欽，會稽餘姚人。永樂癸未奉賢書，明年上春官第進士。會朝廷纂修《大典》，徵天下遺書備採摭。廣敬進言：其師國學典簿趙撝謙，訂《聲音文字通》，可收錄。遂奉命馳傳，即其家取之。既至京師，與纂修職，分修禮樂音韻書。日進退館閣，勞心思於考索編著，卒以劬悴致疾歿，歿時年三十六，乃永樂丙戌七月十日也。（《兩谿文集》卷24）

段　民

《萬曆武進縣志》：段民字時舉，好古力學，精練吏事。永樂甲申進士，改翰林院庶吉士，與修《永樂大典》。除刑部主事，與修《五經、四書、性理大全》，轉郎中。官至南京刑部侍郎。（卷6）

楊士奇《刑部右侍郎段君墓誌銘》：宣德九年二月二十九日，刑部右侍郎段君卒於南京。君諱民，字時舉，登永樂甲申進士第，爲翰林庶吉士。與修《永樂大典》，丁內艱去；服闋，除山東清吏司主事，授承直郎。（《東里文續集》卷37）

胡　敏

《光緒安徽通志·文苑志》：胡敏字伯成，定遠人。洪武己卯舉人，永樂時，與修《大典》。（卷228）

胡　嶟

《嘉慶廣西通志列傳》：胡嶟臨桂人，博學能文章。永樂丁亥，詔徵至京師，與修《永樂大典》。書成，將授館職，以老辭不拜，歸舊隱。（卷257）

胡　幾

《乾隆吉安府志·人物庶官志》：胡幾字啓先，安福人。永樂間，讀中秘書，預修《大典》。（卷42）

胡　器

《正史韻姓》：胡器字士連，江西新淦人。洪武中，由國學生授普安軍民府通判，練子寧薦其賢，陞泉州府知府。召修《永樂大典》，陞貴州按察使。年七十一，乞致仕，從之，歸未幾，卒。

（明鈔本第 4 冊）

范　寧

《弘治太平府志》：范寧字仲寧，以恩入監，與修《永樂大典》。擢北京道監察御史。
（卷19）

倪　琮

林誌《詹事府主簿倪君墓誌銘》：君姓倪氏，諱天瑞，嘉興縣人。子琮，喜學書，以楷書，選
入文淵閣，與修《永樂大典》。（《蔀齋公文集》卷 6 ）

唐　耕

《嘉慶廣西通志列傳》：唐耕字廣耘，臨桂人。洪武丙子舉人，由訓導擢河源知縣，以廉能
遷監察御史，晉國子司業，與修《永樂大典》，卒於官。（卷 256）

唐子儀
唐文楷

《弘治徽州府志》：唐子儀名文鳳，以字行，號梧岡，歙人。以父仲實見重當世，故得從諸
故老游。經史百氏，無不精究，善眞草篆隸書。太守黃希范辟教紫陽書院，尋以文學，徵
於朝。

又，唐文楷①字子彰，幼師呂德昭，亦以善楷書徵至文淵閣，與修《永樂大典》。欲官之，
以母老懇歸，教授於鄉。所著有《拙庵集》。（卷 8 ）

黃虞稷《千頃堂書目》：唐文楷子儀弟，有《拙庵集》，以善楷書，徵與修《永樂大典》。（卷
18）

按《府志》子儀傳不言預修《大典》，參子彰傳，其被徵於朝，蓋亦預修《大典》無疑。

夏止善

《光緒杭州府志》：夏止善（原註云：止一作至。）字復初，餘杭人。性凝靜，不尚華侈。從
鄒濟學，授《春秋》。洪武十八年進士，試北京道監察御史，後以事左遷湖廣松滋縣丞。三十
一年，薦升禮部郎中，預修《高廟實錄》。丁父憂，服闋，仍授前職，於文淵閣編修禮制，兼纂
《永樂大典》。奉使交趾，卒。（引《餘杭縣志》）

孫子良

王直《參政孫公神道碑》：公姓孫氏，字子良，其先大梁人，從宋南渡家杭州。永樂初科進
士，爲翰林庶吉士，與修《永樂大典》。一時館閣皆名儒，而公號能事。書成，詔擇能者四人拜
郎中，公任武選。（《抑菴文後集》卷 24）

徐　曦

---

① 《康熙江南通志》卷 48，文楷作“文奎”，“奎”字疑誤。

黃虞稷《千頃堂書目》：徐曦《大方笑集》十卷。字叔霄，開化人。永樂初，預修《大典》，爲楚府伴讀。（卷18）

桂宗生

陳敬宗《桂紀善輓詩序》：紀善桂公宗生，晉王右傅彥良先生仲子。洪武中，以明經薦達，授知陝州，陞平陽知府。未幾，復以事謫戍遼東。時朝廷大舉禮文之事，於是尙書呂公擧公文學，薦入內庭，與修《永樂大典》。書成而授今職。（《澹然居士集》卷3）

桂宗儒

《萬曆紹興府志》：桂宗儒字文藪，慈谿人。膺貢預修《永樂大典》。書成，授蘄州同知，蒞官有善政。吏部侍郎師道（《縣志》作師遠）以善詩工楷書薦之，文廟召見，卽日拜修撰，居職七年，每應制有作，爲時所稱。（卷31，又《天啓慈谿縣志》同）

桂宗蕃

《天啓慈谿縣志》：桂宗蕃宗儒弟，亦瞻文學，以楷書赴召，偕兄修《大典》。成，將授官，以病瘁告歸，竟不仕。（卷9）

桂宗環

林環《送桂宗環修〈永樂大典〉還慈溪》：儒生一何幸，際此千載期。事成拜榮賚，陛辭遂言歸。（《絅齋集》卷2）

按宗環與宗蕃當亦兄弟行，亦書成辭歸者。

祖 僑

《弘治太平府志》：祖僑字志遠，當塗丹湖人。自少有詩名。永樂中，召修《永樂大典》，仍當得官，僑辭歸，日載酒賦詩。（卷19）

黃虞稷《千頃堂書目》：祖僑《丹淵詩集》二卷，字其遠，當塗人。永樂中預修《大典》。（卷18）

翁孟學

徐有貞《送翁孟學序》：句曲翁君孟學，永樂初，膺薦入文淵閣，與纂修《大典》。書成，且有官矣，而爲不合者所擠，罷歸其鄉。（《武功集》卷1）

翁與學

林環《送翁教授序》：寧波之慈溪翁先生與學，以教授南康滿秩來京師，時朝廷方纂修《永樂大典》，先生用薦入秘閣，與編摩之選。余時適總裁其事，與先生處者不啻三閱月。《大典》先成，先生以前秩改授湖廣之德安。（《絅齋集》卷5）

茹 洪

邵寶《晚樂茹公墓誌銘》：茹洪國朝永樂中以諸生被徵修《大典》諸書，書成，授壽光丞，卒

於官。(《容春別集》卷 7)

凌晏如

　　《正史韻姓》：宣德九年八月行在都察院右僉都御史凌晏如卒。晏如湖州歸安人，以善書，預修《永樂大典》，擢吏科給事中。仁宗皇帝即位，陞都給事中。宣德二年行在吏部薦爲都察院右僉都御史，以疾卒。(明鈔本第 18 冊)

高　相

　　周忱《鄉貢進士高君墓表》：君諱相，字景陽，其先爲光州固始人。五世祖定公因宦遊閩中，遂占籍於侯官縣。永樂乙酉，〔君〕以《春秋》領福建鄉薦，明年上春官，登名太學，與天下士同修《大典》於中秘，翰林諸君子雅相奇重。方將期其顯用，而君遽以疾卒於旅寓，時丁亥正月十六日也。(《雙崖文集》卷 3)

張　洪

　　《乾隆蘇州府志·人物十五》：張洪字宗海，本姓侯氏。建文初，以通經薦爲靖江王府教授，病免。永樂初，徵爲行人。以薦召入文淵閣，修《永樂大典》，陞司副。(卷 61)

張　侗

　　《光緒杭州府志》：張侗字愿中，仁和人。永樂二年進士，授工科給事中，以不長封駁，改永寧判官。素優文學，徵修《永樂大典》；書成，改中書舍人。擢左春坊中允，歷官太僕寺少卿。(引《乾隆志》)

張　受

　　李賢《進賢縣學教諭張先生墓表》：先生諱受，字應祥。自幼穎悟，迥出等夷，時翰林王欽止師道尊嚴，先生往受學焉。大肆其力於經史子籍，乃入郡庠。永樂丁亥召入文淵閣，與修《大典》。明年秋闈，遂中高第。(《古穰集》卷 15)

張文選

　　《正史韻姓》：張文選字士銓，永嘉人。永樂丙戌進士，選翰林院庶吉士，薦入文淵閣，纂修《太祖實錄》及《永樂大典》。年三十六卒。(明鈔本第 15 冊)

　　周旋《故庶吉士張公墓表》：先生諱文選，字士銓，永嘉人。永樂乙酉以《易經》魁鄉試，明年丙戌對策大廷，登第二甲，賜進士出身，選入翰林，充庶吉士。入文淵閣，預修《太祖實錄》、《永樂大典》，尋以服勤致疾，永樂丁亥十月廿日卒，年三十六。(《畏菴集》卷 9)

張廷玉

　　據《餘姚縣志》，參閱宋緒條。

張宗璉

　　楊士奇《常州府同知張重器墓碣銘》：宗璉字重器，吉水人。初舉兩鄉貢，皆中，遂登永樂

二年進士第，爲翰林庶吉士，預修《永樂大典》。書奏，授刑部主事。（《東里文集》卷 17）

張叔豫

《乾隆吉安府志·人物庶官志》：張叔豫字順動，永新人。鄉薦第一，永樂四年進士，選庶常，與修《永樂大典》。所著有《忍菴稿》。（卷 42）

張得中

《萬曆寧波府志》：張得中字大本，鄞人。從邑庠訓導王孟賓受《易》，得專門奧旨。永樂改元，徵茂才，歷政地官。明年，奉勑往山西樹藝，適大比，因就試中第。尋登曾棨榜進士，授刑部主事，隨改工部，所歷皆有能聲。繼改應天江寧令。丙戌，以禮部郎中鄒濟薦，預修《永樂大典》，書成還職。年四十六，以疾卒。得中性嗜書史，自起家至歷官，無日不親筆硯。所著有《思牧集》、《書圖擷英》。（卷 27）

黃虞稷《千頃堂書目》：張得中《江村吟稿》，又《思牧齋集》。字大本，鄞縣人。刑部主事，改江寧知縣，以廉能稱。嘗預修《永樂大典》。（卷 18）

梁　常

《弘治溧陽縣志》：梁常字宗常，永定鄉人。永樂間纂修《永樂大典》，授玉山知縣。（卷 4）

梁　礪

《弘治溧陽縣志》：梁礪字子善，以楷書纂修《永樂大典》。歷事都察院，授右軍都督府都事，後改大興縣知縣。（卷 4）

梁　濟

《弘治溧陽縣志》：梁濟徵修《永樂大典》，授臨海縣知縣。（卷 4）

梁宗仁

王洪《鶴溪書舍記》：毘陵爲京輔望郡，而山水佳者曰鶴溪。鶴溪之民族盛而良者曰梁氏，其子弟敏而好問學者曰宗仁。會今聖天子開中秘，召天下儒士修《永樂大典》，宗仁遂以儒薦入館閣。余承乏禁林，竊好其爲文，締交焉。（《毅齋詩文集》卷 6）

章　敞

楊榮《故嘉議禮部左侍郎章君墓誌銘》：君諱敞，字尚文，別號質菴，世居越之會稽。自幼穎敏嗜學，爲父母鍾愛。暨長，爲郡庠生，師友咸器重之。永樂癸未領鄉書首薦，明年登進士第，選入翰林爲庶吉士，偕狀元曾棨等二十八人續學中秘，與修《永樂大典》。壬辰冬，授刑部主事。（《楊文敏公集》卷 24）

章　謨

《正史韻姓》：章謨字尚宏，浙江黃巖人。初爲廣東番禺知縣。永樂初，以求賢舉陞泗州知州,召修《永樂大典》。書成,陞兵部郎中。又預修《性理大全》等書,陞山東左布政使。後調廣西,宣德八年十月以疾卒。(明鈔本第 1 冊)

郭　雷

《同治泉州府志》:郭雷字惟永,晉江人。有文名,精楷書,貢春官,與修《永樂大典》,欽賜翰林院庶吉士。(卷 54)

陳　全

陳循《翰林侍講陳先生果之墓誌銘》:先生諱全,果之其字,自號蒙菴。永樂乙酉領鄉薦,明年會試及第第二人,擢翰林編修,預修《永樂大典》。書成,召赴行在,修《性理大全》諸書。(《芳洲文集》卷 8)

《正史韻姓》:陳全,長樂縣人。永樂丙戌進士第二人,授翰林編修,修《永樂大典》。書成,召赴行在,修《四書、五經、性理大全》。書成陞侍讀,署翰林院事。祀鄉賢。① (明鈔本第 7 冊引《福建文苑》)

陳　恭

《萬曆紹興府志》:陳恭字孟起,舉永樂乙酉鄉試,與修《大典》,歷政秋官,出判興化府事,陞工部營繕司郎中。(卷 29)

陳　琦

林誌《江西提刑按察司僉事陳君墓表》:君諱琦,字公琰,福安人。登乙酉鄉薦,旣殿會試,養銳於太學。會選工書翰者,得與修《永樂大典》。復試禮部,中己丑會闈。(《韑齋公文集》卷 8)

陳　轂

楊士奇《御史陳轂乃父挽詩》:行己嚴三畏,傳家守一經。選才成《大典》,膺召謁彤庭。草露俄乘化,松塋已勒銘。平生知不泯,有子嗣芳馨。(《東里文續集》卷 58)

陳　壽

《弘治徽州府志》:陳壽字克永,婺源人。以儒學生中永樂元年鄉舉,入翰林,預修《大典》。書成,除典籍。平生富於文學,號樗菴。(卷 8)

陳　謨

《同治進賢縣志·仕績志》:陳謨字古訓,八都人。永樂初,選貢中秘,與修《永樂大典》。歷中書,擢禮部主客主事,儀制郎中,爲尚書胡濙所重。(卷 17)

陳　璉

王直《送陳經歷序》:太宗皇帝臨御之初,詔修《永樂大典》,天下鴻儒碩師及郡縣學聰明

---

① 　《萬曆福州府志》卷 61,徐𤍣《晉安風雅·詩人爵里》,並稱陳全著有《蒙庵集》。

才俊之士，皆選拔詣館閣，會者蓋千餘人。予時爲翰林庶吉士，故一時在館者多相知。皆奮勵感發，各有以自見；書成得官，人人皆足以立事，有名於當時。至今相遇論及當時修書時事，其意猶若相親也。錢塘陳璉汝器，① 蓋當時聰明才俊之一也。（《抑菴文後集》卷 20）

陳士啓

王直《陳參政傳》：公陳氏，諱雷，字士啓，一字震之，其先自金陵徙居泰和。永樂初，詔設科取士，公曰"可矣"，遂以《易經》中高第。選入翰林，爲庶吉士，與修《永樂大典》，以精博得名。書成，擢爲祠祭郎中。（《抑菴文後集》卷 34）

楊士奇《故中奉大夫山東布政使司右參政陳君墓碑銘》：士啓諱雷，既以字行，遂別字震之。永樂元年，興賢詔下，邑大夫舉士啓，遂選中江西鄉試，明年中會試禮部，廷試賜進士出身。召入翰林爲庶吉士。修《永樂大典》，辨博明敏，同列推其老誠。翰林編修周述言於朝："陳士啓才行有爲有守。"起擢禮部祠祭郎中，授奉議大夫。（《東里文續集》卷 27）

陳廷傑

楊士奇《陳廷傑墓表》：莆田陳廷傑，儒君子也。賢其諱，廷傑其字，安順翁其晚年別字也。色莊而氣和，內仁而外方。召修《永樂大典》，考閱讎校必究心。（《東里文集》卷 15）

梁潛《送陳教諭序》：皇上啓秘閣圖書，躬示軌度，統貫萬類，成書三萬七千餘卷，命卜日以進。既進，覽之大喜，賜名《永樂大典》。所召四方士，皆加賜遣還。湖口縣學官陳廷傑先生，今翰林侍講林君環所嘗從遊而受業者也。先生之去，林君求予文以贈。（《泊菴集》卷 6）

陳仲完

楊士奇《陳仲完傳》：陳仲完名完，以字行。陳故福州長樂儒家；仲完自少勤學問，攻經術。洪武甲子應進士舉，中鄉試。永樂初，詔百司舉賢材，翰林修撰王褒舉仲完學行，徵至以爲翰林編修。明年詔簡東宮官，擢左春坊左贊善，仍兼編修。奉命修《永樂大典》，書成，奉儲君命，授皇孫經，啓迪尤多。（《東里文續集》卷 43）

陳敬宗

《明史》本傳：陳敬宗字光世，慈谿人。永樂二年進士，選庶吉士，進學文淵閣，與修《永樂大典》。書成，授刑部主事。（卷 163）

黃佐《南雍志》：陳敬宗字光世，慈谿人。少勵志問學，取永樂甲申進士。館閣鉅公，知其俊才，選入翰林爲庶吉士。會大召名儒纂修《永樂大典》，命敬宗等考正訛謬，書成，授刑部主事。（舊抄本卷 19）

《天啓慈谿縣志》：陳敬宗，字光世，天分高明，力學不懈。永樂二年曾棨榜進士。詔修《永樂大典》，及《太祖高皇帝實錄》，事竣，賜以文綺，授刑部主事。十二年，召修《性理、五經、

---

① 按《千頃堂書目》卷 18 著錄陳璉《琴軒集》30 卷，字廷器，東莞人，當是永樂間另一陳璉。

四書大全》,改翰林侍讀。後預修《北京志》。宣德改元,復修《太宗文皇帝、仁宗昭皇帝二廟實錄》,陞南京國子司業。秩滿,陞祭酒,以師道自任。著有《澹然集》若干卷行世。(卷7)

陳孟潔

楊士奇《翰林庶吉士陳孟潔墓誌銘》:孟潔陳氏,諱廉,以字行,其先避五代之亂,繇金陵徙泰和。永樂乙酉,以國子生中應天府鄉試,明年中會試禮部,遂擢林環榜第二甲進士,授翰林庶吉士。與修《永樂大典》,爲校正官。(《東里文集》卷18)

陳孟京

楊士奇《陳孟京墓誌銘》:孟京諱昌,姓陳氏,以字行。登永樂四年進士第,授翰林庶吉士。陳故泰和簪纓家,孟京少孤,貧苦嗜學。永樂元年中江西鄉試,四年會試禮部中前列,廷試在第二甲。時朝廷廣召文學之士,纂修《永樂大典》,孟京與編校,晨入晚出,未嘗以私廢。其博達明愼,老師宿儒多讓之。(《東里文續集》卷38)

陸顧行

徐有貞《送衞府典儀陸顧行先生致仕還雲間》:陸先生乃是平原孫子,雲間之豪英。金馬門前獻三賦,白虎觀中論五經,當時諸儒盡推許,聲價翕赫傾公卿。注云:"顧行初以布衣召與修《永樂大典》,嘗奏詩賦稱旨,總裁諸公皆推重之。""顧行修書成,當得美除,不悅者沮之,出爲廣平縣丞。久之,乃轉今官。"(《武功集》卷5)

彭戩

據《萬曆無錫縣志》,見翟宏條。

曾燿

王鏊《姑蘇志》:曾燿①字日章,以字行,吳江人。博學有材智,受《春秋》於魯道源。洪武間,以歲貢授黃陂知縣,秩滿,以最聞,陞翰林侍讀,同修《永樂大典》。(卷52)

曾與賢

楊士奇《故翰林庶吉士曾君墓誌銘》:吾友曾君與賢,自吾布衣時與之好,後同在翰林五年,往還意甚厚。與賢自幼淳厚端謹,從學蕭尙仁先生父子之門,治《書經》,邑大夫簡充學弟子員,登永樂甲申進士第,爲翰林庶吉士,預修《永樂大典》。寅出酉歸,恭謹職務。時四方博聞宿學多在,咸重與賢,而期其遠且大也。書未進,以病卒於官,戊子歲三月十五日也,享年四十有一。(《東里文續集》卷35)

曾春齡

楊士奇《曾春齡墓表》:夫春齡②世簪纓家,〔祖〕九韶,國朝洪武初爲沔陽黃蓬湖泊官,生

① 《明詩綜小傳》(卷17)作曾烜。

② 劉球撰《曾鶴齡行狀》作曾椿齡。

伯高,俱有學行。伯高二子:春齡其長也,次鶴齡。兄弟之學,皆得於家訓。永樂乙酉,兄弟
皆中江西鄉試,鶴齡幼,然前列。明年,鶴齡留侍養,春齡獨赴會試禮部,選前列,廷試賜進士
出身,授翰林庶吉士。時方修《永樂大典》,春齡與所徵四方耆儒碩學,任編纂之事,衆皆譽春
齡學識爲優。是年八月以疾卒,春秋裁三十有三。(《東里文續集》卷32頁)

程宗福

曾棨《處士名哲程公墓誌銘》:余嘗忝爲《永樂大典》總裁,因得識四方賢雋之士。於時新
安程宗福,緜緜舉弟子員,以能書選。其爲人勤敏退讓,縉紳大夫皆器重之。書成,入補太學
生。後幾十年,予以扈從北京,則知宗福自太學出使閩中,坐事謫爲長史掾屬。(明刻本程大
藩等編《程氏家乘》引)

程南雲

《正史韻姓》:程南雲南城人。永樂中以能書徵起,與修《永樂大典》。授中書舍人。尤精
篆隸,爲時所尙。累官太常寺卿。(明鈔本第18册)

黃　珏

楊士奇《東阿縣儒學訓導黃先生墓表》:東阿縣儒學訓導黃先生諱珏,字某,別字憺翁,
其先自江夏徙南康之都昌。洪武乙丑,縣令丞聘爲學訓導,無幾,調安東縣學。徵修《永樂
大典》,被旨試文章,先生第一,蓋將用之,而以老疾辭。《大典》成,受賜賚,復還安東。其
纂修居京師六年,是時天下老師碩儒,皆以纂修召至,而先生表然衆人之中。(《東里文集》
卷15)

黃宗載

王直《南京吏部尙書黃公神道碑》:黃公宗載,於豐城爲大家。年十五已能爲里塾師,選
爲郡庠弟子,從熊伯機受《春秋》,遂取進士,爲行人。永樂癸未,以賢舉,授湖廣按察僉事。
丙戌,徵詣文淵閣修《永樂大典》。書成,受賞而歸。(《抑菴文集》卷7)

黃約仲

《乾隆莆田縣志》:黃約仲名守,以字行。少負才名,永樂初,開館徵天下名儒,應詔至京,
成祖試《上林曉鶯詩》、《天馬歌》,擢第一。官翰林典籍,預修《永樂大典》、《四書、五經、性理
大全》諸書,書成進檢討。(卷22)

楊　昇

彭時《尙書楊公墓碑銘》:公諱寧,字彥謐,姓楊氏,世爲錢塘人。父諱昇,有文學行誼,卒
官徽州府學教授,因留家焉。適其父承詔預修《永樂大典》,公隨侍至京。(徐紘《明名臣琬琰
續錄》卷4)

楊　欽

《弘治太平府志》：楊欽習《尙書》，以儒士修《永樂大典》。居祕閣，有"得覩人間未見書"之咏。事竣辭。（卷20）

楊　璉

王直《贈袁知縣歸省序》：蒲城楊璉，始遊鄉校，領薦書入館閣，與修《永樂大典》。書成試事都察院，有能名，於是擢爲大興令。（《抑菴文後集》卷18）

楊信民

王直《姓源珠璣序》：《姓源珠璣》江陰楊信民所著也。信民博洽多聞，嘗爲日照知縣。太宗皇帝在位時，修《永樂大典》，徵天下文學之士集館閣，信民與焉。（《抑菴文後集》卷15，又宣德刻本《姓源珠璣》卷首）

楊應春

彭義《補拙集序》：〔應春〕永樂乙酉秋領蜀之鄉書，明年下第。登太學，與修《永樂大典》，去取公中，筆力遒勁，臺閣文章鉅公，深加器重之。書成，遂擢官天曹。①（北京圖書館藏正統刻本《補拙集》卷首）

董　琰

《正史韻姓》：永樂十八年二月趙府右長史董子莊卒。子莊名琰，江西樂安人。博學有操行。洪武壬子舉鄉貢，免會試，除雲南學官。後用薦擢廣東茂名知縣。永樂中，與修《大典》，陞北京國子監司業，再陞趙王府右長史。（明鈔本第22冊）

廖　敏

《同治南康府志·人物志》：廖敏字悅學，星子人。建文四年中鄉薦，後選入內閣，修《永樂大典》。任刑部主事。（卷17）

熊　倫

楊士奇《誠意堂記》：翰林院檢討解榮文夫，以其邑熊自誠之子倫謁余。自誠吉水人，其居近學宮，其子倫，今以鄉貢進士居太學，預修《永樂大典》云。（《東里文續集》卷3）

翟　宏

《萬曆無錫縣志》：翟宏字弘道，舉明經，永樂初敎授寧府，有詩文集。時余璠以儒士，茹洪、沈洪、彭戩、潘吉以楷書，舉修《永樂大典》。後各授官有差，皆知名一時云。（卷16）

裴仕傑

《同治徐州府志·人物·藝術傳》：裴仕傑，徐州人。通儒書，習陰陽之術。永樂初，徵天下儒碩纂修《大典》，仕傑以陰陽家與焉。（卷22）

---

① 楊榮《楊文敏公集》卷24《贈吏部稽勳司主事楊君墓誌銘》云，"預修中秘書，書成，授吏部稽勳司主事。"與彭義序互證，"預修中秘書"即"與修《永樂大典》"，而"擢官天曹"，即"授吏部稽勳司之事"也。

趙　志

王直《送趙縣丞歸南城序》：南城丞趙志，憶余初與南康金鼎正安、盧翰邦臣，同爲翰林庶吉士，且比屋而居，相得也。時朝廷方修《永樂大典》，凡有文學者皆得薦舉，志時在星子縣幕，被薦入館閣，與編摩，能勤於其事，正安、邦臣極稱道。書成，受賞賚，陞撫之宜黃令。（《抑菴文後集》卷8）

趙　新

《正統富春誌》：趙新字日新，號善齋，以五經中永樂乙酉科鄉試。入太學，與修《永樂大典》。用選，歷事都院，尋授工部屯田司主事。（卷6）

《正史韻姓》：景泰三年十二月致仕吏部尚書趙新卒。新浙江富陽人，由舉人入太學，永樂三年以善書，選修《永樂大典》，拜工部主事。正統十四年陞吏部尚書，景泰二年致仕，卒。（明鈔本第25冊）

趙　濟

《乾隆建昌府志·人物傳四》：趙濟字汝梁，南豐人。少有文名，貫穿百氏，筆端沛然有餘。永樂癸未舉於鄉，明年登第，選翰林院庶吉士，與修《永樂大典》，書成，賚錫有加，改主事。（卷48）

趙虞迪

據《餘姚縣志》，參閱宋緒條。

劉　本

《雍正浙江通志·文苑三》：劉本字維源，永樂丙戌進士。先是成祖選曾棨諸人，肄業文淵閣，上時至閣中，或召至便殿，搜奇書僻事，以驗所學。於是榜選十一人，本與焉。同修《永樂大典》，校讎文淵閣。一日忤旨，發口外爲民，尋召還爲編修，以疾卒。（卷180）

劉　曾

《乾隆吉安府志·文苑志》：劉曾安福人。永樂中，安府紀善，預修《大典》。平生豪宕尚氣節，能文，稿曰《鳴盛》。有《學庸解》、《論語問擬》、《太平十五策》，皆切時務。（卷48）

劉　泰

《正統彭城志》：劉泰字致亨，①彭城人也。少穎悟，遊鄉校，習《春秋》，即能通大意。中洪武丙子鄉選，初授山西陵川縣學訓導，以事謫戍泗州。洪武壬午扈駕渡淮，以功授萬戶事。永樂初元改文秩，授建寧府通判。永樂六年，陞禮部員外郎，監修《永樂大典》，十年書成，上賜宴賞鈔以勞之。十一年，改授儀部。宣德五年陞奉政大夫戶部福建清吏司郎中，正統元年以老致政。泰性好學，多所記覽，臨事尤明敏，故歷仕有聲云。（卷8）

① 按《同治徐州府志·人物志》載"劉恭字政亨"，蓋"恭"爲"泰"字之誤，"政"爲"致"字之誤，實係一人。

按"監修"，"十年書成"等句均有誤。

劉仕隆

程大位《算法統宗》卷首：夫難題昉於永樂四年，臨江劉仕隆公，偕內閣諸公預修《大典》，退公之暇，編成雜法，附於《九章通明》之後。

劉仲戩

周忱《送劉大尹赴天官序》：廬陵劉君仲戩，早以明經登胄監，選入中秘，纂修《大典》，應求賢詔，擢宰越之餘姚縣。（《雙崖文集》卷 2）

《道光廬陵縣志·人物·庶官志》：劉祉字仲戩，坊廓鄉人。由郡學生入監，與修《永樂大典》。成，授餘姚知縣。（卷 29）

劉仲鐔

梁潛《送劉教諭序》：廬陵劉君仲鐔，舉於鄉而入太學，選修《永樂大典》，在禁林者幾三年。時學士解公與祭酒胡公總裁其事，仲鐔未嘗斯須去其側。搜閱秘典，遇奇事隱語，即俾仲鐔錄示館中之士。或有所考索以上進者，必仲鐔書之，乃以進；否則，不得書，不以進也。蓋仲鐔性穎敏，又知所畏慎，他人勤者或不敏，敏者又不能慎，惟仲鐔敏而慎，故學士諸公皆賢仲鐔。（《泊菴集》卷 6）

劉伯純

鄭棠《劉伯純誄辭序》：筠西劉先生以明《易》學，膺薦職欽天監中，時天下術學之士萃集，先生名高其間。《大典》之修，選其尤才識長者登館閣，校讎成書，余因得與先生往來，參講接論，知其該博百氏之書，又其間之巨擘者也。（《道山集》卷 3）

劉良驥

《道光廬陵縣志·人物庶官志》：劉良驥字致遠，石溪人。永樂間由歲計補國子生，與修《大典》；成，授兵部車駕主事，出掌池州馬政。（卷 29）

劉維新

《正統彭城誌》：劉維新字志善，徐州人。初爲郡庠弟子員。永樂五年，朝廷修《永樂大典》，維新以善書見徵。（卷 8）

周孟簡《送劉中書考滿詩序》：中書舍人劉君至善，彭城人也。敦厚謙和，直而有守。永樂初，嘗以繕書選，得從事於館閣。余時濫官翰林，嘗預纂修之末，因爲朝夕與俱，雅愛重之。越十有一年春，至善始拜今官，余復喜得同朝而偕爲天子近臣矣。（《正統彭城誌》卷 18 引）

樊　敬

《正史韻姓》：樊敬字公愼，縉雲人。洪武甲戌舉明經，任金華府庠司訓。年二十一，行誼純正，學者宗之。秩滿，陞婺源敎諭。永樂丙戌應召入文淵閣，修《大典》。戊子，擢工科給事中。官至江西右參政。（明鈔本第 8 冊）

楊士奇《送樊參政序》：括蒼樊公愼歷敎郡縣學，被召入翰林，預修《永樂大典》。（《東里文集》卷 5）

歐陽俊

王直《主事歐陽君墓表》：君歐陽氏，諱俊，字允俊，泰和蜀江里人也。永樂甲申，以《詩經》中進士，選爲翰林庶吉士。會纂修《永樂大典》，天下名儒碩師往往多在，君執筆編校，精審無缺失，由此益知名。書成，擢禮部主事。（《抑菴文後集》卷 25）

歐陽習

劉球《故富陽縣丞歐陽府君墓誌銘》：府君諱習，字遵學，自號其室爲悅齋，聚書至數千卷，日閱覽無怠。永樂初，吳中允仲平薦入文淵閣，預纂修《大典》。書成，賜冠帶。（《兩谿文集》卷 23）

潘 吉

據《萬曆無錫縣志》，見翟宏條。

滕用亨

王鏊《姑蘇志》：滕用亨初名權，字用衡，後避諱更今名，長洲人。問學辯博，文詞爾疋，尤精六書之學。永樂三年被薦，時年幾七十矣；召見面試篆書，用亨作"麟鳳龜龍"四大字以獻，又獻《禎符》三詩，稱旨，授翰林待詔，預修《永樂大典》。在官四年，卒。（卷 54）

鄧 林

《萬曆新會縣志》：鄧林字仕齊，初名彝，又名觀善，成祖更之曰林。洪武丙子舉人，初爲廣西貴縣敎諭，素嗜學，能爲古詞章詩賦。考滿至京，大學士楊士奇、祭酒李時勉閱其所作，相謂曰："嶺南一代文人也。"留史館，修《大典》，凡五年。尋出敎南昌，任滿，遷吏部驗封稽勳二司主事。時翰苑諸公多與之爲文字交。宣德四年忤旨，謫杭州，日與杭士大夫遊湖山，相唱和，忘其身之在謫也。仁和陳震編梓之，曰《湖山遊詠錄》，督學田汝成多採其詩入志中。後會稽陳贄參議廣東，爲梓《退菴遺集》[①] 行於世。（卷 4）

鄧時俊

《乾隆吉安府志·人物志·庶官志》：鄧時俊字仲清，永豐人。洪武進士，任刑科給事中，以直諫出爲驛丞者再。後召入，與修《大典》，陞考功司主事，出補衢州通判，卒。（卷 42）

鄭 肇

《弘治徽州府志》：鄭肇字太初，歙人。早爲郡庠生，治《詩經》，累舉弗偶。永樂丙戌貢登

---

① 《四庫全書總目》卷 175《退菴稿提要》亦稱鄧林"預修《永樂大典》凡五年"。

太學,會修《永樂大典》,被選與事。自總裁而下,多器重之。書成,受賞勞宴賜。久之,授處州遂昌知縣,改莒州之沂水,卒於官。(卷8)

鄭 棠

《雍正浙江通志·文苑四》:鄭棠字叔美,浦江人。與弟柏俱受業宋濂之門,以文詞知名。棠尤善馳騁,永樂初與纂修《大典》,除翰林院典籍,陞檢討,以疾辭歸。所著有《金史評》、《元史評》及《道山集》二十卷。(卷181)

黃虞稷《千頃堂書目》:鄭棠《道山集》二十卷。永樂初,預修《大典》。故選侍仁宗於東宮,授檢討,告歸,卒。(卷18)

鄭 琳

林誌《松隱處士墓碣銘》:鄭舜咨字均俞,閩長溪人。男五人:琳、琛、璣、璟、琯,以才學登成均上舍,嘗入祕閣修《永樂大典》,由壬辰進士亞榜,分敎圻甸,今爲縣尹。①(《韠齋公文集》卷7)

鄭仲原

鄭棠《祭鄭溧水令文》:維年月日,翰林典籍鄭棠,謹遣曹乙以庶羞淸酌之奠,祭於亡友故溧水知縣鄭仲原之靈:嗚呼!友朋之間,豈曰無人,志同道合,孰有如君!永樂之初,同應徵辟,纂修文館,聯袂出入。期約成書,告歸田里,往來過訪,娛情文史。豈意逾年,詩文選留,私相愧悔,年少與儔。我叨末職,君復校讎,雖各事牽,暇則同遊。君明《易》理,釋我隱憂,喪子之戚,交相解愁。倏經六載,困窮羈旅,誼雖友朋,情實兄弟。大臣薦舉,作邑溧水;冰蘗之守,人不堪處,政聲翕然,名傳遐邇。(《道山集》卷3)

鄭復言

《雍正浙江通志·文苑三》:鄭復言鄞人,永樂丙戌進士,選庶吉士,讀中祕書,鈎纂精微,預修《永樂大典》。應制賦《白鹿》,稱旨,改禮部主事,歷陞太僕少卿。(卷180)

盧 翰

《同治南康府志·人物志》:盧翰字邦臣,星子人。永樂甲申進士,改翰林院庶吉士,修《永樂大典》、《歷代名臣奏議》,改吏部主事。(卷17)

蕭 福

《道光福建通志·文苑志》:蕭福字九疇,浦城人。學問該博。永樂丙戌進士,選庶吉士,預修《永樂大典》。除兵部員外,尋改吏部,以病乞歸卒。著有《毅齋吟稿》。(卷51)

---

① 按這段文字不甚清楚。預修《大典》者當非鄭舜咨,因爲他是處士,始終沒有做官;他的五個兒子也不可能都預修,當僅是其中的一個。由於文字不明,故暫以鄭琳當之。此云:"今爲縣尹",下鄭仲原爲溧水令,疑即此人。以無他證,不幷爲一人。

蕭　寬

王直《送文選員外郎蕭君序》：蕭君名寬，字雅容，予同郡（泰和）人也。永樂初，與余同取進士，入翰林爲庶吉士；又五六年，蕭君與修，《永樂大典》，成，擢兵部武選主事。（《抑菴文後集》卷 13）

蕭省身

《明宣宗實錄》：宣德四年八月乙未，河南右布政使蕭省身卒。省身江西泰和人，永樂初科進士，預修《永樂大典》，授刑部主事。早暮勞勤，而廉介自執，上官材之。仁宗皇帝監國．進郎中，歲餘，超進河南右布政使。卒年五十。（卷 57，又《正史韻姓》第 10 冊）

龍　原

《萬曆廬州府志》：龍原字有本，少警敏力學。永樂初，應薦修《大典》，成，授工科給事中。其爲詩，質直閑雅，書法尤妙絕一時。所著有《友雲集》。（卷 9，《萬曆合肥縣志》卷下。）

柯暹《友雲詩集序》：余友合肥龍君有本，剛正明敏士也，別號友雲，博學善詩文。永樂中，與余同修《大典》，同選入翰林，同拜給事中。（《東岡集》卷 3 ）

檀　凱

《光緒安徽通志‧人物官蹟志》：檀凱字伯和，建德舉人。預修《永樂大典》。尋成進士，觀政都察院。授思州府通判。宣德中，擢應天府治中，遷府丞，致仕。（卷 191）

薛　富

倪謙《登仕佐郎應天府陰陽學正術薛公墓碑銘》：公諱富，字仲德，姓薛氏，京口人。幼聰明志學，博通載籍，旁及星曆易數之學。洪武丙寅，以明陰陽徵至京，因家江寧。永樂初，應天府復設陰陽學，府丞王公諒薦公堪任學事，詔授正術。被薦，預修《永樂大典》，校正範圍術數，皆精確。（《倪文僖公集》卷 26）

戴弘演

楊士奇《戴處士墓表》：仙居戴處士之子弘演舉進士，爲翰林庶吉士，預修《永樂大典》。（《東里文續集》卷 32）

顏　暐

《光緒吉水縣志‧文苑傳》：顏暐字子明，號松菴，以薦任南昌縣學訓導，應永樂四年召，預修《大典》。疾卒於京。有《松菴集》。（卷 37）

楊士奇《挽顏子明》：文淵閣下集羣英，清世才華重老成，《大典》已傳名姓在，光榮終不負平生。（《東里文續集》卷 60）

魏　驥

《萬曆紹興府志》：魏驥字仲房，蕭山人。生而樸茂。永樂三年①中乙榜，授松江訓導。召修《永樂大典》，遷太常博士。歷太常少卿。（卷41）

羅仲深

楊士奇《羅仲深墓誌銘》：余友曾與賢登永樂甲申進士第，爲翰林庶吉士，又二年其女弟之夫羅仲深繼登第，與與賢同官同舍。仲深永樂乙酉以邑學弟子員中江西鄉試，明年會試禮部中高等，廷對賜進士出身，授翰林庶吉士，修《永樂大典》。仲深沉潛明敏，寅出酉入，不肯斯須廢公，同列者皆推讓之。（《東里文續集》卷38）

釋大閜

朱彝尊《明詩綜》：大閜字妙止，會稽人。鄞縣延慶寺僧，預修《永樂大典》。（卷91）

管庭芬《越游小錄》：育德堂祀明詩僧噩夢。堂爲天啓間僧傳燈葺，《寺志》不載其名，似爲疏略。又閜竺菴亦配祀。竺菴因姚廣孝之薦，嘗預修《永樂大典》者。（鈔本）

釋宗靜

釋璟祥《淨慈寺志》：照庵宗靜杭之高氏子，投淨慈寺岳公薙染，深究筆梵典籍。時祖芳聯主席倡梅州之道，師遂依焉。參究有契，因以典藏執之。永樂初，聯被徵召纂修《大典》，師亦偕行。（卷9）

釋如珪

釋指南

釋善啓

釋璧菴

錢謙益《列朝詩集小傳》：善啓字東白，蘇之長洲人。應召纂修《大典》，預校大藏經。永樂己丑偕璧菴完公，如珪瑾公，指南車公，自京還吳，有《江行唱和詩》一卷。（1957年古典文學出版社鉛印本下冊頁692）

何良俊《四友齋叢說》：善啓字東白，號曉菴，亦有詩名，能書，乃十大高僧之流亞也。永樂中，召至京師修《永樂大典》，居延慶寺。後爲僧官，住持南禪。（1959年中華書局鉛印本卷16）

喩謙《新續高僧傳四集》：釋善啟字東白，別號曉庵，長洲楊氏子。永樂戊子出世延慶寺。明年，應召纂修《永樂大典》，併校《大藏經》，賜金縷僧伽黎。（卷6）

朱彝尊《明詩綜》：懷瑾字如珪，蘇州北禪寺僧，又住嘉定保寧寺爲僧綱司都綱，預修《永樂大典》。（卷91）

釋清奇

---

① 按《明名臣琬琰續錄》卷9，"仲房"作"仲芳"，"三年"作"四年"。

桑悅《太倉州志》：清奇者太倉周氏子，少不茹葷。年十六，海寧樓雪溪乞爲徒，後謁長干一雨翁。六年，與修《永樂大典》。尋住持鎮江勝果寺。十七年，復徵至京師，校讐三藏，未完而逝。有《怪菴集》行世。（卷9）

釋惟寅

桑悅《太倉州志》：惟演號樗庵，太倉吳氏子，爲僧。面折人過，人服其直。永樂六年，與修《大典》。後住持洞庭西湖講寺。尋馳驛至京，校讐三藏，蒙賜法服、數珠、坐褥。還居淮雲寺，學者爭師之。尤工詩善書，爲士林推重。（卷9）

釋慧暎

陸容《菽園雜記》：僧慧暎[1]涉獵儒書，而有戒行。永樂中，嘗預修《大典》，歸老太倉興福寺。予弱冠猶及見之，時年八十餘矣。（卷2）

謄錄及圈點生

尹子源

王直《送尹子源詩序》：吾友尹子源始用薦入館閣，與修《永樂大典》。五年而書成，朝廷將用之，命歷試於戶部；又三年，始授福清縣河泊官。（《抑菴文後集》卷9）

方 正

《萬曆合肥縣志》：方正永樂初以楷書應徵修《大典》，書成，升太學，授都水主事。薦除營繕主事，官至福建左布政。後以老疾致政歸，卒於家。（卷下）

王師韓

林環《太學生王師韓墓誌銘》：太學生王師韓，莆田之澄塘人。弱冠挾冊入郡庠，從縉紳先生遊，篤志爲舉子業。業成，適朝廷留意文事，大召天下儒生集文淵閣，紬秘書纂修《永樂大典》，師韓以郡儒生與其選。《大典》告成，以願留太學告禮部，禮部以言於朝廷，許之。（《絅齋集》卷10）

史 常

梁潛《宜樂堂詩序》：溧陽史君仲川，兄弟三人，同居合食，甚相友善。扁其堂曰宜樂之堂。其從子常，以善書選至京師，同預編《永樂大典》，因暇日出示《宜樂堂文》一卷。求敍之。（《泊菴集》卷6）

朱用和

王直《贈尙寶卿朱君序》：朱君用和，崇明人。有秀偉之質，有通敏之才，有謙愼之行，其始遊邑庠，用能書，徵入館閣，與修《永樂大典》。書成，升太學。（《抑菴文後集》卷7）

---

[1] 何良俊《四友齋叢說》（1959年中華書局鉛印本）卷9引作智暎。

吳　敬

《南吳舊話錄》：吳孟賓其先新安人，少習蒙古書，屢年不成，歎曰：“徒事干祿，而得失亂其中。”乃棄去。臨《蘭亭》十餘紙，寒暑無間。《永樂大典》書成，詔工書者謄錄，孟賓得列名。寫竣，例補國子生，特擢行在吏部主事。孟賓杜門不見一人，歷官太僕寺少卿，正統四年卒，遣官諭祭。（卷 6 引《鄉評錄》）

《嘉慶松江府志·藝術傳》：吳敬字夢寅，上海人。以楷書生寫《永樂大典》，書成，入太學，擢行在吏部文選司主事，遷郎中。（卷 61）

按《國朝列卿記》亦作字夢寅。

吳　凱

王鏊《貞孝先生墓表》：貞孝先生吳氏諱凱，字相虞，崑山人。生而穎異，爲邑庠弟子員。時修《永樂大典》，以工書被選。還，以貢上中順天府鄉試。（《震澤集》卷 26）

吳伯鼎

周忱《重慶堂記》：永樂戊子春，豫章吳君伯鼎，以能書領有司薦，入中秘與修《大典》。與余偕，寓館容臺同起居者幾二載，交莫逆也。（《雙崖文集》卷 1）

金　祺

黃淮《梅窗先生金公墓誌銘》：公諱祺，字原祺，姓金氏，以字行，永嘉人。被召赴文淵閣，點《永樂大典》，有寶鈔之賜。（《介菴集》卷 6）

姜　謨

王直《贈姜推官序》：太宗皇帝在位時，詔修《永樂大典》，一時善書之士皆徵入館閣，金華姜謨預焉。書成，得都察院都事，改監察御史，久之，出爲武昌推官。（《抑菴文後集》卷 19）

楊榮《姜寺丞墓誌銘》：宣德七年九月丁丑北京行太僕寺丞姜謨嘉謀，以疾卒於官。〔嘉謀〕幼秀慧向學，年十三，郡守方素易選爲郡庠生。僅五載，應選送文淵閣習書。初至時，余愛其聰俊，時復召其隨行，詢及學問政事，歷歷條對如響，余固知其能也。是後預修《永樂大典》，益愼益謹，自總裁官而下，亦莫不喜之。（《楊文敏公集》卷 22）

俞得濟

楊士奇《刑部俞主事墓誌銘》：刑部主事俞得濟公廣，遂昌人。永樂六年詔翰林集四方儒學之士纂修《永樂大典》，及能書士職繕寫。公廣以能書薦，書成被賚，詔就翰林，益進其藝。（《東里文續集》卷 37，《獻徵錄》卷 47 引。）

夏　文

楊榮《贈奉議大夫考功郎中夏君墓誌銘》：夏君宗文，諱文，別號醉漁，世家華亭。從鄉先生張夢辰游，習詩律有奇語，兼攻漢隸章草。弱冠爲郡庠生。永樂丁亥，以楷書被召，預修

《永樂大典》。曁寫《勸善書》事竣,授主廣平縣簿。(《楊文敏公集》卷23)

孫　哲
孫　玘

《光緒安徽通志·人物文苑志》:孫哲字旣明,靑陽人。永樂中貢入太學,與修《永樂大典》。一中官以佛經強之書,哲不可,遂辭歸。同時貴池孫玘,亦預修《大典》,以母老辭歸。(卷227)

高　盟

黃佐《南雍志》:永樂五年冬十一月戊寅南陽府郟縣生員高盟等言:初以楷書選入文淵閣,修《永樂大典》,今書成,願就學入監,從之。(卷2)

按此言"今書成",則當爲永樂六年。又《南雍志》:"六年十二月修書生員陳謨等入監讀書",疑是一事。所以未誤作五年者,因據南雍舊檔也。

陳　雍

楊士奇《厚敬堂記》:西昌陳雍,字仲京,爲邑校弟子員,知務於學。方朝廷廣召文學之士纂修《永樂大典》,又簡求能書者以職繕寫,於是邑大夫舉雍應詔。(《東里文續集》卷3)

按士奇另有《送陳雍序》,參曾貫條下。

陳德剛

林環《送陳德剛還莆田序》:永樂四年大召天下鴻儒碩彥,博洽經籍曁工楷法者悉赴京師,入文淵閣編摩《大典》。是時吾莆陳德剛氏,以善書應選而來。趨事以來,夙夕匪懈,以故詞臣國老,靡不嘉重,而凡同筆硯之士,亦皆藉藉道其美不釋口。《大典》成,德剛將歸,告余別,余與德剛居同邑,有鄉曲之雅,且余總裁其事,知德剛爲特深,於其歸,不容無有以告之。(《絅齋集》卷7)

曾　貫

楊士奇《送陳雍序》:聖天子龍飛之明年,詔翰林之臣修《永樂大典》,盡出中祕書,又廣求天下載籍而統粹之。又明年,悉徵天下博聞之士,入預纂修,又簡太學郡縣學生及秀民之工於書者,以職繕寫。而吾西昌之學,以能書與於斯者陳雍、曾貫、劉選。(《東里文續集》卷7)

黃　童

《萬曆古田縣志》:黃童字仲器,永樂間,以楷書徵入文淵閣,繕寫《大典》。書成,例當拜官,辭以母老,丐終養。後累徵不起,以壽終。(卷10)

劉　俊

梁潛《贈朱孔良序》:皇上紹正大統,萃天下儒臣,編纂祕閣文籍。上自唐虞下及當世,天文律曆諸子百氏旁搜而彙輯之,括之以類,統之以韻,蓋將彙萬卷於一編,合萬世於一時者也。然其功浩闊，非日月可計，而簡冊增於尋常部書萬倍。皇上乃又命選天下州郡能書之士，皆集於文淵閣，俾以成書精寫上進。泰和邑庠生劉俊預是選。俊志銳學勤，又溫恭而愼密，凡在禁林與爲交游者，莫不忻然愛重之。今年夏，其婦翁朱孔良來視之，予旣與俊同往還禁林，而又獲視孔良，心甚喜也。予與俊俱預榮於《大典》，故於孔良之歸，敢誇道其事以爲贈。（《泊菴集》卷6）

劉　選

王直《劉文復像贊序》：文復長子選，爲邑庠生，以能書徵入館閣，與修《永樂大典》。（《抑菴文後集》卷37）

又《筆妙軒記》：永樂中，予鄉友劉選預修《大典》。（同上卷2）

□德蓮

見尹子源條。

存　疑

林　鴻

《明史》本傳：林鴻字子羽，福淸人。洪武初以人才薦，授將樂縣訓導，歷禮部精膳司員外郎。性脫落不善仕，年未四十，自免歸。閩中善詩者，稱十才子，鴻爲之冠。十才子者：閩鄭定，侯官王褒、唐泰，長樂高棅、王恭、陳亮，永福王偁及鴻弟子周元、黃元，時人目爲二元者也。（卷286）

《明外史》本傳：鴻年六十餘，與修《大典》。書成，授翰林院典籍。

按《明史》不言鴻與修《大典》，亦未言鴻曾官翰林院典籍。有人據《古今圖書集成·經籍典》引《明外史》所載，認爲鴻實與修《大典》，恐不足爲據。按鴻在洪武七年免歸時年未四十，至永樂三四年纂修《大典》，鴻年六十餘，《明外史》所說是也。然《明外史》所載，乃全襲《明史·林鴻附傳》中王恭事蹟。《明史》稱恭“年六十餘，與修《大典》，書成，授翰林院典籍”。又按《圖書集成》中所謂《明外史》實卽刻本前之《明史》稿；乾隆初付梓時改動不多，此蓋《集成》纂修人因誤讀上下文而致誤者也。（參閱前王恭事蹟）

陳　迪

《雍正廣東通志·人物志》：陳迪字保中，四會人。博學能文，篤於孝友。登洪武乙丑進士，任江陵縣丞，有政聲，坐事謫戍遼左。以明經薦爲國子助教，仁宗在東宮，時召入文淵閣，同修《永樂大典》，居館職十餘年。有《詩文類集》藏於家。（卷46）

按《四會縣志》卷七下所記迪事較詳，如謂“登太祖洪武六年乙丑科進士”，“十年己巳以明經薦爲國子助教”，當爲《通志》所本，然其有誤則一也。洪武六年爲癸丑，乙丑乃十八年；洪武十年爲丁巳，己巳乃二十二年。年月雖有誤，殆是纂修人手，而此陳廸洪武六年登第，十年被薦爲國子助教，則皆事實也；但其他事蹟及預修《大典》之說，則均不足據。蓋除四會陳廸外，同時尙有兩陳廸。一爲丹徒人，洪武十八年乙丑科二甲十一名進士，官至監察御史，見《明進士題名錄》及《丹徒縣志科目表》卷二十二，疑四會陳廸"乙丑進士"之說由此致誤。一爲宣城人，字景道，洪武乙卯領鄕薦，建文時徵爲禮部尙書，燕王卽位磔於市，《明史》卷一百四十一有傳。宣城陳廸雖死於纂修《永樂大典》之前，而四會陳廸預修《大典》之說，則疑自宣城陳廸訛來也。陸深《中和堂隨筆》卷下及《革除遺事》，並稱宣城陳廸在太祖時，"嘗爲郡撰萬壽賀表，上覽而異之，除翰林編修，進侍講，預修《大典》"，此《大典》絕非《永樂大典》，蓋萬壽大典或其他政書之類，而四會陳廸預修《永樂大典》之說，則疑從此訛來也。通志縣志皆修於三百年後，採輯資料雖富，而不能辨其來源，將丹徒宣城二陳廸事，混入四會陳廸而不自覺，此作者只知堆積史料而不能分析史料之過也。

曾鶴齡

楊士奇《故翰林侍講學士奉訓大夫曾君墓誌銘》：曾君吉安泰和人，鶴齡其諱，延年其字，一字延之。以《書經》中江西永樂乙酉鄕試，辛丑會試禮部第二，廷試第一，賜進士及第，此其發身也。初除翰林修撰，授承務郎，宣德庚戌陞侍讀，授承直郎，正統戊午陞翰林侍講學士，授奉訓大夫，此其歷官也。初偕同官修《天下郡志》，未竟，遂預修《永樂大典》，《洪熙實錄》。又修《宣德實錄》。悉心纂述，事必究實，無虛譽，無曲貶。（《東里文續集》卷 27）

按士奇所記疑有誤。修《天下郡志》在永樂十六年六月乙酉開局，遠在纂修《大典》之後，故鶴齡絕不能在修《天下郡志》未竟時，"遂預修《永樂大典》"。又按劉球所撰鶴齡行狀（《獻徵錄》卷 20 引），稱永樂四年椿齡赴試，鶴齡留養，而是年八月椿齡歿，"仰事俯育之責，萃公一身。繼遭父喪，內外斬然，無足賴者，授學徒以自給"。是永樂五、六年間，鶴齡在家授徒，並無赴京預纂修《永樂大典》之事。而《天下郡志》終永樂之世未成，蓋鶴齡中狀元除修撰後始預修《郡志》，未曾與於《大典》纂修工作也。楊士奇似不應有誤，而此說實誤也。

附　　錄

虞原璩

《正史韻姓》：虞原璩字叔圓，瑞安人。生而天資穎異，閉戶研究六經及濂洛關閩諸子百家之言，晝夜不輟。一旦心領神會，發於文詞，悉根極理要。永樂己丑膺薦預修《大典》於文淵閣，筆削悉中程度。事竣，特授東宮清秩，以母老，堅求歸養。（明鈔本第 3 冊）

　　按《溫州經籍志》卷二十五著錄虞原璩《環菴先生遺稿》十卷，爲明萬曆間重輯本，並載萬曆甲申萬梅序，稱"少保黃介菴公誌墓，稱文皇徵修《大典》，事竣，將授官，不拜，以母老乞歸養"。黃介菴即黃淮，有《介菴集》，予未見，當爲《正史韻姓》所本。蓋原璩膺薦確在永樂己丑，時爲永樂七年，《大典》全部完成之後也。《大典》完成後還被徵召，乃爲重寫一份，並據以刻版。《四庫全書總目提要》卷一百三十七《永樂大典》條下，根據趙友同《存軒稿、送禮部員外郎劉公復命序》記述此事，並謂"永樂七年十月訖工"，蓋此次重鈔工作確於是年開工，似終未成，殆於十月即停工也。據周忱所記，吳伯鼎於永樂七年繼續擔任鈔寫工作，余又於明本方志中得永樂七年膺徵繕寫者二人，並爲有力旁證。惜因排稿時不愼，將該二人資料散失，又忘記採自某方志，以致不能與虞原璩一並著記於此。

　　本文清鈔後，曾由劉盼遂先生校閱一過，校正錯誤不少，改訛，敬謝，因記。

　　　　　　　　　　　　　　　　　　　　　　　　　　一九六三年十一月十四日

戊戌變法前後報刊作者字號筆名錄

張靜廬　林　松　李松年

　　我國近代報刊事業的興起，與清光緒末葉維新運動的展開有密切關聯。據一八九四年上海耶穌教會調查全國各地出版漢文報紙雜誌，共有六十八種，其間"十之六爲教會報"。到一九〇五年，天津《大公報》載《報界最近調查表》，截止五月中旬，據不完全統計，已有漢文報刊二百九十餘種，而由外資經營和教會主辦者，不過十一而已。其時在國內外出版的漢文報刊上撰寫文章的作者，絕大多數都是署用筆名或別號的。時隔六七十年，這些筆名和別號已經很難辨識了。我們幾年來查閱舊出報刊，隨時輯錄，並經各地同志提示線索，多方稽攷，幾經校補，亦僅得九百餘人，頗不完善。所收的人物，政治面貌也各有不同，其中有人是著名的反動派，有人後來當了漢奸，作爲一種反面的歷史資料，這裏還是保留下來了。編者的閱見有限，闕漏謬誤，知所難免，亟盼讀者予以指正。

　　本錄和《文史》第一輯發表的《辛亥革命時期重要報刊作者筆名錄》間有交錯，凡已列入前錄而無較多增補者，不再重出。

二劃

丁立鈞　　叔衡　恆齋
丁祖蔭　　丁初我　初我　芝蓀　芝孫
丁振鐸　　聲伯　巡卿
丁惠康　　叔雅　叔雁　惺安　惺庵①
丁傳靖　　秀夫　秀甫　琇甫　闇公　松隱行脚僧

三劃

三　多　　六橋　鹿樵　可園
于式枚　　晦若　穗生

---

①　周桂笙亦署惺庵。

于寶軒　　志昂

尢志選　　子青

四劃

卞壽孫　　白眉

方　若　　藥雨

方汝翼　　佑民

方恭釗　　勉甫

方爾咸　　澤山

文　海　　仲瀛

文　耀　　文實權　市隱　燕市酒徒

文廷式　　麟生　道希　道爔　道溪　雲閣　芸閣　芸　薌德　羅霄山人　純常子

王　照　　小航　水東　水東草堂主人

王　復　　六畲

王　禮　　秋言　笠夫　戴笠山人

王　瀣　　伯沆　多飲

王　韜　　利賓　黃畹　仲弢　弢園①　紫銓　子詮　天南遯叟　子九　子潛　瀛洲釣徒　淞濱逋客　滬北寓萌　蘭卿　華譻居士　遯窟廢民　日東詩祖　泰東詩漁　歐西詞客　歐西經師　淞北逸民　吳下老饕　王瀚　爛今　斕今　蘭君　无晦崇光　甫里逸民　懺痴菴主　弢園老民　淞北玉魷生　蘅華館主　麋蕪外史　蔔林居士　友崎山人　饒紅子　腺膴詞客

王之春　　芍棠　爵棠

王子仁　　王壽昌　壽昌　曉齋主人

王小蘊　　慕庵

王文韶　　夔石　耕娛　廣虞　退圃

王允晢　　又點

王仁東　　旭莊

王仁堪　　可莊

王仁俊　　人俊　桿鄭　幹臣

王世亨　　景翰

---

① 史念祖亦署弢園。

王以慜	夢湘	夢細	欒塢
王甲榮	步瀛		
王亦曾	少蘅	鶴琴	
王式通	書衡	儀通	志盦　鄉廬
王至殿	隴東聯人		
王同愈	勝之	栩緣	
王先謙	益吾	葵園	虛受
王承傳	欽堯		
王泮芹	寄漁		
王杰人	冷舟		
王阿玖	璋拾	玫官	東門女士
王虎榜	蕊仙		
王季鍇	小徐		
王炳耀	煜初		
王振宗	玉墀		
王恩溥	松堂	酒國將軍	
王念曾	嘯侯	獻猴	
王祖畬	漱山	歲三	紫翔
王祖餘	恩甫	王彎官	谿西漁隱　桃花醮面兒　浙東癡書生　天壤王郎
	赭袍繡豸使者		
王祖錫	孟麟	惕安	
王修植	畹生	菀生	
王毓生	綺紅	綺紅詞人	瑯琊綺紅
王徙南	隴東道人		
王斯沅	松丞	松承	
王景沂	義門		
王愷憲	闓憲	駿聲	
王葆心	季薌	季香	青垞　晦堂
王頌蔚	帗欽		
王榮懋	松齋		
王鳳翹	卓如		

王銘忠	莘田
王銘誠	惕庵① 小止觀齋主
王德楷	木齋
王錫彤	王伯恭 伯弓 儀鄭 今略 公之儕 蜷廬
王錫蕃	季樵
王樹柟	晉卿 陶廬主人 綿山老牧 野史氏
王豐鎬	省山 省三②
王衡齡	企南
王闓運	壬秋 壬父 湘綺 湘綺老人
王鵬運	幼霞 佑遐 幼遐 鶩翁 半塘 半塘老人 半塘僧鶩
王覺任	鏡如
王繼香	子獻
戈　忠	朋雲
孔令偉	慧仲
孔昭晉	康侯
孔昭焱	熙伯③ 希白 熏伯
孔昭鋆	季脩
尹彥鈌	西學室主
尹端模	文楷
毛昌傑	俊臣

五劃

甘鵬雲	潛廬 橢僑 翼父 葉樵 藥樵
石　渠	西谷 梅生 梅孫
左雛麟	清泉
皮嘉祐	吉人
皮錫瑞	鹿門 麓雲 師伏
史念祖	繩之 弢園

---

① 陳玉樹亦署惕庵。
② 廉際雲亦署省三。
③ 何汝穆亦字熙伯。

田毓璠　　魯漁　耐儂

包清柱　　闓笙

六劃

江　猷　　壯庵

江　標　　建霞　建赧　笥談　師鄰　萱圃　秋景盦主　靈鶼閣主

江春霖　　杏邨

江峯青　　湘嵐

江潤生　　雲龍　潛之　叔潛

江寶衍　　寶珩　俠庵　俠

江躍龍　　禹門

池　虬　　仲麟

池志澂　　次潦

成本璞　　琢如　天民①

朱　山　　雲石

朱　書　　渠塘

朱　紘　　仲超

朱　祺　　朱琪　朱洪　季篋　季鍼　籙孫　菜生

朱　霞　　朱旭　佩侯　劍鋒　少雲　秋水　桃椎仙史

朱　鶴　　雲表　民表

朱孔彰　　孔陽　仲我　聖和老人　半隱

朱汝珍　　聘三　隘園　玉堂

朱光照　　潄芳　佛光　辦香　四悔草堂主人

朱有濟　　竹川

朱克柔　　強甫　強父

朱孝臧　　祖謀　古微　彊村　彊邨　彊邨老人　尹漚　彄生　漚道人
　　　　　上彊邨民　上彊山民

朱叔基　　福詵　桂卿

朱延昱　　曜東

朱祖榮　　闓稗

────────────────
① 吳恆煒亦署天民。

朱桂書　　馥君

朱書升　　梅卿

朱逢甲　　蓮生

朱葆慈　　德簠　德甫

朱榮琛　　曉南

朱夢元　　貞起　錦堂

朱慕萱　　醉頌

朱樹人　　友芝

朱鍾萱　　培生

伍　莊　　伍憲子　雪鐵　博浪樓主

伍元煃　　間山

任　堇　　任眺　董叔　老堇　越雋　阿狐　清涼道人

任可澄　　志清

任廷旭　　申甫　保羅

任道鎔　　筱沅　寄翁

向　楚　　仙喬　仙僑　仙魁

七劃

汪　珍　　石卿

汪歈　　曼鋒　黃海鋒郎

汪大鈞　　仲虞　頌虞

汪大燮　　伯唐　伯棠

汪宗沂　　仲伊　弢廬處士

汪郁年　　味根　棣卿

汪信鑑　　懷青

汪洛年　　鷗客　顒客　社耆　友箕

汪秉乾　　宗海

汪康年　　穰卿　毅伯　毅白　恢伯　初官　康年　灝年　梁卿　醒醉生

汪桐彩　　桐翁

汪振聲　　曉村

汪時琛　　竹溪

汪紹芬	馥沅
汪詒年	頌穀　頌閣　頌谷　仲谷　策　仲策
汪詒書	頌年　閑止
汪開祉	鶴齡
汪嘉棠	叔帶　尙木
汪鳴鑾	柳門　郋亭
汪錫祺	吉卿　都梁有心人
汪鍾霖	甘卿
沙元炳	健庵
沈　修	綏成　孔修　休穆
沈　淑	愼卿
沈　棣	沈鵬　北山①　誦堂
沈　焜	醉愚
沈　瑛	紫石山人
沈　塘	屋廬
沈　鋙	元咸
沈　衛	淇泉　兼巢　兼巢老人　四紅豆館主
沈　學	頡興
沈　鴻	左賢
沈廷炤	芷橋
沈其昌	懷仲
沈彥曾	士美
沈炳然	春岫
沈思補	守謙
沈保靖	仲維
沈祖謙	味軒　君直
沈晉熙	錫侯②
沈恩孚	信卿　漸盦　葊梧　化磐　若嬰　若嬰老人
沈惟賢	思齊

① 吳保初亦署北山。

② 那晉、吳道晉亦字錫侯。

沈翊清	遜梅 補梅 瓠叟
沈敦和	仲禮
沈曾桐	子封 同叔 壁宧
沈曾植	子培 寐叟 寐翁 小長蘆社人 巽齋老人 東軒居士 遜齋居士 糎禪
	姚隸老民 乙庵 乙盦 乙莽 乙叟 餘齋 蠶軒 持卿 巽齋 李鄉農
	城西睡庵老人 乙僧 睡翁 東軒支離叟 薏盦 檼盦 睡菴 遜齋
	遜翁 耄遜 遜叟 孺卿 餘齋老人 皖伯 茗鄉病叟 宛委使者 釋持
	梵持 建持 隨菴 恆服 其翼 楚翹 東軒 瀞曧 瀞庸 袍遺 兊廬
	糎翁 守平居士 谷隱居士 浮游翁 東湖菴主 菩提坊裏病維摩
	婆者藪長 東疇小隱 月愛老人
沈瑜慶	濤園 愛蒼 籟蒼
沈敬學	習之 悅庵主人
沈嵩齡	小園
沈壽康	毓桂 毓貴 平江贅叟 南溪贅叟 松陵贅叟 贅翁 覺齋
沈銘昌	晃士
沈慧孫	秤聰 茶灣野史
沈錫齡	江左癡龍 劍庵
宋 恕	宋燕生 燕生 平子 宋衡 宋存禮 不黨山人 六齋 六齋居士
宋伯魯	芝棟 芝田 芝純 子純 子頓 芝洞 芝友 鉢菴 竹心
宋育仁	宋芸子 芸子 鷗夷逸客 問琴閣主
束日琯	劭直
束允恭	季和
杜嗣程	香如
杜煒森	杜亞泉 亞泉 華陽陳仲逸 傖父 秋帆
李 秌	問漁 大木齋主 老楞佐
李 逋	雲間人
李 詳	審言 慎言 霹叟 窐生 媿生
李 榮	散木 散牧
李 麟	瑞生
李之旬	伯雨
李文杏	少石

李文麟	道衡	曾經滄海主人
李牙聰	聾子	
李汝衍	季琛	三山侶影道人
李志仁	叔良	
李承恩	幼闓	
李廷芳	湘浦	
李希聖	亦元	亦園
李宗泌	仙侯	劫末留人
李芷汀	東沅	
李岳瑞	孟符	惜誦　荄滋　春冰　春冰室主
李秉衡	鑑堂	
李家駒	柳溪	昂若
李家鑒	蘭舟	蘭洲
李啓祥	石樵	
李致楨	質君	鑑臣　鑑澄　鑑澂　榦丞　棣莊
李盛銘	敬通	
李盛鐸	椒微	木公　木齋　沐齋
李智儔	鹿儕	
李鈞鼎	重甫	蕭甫
李葆恂	李恂	文石　猛庵　寶卿　叔默　戒菴　紅螺山人　熙燕叟　李理　寒石
	鳧翁	孤笑老人
李端棻	苾園	
李福謙	升撝	
李慈銘	㤀伯	蒪客　蒓客　李模　式侯　法長　愛伯　越縵老人
李維格	繹琴	嶧琴①　一琴
李審之	磐碩	
李慶芳	楓浦	芳圃
李鍾珏	平書	李安曾　且頑　且頑老人
李應庚	苟生	
李麟昌	李功	

① 潘衍桐亦署嶧琴。

郍晉	錫侯						
阮麗卿	蘋香						
呂鈺	漑生						
呂海寰	鏡宇						
呂朝瑞	廷雲						
呂景端	蟄盦	幼舲	藥禪				
呂學沅	綺莊						
吳涷	溫叟	白石	擊存				
吳棠	仲宣						
吳猷	吳友如	嘉猷	猷				
吳熙	竟如	劼之	蝯盦				
吳澍	汝霖						
吳澐	卓雲						
吳儁	冠英	子重					
吳樵	鐵樵						
吳之英	伯傑	伯杰	伯朅				
吳士鑑	公察	含英	絧齋	九鐘主人			
吳汝綸	摯甫	摯父					
吳仰賢	牧騶						
吳承潞	廣盦	愼思主人					
吳宗濂	挹淸						
吳昌言	穎涵	蘇隱居士					
吳昌碩	吳俊	俊卿	苦鐵	吳倉碩	倉石	蒼石	老蒼	大聾	大聾人	缶廬
	老缶	缶	缶道人	破荷	破荷亭長		
吳昌綬	伯宛	松鄰	松齡	印存	印臣	甘遯	詞山
吳受福	介茲	子梨	璡軒				
吳恆煒	介石	介碩	天民				
吳郁生	蔚若	鈍齋					
吳保初	君遂	彥復	吳瘦	北山	嬰公	瘦公①	
吳唐偉	慕崇						

---

① 羅惇曧亦署瘦公。

吳逢之	吉麟	非園舊主					
吳淵民	仲遙						
吳善恭	鏡芙						
吳量然	江東瘦人						
吳道晉	錫侯	同盦					
吳瑞年	靄佳						
吳履剛	楣心	梅心					
吳廣霈	瀚濤						
吳慶坻	子修	敬疆	悔餘生	補松老人			
吳德瀟	季清	筱郵	筱村	小村	雙遺居士		
吳燕紹	寄荃	固迂叟					
吳學廉	鑑泉						
吳寶城	仲成						
吳聯薰	篁圃						
谷芝瑞	仲符	靄堂					
狄葆賢	楚卿	楚青	平子	平等閣主	平情居士	六根清淨人	慈石　雅①
	高平子	狄平					
狄葆豐	南士						
何 炯	禹農	雨農					
何 啓	何沃生	沃生					
何天柱	澄意	澄一	摯一				
何汝穆	熙伯	洗缽					
何長治	鴻舫						
何廷光	穗田						
何來保	鐵笛	頌九	鐵和尚				
何彥昇	秋輦						
何昆玉	伯瑜						
何迪啓	志石						
何剛德	肖雅	平齋					
何國恂	敬夫						

---

① 據《梁任公年譜長編初稿》177頁梁致唐才常、狄葆賢函著錄.

何桂笙　　桂生　　何鏞　　高昌寒食生

何頌華　　蒙孫

何震彝　　鬯威　　穆忞

何樹齡　　易一

余棨昌　　戩門

余誠格　　壽屏　　壽平

八劃

況周儀　　周頤　　蕙風　　夔笙　　臣　　阮盦　　夢蓮　　餐櫻廡主

祁杏書　　歸曾　　曾祁　　清英琴主

武子韜　　芝麂

林　圭　　錫珪　　林傑　　逃唐　　悟葊

林　旭　　暾谷　　晚翠

林　啟　　迪臣

林志鈞　　宰平　　北堂　　唯剛

林思進　　山腴　　清寂翁

林國英　　偉侯

林紹琦　　少韓

林輅存　　景商　　怡園小主人

林蕊初　　克家①

林壽椿　　景修

林豐年　　澤農

孟　森　　蒓孫　　純生　　心史

孟昭常　　庸生

孟繼元　　曉墀

邵　章　　伯絅　　伯褧　　崇百　　倬盦　　倬葊　　荀葊

易　瑜　　仲厚　　湘影　　漢壽女士

易　霨　　易宗夔　　蛰無　　蔚儒

易順鼎　　實甫　　實父　　石甫　　仲碩　　中碩　　種石　　中庸　　眉伽　　懺綺齋主人　　一厂
　　　　　哭厂　　哭庵　　哭盦

---

① 周先振亦字克家。

邱炳萱	屏滄
邱逢甲	倉海　仲閼　仙根　南武山人
邱煒萲	菽園　菽元　菽原　夙源　叔元　束園　傲貝　旭沅　續完　肅轃　淑袞 速援　宿垣　宿園　萩樊　菽樊　菽縈　菩蕃　劇煩　煒蔆　煒諼　煒癹 煒萱　煒蘽　嘯虹　嘯虹生　星洲寓公　觀天演齋主　菽道人　酸道人
周白	雄聲
周達	周明達　美權　梅泉　今覺　今覺盒主
周權	慕喬　慕橋
周子炎	癡龍　鑑湖社主
周文樂	江左老米
周先振	克家
周河清	潤田
周忠鑿	品珊　病駕　病駕詞人　轀寶樓主
周祖培	仲蔭
周桂笙	樹奎　穉桂　桂笙　桂生　新庵　惺菴　辛盦　辛　新　新新子　知新子 知新主人　知新室主　知新室主人　式恭　劍靈
周善培	孝懷
周會昌	石階
周傳梓	廉伯　廉白
周傳經	贊堯
周傳搏	虛白①　止止生
周傳諜	伯貽
周樹模	沈觀　少樸　孝颻　泊園
周靈生	逢源
金桂	蟾香
金超	惜紅吟館主
金丕季	軟紅吟館主
金兆璽	嘯夫
金蓉鏡	殿丞　甸丞　香嚴　潛廬　澱湖遺老
金賢賚	文倉　養甫

① 潘素心亦字虛白。

金鶴沖　　叔遠　晤徑老人

九劃

洪　鈞　　文卿　陶士　守拙
洪文治　　藻裳
洪述祖　　蔭之　觀川　觀川居士
胡　延　　研孫
胡　鈞　　千之
胡　遠　　公壽　小樵　橫雲山民
胡　璋　　鐵梅
胡　鑫　　潤之
胡兆鸞　　律孫
胡思敬　　胡漱唐　瘦唐　退廬　退廬居士
胡衍鶚　　清瑞
胡惟志　　仲巽
胡道南　　任夫　鍾生　愧廬
胡碧澂　　灌叟
胡聘之　　蘄生
胡毓駿　　秋農
胡澄康　　可莊
胡澄謨　　達卿　詒穀　文甫
胡燏棻　　芸楣　寄虹山人
胡禮垣　　榮懋　翼南　麗垣氏
胡蘊山　　蘊山　江上閒鷗
范　今　　范當世　范鑄　伯之　伯子　无錯　肯堂　古灛狂客
范　禈　　子美　䌹誨
范公讜　　季馨
范家祚　　佑之　希淹
范熙庸　　通甫
范壽銘　　鼎卿
英　華　　英斂之　斂之　斂　安蹇　安蹇主人　萬松老人　萬松野人

茅　謙　　子貞

柯逢時　　遜庵　巽菴　懋修

奎　俊　　樂峰

冒廣生　　鶴亭　鶴汀　松齡　甌隱　鈍宦·　阿靈　欨齋　小三吾亭

段朝笏　　蔗叟

俞　復　　仲培

俞宗海　　粟廬

俞明震　　恪士　明夷①　觚齋　觚庵

俞陛雲　　階青　斐盦　樂靜

俞廉三　　虞軒

俞鍾穎　　君實

姚　湘　　芷芳　賦秋生

姚　煜　　文敷

姚大榮　　儷垣

姚文棟　　子良　東木　志梁　子梁　子櫟　暢叠道人

姚承槤　　叔節

姚丙奎　　平吾

姚丙然　　菊坡

姚世鈺　　玉裁　薏田

姚孟起　　鳳笙

姚德鳳　　威伯　鳥莽

姚錫光　　石泉

姚覿蓀　　綺琴軒主

姚鵬圖　　柳屏

十劃

涂儒翯　　質初

容　閎　　光照②　潤甫　純甫③　純父④

---

① 康祖詒亦署明夷。
② 雷繼翰亦字光照。
③④ 蔣敦復亦號純甫、純父。

高　翔	伯安
高　鑾	高狴　悟軒　侶琴　太癡　太癡生　雲水山人　孤芳　獨行　濯纓子
	清遠道人　潄芳齋主
高鳳岐	嘯桐　筱桐　媿室
高鳳謙	夢旦　崇有　戆齋
高德馨	遠生　鮮溪退士
祝　簡	漢青
祝天齡	仰樞
唐士杰	鉢綠
唐才常	伯平① 佛丞　佛塵　黻丞　紱丞　弗人　忠② 天游居士　咄咄和尙蔚藍
	洴澼子　雲夢殘生　李民治　田野民治
唐才質	叔平　法塵　法丞　神山三郎
唐文治	蔚芝　蔚之　茹經
唐在復	心畬
唐紹儀	唐紹怡　少川　振超
唐尊恆	芝九
唐尊瑋	詠茗　難齋　江淮河海散人
桼炳直	子質　習冠　谹愚
桼瑞玠	晉華
桼際唐	伯虞
桼綬章	佩鶴　仲和
桼樹聲	宥衡　宥橫　晦明　晦鳴　幼衡　乖庵　又衡　右衡
桼寶鐘	鼎臣
馬　良	相伯　湘伯　若瑟
馬用錫	湄蕁
馬其昶	通伯　抱潤
馬兆麟	子般　東山里人
馬建忠	眉叔
袁　昶	爽秋

① 據唐才質先生回憶著錄。
② 據《梁任公年譜長編初稿》117頁梁致唐才常、狄葆賢函著錄。

袁　康	竹一
袁世凱	慰亭　容菴　牧野新農
袁希濤	觀瀾　覺孫
袁忠浚	恕庵
袁思永	无咎　巽初
袁祖志	翔甫　祥甫　倉山舊主
袁珮環	寄漁漁婦
郝炳綸	少珊
桂中行	履眞
夏　琦	芎賓　嘿西復儂
夏清貽	頌萊　頌來　公奴
夏敬觀	映庵　劍丞　鑒丞　牛鄰叟　盥人　玄修
夏壽田	午詒　午彝　武夷　直心居士
孫　雄	同康　師鄭　鄭齋　樸盦　詩史閣主人　鑄翁　味辛老人
孫　瑞	鏡湖　江干獨釣客
孫　儆	滄叟　敬人　謹丞
孫宗華	秋實　漢槎
孫宗弼	伯甫　韄齋
孫宗幹	孺忱　風木老人
孫茂寬	紫籐花館主
孫則康	映雪　映雪居士　掃花仙史
孫家振	孫玉聲　海上漱石生　漱石生　漱石氏　警夢癡仙　警夢癡儂　江南煙雨客
	玉玲瓏館主　退醒廬主人
孫家鼐	燮臣
孫詒讓	仲容　籒廎　籒高　荀㽞　越東逸民荀徵
孫福保	玉如
孫魯欽	強學子
孫寶琦	慕韓
時乃風	蕚卿
晏世傳	迪卿
奚　仁	伯壽

奚　若	伯綏				
奚世轂	挺筠				
徐　珂	仲可	純飛館主	天蘇閣主	康居	
徐　恕	行可				
徐　熙	翰卿				
徐　勤	君勉	士芹	仕芹	雪庵①	
徐　潤	雨之	愚齋			
徐　鋆	貫恂	冠群	淡廬	澹廬	澹廬主人
徐　衡	望秋				
徐乃昌	夂絲	積餘	隨庵		
徐三庚	袖海	辛穀	井罍	金罍居士	
徐士佳	拙安				
徐文達	仁山				
徐仁鏡	研甫	硯父	研芙	縵憪	涵齋
徐允臨	石史				
徐世澤	芷湘	次蝯			
徐兆瑋	瑋如	少逵	虹隱		
徐佛蘇	佛公	心齋	文福興		
徐亮鈞	季鈞	古梅鈍根生			
徐建寅	仲筦	仲虎			
徐致靖	子靜				
徐清揚	眉軒				
徐崇立	劍石	健實			
徐肇英	吟香館主				
徐德虹	志芸				
徐樹蘭	仲凡				
徐鏡心	子鑑				
侯材驥	安仁				
鳥澤聲	譎生				
翁長芬	怡龕				

① 據梁啓勳先生回憶著錄。

| 翁斌孫 | 弢夫　弢甫　笏庵 |

十一劃

凌　霞	子與　病鶴　塵遺
凌聖岳	子亭
梁　清	又農　龍南山人
梁文興	秋水　槐園
梁廷棟	同耘
梁啓超	卓如　槺士　俊人　任父　任公　任厂　梁任　任甫　飲冰　飲冰室主人 飲冰子　自由齋主人　中國少年　少年中國之少年　中國之新民　新民子 軼賜　滄江　哀時客　愛國者　彗厂　曼殊室主人①　檀山旅客　新會 雙濤　孟遠　宏猷　憲民　如晦庵主人　吉田晉　新史氏②　外史氏③　潛夫 國史氏④　新民叢報記者⑤　社員某⑥　社員⑦　新民叢報社社員⑧　遠公
梁啓勳	仲策　曼殊室主人
梁朝杰	伯雋　岫雲館主人
梁鼎芬	星海　心海　海客　竹根　老節　節庵　潔庵　汐社　精衛　藏者　藏山 藏叟　茗華　夕庵　孤庵　伯烈　鹿翁　佳處亭客　蘭叟　性公　不回翁 不回山民　毋暇　人間人　鳳山詞人　烈子　元節　好松　湖泯　茗翁　敷 豐湖長　玉茗詞客　尚存學人　劍叟　棲鳳樓客　鮮民　琴莊　清士　蕚湖 蕙湖　禮庵　刻翠詞人　茶庵　破庵　蘭湖游客　葭兮　蘭湖民　浪游詞侶
梁鴻卓	稼西
梁煥奎	璧園
商衍鎏	藻亭　又章　康樂老人
商衍瀛	雲亭
許士熊	侶樵
許同蘭	仲威　許家惺　默齋
許南英	蘊白　允伯　毘舍耶國留髮頭陀

---

① 曼殊室主人原係梁啓勳筆名，梁啓超撰《班定遠平西域》等文時亦曾署用。
② 據《中國之武士道》自序和按語署名著錄。
③ 據《歐洲戰役史》按語署名著錄。黃遵憲亦署外史氏。
④ 《趙武靈王傳》署名彗厂，按語署名國史氏。曾輯入梁氏各主要集子中，此文疑非梁氏所作，待考。
⑤⑥⑦⑧　這四個筆名是新民叢報社內部共用筆名，梁啓超亦曾署用。

許崇勳	季賢
許國年	希庵
許景澄	竹篔
許應騤	筠庵
郭則澐	嘯麓　蟄雲　龍顧山人　龍顧山房主人
郭家聲	琴石　苓學室
郭家驥	稚良　秋坪
郭楚生	寶珩　百遲　蘸厂
章　華	曼仙　縵仙　曼傿
章　鈺	式之　堅夢　茗理　蟄存　長孺　慈閣　曙戒學人　負翁　晦翁　老式　北池逸老　霜根老人
康同文	介甫
康同薇	文僴　薇君
康同璧	文佩　華鬘室主人
康有溥	康廣仁　幼博　有溥　大中　大廣
康祖詒	康有爲　長素　明夷　明夷子　素廣　廣厦　更甡　更生　甦生　天游化人　西樵山人　不忍　勞念劬　勞念蔚　勞我廬　南海老人①
康達讓	偉奇
區逢時	鳳墀
區寶琪	席薀
麥仲華	曼宣　璪齋②　曼殊庵主人
麥孟華	孺博　汝博　曼倩　駕孟　蛻庵　蟠庵　先憂子　佩弦生　傷心人
麥錫鎏	朔冀
莫　棠	楚生
莊　俞	百俞　伯俞　我一
莊　浩	果成
莊　謙	一梧
莊禮本	瘦岑　潄潤　青村杞廬氏
曹　泰	箸偉　越伋

---

① 據康同璧先生回憶，康氏晚年給後輩寫信常自署南海老人。
② 楊世驥《文苑談往》說是麥孟華筆名，誤。

曹　碩	仲儼
曹元忠	君直　甌雲　夔一　凌波居士
曹元弼	叔彥　叙彥
曹典球	子谷　籽穀　猛庵
曹福元	遂翰　再韓　仲修
曹廣權	東寅
梅際郇	黍雨
梅鶴章	介節
張　炎	張春帆　春帆　春凡　漱六山房
張　珏	恨恨生
張　倬	超季
張　烈	煜卿
張　淵	深如　思任閣主人
張　筦	叔儼　退庵　退翁
張　鴻	張黴　師曾　璚隱　瓊隱　隱南　蠻公　燕谷老人
張　謇	季直　季子　嗇庵　嗇　育才　處默　默　烟波釣徒
張　織	顏若
張　瀛	蓬仙
張一鵬	雲搏　不知老之將至齋主
張之洞	孝達　香濤　抱冰　壺公
張元濟	菊生　鞠生　小齋　涉園　涉園主人
張石朋	頑石
張令宜	峴甫
張汝清	劍潭
張汝梅	翰仙
張在新	惕銘　鐵民
張志潭	仲炤
張百熙	埜秋　冶秋
張伯楨	篁溪　袁廟祝鮀　幹盦　張滄海　滄海　張金縷　金縷　任材　子幹 羅桑彭錯　仁海居士　滄海漁翁　法隱　左安法隱　篁溪釣徒　老漁 息影廬主人　意釣亭主　半僧

張坤德	少塘	少堂			
張秉璋	礽熙				
張茂滉	少荃				
張相文	蔚西	純谷居士			
張郁周	浮槎仙吏				
張祖翼	逖先	磊盦			
張起南	味鱸	橐園			
張書紳	珮之				
張展雲	展雲				
張國珍	石如				
張超南	蟹廬				
張爾田	孟劬	采田	遯堪		
張壽波	玉波	玉濤			
張鳳年	峽年	悼棠子			
張蔭桓	樵野				
張履謙	六吉				
張學璟	智若	志若			
張繼良	蘭思	雙南	懃生	南諴	
張麟年	峰石	七七生			
陸寶忠	伯葵	定生			
陳虯	志三	皋牢子	陳國珍	蟄廬	
陳明	宗易				
陳俠	醉石				
陳衍	叔伊	石遺	匹園		
陳倬	培之	杏邃	籬菴		
陳書	伯初	木庵			
陳超	班仙				
陳棠	葦舟				
陳詩	鶴儕	子言	桂題	鶴柴	尊弧
陳銳	伯弢	抱碧	褎碧	褎碧齋主	次青
陳懺	次基	次亮	陳家瑤	瑤林館主	

陳　濤	伯瀾	審安齋主人			
陳　還	十梅				
陳　驤	石麟				
陳三立	伯嚴	散原	衍君	閒園　蛻園　散原老人	
陳千秋	通甫	禮吉	超回		
陳玉樹	玉澍	惕庵			
陳作霖	伯雨	雨生	可園	重光　鼇道人	
陳延金	容叔				
陳季同	敬如	三乘槎客			
陳昭常	簡始	簡稗	簡盦	簡持	
陳珊常	蟾卿				
陳崇光	若木	炤			
陳偉典	韞垞				
陳爲鑑	璞臣				
陳啓謙	子箭				
陳曾壽	仁先	蒼虬	滄虬		
陳葆善	栗庵				
陳敬第	陳叔通	譪者	雲麋		
陳煥章	重遠				
陳壽彭	逸仔	逸如	逸儒	釋如	
陳漢第	仲恕	伏廬			
陳慶年	善餘	橫山鄉人			
陳慶林	汲樓				
陳慶琛	聰香				
陳錦濤	瀾生				
陳襄廷	廷鎏				
陳懋治	頌平				
陳儲巖	玉笙				
陳黻宸	介石	陳芾			
陳稃石	啖蔗人				
陳寶琛	伯潛	弢菴	橘叟	聽水　聽水齋主人　聽水老人　滄趣樓主	

陳寶箴　　右銘　右民

陳夔龍　　筱石　庸菴　韶石　庸庵居士

陳繼儼　　繼儀　儀侃　宜侃

陶　湘　　蘭泉

陶　模　　方之　子方

陶　燾　　詒孫

陶在寬　　七彪

陶德珵　　仲涵

陶葆廉　　拙存　寶廉　蘆涇遯士　淡安居士

盛　沅　　盛愷華　子彬　莾旨

盛　俊　　灼三

盛　康　　旭人　勗存　待雲盦主　留園主人

盛宣懷　　杏蓀　杏孫　幼勗　次沂　愚齋

戚　揚　　升淮

畢永年　　松甫　松涒　松琥　悟玄　普航

崔宗武　　季雲

十二劃

湯　叡　　覺頓　明水　湯朝輔　茶圃

湯家鵠　　叔昆

湯經常　　壎伯

湯聘珍　　幼安

湯壽潛　　湯震　蟄仙　蟄先　孝起　翼仙

惲祖翼　　叔謀

惲毓珂　　瑾叔　醇庵

惲毓鼎　　薇孫　薇蓀　湖濱舊史　澄齋

惲毓嘉　　孟樂　橙翁　甦齋

惲毓齡　　季申　靈護　介騫

惲積勳　　叔畬

童振鏞　　鳳儀

童學琦　　亦韓　也韓　怡菡

馮　煦	夢華	蒿菴	蒿盦	蒿叟	喝蒿叟	蒿隱公
馮桂芬	景亭	敬亭	校邠	林一	憬叟	
馮應龍	榛岑	曾霖				
勞　健	思宜					
勞乃宣	玉初	季瑄	韌叟	矩齋	榘齋	
勞保勝	亦漁					
彭　俞	彭愈	彭泰	遜之	懷禹	常仁	安仁　安忍　破佛　亞東破佛　竹泉生
	守愚氏	光昊氏	盲道人	無心居士	儒冠和尚	閑邪齋主人
彭崧毓	漁帆	求是老人				
彭詒孫	彭翼仲	怡孫	貽孫			
彭夢日	心葵					
項思勳	玉書					
項藻馨	蘭生	嵐僧	子荍	椒連	荶叟	竹影居
黃　嵋	鈞侯					
黃　鑅	梅臣	楳臣				
黃乃裳	黻臣	慕華				
黃中慧	秀伯					
黃玉堂	仙裴					
黃永業	耀墀					
黃本甫	厚成					
黃宗堅	冰如	冷叟				
黃宗麟	雲深	懶雲	雲源	浦江野吏		
黃協塤	黃本銓	式權	鶴窠村人	夢畹	夢畹生	海上夢畹生　畹香留夢室主
黃紹第	叔鏞	叔頌				
黃紹箕	仲弢	漫庵	鮮庵	路舸		
黃曾源	石孫					
黃槐森	作鑾	植亭				
黃慶澄	源初	愚初				
黃德鈞	繼和					
黃遵楷	幼達					

黃遵憲	公度	人境廬主人	水窗雁紅館主	任齋主人	東海公	法尚時任齋主	外史氏①
黃鵬壽	鏗甫	蕭然鷗夢散人					
黃讀山	福餘	敬安	寄禪	言難盡尊者	八指頭陀		
黃體芳	漱蘭						
閔笑禪	麟洲仙史						
閔爾昌	葆之	黃山	雲海樓主	復翁			
費延釐	芸舫	莪庵					
費德保	芝雲	知修老人					
屠寄	敬三	敬山	歸甫	師虞			
屠仁守	梅君						
景星	礪山						
景文照	翰青						
鈕傳善	元伯						
喬樹枏	茂萱	孟仙					
程淯	白葭	伯葭	白葭居士	皎嘉			
程適	蟄庵	肖琴	雪堂老人				
程霽	甘園						
程大璋	子良						
程秉銘	秉剑	公勗	蒲孫	蒲菴			
程頌萬	子大	石巢	十髮	十髮居士			
傅崇榘	樵村						
傅雲龍	懋元						
傅增湘	沅叔	潤沅	薑庵	藏園居士	藏園老人		
曾琮	韻蘭						
曾鉥	懷清						
曾磐	子安						
曾宗瑛	渭兆	漁舫					
曾有毅	練仙						
曾仰東	宏甫	衡甫					
曾習經	剛甫	剛父	蟄菴	蟄公			

① 據黃遵憲撰《日本國志》著錄。

曾廣銓　　敬詒　履初

十三劃

溥見亭　　鑑癡道人

齊鏡涵　　情天第一恨人

雷瑨　　　君曜　均耀　晉玉　涵秋　雷顚　老顚　顚公　雲間顚公　顚　松顚
　　　　　縮庵老人　娛萱室主

雷維翰　　西垣　光照

賈履上　　雲階

辜鴻銘　　湯生　漢濱讀易者　讀易　讀易老人　冬烘先生

裘廷梁　　可桴　葆良

裘維鍔　　劍岑

裘毓芬　　梅侶　梅侶女史

葉瀚　　　浩吾

葉瀾　　　清漪　清伊

葉大莊　　臨恭　損軒

葉玉森　　鎮虹　葓漁　葉中冷　中冷　葉子　葉瘦葉　中冷亭長

葉昌熾　　鞠裳　頌廬　緣督　緣督廬主人

葉景葵　　揆初　卷盦　存晦居士　書寄生

葉爾愷　　伯皋　柏皋　悌君

葉頌垣　　蒂棠

葉慶頤　　新儂

葉德輝　　煥彬　奐彬　直山　郋園　漁水

葉翰華　　茗孫

葉耀元　　子成

葉覺邁　　仲遠

葛蕙生　　瘦紅館主人

董康　　　綬經　綬金

董祖壽　　伯騤　伯揆　董壽

董瑞椿　　枞堂

楊旭　　　曼卿　補夢齋主

楊 橄	叔玫
楊 橆	範甫　蟄盦
楊 銳	叔嶠　鈍叔　蟬隱
楊 潚	龍石　竹唐
楊 魯	守愚
楊子玉	鳳笙
楊文炳	筱歐
楊文會	仁山
楊其光	崙西　榕城游客
楊其昌	佑之
楊昌濟	懷中　華生
楊典誥	萬川外史
楊叔懌	豫庭
楊深秀	楊毓秀　漪邨　儀村　漪春　眘眘子
楊得仁	志伊
楊道南	範九
楊葉生	香城逸史
楊壽栻	味雲
楊增犖	昀谷　僧若　封炎　延眞　俊堪　滋陽山人　曼陀　曼陀樓主　雲谷　瀹南
	羽公
楊學斌	紫驎
楊德驥	千里
楊蘊玉	鐵崖舊主
詹 嶭	紫菓　幸福主人
鄒 弢	翰飛　酒丐　酒匄　守死樓主　司香舊尉　瘦鶴詞人　花下解人　瀟湘館侍者
	梁溪瀟湘侍者　味雪主人　醉月山人
鄒正杰	焌杰　雲階　劍農
鄒代鈞	沅帆　沅颿　甄伯
鄒代藩	价人
鄒凌沅	迷盧
鄒凌瀚	殿書

鄒渭三　　亦風
鄒福保　　詠春
經元善　　聯珊　蓮珊　蓮山

十四劃

褚成博　　伯約　抑齋
廖　平　　季平　廖登廷　登廷　旭陔　六譯　學齋
廖鈞燾　　伯焜
廖壽恒　　仲山　抑齋
廖壽豐　　穀似　闇齋　止齋
齊耀琳　　震巖　鎮巖
壽　富　　伯福　伯茀　菊客
蒲　華　　作英
趙　熙　　趙㷫　堯生　香宋　香宋詞人
趙　銘　　桐孫
趙元盎　　靜涵
趙必振　　趙廷敔　必振　趙震　粵生　日生
趙炳麟　　柏巖　竺垣
趙連璧　　星衫
趙曾槐　　燧冬
趙增澤　　潤琴
趙爾巽　　次珊　无補
鄢廷輝　　祜楣
達明阿　　鏡源　鏡圃
蒯德模　　子範
蔡策鼇　　曉菴
黎經遲　　香孫
熊希齡　　秉三
熊長卿　　復園居士
熊崇煦　　知白　止白
熊範輿　　鐵巖　鐵崖

熊懋儒	勉齊
管 鶴	立羣　西園
鳳 凌	瑞臣
鳳曾敍	竹孫　偶庵　偶園　深士

十五劃

潘 任	毅遠
潘 彥	士裘
潘 博	若海　之博　弱父　弱盦
潘 霨	偉如
潘子丹	河陽舊主
潘子韶	愛月居士
潘元枚	安叔
潘志俊	子靜
潘沛霖	雨田耕綠人
潘其鈴	莘田
潘衍桐	嶧琴
潘家言	伯揚
潘祖年	仲午
潘素心	虛白
潘振鏞	雅聲　承伯　鈍叟
潘清蔭	季約
潘崇福	紫樓　妙香居士
潘鍾瑞	瘦羊
談 禪	鷲嶺詩禪
賴 述	淑魯
歐榘甲	雲樵　雲臺　伊厂　歐伊庵　太平洋客　無涯生
歐陽中鵠	節吾　瓣薑　瓣薑
蔣 黻	蔣斧　伯斧
蔣汝藻	孟蘋
蔣炳章	季和

蔣敦復	蔣爾鍔　劍人　劍　老劍　江東老劍　克父　純甫　純父　鐵岸　仲韜　超存　妙塵　麗農山人　蠡農山樵
蔣德鈞	少穆
蔣衡西	振素庵主
蔡樾	蔭階
蔡奮	衡南劫火仙
蔡乃煌	伯浩
蔡世保	滋齋
蔡有霖	樹雲
蔡秉鈞	子陶
蔡爾康	紫紱　芝紱　芷祓　之茀　芝拂　子茀　紫戭　支佛　鑄鐵盦主　鑄鐵生　縷馨仙史　縷仙　海濱野史　采芝翁　海上亭蔡子　海上蔡子
蔡錫勇	毅若
蔡鍾浩	忠浩　樹珊　玉林　林陰次郎
蔡鍾濬	蔡彤　邵庵　邵諳　劭愔
蔡繼輯	惠嚴
樊時中	樊錐　開富　文穀　春渠　春徐　誠亮　誠量
樊增祥	樊樊山　嘉父　雲山　雲門　天琴　天琴老人　樊嘉　無病居士　樊增　蝶霜　樊山居士　鵝溪老人　牟珠蓼主
鄧方	秋門　方君　小雅樓主人
鄧鎔	守瑕　壽瑕　忍堪　拙園
鄧廷鑑	琴齋
鄧華熙	小赤
鄧嘉綜	宰恭
鄧嘉緝	熙之
鄧嘉縝	季垂
黎宗鋆	紹毅
黎庶昌	蒓齋
黎國廉	季裴
黎湛枝	露苑　路庵
劉焜	芷香　治襄

劉　鶚	鐵雲	雲摶	劉孟鵬	蟄雲	公約	劉諤	鴻都百鍊生	再不死人　蝶隱
	抱殘守缺齋主							
劉　鐸	振愚							
劉之屏	藩侯							
劉可青	靚							
劉世珩	聚卿	蔥石	一琴	楚園	硯廬	檻庵	枕雷道人	
劉光第	裴村	夷聖齋主人						
劉光蕡	煥唐	古愚	求友齋主人					
劉行道	士志							
劉佐楫	巨丞							
劉廷琛	幼雲							
劉炳堂	用焜							
劉炳照	語石	復丁老人						
劉春霖	潤琴							
劉建平	允丞	允承						
劉恩厚	柳溪子							
劉啓端	正卿							
劉敦煥	偉庵							
劉崇惠	荔孫							
劉愼詒	遜甫							
劉淮年	蜀生	樹君	約園					
劉瑞芬	芝田							
劉楨麟	楨齡	孝實						
劉樹屏	葆良							
劉樹堂	景韓							
劉履芬	彥淸	泖生						
劉學詮	勉之							
劉聲木	體信	十枝	下愚	澤之	天地間人			
鄭　元	叔進	習叟						
鄭　客	國容							
鄭　藥	樸蓀							

鄭文焯	小坡	叔問	文焯	豫格	俊臣	瘦碧	大鶴	大鶴山人
鄭守箴	仲甫
鄭孝胥	蘇戡	蘇龕	蘇庵	蘇堪	太夷	海藏	海藏樓主人	夜起庵主
鄭祖庚	星帆
鄭錫光	友其	澹菴
鄭觀應	鄭官應	陶齋	匋齋	羅浮山人	杞憂生	慕雍山人	榯鶴山人
	羅浮榯鶴山人
德　壽	靜山

十六劃

龍　璋	研仙	硯仙
龍湛霖	芝生
龍澤厚	積之
蕭寅廷	煒基
蕭開泰	履安
闇甘園	培棠
盧　靖	勉之	木齋
盧永奎	一水居士
盧殿虎	紹劉
錢　青	廉夫	恕齋
錢　徵	錢辛伯	昕伯	**霧裏看花客**
錢文選	士青
錢仲英	耆孫	仲英
錢宗翰	墨卿
錢家驥	仲德
錢卿鉌	伯聲
錢基博	子泉	潛夫
錢國珍	子奇
錢崇威	自嚴	慈嚴	蔣年	崇安	存雁
錢翔熊	沖甫
錢維驥	碩甫

錢駿祥　　念諓　新甫

錢錦孫　　伯愚

十七劃

濮一乘　　伯欣

濮子潼　　梓泉　止潛　霞孫

謝允愷　　謝懶蝶　海上懶蝶　瓣香室主

謝洪賚　　邕侯　廬隱

謝鴻鈞　　賓門

韓　澄　　青心　靖龕

韓文舉　　樹園　樹生[1]　孔厂　孔菴　乘參　談虎客　捫蝨談虎客

韓邦慶　　韓子雲　太仙　大一山人　花也憐儂

韓國鈞　　紫石　止石　子石　止叟

韓曇首　　雲臺　仁甫　无首

薛大可　　子奇

闓普通武　　安甫

鍾天緯　　鄂生　鶴笙

鍾德祥　　西耘

鍾駿文　　八銘　寅半生

鍾寶珩　　楚白

繆荃孫　　筱珊　小珊　小山　炎之　藝風　藝風老人

十八劃

鄺其照　　蓉階

藍文錦　　雲屏　裝齋主人

戴作楫　　問政山樵

戴昌熙　　冰溪

戴振聲　　鴉皋　鶴皋　鴉盦

戴啓文　　子開　壺翁

戴德誠　　宣翹　軒翹　仙翹　仙樵

①　據楊廷福《譚嗣同年譜》104頁著錄。

戴鴻慈	少懷
薩　端	韻坡
瞿昂來	鶴汀　　蓬生館主　　眠琴閣主
瞿鴻燦	若虹
瞿鴻禨	子玖　　止庵　　子九　　西巖老人
簡朝亮	竹居　　季己　　季紀
簡敬可	石薌
魏　易	充叔　　冲叔　　聰叔
魏　絲	季詞
魏元曠	潛園逸叟
魏光燾	午莊
魏襄侯	宗弼

十九劃

譚　獻	廷獻　　仲修　　仲儀　　復堂　　廉月樓主
譚汝儉	荔垣　　藜垣　　冷眼
譚啓瑞	芝雲
譚嗣同	復生　　壯飛　　華相衆生　　東海褰冥氏　　通眉生①　　通眉苾芻②　　寥天一閣主
龐友蘭	馨吾　　古愚　　眉翁
龐際雲	省三
羅　普	孝高　　嶺南羽衣女士③　　披髮生　　嶺南披髮生
羅　棠	召甘
羅　弼	守豫
羅振玉	羅振鈺　　叔言　　叔薀　　叔醞　　叔堅　　商遺　　松筠　　松翁　　公之純　　式如　　刖存
	陸層　　絜公　　永豐鄉人　　俑廬　　雪堂　　貞松老人　　仇亭老民　　歲寒退叟
	守殘老人　　抱殘老人
羅振常	子敬　　子經　　心井　　邈園　　貌叟
羅惇㬊	揆東　　癭公　　癭盦　　癭庵　　賓退

---

① ② 據《譚嗣同集·致汪康年函》著錄。

③ 據馮自由《革命逸史》說,《新小說》中有假名嶺南羽衣女士著長篇小說《東歐女豪傑》即出羅普之手。

二十劃

竇士鏞　　曉湘
蘇　輿　　厚康　厚庵　厚龕
嚴　復　　幾道　又陵　幼陵　傅初　髯乾　嚴髯乾　宗光　瘉壄老人　尊疑
　　　　　天演宗哲學家　瘉壄堂　瘉野堂　觀我生室主人　譯史氏①
饒　淵　　袖岑
饒智元　　石頑　志遠　珊叔

二十一劃

顧　雲　　子鵬　子朋　石公　江東顧五
顧　蓮　　香遠　復齋
顧　璜　　漁溪
顧家相　　輔卿　勵堂　勸堂　因園
顧祖璙　　子重
顧培基　　慧僧
顧復初　　子遠　幼庚　道穆　聽雷居士
顧燮光　　鼎梅　䄎癯　非儒非俠齋主人
顧麟士　　諤　諤一　西津　筠鄰　鶴逸　鶴廬

二十二劃

龔心釗　　懷希　瞻麓　勉齋

---

① 據《斯密亞丹傳》等文按語署名著錄。